张 放 ◎ 著

中国小学教育文化的历史形塑

（1949—1957）

復旦大學出版社

目 录

导 论 ——— 001
    一、中华人民共和国的初期岁月：研究趋势 / 002
    二、"文化"转向与中国近现代史研究 / 008
    三、基础教育研究的传统与展望 / 015
    四、制度-课堂-课外：三维透视下的小学教育文化 / 024

第一章　私立小学接办的历史考察——以北京市为中心 ——— 028
    一、现代小学的兴起及其类型 / 028
    二、私立小学的登记注册与整顿 / 030
    三、"为了学生"：经营困难学校利用主流话语寻求政府
        接办 / 034
    四、地方政府主导下的正式接办 / 039
    五、接办后的变化：新型学校文化初现 / 050
    小结 / 052

第二章　小学新学制改革及其影响 ——— 053
    一、1949年之前的小学学制变化与教育不平等状况 / 055
    二、新学制改革之初衷 / 060
    三、新学制的改革试验 / 063
    四、新学制的全国推广 / 067
    五、新学制暂停推行 / 071

六、塑造教育文化：新学制改革的影响　/ 073
小结　/ 079

第三章　干部子弟小学的改革与停办 —— 081
一、革命根据地时期的干部子弟小学　/ 082
二、中华人民共和国成立后干部子弟小学的发展　/ 087
三、问题凸现：1953年北京市干部子弟小学状况调查　/ 091
四、干部子弟小学改革及效果评析　/ 096
小结　/ 101

第四章　小学教师的政治学习与思想改造 —— 103
一、讨论小学教师思想学习的可能路径　/ 104
二、小学教师待遇、社会地位和政治地位的提高　/ 112
三、学习改造的基本形式：主流价值观教育　/ 116
四、政治学习和思想改造的内化形式　/ 135
小结　/ 155

第五章　小学教科书内容变迁与课堂文化塑造 —— 159
一、民族国家观念的形成与清末教科书的表达　/ 162
二、"崇拜国家"：民国初期的小学教科书主旨　/ 165
三、政党与党义：党化教育与教科书主旨变迁　/ 170
四、阶级、敌人与革命：革命根据地的教科书内容建构　/ 177
五、中华人民共和国教科书对政治认同的培养　/ 184
小结　/ 207

第六章　少年先锋队的历史发展、文化意涵与地方实践 —— 210
一、少年儿童组织的历史演变　/ 211
二、童子军的诞生与在中国的发展　/ 212

三、新民主主义革命时期中国共产党领导下的儿童运动
　　　　概况 / 213
　　四、从少年儿童队到少年先锋队：组织的重整与发展
　　　　困惑 / 223
　　五、少先队的组织结构、仪式与象征物 / 227
　　六、地方实践：北京市少先队的建立、发展与组织教育 / 237
　　小结 / 261

第七章　节日里的儿童：欢庆场景与教育文化建构 ——— 263
　　一、节日的意义与教育功能 / 263
　　二、家国责任：民国时期的儿童节庆祝活动 / 266
　　三、爱国主义与国际主义并重：中华人民共和国儿童节
　　　　主旨的确定 / 270
　　四、儿童做主角：节日庆祝大会 / 274
　　五、新社会的幸福生活：适龄儿童参与的节日活动 / 284
　　六、游行中的象征与规训 / 289
　　小结 / 306

结　语 ——— 308

主要参考文献 ——— 317

导 论

1955年,第一部反映儿童在新社会成长经历的校园电影《祖国的花朵》上映,这部电影的主题曲,由乔羽作词、刘炽作曲的《让我们荡起双桨》更是成为几代人珍贵的历史记忆。《祖国的花朵》以小学教育为中心,讲述了班主任冯老师和志愿军战士如何发动全班同学帮助精力旺盛却不好好学习的江林同学以及以自我为中心、骄傲不合群的杨永丽同学提高进步,最终改变认识,在六年级成功加入少年先锋队的故事。"祖国的花朵"这一表述既反映了党和国家对儿童的殷切希望,也隐喻了社会新人的精神气质和昂扬风貌,从此以后成为新社会成长起来的儿童的代名词。

这部电影事实上反映了如下一段历史,即从1949年开始,中国共产党对小学教育文化进行积极塑造,这种变化不仅仅局限于课堂之上,更是教育文化的整体性更新。到了1957年前后,一种新型教育文化已基本形成——教育不仅仅是为了增进儿童的知识,同时更加强调思想和价值观的培育。于是,教育不再局限于课堂之上教师的知识传授,课堂之外的教育资源也被充分挖掘,从而为确保"祖国的花朵"在接受正规教育之始便能够得到正确价值观念的引导和约束,不断增进对国家和中国共产党的情感认同。具有共产党鲜明特色的新型教育文化为一代人整体精神气质的锻造打下了基础,从行为、思想和语言三个方面产生了深远影响,有些影响甚至持续至今。关注1949年至1957年这段时间小学领域的变革与发展,实际上为理解当代中国人的精神世界提供了一个具体的、以实践为支撑的切入点。

一、中华人民共和国的初期岁月:研究趋势

从研究时段看,本书属于对中华人民共和国成立初期小学教育文化的历史考察。近年来,随着地方档案对外开放,围绕中华人民共和国成立前后的历史研究逐渐成为当代中国研究领域的热点和焦点之一。

在官方正统的历史叙事中,中华人民共和国的初期岁月与之后历史阶段相比,无疑属于"黄金时期",全国人民在党中央的领导下团结一心,在国内外两条战线上都取得了一系列胜利。该阶段是"中华人民共和国的成立和向社会主义过渡的实现"的阶段,中国"相继实现了从半殖民地半封建社会到民族独立、人民当家作主的新社会,从新民主主义到社会主义的两个历史性转变"①。尽管从历史研究的角度看,上述概括显得简约笼统,但却在很大程度上体现了国人的整体心态——人们因结束战乱和国家独立而欣喜不已②。这种心态为该阶段的历史研究奠定了感情基调,我们的具体判断无法脱离这一宏大背景而孤立展开。

从传统研究取向看,这一时期的重大政治事件、政策和制度成为学者关注的主要焦点。林蕴晖陆续出版的《国史札记》对当代史引人关注的事件和人物进行了论述③。杨奎松对建国初期的镇反运动、"三反"运动、干部任用制度、工资制度、中美和中苏关系等一系列政治、社会和外交事件进行了详细的历史考察④。沈志华从国内和国际背景出发,研究了共产党在1956—1957年间对知识分子态度和政策变化的前因后果⑤;

---

① 中共中央党史研究室:《中国共产党历史(第二卷,1949—1978)》上,北京:中共党史出版社 2011 年版,第 3 页。
② 《凯歌行进的时期》这本书的书名就已经充分表达出了这一时期的整体情绪。参见林蕴晖、范守信、张弓:《凯歌行进的时期》,北京:人民出版社 2009 年版。
③ 参见林蕴晖:《国史札记(事件篇)》,上海:东方出版中心 2008 年版;林蕴晖:《国史札记(人物篇)》,上海:东方出版中心 2012 年版。
④ 参见杨奎松:《中华人民共和国建国史研究》(1—2 卷),南昌:江西人民出版社 2009 年版。
⑤ 参见沈志华:《思考与选择——从知识分子会议到反右派运动》,香港:香港中文大学出版社 2008 年版。

他还在阅读历史档案的基础上,建立了中国-苏联-朝鲜三边关系的分析框架,重新审视了朝鲜战争爆发的根源以及中国和苏联在这一历史进程中所扮演的角色①。泰韦斯(Frederick C. Teiwes)曾经对共产党新政权的建立和巩固进行过系统的宏观研究,他按照发展的先后顺序,从高层政治的视角出发,以重大事件和调整措施为线索,梳理了共产党在稳定政权方面做出的各种努力,并对取得的成绩给予了积极评价②。此类对当代史重大事件、政策和核心人物的研究可称之为"传统研究取向",这一命名并未有任何贬低之意;恰恰相反,从高层政治精英的视角对这段历史进行考察,需要厚重的史料和理论积累以及宏大的视界做基础,非一般研究者所能驾驭。另外,与高层相关的史料开放程度依旧有限,后辈研究者所掌握的社会资源更是有限,因此也为从高层视角深入研究设置了门槛。再者,专注于高层视角也确实在一定程度上遮蔽了中国社会的多样性和复杂性,学者们往往容易忽视国家政策对于社会的影响以及社会的反应。于是,研究者开始对传统研究范式进行反思。

1997年齐慕实(Timothy Cheek)和托尼·赛奇(Tony Saich)编写了一本宣言书式的论文集,表明要在当代中国史研究领域避开以核心人物和政治事件为中心的研究范式,探索新的研究视角、方法和领域③。尽管他们的宣言在当时的当代中国史研究领域显得既高调又新鲜,但放在整个历史研究的发展趋势中看,恐怕也只是"新瓶装旧酒"了。概括来讲,目前对中华人民共和国成立初期的研究呈现出两大趋势:一是通过个案研究,展现国家、地方政权与社会力量之间的张力与互动,从而反映新政权建立的复杂进程;二是扩展研究领域,启用

---

① 参见沈志华:《毛泽东、斯大林与朝鲜战争》,广州:广东人民出版社2013年版。
② 参见弗雷德里克·C. 泰韦斯:《新政权的建立和巩固》,载[美]R. 麦克法夸尔、费正清编:《剑桥中华人民共和国史(革命的中国的兴起1949—1965年)》上,谢亮生等译,北京:中国社会科学出版社2007年版,第49—130页。
③ 参见:Timothy Cheek. Introduction: The Making and Breaking of the Party-State in China, in Timothy Cheek and Tony Saich eds., *New Perspectives on State Socialism in China*. Armonk, New York: M.E. Sharpe, 1997, pp.3-19。

新的研究视角,以弥补传统取向所形成的缺憾。这两种趋势能够帮助研究者透过人们"所深信不疑的那些东西",以发现"分裂的深刻的矛盾冲突"①。

  1992年哈贝马斯的《公共领域的结构转型》迻译为英文之后,在历史学界掀起了"轩然大波"。以中国史研究为例,大量著作开始依循哈贝马斯的足迹,在中国近现代史中寻找公共领域的痕迹,仿佛发现公共领域的存在就找到了中国能够向现代社会自行过渡的证据。这些跟风之作是否牵强附会笔者无力评说②,但有一点可以明确,经过此番涤荡,历史学家在国家主导的支配性叙事中,重新发现了社会的力量以及社会与国家之间从未弥合的张力。而对某个城市或地区进行个案研究,在力陈细节的基础上获得超出个案之上的历史洞见更是历史学者所常用的研究方法。关注国家-社会互动与个案研究相结合,出现了一系列研究成果典范。近现代城市史研究方面,罗威廉(William T. Rowe)描绘了汉口不同社会群体的生活状态,展现了社会力量参与公共服务事业的情况以及在此过程中呈现的社会与国家之间的关系,反映了日常生活中不同社会群体之间的冲突,从而刻画出一幅现代早期的中国城市全景图③。他的学生王笛则选择更加微观的层面,通过对成都茶馆的系统考察,恢复了市民围绕茶馆展开的日常生活面貌,着重讨论了国家权力是如何逐步渗入并控制社会力量的④。在中国革命史研究方面,刘昶以税收作为切入点,分析了中国共产党和江南农民之间的冲突与矛盾,以此解释共产党领导的革命在江南地区并未像华北农村那样取得成功的原因⑤。裴

---

① [英]玛丽亚·露西娅·帕拉蕾丝-伯克编:《新史学:自白与对话》,彭刚译,北京:北京大学出版社2006年版,第63页。
② 对此类研究的评价可参见杨念群:《中层理论——东西方思想会通下的中国史研究》,南昌:江西教育出版社2001年版,第100—143页。
③ 参见[美]罗威廉:《汉口:一个中国城市的冲突和社区(1796—1895)》,鲁西奇、罗杜芳译,北京:中国人民大学出版社2008年版。
④ 参见王笛著译:《茶馆:成都的公共生活和微观世界(1900—1950)》,北京:社会科学文献出版社2010年版。
⑤ 参见刘昶:《在江南干革命:共产党与江南农村,1927—1945》,《中国乡村研究》(第1辑),北京:商务印书馆2004年版,第112—137页。

宜理(Elizabeth J. Perry)通过对上海工人的研究,一方面揭开了关于工人阶级迷思的神秘面纱,另一方面也强调了地方社会力量对政权的能动影响①。国内学者也越来越强调在国家和社会的张力下透视中国革命②。

在围绕新政权建立展开的研究中,突出国家-社会关系的研究取向也逐渐占据主导地位。早在1960年代末,社会学家傅高义(Ezra F. Vogel)就通过社会学的视角展现了建政初期广州市所面临的复杂局面以及共产党是如何通过一系列措施整合了社会秩序。该研究考察了数对关系,包括国家与社会、当地干部与外来干部、中央政策与地方具体执行情况等,并将共产党与国民政府的执政状况进行对比,强调了延续性和深入性③。2007年周杰荣(Jeremy Brown)和毕克伟(Paul G. Pickowicz)编辑了一本研究共产党建政前后历史状况的论文集《胜利的困境:中华人民共和国的最初岁月》④,这本由美国中国学界老中青三代学者合力做出贡献的论文集标志着北美关于当代中国史研究的历史学实践转向,视角下移、强调国家与社会互动的研究取向得到了北美当代中国研究团队的集体认可。在这本文集中,魏斐德(Frederic Wakeman Jr.)别具匠心地从警察入手,研究了共产党接管上海建立新秩序前后的社会变化,通过具体的历史考证,对思想史上"现代雅各宾主义"的问题做出了回应;何凯思(Christian A. Hess)考察了大连建设过程中,中共干

---

① 参见[美]裴宜理:《上海罢工:中国工人政治研究》,刘平译,南京:江苏人民出版社2012年版。
② 参见李金铮:《向"新革命史"转型——国家与社会视野下的中共革命史研究》,山西大学中国社会史研究中心编:《中国社会史研究的理论与方法》,北京:北京大学出版社2011年版,第62—78页。该文记录了进入新世纪以来国内学者在研究革命史方面做出的新尝试。
③ 参见[美]傅高义:《共产主义下的广州:一个省会的规划与政治(1949—1968)》,高申鹏译,广州:广东人民出版社2008年版,第3—164页。
④ 参见: Jeremy Brown and Paul G. Pickowicz eds., *Dilemmas of Victory: The Early Years of the People's Republic of China*. Cambridge, Massachusetts: Harvard University Press, 2007。中文版参见周杰荣、毕克伟编:《胜利的困境:中华人民共和国的最初岁月》,姚昱等译,香港:香港中文大学出版社2011年版。

部与苏联干部、专家之间的意见分歧,以及中国人对苏联人在大连行为举动的不满①。与之相对应,国内学者的研究取向也发生了转变。李国芳就对共产党在石家庄的建政和管理做了梳理,分析了从农村走出来的共产党对城市的认识以及接管城市的原初模式②。满永考察了共产党建政前后皖西北农村与共产党发生接触的情况,由此洞悉革命以及支持革命的思维逻辑是如何在互动中影响并改变农村的日常生活,从而将农村纳入国家进程之中。③ 2010 年末,华东师范大学举办了"1950—1960年代中国当代社会史史料研讨会",国内许多从事当代史研究的学者与会。此次会议意味着国内学术共同体开始明确地将视线转向社会领域,强调新政权对社会的影响④。这种取向已逐渐被国内年轻一代的研究者所接受⑤。

  国史研究的第二个趋势乃是研究领域和视角的拓宽,该趋势与上述转向相伴而生。在政治史研究作为主导范式之时,其他社会领域的问题很难进入研究者视野。当研究者对准社会之后,诸多曾被遮蔽的话题都成为讨论的焦点。越来越多的学者转而关注教育、文艺、传媒等领域的

---

① 参见:Frederic Wakeman Jr. "Cleanup": The New Order in Shanghai; Christian A. Hess. Big Brother Is Watching: Local Sino-Soviet Relations and the Building of New Dalian。两文均载 Dilemmas of Victory: The Early Years of the People's Republic of China。另参见魏斐德关于上海警察的专题研究:[美]魏斐德:《红星照耀上海城:共产党对市政警察的改造(1942—1952)》,梁禾译,北京:人民出版社 2011 年版。

② 参见李国芳:《初进大城市——中共在石家庄建政与管理的尝试(1947—1949)》,北京:社会科学文献出版社 2008 年版。

③ 参见满永:《乡村场景中的革命日常化——以皖西北临泉县为中心的考察(1947—1952)》,中国人民大学博士学位论文,2009 年。

④ 参见:《1950—1960 年代中国当代社会史史料研讨会会议论文集》,华东师范大学 2010 年 12 月。

⑤ 例如参见刘彦文:《工地社会:引洮上山水利工程的革命、集体主义与现代化》,北京:社会科学文献出版社 2018 年版;龙伟:《成为人民报纸:新中国上海报业的历史变革(1949—1953)》,北京:社会科学文献出版社 2022 年版;何志明:《为政之要惟在得人:川北通江县的政权建设研究(1950—1956)》,北京:当代中国出版社 2023 年版。

问题①。这些在近现代史研究领域被国内外研究者反复提及的研究话题,在国史领域出现较晚。教育方面,李滨(Douglas A. Stiffler)一直在关注中国第一所新型大学——中国人民大学在建国初期的运行状况,着重考察苏联高等教育模式对中国的影响以及中国教授与苏联专家之间的冲突和博弈②。马意莉(Elizabeth McGuire)则将焦点对准了1950年代在苏联留学的中国学生,着重刻画了他们面对中苏革命与建设之差异时复杂的内心张力③。刘颖以北京的几所背景、历史各不相同的大学为主要考察对象,分析了建政初期中国共产党对高校的接管与改造工作,并对接管后教师与学生的日常学习、生活和观念变化做出了分析④。舒喜乐(Sigrid Schmalzer)则对1950年代初期进化论和社会发展史的教学

---

① 例如:Joan Judge. Public Opinion and the New Politics of Contestation in the Late Qing, 1904 – 1911, in *Modern China*, Vol. 20, No. 1 (Jan., 1994), pp. 64 – 91; Evelyn Sakakida Rawski. *Education and Popular Literacy in Ch'ing China*. Ann Arbor: The University of Michigan Press, 1979; Sally Borthwick. *Education and Social Change in China: The Beginnings of the Modern Era*. Stanford, California: Hoover Institution Press, 1983;高华:《革命大众主义的政治动员和社会改革:抗战时期根据地的教育》,金以林:《战时国民党教育政策的若干问题》,两文均载杨天石、黄道炫编:《战时中国的社会与文化》,北京:社会科学文献出版社2009年版。

② 参见:Douglas A. Stiffler. Creating "New China's First New-Style Regular University," 1949 – 1950, in Jeremy Brown and Paul G. Pickowicz eds. *Dilemmas of Victory: The Early Years of the People's Republic of China*. Cambridge, Massachusetts: Harvard University Press, 2007, pp. 288 – 208; Douglas A. Stiffler. "Three Blows of the Shoulder Pole": Soviet Experts at Chinese People's University, 1950 – 1957, in Thomas p. Bernstein and Hua-yu Li eds., *China Learns From the Soviet Union, 1949-Present*. Lanham: Rowman& Littlefield Publishers, Inc., 2010, pp. 303 – 325;李滨:《苏联专家在中国人民大学(1950—1957)》,载沈志华、李滨编:《脆弱的联盟:冷战与中苏关系》,北京:社会科学文献出版社2010年版,第47—64页。

③ 参见马意莉:《两个革命之间:在苏联的中国留学生》,载沈志华、李滨编:《脆弱的联盟:冷战与中苏关系》,北京:社会科学文献出版社2010年版,第65—92页。

④ 参见刘颖:《除旧布新:新中国成立初期中共对高等教育的接管与改造》,北京:人民出版社2010年版。

进行了研究①。文艺方面,林培瑞(Perry Link)研究了相声这种传统曲艺形式在新政权下的变化,毕克伟则以著名演员石挥为核心,考察了艺人和私营电影业在新时代的历史命运,祝鹏程从现代民族国家建构的视角考察了政治与民间文艺的关系②。传媒方面,张济顺对1950年代初期上海私营报业的生存状况做了系列研究,考察了私营报业被接办的历史过程以及从业人员的思想改造③。从研究视角来看,对国史研究影响甚大的便是文化视角,我们将在下一节专门论述。

二、"文化"转向与中国近现代史研究

关于"文化"的定义和解释不下百种,本书亦无意从"琳琅满目"的诸多定义中理出一个清晰的界定。当从1970年代后期西方史学界发生令人瞩目的文化转向之后,历史研究者对文化的理解越来越宽泛,"文化"除了保留传统意义上意指"上层文化"的含义之外,还把普通人的日常生活囊括其中,社会习俗、价值观念、生活方式都属于"文化"的范畴④。本

---

① 参见:Sigrid Schmalzer. "The Very First Lesson": Teaching about Human Evolution in Early 1950s China, in Jeremy Brown and Paul G. Pickowicz eds. *Dilemmas of Victory: The Early Years of the People's Republic of China*. Cambridge, Massachusetts: Harvard University Press, 2007, pp.232 - 255。
② 参见:Perry Link. The Crocodile Bird: *Xiangsheng* in the Early 1950s; Paul G. Pickowicz. Acting Like Revolutionaries: Shi Hui, the Wenhua Studio, and Private-Sector Filmmaking, 1949 - 1952, in in Jeremy Brown and Paul G. Pickowicz eds. *Dilemmas of Victory: The Early Years of the People's Republic of China*. Cambridge, Massachusetts: Harvard University Press, 2007, pp.207 - 231 and pp.256 - 287;祝鹏程:《文体的社会建构:以"十七年"(1949—1966)的相声为考察对象》,北京:中国社会科学出版社2018年版。
③ 参见张济顺:《五十年代初的上海报业转制:从民办到党管》,《炎黄春秋》2012年第4期;张济顺:《上海私营报业的思想改造运动》,《炎黄春秋》2012年第10期;张济顺:《远去的都市:1950年代的上海》,北京:社会科学文献出版社2015年版,第三章。
④ 参见[英]彼得·伯克:《什么是文化史》,蔡玉辉译,杨豫校,北京:北京大学出版社2009年版,第37页。

书也继续在宽泛的意义上使用"文化"这一概念,当提及"教育文化"时,意指师生以教育活动为中心的日常生活。尽管诸如节日仪式、游行等活动不在学校内举行,但由于它们是通过各个学校组织起来的,具有明显的教育意涵,因此也被视为教育文化的一部分。

人类学家克利福德·格尔茨(Clifford Geertz,国内又译吉尔兹)的研究在很大程度上推动了这场史学界的"文化革命"。格尔茨对"文化"做出了一个不同以往的符号学界定,他挪用韦伯的说法,认为"文化"就是"一些由人自己编织的意义之网",人们平时所观察到的则是蕴含文化意涵的各种表征符号,而研究者的任务就是发掘、阐释"神秘莫测的社会表达"背后所蕴含的意义①。这一定义促使学者更加关注对仪式、集体活动和象征物的研究,并打通了与涂尔干的联系。格尔茨的名篇"深层游戏:关于巴厘岛斗鸡的记述"就为其理论做了一个出色的实践性脚注。在这篇根据田野调查完成的文章中,作者试图将自己完全融入到当地人的生活中去,按照他们的思维逻辑考虑问题,做出判断和行动,而非将自己置于客观中立的"研究者"位置。格尔茨在不断参与斗鸡活动的过程中明白了,巴厘岛上的居民痴迷于斗鸡,并非因为斗鸡反映了巴厘岛的某些文化特征,而是因为当地居民能够通过斗鸡来满足自己的各种情感需求,以此作者透视出这个民族深层次的某些性格特征②。正是在此意义上,格尔茨将文化外在的符号凝聚(例如斗鸡活动)视为"文本",指出唯有深入语境对其进行阅读和体会,才能明白文本的使用者在消费文本过程中的感受,而这种感受才是文化的意义之所在。探寻这一意义的过程被格尔茨概括为"深描"。正如有研究者所指出的,所谓"深描"乃是"语意上的深厚"③,即通过反复体会,寻找意义之要旨。举个通俗易懂的例子,很多中国人总是会不断阅读《红楼梦》这部经典,如果研究者站在第三方的位置对这一文化行为作出解释的话,可能就会认为"阅读《红

---

① [美]克利福德·格尔茨:《文化的解释》,韩莉译,南京:译林出版社 2008 年版,第 5、33 页。
② 同上书,第 424—468 页。
③ 阿勒塔·比尔萨克:《地方性知识、地方性历史:吉尔兹及其他》,载[美]林·亨特编:《新文化史》,姜进译,上海:华东师范大学出版社 2011 年版,第 71 页。

楼梦》"这一行为本身反映了中国文化和中国人的某些特点,而这种解释模式最大的问题就在于研究者忽略了阅读者在阅读过程中的情感体验——这种体验才是促使人们反复阅读的真正动力,也是理解中国人性格内核的关键。

格尔茨的论述"鼓舞"了一代历史学家深入到普通人的日常生活当中,探寻那些曾经被他们遗落的"文本"的意义——仪式、着装、节日、象征物、语言、书籍等在新的视角下成为学者关注的重点。近代法国波澜壮阔、充满戏剧性的历史为学者的文化史研究实践提供了一个很好的平台。娜塔莉·戴维斯(Natalie Zemon Davis)的名篇"暴力仪式"考察了16世纪法国宗教暴动频发的原因。戴维斯不认同经济矛盾和阶级冲突的解释路径,而是将这些暴力举动视为宗教仪式的一部分,参与者通过暴力行动来表达自己捍卫信仰、清洁社会的坚定决心——戴维斯正是沿着格尔茨的路径展开了研究[1]。林·亨特(Lynn Hunt)主编的《新文化史》更是从理论和实践两个方面宣布了文化史研究时代的到来,在西方史学界影响甚大[2]。罗伯特·达恩顿(Robert Darnton)考察了大革命前夕法国知识阶层对催眠术的看法,通过对特定群体观念世界的深入研读,达恩顿认为催眠术实际上是对中世纪冰冷理性主义的反抗,它释放了激进分子内心受到压抑的情感,时人逐渐将这种情感转化成政治诉求,就构成了革命冲动情绪的主要来源——催眠术实际上提供了一种新的信仰[3]。高毅先生则是国内最早从文化视角透视法国大革命的学者。他考察了革命中的节日、仪式、日常生活、谣言和群体心态[4],为研究中国革命提供了一个很好的样板和模式,只是后来者跟进的速度稍显缓慢。

在文化转向的影响下,中国历史的研究者也开始通过文化视角透视

---

[1] 参见[美]娜塔莉·泽蒙·戴维斯:《法国近代早期的社会与文化》,钟孜译,许平校,北京:中国人民大学出版社2011年版,第212—261页。
[2] [美]林·亨特编:《新文化史》,姜进译,上海:华东师范大学出版社2011年版。
[3] 参见[美]罗伯特·达恩顿:《催眠术与法国启蒙运动的终结》,周小进译,上海:华东师范大学出版社2010年版。
[4] 高毅:《法兰西风格:大革命的政治文化》,杭州:浙江人民出版社1991年版。

过往岁月。法国著名史家谢和耐(Jacques Gernet)曾经以杭州为中心,对南宋人的日常生活进行了详细研究,全面展现了时人衣食住行、教育婚姻、节庆宗教、娱乐艺术的情况,从日常生活的文化面向入手,建构人们的精神世界,以回答城市生活对中国人传统性格、思维方式之影响这一问题。在谢和耐看来,"生活方式与隶属于它的思想观念有着微妙而不可分割的关系"①。王笛对成都的街头文化进行了专题研究。他以街头生活为中心,根据详细的史料记载刻画了不同社会群体的生存状态和街头文化面貌,着重考察国家、地方政府与社会、社会精英与底层群众以及不同社会群体之间所存在的冲突与矛盾。他认为底层群体在不可抗拒的国家政治力量的推动下,显得孤立无助②。叶文心(Wen-Hsin Yeh)在研究从五四运动到抗战胜利这一时段的大学校园时,曾经专门对大学生的日常校园生活进行了描述,她认为当时大学生的校园生活与社会现实之间存在疏离,而正是这种疏离使当时的大学生面对战乱时准备不足,感到彷徨和徘徊,多数人最终放弃了对个人自由的追求,投身国家革命③。日本学者也开始关注中共革命根据地的仪式和符号,例如丸田孝志的论文《太行·太岳根据地的追悼仪式及民俗利用》和《国旗、领袖像:中共根据地的象征(1937—1949)》④;而小野寺史郎则专门从近代中国的国歌、国旗和国庆入手探讨了民族主义的形成⑤。国内学者对民国时期政治符号的研究也已取得丰硕成果,陈蕴茜用60余万字的篇幅详尽

---

① [法]谢和耐:《蒙元入侵前夜的中国日常生活》,刘东译,北京:北京大学出版社2008年版,第238页。
② 参见王笛:《街头文化:成都公共空间、下层民众与地方政治,1870—1930》,李德英、谢继华、邓丽译,北京:中国人民大学出版社2006年版。
③ 参见:Wen-hsin Yeh. *The Alienated Academy: Culture and Politics in Republican China, 1919 - 1937*. Cambridge and London: Harvard University Press, 1990, pp.183 - 278。
④ 李金铮:《向"新革命史"转型——国家与社会视野下的中共革命史研究》,山西大学中国社会史研究中心编:《中国社会史研究的理论与方法》,北京:北京大学出版社2011年版,第77页。
⑤ [日]小野寺史郎:《国旗、国歌、国庆:近代中国的国族主义与国家象征》,周俊宇译,北京:社会科学出版社2014年版。

描述了国民政府为建构和传播孙中山符号而做出的种种努力,以及社会各阶层对该政治符号的接受和认同情况①。李恭忠则对中山陵的兴建、仪式、符号内涵进行考察,以此解释国民政府在塑造民国以及培养国民政治认同方面做出的尝试与努力②。

当代史研究领域也受到了文化转向的影响。斯蒂芬·兰兹伯格(Stefan Landsberger)研究了1949年以来的宣传海报,他聚焦于从毛泽东时代到改革开放的过程中,海报内容与人们观念的演变③。巫鸿运用丰富的图像向我们展现了天安门广场的改造、毛泽东像的变迁、国庆游行以及天安门广场周边的建筑,他从这诸多表象中解读出了其中的政治含义④。对1949年前后中国共产党政治文化研究最成体系的学者当属洪长泰(Chang-tai Hung)教授。2003年洪长泰出版的中文专著《新文化史与中国政治》就开始对1949年之后的政治文化进行研究。在这本文集中,他考察了秧歌在新政权成立庆祝活动中所表达的文化意义,以及人们对秧歌这种艺术形式的不同看法和舞蹈者对官方规定动作的自行发挥创造。

在"文化转向"的启发下,研究者至少可以从以下三个方面打开研究视野。

首先,研究视角下移,研究者逐渐关注除精英群体之外的普通民众。李剑鸣认为,"文化转向"的最大意义在于它引入了研究范式的革新,也即是说,"文化转向"更多地为研究者带来了方法上的借鉴——"重视历史中的下层阶级和边缘群体,关注普通人的日常生活,从历史的复杂性和多样性着眼,描绘过去世界丰富多彩的画面"⑤。具体来说,"文化转

---

① 参见陈蕴茜:《崇拜与记忆:孙中山符号的建构与传播》,南京:南京大学出版社2009年版。
② 参见李恭忠:《中山陵:一个现代政治符号的诞生》,北京:社会科学文献出版社2009年版。
③ 参见:Stefan Landsberger. *Chinese Propaganda Posters: From Revolution to Modernization*. Singapore: The Pepin Press, 1995。
④ 参见:Wu Hung. *Remaking Beijing: Tiananmen Square and the Creation of a Political Space*. Chicago: The University of Chicago Press, 2005。
⑤ 李剑鸣:《隔岸观景》,北京:社会科学文献出版社2012年版,第39页。

向"为人文社会科学领域的研究带来了更多的"人文关怀"气息。在新的文化视域下,研究对象不再是高高在上、让人仰望的社会精英,也不再是冷冰冰的统计数字和抽象的社会群体,而是活生生的具体的个人,他们是生活在各个阶层、面临不同生活境遇的普通人。视线的下移不仅仅是研究对象范围的扩大,更重要的是研究主题的扩充,许多在研究"帝王将相"和"社会整体"时不为人关注的话题进入了研究者的视野。

其次,"史料"的内涵大大拓展,先前不为人所关注的图像、仪式、象征物、通俗读物、歌曲童谣、私人日记等,都纳入了研究者的研究范围。例如,在"文化转向"的趋势下,图像对于研究者的价值已经超出了"艺术圈"。在新文化研究者那里,图像就是一种见证,它通过具体画面的呈现能够弥补许多文字资料无法传达的信息①。彼得·伯克就以图像为证据,展示了为人所熟知的路易十四的公众形象是如何在诸多力量有意识地操控下建构起来的②。而王海洲从"政治图像学"视角对1949年之后女民兵宣传画进行了系统探讨,深入描绘了宣传画中不易被察觉的细节所呈现的政治意涵③。在周兵看来,通过对"图像"的考察,伯克将政治与文化结合起来,以"分析政治是如何通过文化的形式被表现出来的,反之又是如何受到文化的作用的"④。

而对仪式和象征物的考察则主要受到了以涂尔干为代表的宗教社会学以及以格尔茨为代表的文化人类学影响。自从涂尔干基于现代问题意识探讨了原始宗教得以形成的社会根源后,"仪式"才被社会学、人类学和历史学的研究者给予足够重视。在人类学"阐释"路径下,"仪式"已不再被简单地理解为通过肢体语言呈现的外在行为表演。正如鲁尔(Malcolm Ruel)所言,在涂尔干"信仰-仪式"二分法的影响下,"仪式"和"信仰"之间的界限已不再清晰可辨,两者在很大程度上都被界定和解释

---

① 关于图像在人文学科研究中的作用,可参见:Peter Burke. *Eyewitnessing: The Using of Images as Historical Evidence*. London: Reaktion Books, 2001.
② 参见[英]彼得·伯克:《制造路易十四》,郝名玮译,北京:商务印书馆2007年版。
③ 王海洲:《不爱红装爱武装:新中国女民兵宣传画与政治认同》,北京:生活·读书·新知三联书店2024年版。
④ 周兵:《新文化史:历史学的"文化转向"》,上海:复旦大学出版社2012年版,第145页。

为"象征行为"①。达恩顿在与格尔茨联合开设的课程中,尝试用文化人类学的路径研究了18世纪法国工人的屠猫仪式背后的多层象征意义,以此展现出法国社会的矛盾状况以及普通民众的文化心理②。

在文化转向的视域下,"阅读"作为一个完整的行为链条,也成为研究者关注的焦点。不仅之前不为人所关注的通俗读物、歌曲童谣成为重要的研究资料,而且阅读行为也与上层权力控制和下层巧妙反抗联系在了一起——"阅读一方面是一种控制,但另一方面也是一种发明与创造"③。达恩顿通过对法国革命前畅销书的研究发现,成为畅销书的往往是各种禁书,而非被后人视为经典的名著;然而,启蒙思想却也在这些禁书中体现出来,并通过各种或明或暗的渠道流传开来④。除沿着权力路径展开研究之外,葛兰言(Marcel Granet)关于中国古代歌谣的研究为我们提供了一种人类学路径,他从《诗经》的诗歌中发现了仪式上的价值,并从中读出了上古仪式集会中的社会控制以及信仰的产生⑤。上述路径为我们研究这些新近被赋予价值的史料提供了方法上的指导。

第三,从关注外在世界中的事件转向关注人内在的精神情感。在"文化转向"的启发下,对民众情感和内心感受的研究未必需要完全托付给心理学,我们也可以通过对个人所接触的环境进行考察,反过来"阐释"人们情感和心理可能出现的波澜。例如,林·亨特(Lynn Hunt)研究了法国大革命中语言、服饰和印章的变化,反映出政治运动对人们日常

---

① Malcolm Ruel, Rescuing Durkheim's 'Rites' from the Symbolizing Anthropologists, in N. F. Allen, W. S. F. Pickering and W. Watts Miller eds. *On Durkheim's Elementary Forms of Religious Life*. London and New York: Routledge, 1998, p.105.
② 参见[美]罗伯特·达恩顿:《屠猫记:法国文化史钩沉》,吕健忠译,北京:新星出版社2006年版。
③ 李仁渊:《阅读史的课题与观点:实践、过程、效应》,复旦大学历史学系、复旦大学中外现代化进程研究中心编:《新文化史与中国近代史研究》,上海:上海古籍出版社2009年版,第238页。
④ [美]罗伯特·达恩顿:《法国大革命前的畅销禁书》,郑国强译,上海:华东师范大学出版社2012年版。
⑤ 参见赵丙祥:《译序》,[法]葛兰言:《古代中国的节庆与歌谣》,赵丙祥、张宏明译,赵丙祥校,桂林:广西师范大学出版社2005年版,第1—8页。

生活的影响以及全新文化的形成,而这种文化的特点就在于拥有民众动员的潜力和催人奋进的紧张氛围①。这样一种带有阐释意味的研究路径往往比单一的心理学路径更具有解释力,因为后者倾向于关注情感起伏的内在发生机制,而疏于考察影响情感的外在变化。

三、基础教育研究的传统与展望

(一)为何关注基础教育研究

上文简单勾勒了对本文写作产生影响的国史研究领域的几个趋势——个案研究、国家-社会互动、研究领域拓宽以及文化视角的引入,同时也反映出当前国史研究的主要对象。

从研究的理路和预设看,政治史、社会史的研究往往关注制度和治理技术的延续与转变,而思想改造与认同培养研究的焦点也在"改"上。这两种研究理路的基本预设乃是国家权力与旧有社会力量之间存在对抗关系。这里提出此点预设并非要将其全盘否定,而是旨在说明国家权力可以以一副更加"亲和可人"的面容出现,从而使人们在一种"愉悦自觉"的状态下接受、承认主导价值观念(意识形态)和社会秩序。受到福柯权力观念影响的文化史研究开始关注权力的这一面向——艺术形式、娱乐活动和节日庆典中处处体现着权力的痕迹。但这种以表现形式为中心的横向考察往往无法对特定群体进行深入讨论,毕竟不同群体生活中面对着不同文化符号组合的熏陶,因此展现出了不同的群体特征。

从研究内容看,上述史学研究尚未系统涉及新政权成立之初所面临的一个重要问题,那就是如何系统有效地通过制度化的组织形式传播主导价值观念,从而使共产党人在战争中形成的优秀品质代代相传。当共产党从农村走向城市之时,在一定程度上确实面临着某种"价值危机"。首先,之前在农村通过革命理想维系的价值观念很难再依靠原有方式在

---

① 参见[美]林·亨特:《法国大革命中的政治、文化和阶级》,汪珍珠译,上海:华东师范大学出版社 2011 年版。

新的环境下继续保持,杨尚昆在1949年3月27日的日记中就坦承:"似乎大家都变了。要想维持简朴的作风,恐不容易。城市的诱惑实在太大。"①而从长远来看,如何通过一种有效的系统化措施,让这种革命价值观在成长于和平年代、对旧社会没有充足生活体验的少年儿童的内心中生根,并稳定地延续下去,也是执政者需要琢磨的问题。

　　基于上述考虑,本书的研究对象聚焦于教育文化,准确的说是小学教育文化。学校是国家权力"隐性"体现的主要场所。不管是公立学校还是私立学校,教育的目的、内容和手段均受到国家意志的影响。现代教育兴起之后,学校已经取代家庭成为学生日常生活和政治社会化的主要空间,学校对学生价值观念和政治认同的影响和塑造作用日渐凸显,尤其是在中国传统家庭结构改变之后。通过对学校教育文化的研究,我们可以体察共产党是如何通过塑造新型文化模式,从而使在校学生更充分地与主导价值观念发生接触,以增进国家未来建设者对价值观念和新政权的情感和认同;同时还能观察到学生在新型教育文化氛围的熏陶下,行为、思想和语言方面将会发生的变化。

　　目前学术界对中华人民共和国成立初期学校状况的历史研究数量有限,而且往往集中在高等教育领域。中小学教育更多是由教育史和教育理论领域的学者在研究。本文单将小学作为考察对象,而非将中小学合在一起作为"基础教育"进行考察,有以下几点考虑:首先,从建国初期的受教育程度看,1949年全国学龄儿童的入学率仅有20%,平均每万人有小学生486人,中等学校学生38人,高等学校学生3人②。尽管之后在国家的推动下教育普及率提升很快,但仍以小学生数量增长速度为最快③。

---

① 《杨尚昆日记》上,北京:中央文献出版社2001年版,第64页。
② 《中国教育年鉴》编辑部编:《中国教育年鉴(1949—1981)》,北京:中国大百科全书出版社1984年版,第78页。
③ 以1956年为例,小学在校学生数达到6346.6万人,而中学在校人数仅为516.47万人(其中初中人数438.06万,高中人数78.41万),仅占小学在校人数的8.1%,参见《中国教育年鉴》编辑部编:《中国教育年鉴(1949—1981)》,北京:中国大百科全书出版社1984年版,第1001、1021页。相比之下,将中小学教育放在一起考察的研究,思路在一定程度上受到当代教育现状认知的影响。

其次,小学作为制度化教育的起点,是更高层次教育的基础。因此,以小学为研究对象可以更好地透视国家权力是如何影响、改造最基础层次的价值传播系统,并将其吸纳进新建体制的。对小学的改造是否成功在很大程度上决定了国家能否保证数量最多的受教育人群有接受主流价值观正确引导和教育的机会。小学奠定了学校教育文化模式的基础,更高层次的学校是对这种基本模式的重复和强化。再次,小学生作为一个群体,与工人、农民、知识分子等群体相比,在旧社会生活的经验和思想受影响的程度最少,相对单纯,如果说其他群体须接受新政权的"改造",那么小学生实际经历的是"塑造"。而一个人基本价值观念的形成也正始于此时。因此,以小学生作为研究对象可以从一个方面洞悉作为执政党的中国共产党在培养"合格的共产主义接班人"方面的理想愿景。

选择中华人民共和国初期,特别是聚焦于1949—1957年这个时间段,乃是因为从教育实践的角度看,这一阶段是一个相对连贯的发展过程,国家逐渐掌控了对学校的管理权,多元的公私立学校并存的局面结束;该阶段明显受到苏联教育模式的影响,但是诞生于根据地时期的本土教育经验也未退出历史舞台。总体来看,这段时间各级学校随着政权的巩固和深入而经历了制度化的过程,并被纳入国家体制之中。

在涉及地方实践研究时,本书主要以北京市为中心进行考察。这主要是考虑到北京作为一个大城市,原本就集中了优质的师资力量和教育人才;成为中华人民共和国的首都之后,国家自然更加重视首都儿童的教育状况,而北京市也利用这一得天独厚的条件汇集了人力、财力、物力等各方面的优势。可以说北京市的教育是在当时有限资源下的模板,代表了国家在现实中所能够达到的最高标准。研究北京的教育能够更好地反映出国家对理想人才培养模式的期待和追求。除此之外,我们也将结合其他地方的材料以丰富论述。

下面,我们将对基础教育研究的现状做出简单梳理。鉴于不少研究者将初等教育和中等教育放在一起研究,所以本综述中涉及的一些观点和论述与中学教育有关;另外,许多对中学阶段的研究成果能够给本研究带来启示,故亦将其纳入综述范围。

(二) 以"机制"为中心的基础教育研究传统

以"机制"为中心的研究路径主要考察教育的表层现象变化,如管理模式和教育制度的改革、课程内容的更新、学生管理模式的转变等。

这种研究路径首先体现在当代中国教育"通史"的写作中。这类著作往往以时间为线索,记录教育领域出现的重大事件、方针政策、制度变革等,以求全面呈现研究时间范围内教育发展的面貌,探索教育发展的规律,"以便正确地把握共和国教育发展的历史轨迹及其走向"[①]。另外一种"通史"的写作方式是以某个主题为线索,围绕该主题展现历史面貌[②]。此类著作最大的特点就在于能够按时间顺序较为详尽地罗列事实,从而帮助我们历史地、整体地把握研究对象。

"通史"主要给我们提供了理解研究对象所需的背景意识,而专题类研究更能为进一步的探索提供知识上的积累。近年来,国内学者沿着以"机制"为中心的路径对建国初期教育方面的研究逐渐增多;而英语世界对当代中国教育机制的研究从1949年之后就已经陆续展开。

1. 关于制度变化的研究

刁含勇的博士学位论文《新中国中小学教科书制度的形成及其影响(1949—1954)》探讨了1949年之后中国教科书审定制度从审定制逐渐

[①] 何东昌主编:《中华人民共和国教育史》,海口:海南出版社2007年版,导语第11页。另外参见华东师范大学杜成宪主编的"共和国教育60年"系列丛书:《筚路蓝缕(1949—1966)》,广州:广东教育出版社2009年版;《山重水复(1966—1976)》,广州:广东教育出版社2009年版;《柳暗花明(1976—1992)》,广州:广东教育出版社2009年版;《乘风破浪(1992—2009)》,广州:广东教育出版社2009年版;毛礼锐、沈灌群主编:《中国教育通史·第6卷(1949—1987)》,济南:山东教育出版社1989年版;杨东平主撰:《艰难的日出——中国现代教育的20世纪》,上海:文汇出版社2003年版。

[②] 苏渭昌、雷克啸、章炳良主编:《中国教育制度通史·第8卷(1949—1999)》,济南:山东教育出版社2000年版;李太平主编:《普及与提高——中国初等教育60年》,杭州:浙江大学出版社2009年版;张志建:《中学思想政治课发展史》,北京:北京师范大学出版社1994年版;卓晴君、李仲汉:《中小学教育史》,海口:海南出版社2000年版;吕型伟主编:《上海普通教育史(1949—1989)》,上海:上海教育出版社1994版;以及大量关于新中国或共产党思想政治教育工作的专著。

过渡到国定制的变化历程,展现了国家力量对教育领域的影响,着重分析了教科书内容的变化①。潘承生的硕士学位论文《建国初期桐城县基础教育改造述评(1949—1952)》从学校接管、管理制度、教学内容、教师队伍改造等方面展现了桐城县建国初期教育改革的面貌,这种改革以及存在的问题具有一定的普遍性②。弗雷泽(Stewart Fraser)描述性地追述了1950年代教育制度的主要变化③。教育学者普莱斯(R. F. Price)相当全面地分析了建国初期教育改革面临的阻力和障碍:地理和人口问题、语言问题、管理和社会因素、对家庭的忠诚、经济因素以及1949年之前教育经验的影响;并且介绍了全日制正规学校和业余学校的发展变化情况;展现了教师生存环境的变化以及青少年政治组织的发展状况。作者认为中国未来教育的发展将在以欧美为模板的现代化教育和毛泽东尝试的共产主义教育之间进行权衡④。陈锡恩(Theodore H. E. Chen)分析了初等学校制度的变化,讨论了政治教育、道德教育、青年组织、集体教育和劳动教育,指出初等教育的目标在于"生产出具有多方面能力的个人,以参与到社会主义建设之中,并勇敢地捍卫社会主义及其成就"⑤。

2. 关于思想政治教育及德育的研究

汤彬如、潘永云等人考察了中学政治课的教学历史,介绍了建国初期政治课教学开展的情况⑥。张同印、孙少平、黄书光等人的研究指出,

---

① 参见刁含勇:《新中国中小学教科书制度的形成及其影响(1949—1954)》,华东师范大学历史学系博士学位论文,2011年。
② 参见潘承生:《建国初期桐城县基础教育改造述评(1949—1952)》,华东师范大学历史学系硕士学位论文,2010年。
③ 参见:Stewart Fraser. Recent Educational Reforms in Communist China. *The School Review*, Vol.69, No.3 (Autum, 1961), pp.300-310。
④ 参见:R. F. Price. *Education in Modern China. Landon*, Boston and Henley: Routledge & Kegan Paul, 1979.
⑤ Theodore H. E. Chen. Elementary Education in Communist China. *The China Quarterly*, No.10 (Apr.-Jun., 1962), pp.98-122.
⑥ 参见汤彬如:《五十年来的中学政治课教学》,《南昌教育学院学报》1999年第3期;潘云生、宋立军:《初中思想品德课程设置的历史沿革及启示》,《内蒙古师范大学学报(教育科学版)》2006年第12期。

中华人民共和国初期的德育工作确立了方针政策,改造了旧体系,并受到了苏联的强烈影响①。目前对学校思想政治教育研究最翔实的当属易春秋的博士学位论文《建国十七年中学思想政治教育研究》。该文运用大量地方档案馆、学校档案馆档案和不同时期的政治教材,研究了1949—1966年中学开展思想政治教育工作的情况。特别是他清楚地表明,学校思想政治教育工作不仅仅局限于课堂教育,而是通过课堂内外机制共同营造出一种教育氛围。此文一方面通过介绍大量政治教科书的教学计划和内容以及政治试卷的答题情况,展现了政治课的教学互动;另一方面比较详细地分析了多样化的思想政治教育途径,较为完整地还原了不同时期思想政治教育的面貌②。

(三) 以"思想"为中心的基础教育研究传统

这种研究路径主要关注教育现象背后的思想问题。根据现有研究的成果,可以细分为以毛泽东教育思想为中心的研究、对一般教育思想和理论的研究以及对教育之于学生思想观念变化的研究。

1. 以毛泽东教育思想为中心之研究

毛泽东的教育思想在很大程度上决定了改革开放之前中国教育的"气质",对其教育思想的研究自然会引起国内外学者的浓厚兴趣。"毛泽东思想研究大系"之文化卷中专门有一部分对毛泽东的教育思想进行了系统论述③。通过对毛泽东教育思想来源、形成与体系的详细介绍,该书编者充分挖掘了毛泽东教育思想中的积极面向,并对其科学性、历史意义和现实意义给予高度评价。普莱斯(Ronald F. Price)坦承自己采

---

① 参见张同印:《反思历史,总结经验,开创中学思想政治课的新局面》,《北京师范学院学报(社会科学版)》1989年第5期;孙少平:《建国初期学校德育创建的实践特征及发展探讨》,《现代教育论丛》1998年第2期;黄书光:《变革与反思:共和国德育的历史走向》,《华东师范大学学报(教育科学版)》2006年第3期。
② 易春秋:《建国十七年中学思想政治教育研究》,中共中央党校中共党史系博士学位论文,2005年。
③ 参见罗洛主编:《毛泽东思想研究大系(文化卷)》,上海:上海人民出版社1993年版。

取马克思主义的立场。他认为苏联和中华人民共和国初期所采取的教育政策都没有沿着马克思主义的方向前行,只有毛泽东采取的教育政策才是真正的马克思主义教育政策①。他对毛泽东的崇拜之情表露无遗,以致有评论者称,人们偶尔翻阅他的著作时,"甚至意识不到毛泽东已经过世!"②朱东成(Don-chean Chu)指出毛泽东从来不将教育和革命分割开来,其积极方面体现在"教育体系包括了正规学校和非正式活动;教育是文明演进的关键力量;教育应被视为改变人思想和行为的过程"③。而匹斯切尔(Enrica Collotti Pischel)在分析毛泽东作为"教师"这一角色时指出,毛泽东将"理解视为从广度和深度逐渐获得的过程",并在思想深处认为"逐渐获得知识是每个共产党人必须追求的政治目标,但狭隘的学习和对旧思想教条般的重复对智识和社会都是不利的"④。

2. 一般教育思想和理论之研究

这种研究探讨当代中国教育的一般思想和理论,但其中也必然会涉及毛泽东,因此与第一种研究模式存在重合之处,但是所采取的视角有所不同。朱永新将1949—1956年的教育思想视为"初创时期",并延续官方的说法,指出此时期教育思想建设的四大任务:"理解和贯彻毛泽东的文教思想,理解和宣传教育方针政策;学习苏联的教育科学;总结解放区的教育经验;对旧教育、旧学术思想进行系统批判。"⑤目前,这一官方

---

① 参见:Ronald F. Price. *Marx and Education in Russia and China*. London: Croom Helm, 1977。
② David Hecht. Review of Marx and Education in Russia and China. *Annals of the American Academy of Political and Social Science*, Vol.441, Race and Residence in American Cities (Jan., 1979), pp.222-223.
③ Don-chean Chu. Chairman Mao: Education of the Proletariat. New York: Philosophical Library, 1980, p.423.
④ Enrica Collotti Pischel. The Teacher, in Dick Wilson ed. *Mao Tse-tung in the Scales of History: A Preliminary Assessment Organized by The China Quarterly*. Cambridge, London, New York & Melbourne: Cambridge University Press, 1977, p.169.
⑤ 朱永新:《嬗变与建构——中国当代教育思想史》,北京:人民教育出版社2004版,第30—40页。

界定在国内外学术界得到了认同①。佩珀(Suzanne Pepper)在这一基本判断的基础上,认为1930年代和1940年代就体现出来的大众取向的乡村教育与精英取向的制度化教育之间的矛盾在1950年代和1960年代"大众运动激进主义的中苏合体"(Sino-Soviet synthesis of mass movement radicalism)中再度呈现,构成了当代中国教育中的一对基本张力②。

3. 教育之于学生思想观念变化之研究

与前两种研究模式不同的是,该研究模式的关注点发生了转移,受教育的主体——学生的思想塑造成为研究的焦点。这种模式将"教育"看作教与学的互动过程,在前两种模式中隐匿起来的学生得以彰显。程天君通过社会学的视角,考察了历史课本中"五阶段论""朝圣仪式"形成的过程、政治身份的形成以及政治仪式在学校中的应用,分析了这些因素对学生思想和身体产生的影响和规训。孟旦(Donald J. Munro)认为,受巴甫洛夫的影响,中国教育在建国初期延续的是一种苏联的"一致性"实践,采取统一的课程安排、统一的课程指导、统一的教学进度。而教科书中让学生思考个人责任的内容下降了,取而代之的是培养对新政权的信心和对苏联的仰慕。抽象的政治理论学习使学生无法将自己的学习与社会责任联系起来③。

(四) 研究展望

上述研究通过不同的视角、理论和方法,对建国初期的基础教育进

---

① 参见[美]R.麦克法夸尔、费正清编:《剑桥中华人民共和国史(革命的中国的兴起1949—1965)》上,谢亮生等译,北京:中国社会科学出版社2007年版,第四章"新秩序的教育"。

② Suzanne Pepper. *Radicalism and Education Reform in Twentieth-Century China: The Search for an Ideal Development Model*. New York: Cambridge University Press, 1996, p.276.

③ 参见:Donald J. Munro. *The Concept of Man in Contemporary China*. Ann Arbor: Center for Chinese Studies, The University of Michigan, 2000, pp.77, 125-126。

行了各有特色的分析,展现了教育发展过程的历史面貌,并得到了许多具有启示性的结论。但上述研究还存在下列几个主要问题。

第一,一种本质主义的思维方式若隐若现,尤其体现在对学生价值观念塑造的研究上。这种本质主义的思维方式往往专注于教育过程中的某一环节或某一方面,并将其视为塑造学生价值观念的决定性因素。这种思维在莱德利等人对教科书的研究中表现得最为明显。正如普莱斯对该书评论时所指出的,作者们过于乐观地相信教科书对学生生活的塑造作用,所使用的材料无法充分回答他们试图回答的问题①。其实,即便是只讨论教科书,也存在着比该研究丰富得多的维度。因为教科书"不仅仅是'事实'的'传输系统',它还是政治、经济、文化活动、斗争以及相互妥协等共同作用的结果"。② 人们对教科书本身的反应也不尽一致,可以分为受支配型、协议型和反对型。③ 夏尔提埃在讨论阅读史时指出,呈现文本意义的过程非常复杂,"需要考虑三个极点之间的密切关系,即文本本身、文本的传达对象和控制文本的行为"。④ 据此,至少可以从三个层次对教科书进行讨论:第一,外部层次,即教科书的内容是如何在诸多张力中被确定的;第二,内部层次,成型的教科书是如何被使用者使用的;第三,效果层次,学生阅读和理解方式是如何通过教科书被塑造的。基于文化视角的启发,本书认为学生在学校中价值观念发生的变化并非由单一的因素决定,生活环境作为一个整体塑造了学生的观念——课堂教学、教师言行、课外活动以及各种仪式节庆都对学生思想观念的培养起到了至关重要的作用。

第二,"灌输-接受"模式的影响仍在。这种模式认为党和国家能够按照自己的意愿,通过权力影响教育制度和教学内容,塑造出理想的人

---

① 参见:R.F. Price. Review of The Making of a Model Citizen in Communist China. *The China Quarterly*, No.51. (Jul-Sep., 1972), pp.569-570。
② [美]M·阿普尔、L.克里斯蒂安-史密斯主编:《教科书政治学》,侯定凯译,袁振国审校,上海:华东师范大学出版社2005年版,第2页。
③ 同上书,第17页。
④ [法]夏尔提埃:《文本、印刷、阅读》,[美]林·亨特编:《新文化史》,姜进译,上海:华东师范大学出版社2011年版,第152页。

才类型。加之冷战时代开启之后的政治环境,这种模式首先在西方的研究者中流行——上文已经有所提及。可这种模式的影响不仅没有随着冷战时代的结束而消失,反而在国内学者中间引起了一定程度的共鸣,行文过程中多少有所体现。"文化融合的过程是一个互动的过程,它既反映了主流文化的连续性和内部的矛盾,又反映貌似合理的文化系统的再造(remaking)和再合法化(relegitimation)的过程。"①在"灌输-接受"模式的笼罩下,充满张力和矛盾的过程被化约成了权力强制的"一蹴而就",内部的精彩往往就不可避免地被遮蔽了。如上所述,这种模式背后的基本预设就是国家权力与社会力量之间属于对抗关系,而没有顾及权力的多种面向,更没有以当事人的姿态深入,对研究对象进行体会,做出"深描"。

第三,教育过程与政权之间的互动有待进一步挖掘。如阿普尔所言:"一个真正的、批判性的教育研究需要的不仅仅涉及'我们怎样有效地去传授'这一技术性问题……它必须批判性地思考教育与经济、政治与文化权力之间的联系。"②其实,以学校为中心的教育体系作为最基本的价值传播系统,与国家权力之间存在着密不可分的关系,尤其在1949年之后的国家政权初建阶段。国家力量如何与教育系统发生关系并进入其中?主导价值观念如何对学校教育文化进行改造?又如何影响学生价值观念的形成?已有的研究涉及了这些问题,但仍需深入探讨。

四、制度-课堂-课外:三维透视下的小学教育文化

针对目前国史研究之趋势以及上述研究之不足,本书主要集中对1949—1957这段时间小学教育领域的全新教育文化的形成过程展开研究。小学教育是整个教育体系的基础,通过文化史的视野,聚焦这一时

---

① [美]M·阿普尔、L.克里斯蒂安-史密斯主编:《教科书政治学》,侯定凯译,袁振国审校,上海:华东师范大学出版社2005年版,第11页。
② [美]迈克尔·W.阿普尔:《意识形态与课程》,黄忠敬译,袁振国审校,上海:华东师范大学出版社2001年版,第1页。

期小学教育文化的塑造,将有助于我们进一步理解中国共产党培养社会主义新人的理论与实践。

本书主体部分共有七章,就整体逻辑而言,七个章节可以分为三个部分,分别讨论学校制度、课堂教学与课外活动。第一、第二、第三章聚焦小学制度变化对教育文化塑造的影响;第四、五章聚焦课堂,以教师和教材为核心讲述课堂教育文化的塑造;第六、七章聚焦课外活动,围绕节日讨论课外教育文化的塑造。具体每个章节的主要内容如下:

第一章讨论私立小学接办的过程。中华人民共和国成立之时,一部分小学由政府承办,另一部分小学由私人出资承办。其中,私人出资承办的小学情况非常复杂,既有国内资本参与,又有国外资本参与,还有一些学校具有鲜明的宗教背景。小学归属权的复杂,导致教学内容、教育思想、价值观念的多元化与碎片化,非常不利于新政权教育思想和政策的贯彻,对私立学校的接办势在必行。通过接办,政府有效解决了私立学校中存在的诸多问题,为新的教育文化进入基础教育领域奠定基础。

第二章讨论小学新学制的改革。为了尽快实现小学教育的平等,1949年之后中国共产党借鉴苏联基础教育制度,推行了"五年一贯制",以打破初级小学和高级小学之间的藩篱。这场改革最初在北京几所优质教育资源比较集中的学校试点推行,取得了明显效果;但是在推向全国过程中,却因教育资源不平衡等因素,导致改革阻力重重,反对声音越来越大,最终暂停推行。不过这场改革却进一步推进了学校教育文化的塑造,如塑造了集体主义文化、重构了师生关系、教育平等的理念深入人心等。

第三章讨论干部子弟小学的改革。干部子弟学校源自根据地时期的供给制和战时的特殊情况。1949年之后,全国范围内的干部子弟学校得以保存与延续。1953年北京市对北京的几所干部子弟小学进行了全方位调查,得出亟待改革调整的结论。在由供给制向工资制过渡的背景下,干部子弟学校的改革开启。干部子弟学校改革深得民心,进一步宣传了中国共产党所秉持的教育理念,有利于学校教育文化的塑造。

第四章讨论小学教师的政治学习与思想改造。教师在小学教育中扮演着关键性角色,对成长于旧时代的小学教师进行思想政治教育,对于全新教育文化在小学教育中扎根尤为关键。本章将小学教师思想改造分为理论学习、时政教育以及运动改造三种类型。小学教师普遍对新政权都怀有某种程度的期许,真心愿意为新政权服务,很少会排斥思想学习和改造。他们在改造过程中学习到的新观念、新话语使得课堂教学焕然一新,从而影响到学生的价值观塑造。

第五章聚焦课堂,讨论小学教科书内容的变化以及与之相对应的课堂教学重点的变化。教科书是教育研究的核心组成部分。本章分三个层次关注教科书。第一个层次是教科书中与文化认同相关的内容是如何变迁的。第二个层次聚焦1949年之后教科书编纂的不同思路。在不同思路主导下,教科书的内容呈现出了不同特征。第三个层次关注教师如何使用教科书进行课堂教学,通过对教师教案的分析,考查教师如何把握教科书内容的重点,并将其向学生传递。

第六章聚焦政治组织,讨论少年先锋队如何丰富课堂之外的学校教育文化。本章首先讨论少先队的"荣誉性"是如何形成的:通过对这一组织重新命名,设计该组织的口号、标识和象征物,理顺组织文化、建构组织历史叙事等方式,这个组织的"荣誉性"得以彰显,成为家长和学生高度认可的政治组织。其次将考察少先队的实践,如辅导员的培养、政治教育的贯彻、日常阅读和组织活动的开展等,以分析少先队所承载的教育文化如何贯彻落实。

第七章聚焦节日,讨论节日如何丰富课堂之外的学校教育文化。本章主要考察儿童节、劳动节与国庆节的天安门游行。中华人民共和国一改民国时期相对比较压抑的儿童节氛围,以爱国主义和国际主义为节日文化的主旨,充分体现儿童当家作主的理念,让儿童成为庆祝大会的主角,并以此将成人世界的规则代入其中。而中华人民共和国初期每年劳动节和国庆节举办的天安门游行,对于儿童而言有着更强的教育意义,儿童通过节日潜移默化接受着教育文化的熏陶。

从材料使用情况看,本文作为一项历史研究,最基本的史料莫过于档案馆存放的相关原始档案。尽管孔飞力和王笛都不断提醒我们要谨慎地对待原始档案,要充分考虑原始档案记录者的背景和初衷,但是这些静静躺在档案馆里多年的文字仍然从某些方面反映了当时历史的面貌,成为历史研究者做出判断的基本依据。另外,档案馆以及研究人员所编辑的档案资料汇编、各种文献、文件汇编也成为本文所使用的基本史料。

作为对教育文化的研究,当时学生所使用的教科书以及教师所使用的教辅资料自然是重要史料。考虑到本文的着眼点,尽管笔者在前期搜集资料过程中也收购了研究时段的各科教科书,但在写作过程中主要使用的是小学语文教科书。尤其是考虑到政治课在新学制实施过程中被取消,这更加凸显了语文教科书在思想教育过程中所发挥的重要作用。

研究时段的报纸期刊是本文非常倚重的史料。《人民日报》《北京日报》上面有很多关于小学教育和学生活动的报道,而改版后以教育内容为主的《文汇报》所刊登的大量探讨小学教育的文章为本文的写作提供了关键资料。期刊方面,全国性的《人民教育》、北京地区的《小学教师》《教师月报》都有相当丰富的内容,而其他各地的教育期刊也为这个时段的状况作出了注脚。

另外两种基本史料来源,一种是时人撰写或阅读的相关著作,这些著作能够在一定程度上反映出时人的认识和观念。另外一种就是当事人在后来所撰写的回忆录和自述。尽管经过岁月磨砺,当事人对历史的追忆未必准确,且还会涂抹上浓重的主观色彩,但如果和档案以及其他史料相互配合印证,这些资料能够发挥更大的作用。

除上述基本史料外,当代人的相关研究也从材料上为本文写作提供了丰富的补充。由于能力和时间所限,笔者不可能达到"穷尽"史料的理想境界。因此从当代人的研究中发现蛛丝马迹也成为必然选择。诸位前辈的研究不仅为本文提供了所需要的一些资料、数字和统计,更启发了笔者的研究思路,开阔了笔者的视野。

第一章
私立小学接办的历史考察
——以北京市为中心

接办意味着新旧之间的碰撞，势必存在着不确定性与戏剧性张力。接办研究的一个核心问题意识是，执政经验尚不丰富的中共政权是如何通过制度建设和思想改造的双重努力，来整合一个饱受战乱困扰、发展阶段极不均衡且价值观念多元混杂的旧社会。追寻该问题意识，学者关注的一个重要维度便是政权与社会力量之间的关系。在传统范式中，关于政权与社会力量的关系有两种基本叙事方式，一种认为新政权成立初期，社会各界积极配合共产党的改造与建设，各行各业均取得了引人瞩目的成绩；另一种则与之相反，认为社会对国家政权的进入毫无抵抗。研究者对这种缺少张力和复杂性的"蜜月关系"和"极权关系"逐渐提出修正——随着档案的披露和资料的丰富，更多的细节为人所掌握，研究者从中发现了更多"充满张力的互动关系"，不管是在建政还是在思想改造过程中，对政权和社会二者"互动"的强调成为接办研究的主要范式。可以说，重新发现二者之间错综复杂的关系，以取代传统叙事范式中的"蜜月关系"以及西方刻板印象中的"极权关系"，是以接办研究为代表的中华人民共和国史研究兴起的重要契机。

一、现代小学的兴起及其类型

私人办学并非中国近现代史上才出现的现象，其历史可以追溯至西周末年。但古代的私学在很大程度上乃是作为官学的补充而存在（尤其是在科举制度完善之后），所传播的价值观念相对单一，且未形成相对独立的社会力量①。进入近代之后,随着中西之间的交流日益增多,私立学校的数量、质量均有提升。仅中国本土的私学创办者就包括传统士绅、近代商人以及受西学影响的知识分子等群体②,他们创办的学校既有以秉承传统儒家价值观念为己任的,又有以传播西方知识和思想为旨趣的。加上国外各种派别的教会、团体在各地兴办的学校,价值多元的局面已逐渐展开。清末科举制度的废除使得读书与做官之间的必然联系被彻底击破,私立学校的发展更加独立,成为社会力量活跃程度的重要标志。私立小学作为私立学校的基础,也呈现出价值多元和相对独立的特征。

在国民党统治时期,北京市小学的种类和所有权复杂,既有公立学校,也有私立学校。而私立学校中既包括国民党人士、私人和团体兴办的学校,也有教会举办的学校。而根据教会不同,这些教会学校又可分为基督教学校、天主教学校、东正教学校、佛教学校、伊斯兰教学校、道教学校,等等。公立学校按照教育部规定的标准设置课程,虽然几经调整,但核心科目包括语文、算术、常识、体育、音乐、公民和党义训练③。尽管教科书采取国定制与审定制相结合的审查措施,无法做到由国家统一提供教科书,但是其内容却基本在控制之内④。与之相反,在私立学校,尤其是接受国外经费资助的教会学校,政府控制的能力就大幅削弱,他们可以根据自己的需要选定教材,在学校设专门课程进行宗教传播⑤,并规定详细的课程要求,使宗教深入儿童的日常生活⑥。因此当中国共产党着手接管北京的小学时,他们要应对的是管理和思想双重分散的局面。

获得政权之后,中国共产党加强了对小学教育的监管,明确指出小

---

① 参见李冬君:《中国私学小史》,北京:学习出版社 2011 年版,第 100—101 页。
② 同上书,第 190—192 页。
③ 参见毛礼锐、沈灌群主编:《中国教育通史》(第 5 卷),济南:山东教育出版社 1988 年版,第 355—357 页。
④ 参见刁含勇:《新中国中小学教科书制度的形成及其影响(1949—1954)》,华东师范大学历史学系博士学位论文,2011 年。
⑤ 参见邓菊英、李诚编:《北京近代小学教育史料》下,北京:北京教育出版社 1995 年版,第 835—843 页。
⑥ 参见:《教中小学宗教科课程标准》,李楚材编著:《帝国主义侵华教育史料(教会教育)》,北京:教育科学出版社 1987 年版,第 121—122 页。

学教育"以培养儿童具有初步的革命思想、文化水平,以及健康身心,使成为保卫祖国建设新民主主义社会的人民为宗旨"①。要实现此目标,共产党最好的选择便是对小学进行统一管理。于是一方面,在地方政府的主持下,失去财政支持的公立小学首先被接管;另一方面,地方政府对私立小学施予补助,按照相关政策进行管理并逐步对其展开接办。到1956年,私立小学基本上被地方政府接办,成为公立学校。从此小学教育作为最基本的价值传播系统,被纳入了的国家体制之中。相对于公立小学接管,私立小学的接办过程持续时间长,各种矛盾与冲突也更为显著。本章主要描述接办过程中地方政府与社会力量的博弈,展现新政权形成初期地方政府是如何与社会力量相互作用,以及如何通过接办使私立学校逐渐接受主流价值观念的。

二、私立小学的登记注册与整顿

1948年末,当平津战役接近尾声时,中共中央就开始部署对北平等大城市的接管工作。从农村根据地发展壮大的中国共产党充分意识到了大城市与工业区的重要性和复杂性,并深知缺乏城市管理经验②。因此北平市委采取了谨慎的态度,要求"首先自上而下地系统地原封不动地加以接受与管制,不要搞乱;待接收完毕,经过研究之后,再统一地分别、有步骤、有计划地加以处理",反对"采取完全粉碎的方针"以及"用落后的方法去代替比较进步的方法";并特别强调对"大、中、小学及一般文化教育机关,不要不加分别地在没有必要时也都派军事代表"③。1949年1月负责接管北平工作的军事管制委员会成立,在市政府下设教育

---

① 许忆痴编著:《小学行政》,天津:天津大众书店1951年版,第1页。
② 参见:《中共中央华北局对平津地下党在接管城市中应做工作的指示》(1948年12月13日),北京市档案馆、中共北京市委党史研究室编:《北京市重要文献选编(1948.12—1949)》,北京:中国档案出版社2001年版,第3—5页。
③ 《中共北平市委关于如何进行接管北平工作的通告》(1948年12月21日),北京市档案馆、中共北京市委党史研究室编:《北京市重要文献选编(1948.12—1949)》,北京:中国档案出版社2001年版,第15、16、18页。

局,负责中小学的接管工作①。

1949年2月,中国人民解放军进入北平以后,接管工作正式展开。市教育局设立国民教育科,专门负责公私立小学的事务②。经过战争洗礼的北平市各方面损失严重,百废待兴③,恢复和发展生产成为当时城市工作的中心任务④。而在教育领域,干部教育得到了更多的强调⑤。因此接管小学过程中的基本原则是"先公立学校后私立学校,先处理反动落后的学校后一般学校,先城区学校后农村学校"⑥。从2月至5月中旬,小学接管工作的重点在市立中心小学⑦,截至5月1日,20所中心小学中的15所已被接收⑧。5月中旬之后,市立一般小学也被陆续接收。被接管的公立小学撤换了旧校长⑨,教师中的党团员及积极分子带动一

---

① 参见:《北平市军事管制委员会成立布告》(1949年1月1日),北京市档案馆、中共北京市委党史研究室编:《北京市重要文献选编(1948.12—1949)》,北京:中国档案出版社2001年版,第58页。军管会另设文化接管委员会教育部,负责高等教育、学术机关的接管工作。
② 参见:《北京市教育概况》(1949年12月),北京教育志编纂委员会办公室、北京市档案馆编研处编:《北京教育档案文粹》上,北京:华艺出版社2008年版,第40页。
③ 关于北京市在建国前夕的状况,参见[美]德克·博迪:《北京日记——革命的一年》,洪菁耘、陆天华译,上海:东方出版中心2001年版。
④ 参见:《恢复与发展生产是城市工作的中心任务》(1949年4月16日),北京市档案馆、中共北京市委党史研究室编:《北京市重要文献选编(1948.12—1949)》,北京:中国档案出版社2001年版,第392—399页。
⑤ 参见:《关于进城后的工作与纪律问题的讲话要点》(1949年2月1日),北京市档案馆、中共北京市委党史研究室编:《北京市重要文献选编(1948.12—1949)》,北京:中国档案出版社2001年版,第121页。
⑥ 卓晴君、李仲汉:《中小学教育史》,海口:海南出版社2000年版,第20页。
⑦ 参见:《半年来平市普通教育概况》,《人民日报》1949年8月26日第4版。北京和平解放后,仍然延续国民党政府时期的"中心学区"制,即城、郊共分四十八个中心学区,每区设一中心小学,负责全区小学之业务领导。中心小学直属教育局,一般小学属区文教科,转报教育局,中心小学对一般小学仍有业务领导关系。
⑧ 参见:《北平市人民政府接管工作总结》(1949年5月1日),北京市档案馆、中共北京市委党史研究室编:《北京市重要文献选编(1948.12—1949)》,北京:中国档案出版社2001年版,第494页。
⑨ 参见:《北平市教育局关于接管市属公立中小学及社教机关工作总结》(1949年5月),北京教育志编纂委员会办公室、北京市档案馆编研处编:《北京教育档案文粹》上,北京:华艺出版社2008年版,第4页。

般教员深入学生生活,建立了学校民主管理制度,废除了训育制度,恢复了学校的正常秩序①。接管后,公立学校的机构得到精简,将教务、训育、事务、体育四处改为教导、总务二处,实行教导合一,经济上也逐渐透明、节约②。

考虑到当时的经济状况和人员配置问题,根据"凡私人能出钱办学校者,只要不违反我们的教育方针,我们一概欢迎"③的方针,市政府并未立刻着手接办全部私立小学,而是对其进行整顿改造,纳入控制范围;并希望这些学校通过自主经营,加之政府的若干补助,能够暂时维持下去④。正如彭真所言:"我们对于私立学校,凡是执行了政府的教育方针,办的好的,应予鼓励和扶持。这对于人民是只有好处没有坏处的。"⑤

北京市解放前共有私立小学 143 所,解放后一年内新成立的学校有 80 所⑥。为了全面掌握这些学校的情况,教育局对私立小学进行登记⑦,颁布《北京市私立学校临时管理办法》,规定,"本市所有私立学校无论过去业已立案与否均须重新登记以便审查,凡新创立之学校未经登记核准前不得招生"⑧。此次登记主要包括三部分,分别为学校情

---

① 参见:《小学一年工作总结》(1950 年),北京市档案馆藏,档案号:153 - 001 - 00691。
② 参见:《半年来平市普通教育概况》,《人民日报》1949 年 8 月 26 日第 4 版。
③ 《关于北平接管工作中一些问题的报告要点》(1949 年 4 月 3 日),北京市档案馆、中共北京市委党史研究室编:《北京市重要文献选编(1948.12—1949)》,北京:中国档案出版社 2001 年版,第 331 页。
④ 参见:《北京市解放一周年来教育工作总结》(1950 年),北京市档案馆藏,档案号:153 - 001 - 00691。
⑤ 《北平市各界代表会议上,彭真同志总结报告摘要》,《人民日报》1949 年 8 月 19 日第 1 版。
⑥ 参见:《北京市解放一周年来教育工作总结》(1950 年),北京市档案馆藏,档案号:153 - 001 - 00691。
⑦ 参见:《整顿扶植私立小学,京教育局举办登记》,《人民日报》1949 年 10 月 6 日第 4 版。
⑧ 《北京市私立学校临时管理办法》(1949 年),北京市档案馆藏,档案号:153 - 001 - 00902。

况、董事会情况和教师情况。调查表涉及内容非常细致,包括统计对象的各个方面,突出强调对政治立场的调查:学校情况调查表须填写校长的经历、政治主张和党派关系;董事会情况调查表须填写每个董事的详细学历、过去职业、现在职业、社会活动、党派关系、社会关系、过去和现在的政治主张;教职员情况调查表须填写出身、参加党派及宗教社会团体情况等①。通过调查登记与教育局审查相结合,私立学校的人事、财产等各方面的情况已被基本掌握。在这一过程中,私立学校只有被"认为确能执行新民主主义教育方针及人民政府教育法令并获有成绩时",方能立案批准;并且校长和教职员必须按照该方针进行教学,如有违背,教育局可令董事会另派校长或改聘教职员;而董事会新任命的校长必须经教育局批准才能就任,且不能由外国人充任;另外,《临时管理办法》还对学校学制、课程教材和教导制度进行限制,要求与公立学校相同,并将宗教科目剔出课程之外②。与此同时,教育局颁布《北京市私立中小学校董事会暂行组织纲要》,对董事会的职责进一步明晰③。

在整顿过程中,具备下列情况之一的学校首先被政府接管:第一,有特务性质的反动学校;第二,经费确实难以维系的学校;第三,学校负责人有政治、经济问题的学校。从表1.1可以看出,在此次整顿过程中接管的学校多为被视作"政治上存在反动"的学校;政府为避免额外的负担,这些被接管的学校除一所改为独立市小外,其余学校要么并入其他市立学校,要么停办,要么在政府的监督下保持私立性质。不管怎样,整顿之后这些学校已被有效地纳入政府的控制范围,接受教育局的领导和监督。

---

① 参见:《私立慈友、益众、惠公、贤良、育英小学登记备案材》(1949年),北京市档案馆藏,档案号:153-001-00923。
② 《北京市私立学校临时管理办法》(1949年),北京市档案馆藏,档案号:153-001-00902。
③ 参见:《北京市私立中小学校董事会暂行组织纲要》(1949年),北京市档案馆藏,档案号:153-001-00902。

表 1.1 整顿过程中被接管小学的情况

学校	存在问题	接管办法
中正小学	特务性质的反动学校	停办,学生分到其他学校
四存小学	特务性质的反动学校	与市立大佛寺西街小学合并
文华小学	特务性质的反动学校	由师大女附中接办
大公小学	特务性质的反动学校	改为育德学校,维持私立派员管理
培智小学	特务性质的反动学校	与市立地藏庵小学合并
惠童小学	特务性质的反动学校	停办,学生分到其他学校
长春小学	经费困难,没有着落	并入市立小学
广济小学	经费困难,没有着落	并入市立羊市大街第二小学
建华小学	创办人进清河大队学习,校长自愿献校	改为市立大红罗厂小学
向善小学	校长系反动分子,离校学习	维持私立,由教育局协助教员组织校务管理委员会管理
佛德小学	校长系反动分子,离校学习	维持私立,由教育局协助教员组织校务管理委员会管理
立华第一小学	校长曾经贪污,北京解放后怕遭师生清算离校	维持私立,由教育局协助教员组织校务管理委员会管理

资料来源:《北京市解放一周年来教育工作总结》(1950年),北京市档案馆藏,档案号:153-001-00691。

三、"为了学生":经营困难学校利用主流话语寻求政府接办

在1952年之前,由于工作重心和经费问题,文教局在接办私立小学方面并未表现出积极态度。除主动接办政治反动、所有权归国外拥有的私立小学外(如一贯道办的树民小学、爱尔兰人孔文法办的天主教背景

的惠我小学等)①,文教局希望通过"积极领导和经济补助的方针"②,维持私立小学的经营,在保证监督控制的前提下,减轻政府经济负担。1950年,北京市文教局公布经费补助办法,规定符合下列条件之一者可获得补助:第一,"办理完善,成绩优良而经济确实困难者";第二,"贫苦工农子弟占全校学生总人数,中学在三分之一、小学在三分之二以上,因收费较低难以维持者"③。但实际上,一方面当时"崇尚公,摒弃私"的观念已经逐渐成为一种"风尚"④;另一方面,当时私立小学中多数面临经费困境,政府补助杯水车薪,很难帮其彻底摆脱困境:中华人民共和国初期,受外国津贴和教会资助的学校基本上失去了经济来源;国内尚不明朗的局面以及不断的政治运动也使得多数私小董事会形同虚设,没有能力或不愿继续投资;而公立小学不收学费、只收杂费的政策⑤对贫苦家庭的吸引力超过私立学校,并且逐年增加班级数,扩大招生人数⑥;加之部分私立学校管理混乱,声誉下降,越来越难保证生源数量。从1952年正式接管私立小学之前所做的工作计划的统计中可以看出,当时北京市共有168所私立学校尚未接办,单纯靠学费苦苦支撑的小学就有143所;教师待遇很低,需要政府大量补助⑦。用北京市教育局的原话说就是有的学校教师的工资已"降到可惊地步"⑧。这些学校中学费最高收取14余万元*,

---

① 参见:《接办私立小学》(1952年),北京市档案馆藏,档案号:153-004-02605。
② 《关于接办北京市私立中、小学的决定》(1952年),北京市档案馆藏,档案号:153-001-00902。
③ 《北京市人民政府文教局补助私立学校经费暂行办法》(1950年),北京市档案馆藏,档案号:153-001-00902。
④ 参见张廉云:《张自忠故居与自忠小学》,《北京文史资料》第63期。
⑤ 参见:《华北区小学教育暂行实施办法》,《人民日报》1949年6月15日第2版。
⑥ 参见:《北京市二届二次各界人民代表会议上,聂市长报告市政府本年度工作计划》,《人民日报》1950年2月26日第1版。
⑦ 参见:《北京市关于接收私立小学的计划》(1952年),北京市档案馆藏,档案号:153-004-02606。
⑧ 《北京市教育概况》(1949年12月),北京教育志编纂委员会办公室、北京市档案馆编研处编:《北京教育档案文粹》上,北京:华艺出版社2008年版,第57页。
* 注:此处计量单位为中华人民共和国初期旧币,每10 000元折合1955年新币1元。

最低收 6 万元,该收费标准是市立学校的三到四倍①。在国家经济尚未恢复的情况下,政府初衷与部分私立小学实际状况之间势必存在冲突。此时,这些学校的董事会、教师和学生(包括家长)形成一股社会力量,主动出击,向政府施压,申请接办,改为市立学校,由此形成一股请求接办的风潮。

早在 1949 年末,私立春明小学就向文教局呈请,希望改为市立学校。在向文教局说明该校情况时,主要强调了以下几点:第一,学生缴费困难,人数逐渐减少,并对成绩优良、家庭贫困的学生予以减免学杂费,经济情况更加困难;第二,学校校舍、设备完全,易于接办;第三,教员尽管坚持学习与工作,但收入确实无法担起家庭重担,生活陷入困境;第四,家长要求学费进一步降低②。这样一份突出学生困难、中肯又不失情感的申请很快得到了文教局的回应,批准其与同样申请接办的私立广惠小学合并,改为市立第八区老墙根小学③。其他经费困难、希望政府能够接办的私立小学也纷纷效仿,递交申请时以学生为中心,围绕董事会、教师和家长做文章,向政府施压。加上政府对少数民族举办的私立小学有政策上的照顾,仅 1950 年就有培新、文治、伊斯兰、三忠、立人新建等十余所私立小学向文教局申请接办被批准。1951 年至 1952 年上半年,世盛、育文、慈慧、民立、育文、商育等数十所私立小学申请接办被批准④。

当然,私立小学向政府申请接办并非一帆风顺,不少学校都是通过不断地博弈和讨价还价才获得成功的。以私立博爱小学申请接办为例,

---

① 参见:《中共北京市委关于北京市中小学学生负担及生活状况向中央、华北局的报告》(1952 年 6 月 11 日),北京教育志编纂委员会办公室、北京市档案馆编研处编:《北京教育档案文粹》中,北京:华艺出版社 2008 年版,第 651 页。
② 参见:《私立春明小学概况及现存困难问题》(1949 年 12 月 30 日),北京市档案馆藏,档案号:153-001-00974。
③ 参见:《文教局关于北京市私立春明小学呈请接管的指示》(1950 年),北京市档案馆藏,档案号:153-001-00974。
④ 参见:《1951 年接办私立小学》(1951 年),北京市档案馆藏,档案号:153-001-00568。《接办私立小学》(1952 年),北京市档案馆藏,档案号:153-004-02605。

1951年暑假他们便向文教局申请接管事宜，但文教局并未批准，并要求其坚持办学。一个学期之后，1951年12月24日博爱小学董事会再次写信催促文教局接办，声称"收支不能相抵，积亏太多，我会无力筹垫，房租不能拖欠，且大量增加，教职员生活又必须，下学期实难进行"，并拿学生的利益和前途相威胁："该校学生现有六班共计二百余名，若由校方自行解散，恐各生各方投考困难，骤令失学，未免可惜。故不得不及早声明，请求接办。"①1952年1月9日博爱小学董事会继续呈请所属区文教科，指称校长体弱多病，已无法继续任职；六年级教员也因产假入院，无法坚持上课，师资匮乏；并再次以避免学生失学为由敦促政府接办②。文教局对该小学的催促并未作出积极反应，直到1月18日博爱小学才收到区文教科对去年12月呈请的批复，称"关于请求接办博爱小学问题碍难照办，详情已与孙董事长面谈"③。据此，博爱小学针锋相对，将学生问题推给教育局，"既不能照准接办，所有学生应如何由局方分配"，并要解散董事会，不再继续办学④。在不断施压下，3月份博爱小学的呈请终于获准，北京市人民政府决定接办该小学，改为市立第五区顺城街小学分校⑤。当得到获准的消息后，博爱小学立刻呈文，不无夸张地表示"各级生听闻甚感政府的体恤，无不欢喜异常"，并保证尽快完成清点交接工作⑥。

这一阶段私立小学接办的最大特点就是政府原则上采取只管不接

---

① 《为博爱小学实在无法进行恳请你科务于本期内接办以免各贫生失学由》(1951年12月24日)，北京市档案馆藏，档案号：045-004-00090。
② 参见：《为博爱小学实在不能进行务请于本学期终了时设法接办以免贫生失学由》(1952年1月9日)，北京市档案馆藏，档案号：045-004-00090。
③ 《为博爱小学实在难以进行请陈意见悉核示由》(1952年1月18日)，北京市档案馆藏，档案号：045-004-00090。
④ 《五区接办私立博爱小学与文教局的批复》(1952年3月)，北京市档案馆藏，档案号：045-004-00090。
⑤ 参见：《决定接办私立博爱小学改为市立第五区顺城街小学分校》(1952年3月8日)，北京市档案馆藏，档案号：045-004-00090。
⑥ 《为尊批移交先行报告并请速派接受以便及时结束由》(1952年3月19日)，北京市档案馆藏，档案号：045-004-00090。

的方针,而办学困难的小学董事会则主动向政府申请接办——建政初期,社会力量与政府进行博弈时,前者往往占据"先手"①。与办学条件好、经费充足的私立小学相比,这些处在破产边缘的学校对于董事会来说无疑成为负担。在国家政策并未鼓励接办私立小学的情况下,这些董事会在呈请接办过程中与政府博弈的最大"杀手锏"莫过于"学生利益"。1949 年通过的《中国人民政治协商会议共同纲领》中明确指出中华人民共和国的教育是"民族的、科学的、大众的文化教育",应"有计划有步骤地实行普及教育"②;马叙伦在第一次全国教育工作会议上强调,教育"应该以工农为主体",小学"应该多多吸收工农的子女"③。就北京而言,截至 1950 年北京市的失学儿童大约十万人,当时小学教育的主要任务之一便是增加班级数,让更多的学生入校④。学校董事会充分利用扩大工农贫苦子弟受教育的政治氛围,纷纷强调该校工农贫困子弟占相当大的分量,并对他们采取优惠政策,减免学费,导致学校运营经费更加紧张(表明其对新民主主义教育方针的支持与施行),继而不断向政府施压:如果学校不能及时接办,该校学生恐怕将失去上学机会。如果说政府能够应对学校"哭穷",那么一旦提及学生失学的问题,政府往往就招架不住了。因为倘若坐视学生失学不管,这份责任地方政府无力承担。因此"为了学生"即成为接办呈请叙述的着力点。私立小学的学生虽然并未直接参与到社会力量和政府之间的博弈,但却成为决定这场博弈胜负的关键因素。至于教师,由于他们的薪水往往低于市立小学,甚至没有保障,因此也构成推动接办的积极力量。

这些经济困难的学校在董事会申请接办过程中,不断向师生、家长

---

① 参见:Jeremy Brown and Paul G. Pickowicz eds. *Dilemmas of Victory: The Early Years of the People's Republic of China*. Cambridge, Massachusetts: Harvard University Press, 2007, p.8.
② 《中国人民政治协商会议共同纲领(节录)》,何东昌主编:《中华人民共和国重要教育文献(1949—1975)》,海口:海南出版社 1998 年版,第 1 页。
③ 《马叙伦部长在第一次全国教育工作会议上的开幕词》,何东昌主编:《中华人民共和国重要教育文献(1949—1975)》,海口:海南出版社 1998 年版,第 6 页。
④ 参见:《北京市二届二次各界人民代表会议上聂市长报告市政府本年度工作计划》,《人民日报》1950 年 2 月 26 日第 1 版。

宣传共产党的价值理念,促使他们认可公立学校,以便鼓动更多人加入到请求接办的队伍中来,从而壮大声势;加上转为公办学校后教师地位、薪水的提升以及学生经济负担的减轻,都使得他们能够更积极地拥护共产党,并认可其价值理念。而在1952年之后政府主导的大规模接办开始时,许多经济状况尚可的私小也逐步被接办,此时的情况则比之前复杂得多。

四、地方政府主导下的正式接办

(一) 宣布接办与私校的最初反应

随着国家经济的逐渐恢复,1952年下半年国家认为对私立小学展开大规模接办的时机到来了。8月9日,中央人民政府颁布《关于接办私立中、小学计划(草案)》[①],北京市教育局响应中央号召,在8月份制定的接办计划中,打算下半年一次性接收私立小学60所,其中教会学校19所(天主教14所,基督教5所),少数民族学校7所(回族学校6所,满族小学1所);中学附属小学9所,经费困难或办理不善的25所[②]。由于这些私立学校均登记在案,文教局对其人事和校产情况已有所了解,为接办工作提供了便利。

9月10日教育部正式发布《关于接办私立中、小学的指示》,要求各地政府从1952年下半年至1954年全面接办私立中小学。指示要求坚决贯彻"先接办外资举办的学校,后接办中国人自办的学校;先接办办理成绩较差的学校,后接办办理成绩较好的学校;先接办经费困难的学校,后接办经费还能维持的学校;大体上先接办中等学校,后接办小学"的方针。为了使接办学校能够切实履行党中央的教育路线,该指示还要求各

---

① 参见:《中央人民政府关于接办私立中、小学计划(草案)》(1952年8月9日),北京市档案馆藏,档案号:153-001-00906。
② 参见:《关于接办私小准备工作》(1952年8月),北京市档案馆藏,档案号:153-004-02606。

地教育局组织人力深入接办学校详细了解该校政治情况、人事关系,并"选派一定数量政治上较强的干部,负责接办工作,其中尤其要派遣得力的干部去接办规模较大的学校"。最后为了避免接办过程中的激进行为,该指示规定要"采取逐步整理的方针,人事的安排和调动,应抱慎重态度"①。

市教育局根据北京市的具体情况和教育部的指示,于9月22日重新确定了私立中小学的接班工作计划。该计划确立的五条原则成为随后接办的依据:第一,人事上采取"包下来"的方针,个别需要调动、学习和退休的,须经教育局批准。第二,教职员工待遇"一律不降低",薪水与市立学校持平或高于市校的保持不变,低于市校水平的予以适当提高;学生缴费与减免办法按市校标准执行,多退少补。第三,学校基金结余除用于添置设备等正常开销之外,其余须上缴政府;因正常开销而有积欠的学校,政府适当予以补偿。第四,学校的产权关系仍属于私人和团体所有,政府接办后可以租用,但不可变更。第五,少数民族小学可暂缓接办,如主动要求接办,可予以考虑,但须尊重少数民族习惯②。

而交接步骤相对简单,小学接办工作由各区文教科负责,各私校由校长、教导主任、总务主任、党、团、工会、学生会代表组成"学校交接委员会",宣布上述原则和各项规定,完成人事和财产的登记清算,并于一个月内建立新的人事编制、会计制度、财务登记制度等,完成交接③。接办工作随即展开,各区文教科派政治上可靠的干部进入各接办学校了解情况。有的区着手较早,在"三反"运动期间就派干部进入私立小学排摸,

---

① 《中央人民政府教育部关于接办私立中、小学的指示》(1952年9月10日),北京市档案馆藏,档案号:153-004-02606。
② 参见:《本市私立中、小学接办工作计划》(1952年9月22日),北京市档案馆藏,档案号:153-004-02606。实际上,在具体执行情况与该原则存在一定差距。除下文将要论述的校长更替频繁外,私立小学教师工资也并未按教师预期工资发放,私立小学教师的工资标准与市立小学试用教师的标准持平,私立小学教师感到不满,不断反映,教育部门才引起重视,并着手解决。参见:《接办私小工作》(1952年),北京市档案馆藏,档案号:153-004-02606。
③ 参见:《本市私立中、小学接办工作计划》(1952年9月22日),北京市档案馆藏,档案号:153-004-02606。

并在接办前通过学校的积极分子和关系人详细了解学校领导和教职员存在的问题,找到可以信赖的力量,为接办后的调整控制做准备①。

当工作人员进入私立学校展开工作后,他们发现学校各方对接办的反应不一。董事会方面,一些办学条件差、经济困难的学校,董事会对接办表现积极,感觉自己丢掉了包袱②。例如女青年会小学把全部校产交给政府,穆辉小学的董事们一直在学校帮助清点校具③。益智小学董事长对文教科的工作人员说:"政府说我有成就,我死也认了。我还有房子,马上腾出来借给国家。"④但另外一些学校的董事会和校长则对政府接办表示不满。穆华小学董事长说:"早知如此,我办小学是王八蛋。"⑤愿学堂小学校长表示"四十年的心血一下子都完了"⑥。有些董事提出一连串的要求,请求政府给他们介绍职业,对他们的子女要给助学金等⑦。而有的学校校长故意拖延,如元培小学,前任校长故意装病,而新任校长去了两周还不清楚之前学杂费的收支情况⑧。有的学校对接办工作的宣传态度消极,如调查人员在培基小学问了六七个学生,都不知道政府为什么要将私小改为市小⑨。

---

① 参见:《东四区文教科接办私小工作总结》(1952年),北京市档案馆藏,档案号:153-004-02610。
② 参见:《私立中、小学接办中的一些情况》(1952年10月15日),北京市档案馆藏,档案号:011-001-00070。
③ 参见:《东单区私立小学、幼儿园接班情况报告》(1952年10月25日),北京市档案馆藏,档案号:153-004-02610。
④ 《接办私立中、小学工作总结》(1952年11月15日),北京市档案馆藏,档案号:153-001-00902。
⑤ 《西单区接办私立小学工作汇报》(1952年9月30日),北京市档案馆藏,档案号:153-004-02610。
⑥ 《私立中、小学接办中的一些情况》(1952年10月15日),北京市档案馆藏,档案号:011-001-00070。
⑦ 同上。
⑧ 参见:《北京市海淀区接办私小工作总结》(1952年10月30日),北京市档案馆藏,档案号:153-004-02610。
⑨ 参见:《西四区私小接办情况汇报》(1952年),北京市档案馆藏,档案号:153-004-02610。

教职工方面,由于当时私立小学的名声不及公立小学,加上待遇低,有些人感觉自己的政治和经济地位均获提高,如四民小学朱老师说:"这回我可翻身了,我再也不受学校的气了。"①而和平附小的教师说:"一听见改市小,不知道我们心里多么高兴,过去市小瞧不起私小,自己也感到自卑,今后可好了。"有的老师对待遇提高很高兴,认为"有产假带薪了"②。但是一些在经费较好的学校工作的教师却不愿被接办,担心成为市立小学后失去自由③,感到"薪金不增,而工作却增多了"④。有些学校的教师不安心,怕调动工作,怕学校解散⑤。有些老师讽刺学校里的积极分子,有些则担心接办后失去宗教信仰自由⑥。有些老师害怕因接办而失业,他们威胁说"调校长没关系,调教员可不敢保证不出错"⑦。有些教员在学生中散播谣言,煽动学生阻止接办工作正常进行,说"市小一班只准有 45 人,多余的都要开除"⑧。

(二) 强化舆论宣传,重释接办意义

董事会和教职员工的反应很难令教育局满意。即便是那些拥护接办工作的意见,也偏离了最初预想的正确轨迹。宣武区在 9 月末的工作

---

① 《西单区接办私立小学工作汇报》(1952 年 9 月 30 日),北京市档案馆藏,档案号:153-004-02610。
② 《私立小学接班工作简报》(1952 年 9 月 27 日),北京市档案馆藏,档案号:011-001-00070。
③ 参见:《西城区接办私小工作总结》(1952 年 10 月),北京市档案馆藏,档案号:153-004-02610。
④ 《私立中、小学接办中的一些情况》(1952 年 10 月 15 日),北京市档案馆藏,档案号:011-001-00070。
⑤ 参见:《西单区接办私立小学工作汇报》(1952 年 9 月 30 日),北京市档案馆藏,档案号:153-004-02610。
⑥ 参见:《接办私立中、小学工作总结》(1952 年 11 月 15 日),北京市档案馆藏,档案号:153-001-00902。
⑦ 《私立小学接班工作简报》(1952 年 9 月 27 日),北京市档案馆藏,档案号:011-001-00070。
⑧ 《前门区文教科关于接办私小的汇报》(1952 年 10 月),北京市档案馆藏,档案号:153-004-02610。

汇报中就一针见血地指出:"虽然一般教师对接办工作都非常拥护,但对国家经济建设好转这一点体会的是不够深刻的,多感到过去作个私小教员地位低,对个人面子上不好看。"①西四区在接办之初也指出了同样的问题。② 针对上述情况,教育局加大了宣传力度。由于接办开展之时正值国庆前夕,各校纷纷将接办教育和国庆教育相结合,深入开展思想动员工作。学校一方面组织召开教职员工大会与座谈会,另一方面召开学生会、家长会,并举行各种联欢会、庆祝大会,将接办工作与国家建设取得的成就、中国共产党的恩情紧密联系起来,通过情感动员的方式引导师生从政治的角度理解接办的意义。正如教育局在接办经验总结中所言:"结合国庆,结合祖国三年来伟大的成就,结合新民主主义制度的优越性,丰富了接办的内容,同时也使得国庆节的宣传工作有了更生动、更实际的内容,使广大师生通过接办,更能体会到祖国的伟大,进一步激发了师生教学、学习的积极性。"③

高强度、全方位的宣传攻势改变了人们的思考议程和逻辑,规制了表达重点,突出了正确方向,营造了政治化氛围。例如,时任教育部部长马叙伦在建国三周年之际发表的文章《三年来中国人民教育事业的成就》被各大报刊和教师学习资料转载,流传甚广。该文充分体现了教育与政治结合宣传的基本架构。文章首先指出"腐朽透顶的国民党卖国贪污政权所留下来的是一个经济、文化落后的国家,教育事业的遗产尤其可怜。广大的工农劳动人民被剥夺了教育的权利,百分之九十的人是文盲,封建的、买办的、法西斯主义的教育摧残了青年们的自尊心和自信心",特别强调国民党政权下教育的不平等与反动;继而指出新政权下师生境遇的提升,"教师和学生的政治地位,改善了他们的生活状况。在新中国,凡是愿意为人民服务的教师,都受到了政府的尊重和人民的敬爱;青少年学生,

---

① 《宣武区文教科关于接办私小工作的汇报》(1952年9月28日),北京市档案馆藏,档案号:153-004-02610。
② 参见:《北京市西四区私立小学接办工作总结》(1952年11月6日),北京市档案馆藏,档案号:153-004-02610。
③ 《接办私立中、小学工作总结》(1952年11月15日),北京市档案馆藏,档案号:153-001-00902。

更是被看做新中国的希望,而受到人民政府的关怀……中国人民教育事业的发展和成就,充分地证明了新民主主义制度较之资本主义制度的优越性,也证明了人民民主政权有着如何强有力的生命力",从而让师生明白,他们状况的改善与新政权的政策选择密切相关;最后点明教育与国家未来发展之间的关系,指出教育的本质目的在于强国①。这类文章的重复传播起到了示范和强化作用,它重新解释了接办工作的意义,对师生的认知和表达提供了"标准化"指导,传递给师生、家长正确的思维方式——个人境遇的改变在于党和国家的强大与发展,后者决定前者的命运。

教职员工被要求不断在有组织的公开场合下说出自己对接办的认识和感受,通过开放场域中的反复表达来强化正确叙事的记忆。与此同时,接办人员开始对教师进行以政治面貌、政治态度为主调查,并涉及教员与校长,尤其是反动校长的关系②。被认为存在问题的教师则很可能会被调离工作岗位。这一措施也会促使教师进行正确的公开表达——不管主动抑或被动,他们的生活开始与政治接轨。在宣传攻势、组织学习和审查的多重攻势下,教职员工清楚了何为正确,何为错误,何种表达对自身有利:一位教师在全校庆祝大会上以情动人,感激涕零地表示:"我是没有母亲的,从来不知道什么是母爱,这次才感到党和毛主席是我的母亲,今后可得好好干了!"③育群小学的教员说:"我们要感谢政府感谢共产党,感谢毛主席,我们要以实际行动,加强学习,提高教学来报答毛主席。"④对于接办政策,教师的认识逐渐超越个人得失:"决定的英明,想的周到,哪里去找这样好的政府!"教职员纷纷表示和党、政府更接近了:"过去和毛主席好像是叔伯关系,现在改为市立就是亲的了。"⑤

---

① 马叙伦:《三年来中国人民教育事业的成就》,《人民教育》1952年第10期。
② 参见:《东单区私小接办计划》(1952年9月),北京市档案馆藏,档案号:153-004-02607。
③ 《接办私立中、小学工作总结》(1952年11月15日),北京市档案馆藏,档案号:153-001-00902。
④ 《东单区私立小学、幼儿园接班情况报告》(1952年10月25日),北京市档案馆藏,档案号:153-004-02610。
⑤ 《接办私立中、小学工作总结》(1952年11月15日),北京市档案馆藏,档案号:153-001-00902。

学生方面,学校要求他们在庆祝大会上结合国家建设成就进行主题发言,并办壁报进行宣传①,增强政治觉悟和意识。泄水湖小学的一名学生就在庆祝大会上郑重保证"要跟着老师好好学习,锻炼身体,不然对不起人民政府对我们的关心"②。而参加庆祝大会的听众也积极融入其中,这些学生掌声雷动,欢呼"毛主席万岁",高唱《解放区的天》和《没有共产党就没有新中国》③。由于少先队多在公立小学建队,因此私立小学的接办为小学生们提供了一个政治参与的机会。很多孩子都表达了对加入这个政治组织的热烈期盼,政治归属感无形中增强。例如和平附小、盛新小学等学校的学生不断追问老师:"什么时候建队?""什么时候戴红领巾?"④

通过学生、家长会和家访与学校发生联系的家长也参与了政治化氛围的建构。家长本来多数都是赞同私立小学改为公办的,因为这样可以省下大量学费。从最初家长的反应看也多是如此。但随着宣传教育的深入,家长开始将从改革中获得的实惠与党和政府的关怀建立联系,并通过言行不断加深这种关联。如铸新二小学生的家长说:"共产党真是大公无私,国民党有钱都入腰包,共产党真能为人民办事。"⑤洁如小学的家长说:"我从心里感到高兴,老师和家长的困难问题,这次都由毛主席给解决了。"⑥在这种逻辑下,教育孩子自然就不再单单是一个家庭内部的事情了,培养孩子是为祖国输送人才,以报答党和政府的恩情。例

---

① 《北京市西四区私立小学接办工作总结》(1952年11月6日),北京市档案馆藏,档案号:153-004-02610。
② 《北京市海淀区接办私小工作总结》(1952年10月30日),北京市档案馆藏,档案号:153-004-02610。
③ 《接办私立中、小学工作总结》(1952年11月15日),北京市档案馆藏,档案号:153-001-00902。
④ 《私立小学接办工作简报》(1952年9月27日),北京市档案馆藏,档案号:011-001-00070。
⑤ 《宣武区文教科关于接办私小工作的汇报》(1952年9月28日),北京市档案馆藏,档案号:153-004-02610。
⑥ 《私立小学接办工作简报》(1952年9月27日),北京市档案馆藏,档案号:011-001-00070。

如,德新小学召开家长会之际,家长踊跃出席,亲自搭台,布置会场,给学校送锦旗,给政府献鲜花。他们感谢毛主席解除了他们的困难,并进一步把孩子们教育好,家长会上不少母亲非常激动,她们握着拳头高喊"毛主席万岁","共产党万岁",她们表示一定要好好教养孩子,密切与学校的联系,为国家培养好下一代①。

(三)领导层人事调整加速新教育氛围的形成

当教师、学生和家长在宣传教育的感召下共同营造校园全新的教育氛围时,部分学校的领导层也在悄然发生变化,而这种变化进一步推动了校园统一的教育文化的形成。由于所接办的学校情况较为复杂,政府在接办工作的准备阶段,就强调对小学校长进行调查,将各校校长的性格特点和工作问题记录在案,例如:东单区树德小学校长系基督教徒,信仰深,搞小圈子,排斥非教徒;仰徽小学校长毕业于震旦大学,但文化水平很低,思想落后,常说怪话,对学校工作毫不负责,对教员不领导,限制教员入工会;德新小学校长系教徒,工作能力很差,不能领导学校工作,在校没威信②。前门区洁如小学校长据查有政治问题,社会关系极其复杂;立德小学校长系天主教修士,思想很反动,与帝国主义分子教士联系很密切,与其他教员不合,经常发生冲突③。崇文区立达小学校长作风恶劣,素质差,对政府阳奉阴违;求智小学校长是个未作交代的国民党员,思想落后,不靠近政府;新民小学校长解放前是个商人,不服从组织分配,能力差,文化水平、政治水平低④。根据类似调查,最初的工作计划中,共打算撤换校长15人,其中教会学校6人,一般私立学校9人⑤。

---

① 参见:《东单区私立小学、幼儿园接班情况报告》(1952年10月25日)北京市档案馆藏,档案号:153-004-02610。
② 参见:《东单区私小接办计划》(1952年9月),北京市档案馆藏,档案号:153-004-02607。
③ 参见:《前门区文教科接管私立小学计划》(1952年9月9日),北京市档案馆藏,档案号:153-004-02607。
④ 参见:《崇文区接办私小工作计划》(1952年9月6日),北京市档案馆藏,档案号:153-004-02607。
⑤ 参见:《关于接办私小准备工作》(1952年9月16日),北京市档案馆藏,档案号:153-004-02606。

然而在接办的第一阶段,更换校长的数目就超过了计划数,达25人之多,占全部接办小学总数的百分之四十强①。从上述调查可以发现,被认为需要撤换的校长问题主要存在于以下几个方面:教徒,思想政治反动落后,文化水平低,工作能力差,群众基础薄弱。现在的问题是:这些问题是否真实反映了校长的实际情况,如果确实反映的话,那么哪些问题在撤换校长的决定中扮演着更为主导的角色。以崇文区志馨小学校长赵某为例——她是此次校长撤换中比较典型的个案。教育部门的调查报告这样描述:"赵某,女,今年46岁,群众,天主教徒。自己说是昌黎贵真女子高中毕业,实际上连十足的小学程度都不够,甚至连一句完整的话都不会说。文化程度过低,政治认识太差,没有工作能力。不用说作学校领导,就是当个小学教员也不能胜任。"②如果这一陈述属实,那么文教科对其撤换本是一件无可厚非甚至大快人心的事。但是从对该校接办的记录看,情况似乎并非如此。她在庆祝接办的师生大会上讲话:"我十年精力都用在办教育上,今天把这个学校办好了,双手捧给政府来接办,今后别叫我校长了!"她发言完毕,许多学生都流下泪水③。从这一细节可以看出,赵某在学生中颇受爱戴,因此"工作能力差、不适合做领导"的评价失之偏颇。而从她讲话的水平看,"连一句完整的话都不会说"的指责同样有些夸张。根据民国时期教育部门对中小学校长的规定,任职标准主要包括法定资格和行为标准两方面,前者限定了作为一校之长的基本学历门槛,后者规定了校长日常行为中的知能、德性和态度④。如果一个人的学历和品行操守达不到一定标准,董事会很难会将其聘为校长。那么,赵某到底说了什么,以至于让区文教科做出上述

---

① 参见:《私立中、小学接办中的一些情况》(1952年10月15日),北京市档案馆藏,档案号:011-001-00070。
② 《崇文区合并接办私立民智、志馨小学工作计划》(1952年),北京市档案馆藏,档案号:153-004-02607。
③ 《接办私立小学工作中的问题》(1952年),北京市档案馆藏,档案号:153-004-02606。
④ 参见刘建:《民国中小学校长的任职标准及其现实意义》,《教育科学研究》2007年第7期。

判断？她在与调查员谈话时说她"文化太低,政治太差,工作能力不行,根本不能动脑筋,无论如何不能在学校工作。脑子不好,愿意做体力劳动";当调查员问她是否可以学习提高,她说自己脑子太差,学习也无济于事;调查员据此判断她不适合在学校工作,当问及工作意愿时,她说:"在文教部门不能工作,只有让政府管我饭,管我住,给我买两只羊,我养羊,羊大了挤奶卖。"①联系赵某在接办庆祝大会上的讲话,我们能够感到她对调查员所说的话是在赌气,表达她对政府接办其苦心经营的小学的不满,宣泄自己的情绪。只不过这些情绪化表达被调查员很好地利用,作为将其撤换的主要依据。而撤换的真正原因也呼之欲出:赵某作为天主教徒,政治认识差,其立场与政府路线之间存在距离,不愿意被接办。

  与之相似,其他被撤职的校长也多因无法与政府路线保持一致被贴上诸如"文化水平低,思想落后,不负责任"等标签②。而对新任校长政治身份和立场的强调也进一步印证了校长撤换的主要依据。例如,到仰徽小学担任校长的象鼻子中坑小学教员吴某是团员③;汇文第三小学现任校长杨某由区文教科介绍,系青年团员;铸新第二小学校长李某,政治上比较进步,曾任区代表;穆华小学校长改由崇文区穆德小学教员杨某(青年团员)来担任;右安门后身小学教员贺某(团员)、城隍庙小学教员孙某(青年团员)、天桥小学教员张某(青年团员)分别担任慈爱小学、嵩云小学和正宗小学的校长④。经过调整,新任校长能够更主动地领会中央精神和政策,并积极地贯彻执行。但是,由于此次调整涉及范围过大,所用标准过于严苛,就连教育局也认为有些学校校长的撤换不当,恐引

---

① 《崇文区合并接办私立民智、志馨小学工作计划》(1952年),北京市档案馆藏,档案号:153-004-02607。
② 参见:《各区接办私立小学计划》(1952年),北京市档案馆藏,档案号:153-004-02607。
③ 参见:《东单区私小接办计划》(1952年9月),北京市档案馆藏,档案号:153-004-02607。
④ 参见:《北京市宣武区文教科关于接办私小的计划》(1952年),北京市档案馆藏,档案号:153-004-02607。

起他们的不满以及未接办小学校长的恐慌。如上文提到的被认为文化很低、工作毫不负责、对教员不领导的仰徽小学校长,被撤职的主要原因是"有时说写落后和反动的话",但接班人却无视他"解放后捐产兴学,该校房舍、家具等基本上都是他独资购置"的事实①。教育局下文要求对这种严苛的做法及时予以纠正,恢复部分学校校长的职务或将其安置在特设的副校长职位上②,既保证其"校长"职位不变,又削弱其影响和权力。截至此次大规模接办全部完成,共有16名校长被撤换③。

此次私立小学校长撤换是一次政治意味较强的调整。新上任的领导班子更加靠近中国共产党,政治立场也更坚定。加之他们担任校长之职是由领导部门直接任命,改变了之前校长由董事会推选的方式,校长首先要对上级领导负责。根据1952年颁布的《小学暂行规程(草案)》之规定,"小学不论公办或私立,都由市、县人民政府教育行政部门统一领导";"小学采校长责任制。设校长一人,负责领导全校工作"④。该规程进一步保证了新任校长在基层师生中间贯彻执行中央精神和指示的效力。

从1953年到1955年,北京市政府相对放慢了接办私立小学的速度。到1956年中,北京市尚有60所小学维持私立⑤,最初政府仍然计划分批次接办⑥。但是,北京市教育局于当年降低了私立小学的收费标准,引起了在校教职员工的不满,纷纷表示政府只关注学生和家长利益,

---

① 参见:《私立中、小学接办中的一些情况》(1952年10月15日),北京市档案馆藏,档案号:011-001-00070。
② 参见:《接办私小工作初步总结》(1952年),北京市档案馆藏,档案号:153-004-02606。
③ 参见:《接办私立中、小学工作总结》(1952年11月15日),北京市档案馆藏,档案号:153-001-00902。
④ 《小学暂行规程(草案)》,何东昌主编:《中华人民共和国重要教育文献(1949—1975)》,海口:海南出版社1998年版,第142、143页。
⑤ 参见:《北京市教育局关于全部接办私立小学的请示》(1956年),北京市档案馆藏,档案号:002-008-00197。
⑥ 参见:《北京市教育局关于接办36个停办4个私立小学的请示》(1956年),北京市档案馆藏,档案号:002-008-00197。

不顾教师困难,因此强烈要求政府接办①。经核算,补助私立小学教师的经费共需 38 万元②,而接办全部私立小学和幼儿园所需经费在 47.82 万元③。教育局认为两笔经费相差不大,遂向政务院请示,一次性接办全部私立小学④。8 月 2 日,教育部同意了北京市教育局的请示,同意全部接办⑤。至此,北京市即将结束私立、公立小学共存的历史。

五、接办后的变化:新型学校文化初现

1952 年下半年开始的私立小学大规模接办是首次由政府主动组织的行动,由此拉开了官方主导的私立小学接办序幕。在师生、家长、校领导以及主管部门的共同作用下,接办后的学校展现出了崭新的校园文化氛围:学校课程和教科书都得到了统一的规定,之前脱离于公立学校之外的私设课程已成为历史,不复存在。学校领导更加突出政治面貌和政治立场,增进了与上级领导部门的联系。学校明确加强思想领导、建立和健全组织制度、加强爱国主义教育的整顿方针,建立会议、学习等制度并加强集体备课,要求教师全部参加政治学习,各校也都规定了时事和业务学习时间,到校和离校时间,增强了纪律管理。例如,宣武门外大街小学原来只有两三份报纸,现在已有十一人订报,西什库小学教师二十二人中在接办前政治常识测验只有一两人及格,现在除一两人不及格外,其余都及格了,时事测验已没有不及格的。老师思想和精神面貌的转变直接感染了学生:府前街小学的学生们知道了爱护公物,如少用点

---

① 参见:《北京市教育局关于提高私立小学员工工资的请示》(1956 年),北京市档案馆藏,档案号:002-008-00197。
② 《北京市教育局关于提高私立小学员工工资的请示》(1956 年),北京市档案馆藏,档案号:002-008-00197。
③ 《北京市教育局关于我市接办私小经费及私立幼儿园改革工资用款(核示)》(1956 年),北京市档案馆藏,档案号:002-008-00197。
④ 参见:《北京市教育局关于全部接办私立小学的请示》(1956 年),北京市档案馆藏,档案号:002-008-00197。
⑤ 参见:《中华人民共和国教育部复关于全部接办私立小学的函》(1956 年 8 月),北京市档案馆藏,档案号:002-008-00197。

儿药棉,帮助工友拾煤,自动的订修桌椅等;而东皇城根小学六年级组织了读书会,全班同学都读了《卓娅和舒拉的故事》《普通一兵》等,并将本班命名为"卓娅班";订阅少年报的数字各校普遍有大幅增加①。少年儿童的政治组织——少先队——也在校园中生根发芽。学生的组织纪律性得到进一步提升。1955年教育部颁布了中华人民共和国第一个《小学生守则》,对小学生的行为规范——大到热爱国家、集体,尊敬领袖,小到懂礼貌,按时作息,保持清洁卫生——进行了严格细致的规定。除此之外,为了增进对国家的认同,教育部于1951年颁发了《各级学校升降国旗办法》,对升降旗仪式举行的时间、礼仪要求做出了详细规定②。私立学校转为公立学校后,这些规定将会被严格执行,国家象征符号也将更频繁地与师生接触。

接办之后,与文化氛围改变相伴而生的有两个重要现象。首先,学校的经济支配权上移至教育局。学校的一切开销,大到校园维修、小到添置桌椅运动器材,哪怕仅仅是一两个足球,都需要上报文教科或教育局等相关部门批准,否则就无法获得任何经费③。更不用说教职员工薪水发放等重要开支④。经济支配权力的上移就意味着新的管理结构的形成。其次,与之相关联,学校的行政化气息日益浓厚。教师们不仅仅要教好书,而且还须完成上级行政部门分派的各项任务,有时后者的重要性还超过前者。从1953年初,《北京日报》就开始陆续讨论如何解决小学教师忙乱的问题。经过漫长的讨论,尝试了不少治标不治本的方法,但教师忙乱的现象仍然很难杜绝。这是因为教师忙乱产生的根本环境——学校的行政化趋势没有得到根本转变。

---

① 参见:《接办私小工作》(1952年),北京市档案馆藏,档案号:153-004-02606。
② 参见刘英杰主编:《中国教育大事典(1949—1990)》上,杭州:浙江教育出版社1992年版,第645页。
③ 参见:《接办私立小学(2—1)》(1952年),北京市档案馆藏,档案号:153-001-00422;《接办私立小学(2—2)》(1952年),北京市档案馆藏,档案号:153-001-00423。
④ 参见:《小学暂行规程(草案)》,何东昌主编:《中华人民共和国重要教育文献(1949—1975)》,海口:海南出版社1998年版,第144页。

小结

中国共产党对私立小学的接办,是对价值传播系统基础层面的一次有力整合。私立小学历史的结束意味着儿童在接受正规教育之时,已经不存在一套与主流价值观念有所偏差的价值传播系统可供选择,他们从进入学校之日起就开始受主流文化的熏陶。由国家主导办学的看法与共产主义者所固有的信念密不可分——他们认为在新社会中,学校必须是由"国家及其地方机构设立、维持和管理",从而能够确保"学校教育和教学的共产主义的方针","并给学校以物质上的保证"①。简言之,统一性是教育质量的首要保证。从上文描述的过程能够得知,这种统一性的实现,既不是国家政权对社会力量的层层紧逼与严密控制,也不是共产主义浪漫叙事中的积极配合与一蹴而就,而是在国家政权和社会力量的互动下共同建构起来的。

与价值传播系统整合相伴而生的重要现象就是学校与政治的关系更加密切。首先,一套政治化的表达体系逐渐在校园中生根发芽。接办宣传和教育对师生来说意味着一次语言表达的更新,从个人体悟出发的表达得到纠正,指向党和国家的话语得到弘扬。表达方式的转变对于参与到接办进程中的师生来说不啻为一次政治洗礼。经过这次接办,他们能够明确感受到党和国家的存在以及与其生活所发生的关联。其次,一系列维持校园政治化氛围的配套措施也逐步建立。校长责任制的施行意味着双重转变,第一是校长任命由上级指派代替董事会选举,校长的负责对象转移;与之相应的是,选择校长的标准也从管理能力转向了政治水平与管理能力兼顾。这一双重转变为校园全新教育文化的出现提供了保障。而教师政治学习机制和学生政治组织的建立也都推进了这一新型教育文化。这些变化在制度层面维持了新话语的生存空间,从而确保了共产主义价值在基础教育层面的生根与繁衍。

---

① [苏]凯洛夫:《教育学》,沈颖、南致善等译,北京:人民教育出版社1950年版,第11页。

第二章
小学新学制改革及其影响

中国的教育平等问题一直是社会科学领域的研究热点之一,许多学者给予关注。目前关于中国教育平等问题的探讨有两种主要路径:第一种路径倾向于强调中国教育不平等现象的产生与学生所在家庭之间的关系,认为家庭的物质条件与成员的受教育程度、职业类型对学生的教育晋升之路影响甚重①;第二种路径则将研究重点对准国家政策,认为国家对教育资源分配产生了积极或者消极的影响,而这种影响超越了家庭所施加的熏陶②。以上研究主要将关注点聚焦于中等及高等教育,其

---

① 参见:Yuxiao Wu. Cultural Capital, the State, and Educational Inequality in China, 1949 - 1996. *Sociological Perspectives*, Vol.51, No.1 (Spring 2008), pp.201 - 227;李习凡、何雨:《阶层优势的代际复制:精英中学选拔机制的社会学分析——以南京 F 学校为例》,《学海》2011年第5期。该路径显然是受到了布尔迪约(Pierre Bourdieu)等人研究的启发,他们认为不同阶级对文化资本的掌控力不同,体现到教育领域,教育系统就被制度化为社会分层的工具。参见[法]P. 布尔迪约、J. - C. 帕斯隆:《再生产——一种教育系统理论的要点》,邢克超译,北京:商务印书馆2002年版;[法]P. 布尔迪约:《国家精英——名牌大学与群体精神》,杨亚平译,北京:商务印书馆2004年版。
② 参见:Zhong Deng and Donald J. Treiman. The Impact of the Cultural Revolution on Trends in Educational Attainment in the People's Republic of China. *American Journal of Sociology*, Vol. 103, No. 2 (September 1997), pp. 391 - 428; Xueguang Zhou, Phyllis Moen and Nancy Brandon Tuma. Educational Stratification in Urban China: 1949 - 1994. *Sociology of Education*, Vol.71, No. 3 (Jul., 1998), pp.199 - 222;李春玲:《社会政治变迁与教育机会不平等——家庭背景及制度因素对教育获得的影响(1940—2001)》,《中国社会科学》2003年第3期;梁晨、张浩、李中清等:《无声的革命:北京大学、苏州大学学生社会来源研究(1949—2002)》,北京:生活·读书·新知三联书店2013年版。

隐含的预设便是1949年之后小学教育的推广普及效果明显——研究者可以找到大量数据支撑这一预设①。但数据或许只能对历史趋势做出整体性描述,而隐藏在数据背后的复杂面向则往往无法通过单纯的定量研究予以揭示。如若进入历史细节,我们恐怕会发现1949年之后小学围绕教育平等的改革并非像数据显示的那般乐观,而数据更是遮蔽了改革中的教育文化意涵。针对上述研究存在的不足,本章将以1949年之后第一次小学学制改革(即五年一贯制)为研究对象,分析追求教育平等尝试中的历史细节以及所蕴含的矛盾与张力。

目前,即便是在教育学领域,研究者也基本是在学制整体改革的大背景下顺带谈及五年一贯制的推行②,尚未涉及对小学新学制改革历程的专题研究,更谈不上对这一短暂改革的评价与反思。面对这一尚待深入开垦的论题,我们有理由给予足够的重视:第一,小学新学制是对国民政府时期学制的批判性继承,新制度的设立反映出执政者对于初等教育角色和功能的重新定位;第二,一场符合全新教育精神和话语的改革,从试行到暂停不过短短三年时间,这意味着推行过程中出现的问题已超出政策制定者最初的预期,而且是根本性的,我们需要对其作出分析;第

---

① 可参见:Martin King Whyte. Inequality and Stratification in China. *The China Quarterly*, No.64 (Dec., 1975), pp.684-711;杨东平:《中国教育公平的理想与现实》,北京:北京大学出版社2006年版,第35页。研究者开始强调小学教育机会不平等这一问题时,目光已经对准了改革开放以后。例如参见唐俊超:《输在起跑线——再议中国社会的教育不平等(1978—2008)》,《社会学研究》2015年第3期。
② 提及小学学制改革的多是教育通史类著作,例如苏渭昌、雷克啸、章炳良主编:《中国教育制度通史》(第8卷),济南:山东教育出版社2000年版,第92页;卓晴君、李仲汉著:《中小学教育史》,海口:海南出版社2000年版,第42—43页;何东昌主编:《中华人民共和国教育史》(上),海口:海南出版社2007年版,第95—96页;李太平主编:《普及与提高——中国初等教育60年》,杭州:浙江大学出版社2009年版,第10页;张礼永、郭军著:《筚路蓝缕(1949—1966)》,广州:广东教育出版社2009年版,第39—42页。西方学者对该问题的提及,可参见:Suzanne Pepper, *Radicalism and Education Reform in 20th-Century China: The search for an ideal development model*, Cambridge University Press, 1996, pp.192-193;Theodore H. E. Chen. Elementary Education in Communist China. *The China Quarterly*, No.10 (Apr.-Jun., 1962), pp.98-122。

三,伴随小学新学制的实施,一系列涉及教育文化重建的工作在舆论宣传工具的帮助下同时展开,因此,尽管制度层面的实验提前结束,但文化层面的影响却不易忽视,有待进一步梳理。基于此考量,本章试图重新思考中华人民共和国成立初期旨在追求教育平等的小学新学制改革所展现出来的问题困境,并对这场改革之于中国小学教育文化形成的作用和影响给予初步评估。

一、1949 年之前的小学学制变化与教育不平等状况

若要充分理解并评价中华人民共和国初期小学学制改革的意义和动机,我们须对 1949 年之前小学学制的变化以及小学教育的不平等状况做出简单梳理。近代中国对于小学学制的最初构想源自 1902 年由管学大臣张百熙所拟定的《钦定学堂章程》,该章程参考欧美和日本的学制系统,比附中国传统教育理念[1],将初等教育分为蒙学堂(4 年)、寻常初等小学堂(3 年)和高等小学堂(3 年)[2]。由于该章程并未实施,因此真正在实践层面产生影响的乃是次年颁布的《奏定学堂章程》,该章程将小学教育分为初等小学堂(5 年)和高等小学堂(4 年)[3]。不过二者的定位与角色有所区别:初等小学堂属于义务教育之范畴,"全国之民,无论贫富贵贱",皆应强迫入学;高等小学堂则为"仕进者有进学之阶梯,改业者有谋生之智能"而准备,未列入义务教育范畴[4]。该学制实施至民国元年后废止。

1912 年中华民国首个新学制正式颁布,规定将小学教育分为初等小学校(4 年)和高等小学校(3 年),前者为义务教育阶段[5];但同时又做

---

[1] 参见张百熙:《进呈全学章程折》,舒新城编:《近代中国教育史料》,北京:中国人民大学出版社 2012 年版,第 189—190 页。
[2] 参见陈青之:《中国教育史》下,长沙:岳麓书社 2010 年版,第 559 页。
[3] 同上书,第 560—561 页。
[4] 《学务纲要》,舒新城编:《近代中国教育史料》,北京:中国人民大学出版社 2012 年版,第 193 页。
[5] 参见:《教育部公布学校系统令》(1912 年 9 月 3 日),中国第二历史档案馆编:《中华民国史档案资料汇编》(第 3 辑 教育),南京:凤凰出版社 1991 年版,第 59 页。

了补充说明,指出初小理应不收学费,但各初小可视具体情况,经过县行政长官同意后,可以收取学费①。初小学费限制在每月银圆三角以下,而高小学费每月则可高至银圆一元②。此时,限于地方经济状况,义务教育还处在一个"有名无实"的理念阶段。值得注意的是,在该学制公布前的讨论稿中,有人提出合并初高小,实行五年义务教育制,但在"义务教育年限,宜视人民生计酌定之"观念的影响下,被否决了③。该学制实施不久,就有人提出其弊端,认为目前初等小学的设立似乎专门是为升学而准备,国民义务教育的功能不够突出。袁世凯遂于1915年初颁布《教育纲要》,规定初小实行双轨制,国民学校专为普及义务教育而准备,预备学校则为旨在升学的学生准备,但该学制并未推广④。1915年夏,为了凸显初等小学承担普及教育的性质,教育部将其改名为国民学校⑤,规定公立学校学费为每月银圆两角以下,私立学校不受限制⑥。此时,教育部虽对学制做出规定,但地方在执行时却显示出很大的随意性,六四制、五五制、五四制层出不穷⑦。直到1922年,北洋政府教育部对学制做出一次重大调整,该学制基于对德、英、美、法、日五国教育体制优劣比较分析的基础之上制定。在学制颁布前,各省对小学教育与义务教

---

① 参见:《教育部公布小学校令》(1912年9月28日),中国第二历史档案馆编:《中华民国史档案资料汇编》(第3辑 教育),南京:凤凰出版社1991年版,第446页。
② 参见:《教育部公布学校征收学费规程令》(1912年9月29日),中国第二历史档案馆编:《中华民国史档案资料汇编》(第3辑 教育),南京:凤凰出版社1991年版,第65页。
③ 教育部:《拟议学校系统草案》,舒新城编:《近代中国教育史料》,北京:中国人民大学出版社2012年版,第213页。
④ 参见:《预备学校令》,舒新城编:《近代中国教育史料》,北京:中国人民大学出版社2012年版,第223页。
⑤ 参见:《教育部公布国民学校令》(1915年7月31日),中国第二历史档案馆编:《中华民国史档案资料汇编》(第3辑 教育),南京:凤凰出版社1991年版,第466页。
⑥ 参见:《教育部公布国民学校令施行细则令》(1916年1月8日),中国第二历史档案馆编:《中华民国史档案资料汇编》(第3辑 教育),南京:凤凰出版社1991年版,第486页。
⑦ 参见李彦福、黄启文等编:《广西教育史料》,南宁:广西人民出版社1990年版,第517页。

育之年限、小学教育是否继续沿用初高级二分制等问题争论不休①。最终学制出台时,将小学教育规定为义务教育阶段,年限设为6年,初级小学4年,高级小学2年。地方可根据自身情况,单独设立初级小学,并将义务教育年限缩短至4年②。

国民党执政时期,保留了1922年确立的小学初-高小四-二划分的学制,并在此基础上做出了适当调整。1932年提出"完全小学"的概念,即包括四年初级小学和两年高级小学的学校③。为解决普通小学所无法吸纳的失学儿童,尽快普及义务教育,教育部于1935年和1937年分别推出一年制和二年制短期小学④。1940年,教育部要求至少每三保成立国民学校一所,每乡(镇)成立中心国民学校一所,办学经费以自筹为主。国民学校学制四年,相当于初级小学;中心国民学校学制六年,相当于完全小学⑤。经过调整,完小位于区域中心、初小分散于区域边缘的地理分布格局得以巩固。此次改制对小学的功能和名称做出重新安排,但1922年奠定的小学学制并未触及。随着小学教育的发展,国民小学中亦开设高级部,但所占比例极为有限⑥。

---

① 参见金曾澄:《广东提出学制系统草案之经过及其成立》,舒新城编:《近代中国教育史料》,北京:中国人民大学出版社2012年版,第230—243页。
② 参见:《教育部公布学校系统改革案》(1922年9月29日),中国第二历史档案馆编:《中华民国史档案资料汇编》(第3辑 教育),南京:凤凰出版社1991年版,第84—85页。
③ 参见:《学制系统图并说明》(1932年),中国第二历史档案馆编:《中华民国史档案资料汇编》(第5辑 第1编 教育[1]),南京:凤凰出版社1994年版,第14页。
④ 参见:《教育部颁发实施义务教育一年制短期小学暂行规程训令》(1935年7月8日)以及《教育部检发二年制短期小学暂行规程及课程标准总纲的训令》(1937年6月),中国第二历史档案馆编:《中华民国史档案资料汇编》(第5辑 第1编 教育[1]),南京:凤凰出版社1994年版,第631—633页,638—643页。
⑤ 参见:《教育部订定之国民教育实施纲领》(1940年3月21日),中国第二历史档案馆编:《中华民国史档案资料汇编》(第5辑 第2编 教育[1]),南京:凤凰出版社1997年版,第421—427页。
⑥ 例如,根据河南省方城县1948年的统计,全县国民学校有309所,共有673个初级班,7个高级班;而全县中心国民学校有35所,共有115个初级班,71个高级班。参见程国珍主编:《方城县教育志》,郑州:中州古籍出版社1991年版,第61页。

与此同时,共产党也在其统辖区域内展开教育改革。1934年之前,共产党所辖区域内的小学学制并未做出统一规定,例如,湘鄂赣苏区最初采取四二制,后又改为四三制;闽西苏区选择三三制;还有一些地区推行初中高级各两年的二二二制①。1934年2月,中华苏维埃共和国人民委员会宣布小学学制改革,小学修业为5年,前期3年为初级小学,后期2年为高级小学。该学制为弹性学制,可根据学生学习情况提前或延长②。然而,三二制并未成为共识。抗日战争时期,陕甘宁边区小学部分采取三二制,其他根据地多采用四二制,个别地区沿用二二二制③。到了解放战争时期,四二制仍是根据地的主流,之前缩短学制的学校也多选择恢复四二制④。

概言之,在中华人民共和国成立前夕,不管是老解放区还是新解放区,小学普遍采取初高小两分的四二制。小学学制经过将近半个世纪的发展,基本上趋于稳定。但学制背后所隐含的小学教育不平等状况并未得到显著改善。根据国民政府教育部的统计,1930年初级小学的数量占到全部小学数量的92%,共有222 545所⑤;1936年小学数量达到战前高峰,其中初级小学244 398所,完全小学39 034所,前者数量占86%⑥。从抗日战争到国共内战,持续的动荡环境使得小学教育发展缓

---

① 参见董纯才主编:《中国革命根据地教育史》(第1卷),北京:教育科学出版社1991年版,第158页。
② 参见:《中华苏维埃共和国小学校制度暂行条例》(1934年2月16日),陈元晖、璩鑫圭、邹光威编:《老解放区教育资料》1,北京:教育科学出版社1981年版,第309页。
③ 参见董纯才主编:《中国革命根据地教育史》(第2卷),北京:教育科学出版社1991年版,第243页。
④ 参见董纯才主编:《中国革命根据地教育史》(第3卷),北京:教育科学出版社1993年版,第101—102页。
⑤ 参见:《民国十九年度全国初等教育概况》(1930年),中国第二历史档案馆编:《中华民国史档案资料汇编》(第5辑 第1编 教育[1]),南京:凤凰出版社1994年版,第558页。
⑥ 参见:《民国二十五学年度全国初等教育概况》(1936年),中国第二历史档案馆编:《中华民国史档案资料汇编》(第5辑 第1编 教育[1]),南京:凤凰出版社1994年版,第579页。

慢。根据1946年的统计,全国共有小学290 617所①,初小学生占全部小学生的83%②。初高小比例失衡状况依旧。若将目光对准条件相对落后的革命根据地,情况同样不容乐观。1930年代中期,湘赣苏区只有2所高小③。1938年之前陕甘宁边区没有完小④。经过6年发展,1944年陕甘宁边区完小中高年级学生占全体学生的14%,若加上初小学生,接受高小教育的学生比例更在1%以下⑤。到了1946年,陕甘宁边区共有小学1249所,其中完小仅有62所⑥。

在四二学制中,初小和高小的数量存在严重脱节,完成初小学业的学生大多数不能够继续升入高小接受完整的小学教育,更谈不上有进一步升学深造的机会。初小毕业生没有适当的晋升通道,只能返回家中务农或外出务工⑦。如果接受教育仅仅是为了提升国家的义务教育率,而所学知识既疏离于务工或务农生活,又难以成为向上流动的敲门砖——这与民众对传统教育功能的认知不符⑧——那么普通民众接受教育的动力就明显缺乏,哪怕是施行免费的义务教育。这成为政府在推行义务

---

① 参见:《全国国民学校及小学之校数》(1946年),教育部教育年鉴编纂委员会编:《第二次中国教育年鉴》,上海:商务印书馆1948年版,第1464页。
② 参见:《全国国民学校及小学之儿童数》(1946年),教育部教育年鉴编纂委员会编:《第二次中国教育年鉴》,上海:商务印书馆1948年版,第1465页。
③ 参见:董纯才主编:《中国革命根据地教育史》(第1卷),北京:教育科学出版社1991年版,第257页。
④ 参见:董纯才主编:《中国革命根据地教育史》(第2卷),北京:教育科学出版社1991年版,第241页。
⑤ 参见:《新教育方针收获巨大——文教大会教育组研究现状》(1944年12月28日),陕西师范大学教育研究所编:《陕甘宁边区教育资料:教育方针政策部分》下,北京:教育科学出版社1981年版,第472页。
⑥ 参见韩作黎主编:《延安教育研究》,郑州:文心出版社2003年版,第16—17页。关于延安时期的学制简介,可参见: Wang Hsueh-wen. *Chinese Communist Education: The Yenan Period*. Institute of International Relations Republic of China, 1975, pp.136-138。
⑦ 参见遵义县虾子小学编:《遵义县虾子小学志》,内部发行2009年版,第134页。
⑧ 到了1940年,还有很多生活在区域边缘的民众对新式教育持怀疑观望的态度。参见金湖县文教局教育史料编组编:《金湖(老解放区)教育史料汇编》,内部发行1984年版,第114页。

教育时困难重重的一个重要原因。学生受教育的不平等状况还与家庭条件有关。尽管从清末开始的学制改革中,都至少将初小划入义务教育的范畴,但囿于经济不济,公立学校被允许收取一定费用,私立学校更不在监管范围之列。而高小多设立在区域中心,这就更加重了远途学生的负担。据江渭清回忆,他选择的一所离他家最近的平江第四高小,也有50里的距离①。根据毛泽东对寻乌县的调查,该县高小维持在13个左右,大部分学生是"小地主子弟,大地主与富农子弟各占小部分"②。而在1930年代的华中地区,供两个孩子读初小,须家有良田30亩,50亩良田才能供一个孩子读高小③。例如该地区的昭明小学,在校学生中80%到90%都是富裕户④。

有论者试图通过对精英人士追忆的梳理,以展现民国小学教育中的优良传统⑤。但这仅仅聚焦于民国小学教育的一个面向,即为数不多的高质量学校。在那个年代,绝大部分地处中心地带之外的初小或国民学校教育水平极为有限,有些地区的学校管理混乱,学生不分年级,水平参差不齐。甚至很多学校只有一位教师⑥。大多数学生无法接受完整的小学教育,更失去了进一步读书的可能——这便是中国共产党在接管教育工作时所要面对的局面。

二、新学制改革之初衷

小学学制中存在的问题,使"城市和农村的劳动人民的子女受教育

---

① 江渭清:《七十年征程——江渭清回忆录》,南京:江苏人民出版社1996年版,第9页。
② 毛泽东:《寻乌调查》(1930年5月),《毛泽东农村调查文集》,北京:人民出版社1982年版,第161页。
③ 参见王奇生:《中国留学生的历史轨迹(1872—1949)》,武汉:湖北教育出版社1992年版,第169页。
④ 参见襄樊市昭明小学编纂:《襄樊市昭明小学校志(1903—2008)》,内部发行2008年版,第135页。
⑤ 参见傅国涌编:《过去的小学》,北京:同心出版社2012年版。
⑥ 参见平顺县教育志编写组编印:《平顺县教育志(1529—1984)》,内部发行1985年版,第117页。

的机会不平等"①,这显然不符合"民族的、科学的、大众的"新民主主义教育方针②,与共产党所秉持的价值观念相违背。根据共产党教育家对毛泽东新民主主义思想的解读,"大众"的主要构成部分包括工农兵,而占最大多数的农民是其基础③。于是一旦工农子女的教育权利无法得到充分保障,新民主主义教育之"新"也就无从体现。以推行五年一贯制为核心内容的小学学制改革的出发点与根本目的就在于解决因城乡差异和阶级差异而造成的受教育不平等之现象④。因此,中国共产党认为学制改革势在必行。

在"一边倒"的时代背景下,小学学制改革的最初构想受到苏联初等教育四年一贯制的启发⑤,决定"实行一贯制,取消初、高两级的分段制"。但考虑到中国幼儿教育的落后与缺失、中国汉字掌握的困难程度等因素,修业年限由六年缩短为五年⑥,以确保"城市和乡村一切劳动人民的子女能够享受完全初等教育的平等机会"⑦。为配合缩短教学年限的改革,并进一步凸显小学教育的新特色,新学制推进过程中还对教育理念、教学内容、教学方法、教师职责做出了积极调整,并通过多种媒体广泛传播。可以说,新学制的实施有效促进了中国小学教育文化的形成。

从两方面看,新政权都需要在全国范围内向工农及其子弟敞开教育

---

① 钱俊瑞:《学制改革的重大意义和新学制的基本精神》,教育资料丛刊社编:《当前教育建设的方针》,北京:人民教育出版社 1952 年版,第 91 页。
② 《中国人民政治协商会议共同纲领(节录)》(1949 年 9 月 29 日),何东昌主编:《中华人民共和国重要教育文献(1949—1975)》,海口:海南出版社 1998 年版,第 1 页。
③ 参见常春元:《新民主主义教育教程》,上海:上海杂志公司 1950 年版,第 80 页。
④ 参见方与严:《一年来人民的小学教育》,《人民日报》1952 年 5 月 31 日第 3 版。
⑤ 参见吴研因:《关于小学五年一贯制的几个问题》,《文汇报》1952 年 8 月 24 日第 3 版。苏联于 1923 年开始实施四年一贯制,关于苏联基础教育学制的演变,可参见:Ronald F. Price. *Marx and Education in Russia and China*. New Jersey: Rowman and Littlefield. 1977, pp. 76-86。
⑥ 《中央人民政府政务院关于改革学制的决定》,中华人民共和国教育部办公厅编:《教育文献法令汇编(1949—1952)》,内部发行 1958 年版,第 29 页。
⑦ 《为什么必须改革学制?》,《人民日报》1951 年 10 月 3 日第 1 版。

之门。其一,工人和农民作为共产党宣称中新政权的统治阶级基础,从逻辑上讲应在教育上获得一定保障,从而能够更好地参与国家建设,真正成为国家的主人。从教育的视角看,在延续马克思列宁主义脉络的传统教育理论中,教育的阶级性和工具性是其两大支柱。苏联经典教育理论认为,新教育就在于打破资产阶级对受教育权的垄断,保证工人和农民受教育的权利①。在中国共产党的教育家看来,"教育是一种工具,是一件武器,是一架改造人思想的机器,在阶级的社会里,总是被统治阶级掌握,为统治阶级的政治目的服务的",而中国人民既然已经成为新民主主义社会的主人公,那么新时代的教育就是"为中国人民的利益服务的,为中国人民的政治目的服务的"②。新建立的教育制度在以工农为基础的新民主主义政权中必须能够体现出为其服务的特点③,各级学校"要向工农劳动人民开门"④。于是"四二"旧制被贴上了反动标签,从政治上给予否定。这种制度遂被认为是"因袭资本主义国家的",是统治者"为资产阶级的利益打算,要使自己的子女受到比较完全的教育,而让广大的劳动人民的子女只受到不完全的教育"⑤。这样一来,旧学制在新政权下就失去了继续存在的正当性。

其二,国家面临的现实局面使得工农阶级应接受完整基础教育的呼声更加迫切。当时中国面临着两种类型的任务,第一种类型属于革命斗争,包括抗美援朝战争、土地改革运动以及镇压反革命运动;第二种类型属于建设恢复,包括国防建设、经济建设等。紧迫的局势和各种人才匮乏的窘境让共产党更加充分地认识到了教育所扮演的角色的重要性。正如有论者在谈及五年一贯制的现实意义时指出,五年一贯制"能更迅速地培养新中国国防建设和经济建设的保卫者和建设者,使占全国人口

---

① 参见[苏]凯洛夫:《教育学》,沈颖、南致善等译,北京:人民教育出版社1950年版,第7、12页。
② 李舜琴:《新学校教育的几个特点》,《察哈尔文教》第1卷第1期,1949年10月。
③ 参见徐特立:《科学化民族化大众化的文化教育》,何东昌主编:《中华人民共和国重要教育文献(1949—1975)》,海口:海南出版社1998年版,第4页。
④ 钱俊瑞:《改革旧教育,建设新教育》,《湖南教育》创刊号,1950年4月。
⑤ 吴研因:《关于小学五年一贯制的几个问题》,《文汇报》1952年8月24日第3版。

百分之九十的农民受到基础教育,巩固工农联盟",并且能够"培养一定文化水平的干部"①。在意识形态和现实建设两种需求的共同推动下,国家开始着手尝试小学学制的革命性变革。

三、新学制的改革试验

由于此次学制改革中小学学制的"变动比较最大"②,因此教育部门相当慎重,决定首先选择试点学校进行改革尝试,以观察其效果。1950年教育部下文北京市教育局,要求进行小学学制改革试验,选定北京育才小学、北京师范大学第一、二附属小学、北京市六区中心小学、三区第二中心小学以及北京市立师范第一附小等六校作为改革试点(其中前三所学校系教育部直属小学,后三所系北京市文教局所属),每校选择一至三年级进行试验。文件强调市政府应配合工作,适当增加经费,以保证改革顺利进行③。

北京市制定了改革计划,规定各校进行试验的四项原则:第一,每年级学生数控制在四十五人至五十人;第二,劳作课、政治常识课可以取消,高年级的历史、地理、自然可精简;第三,各年级的班主任要选择政治进步的教师担任,最好是党团员,并且文化程度高,教学经验丰富,有一定研究能力;第四,除制度和教学进度与非试验班有所差别外,其他方面尽量保持同步,不搞特殊④。

从上述原则可以看出,五年一贯制主要通过课程和教材的调整以及师资的加强来实现改革目的。课程方面,新安排突出实用技能,主次分

---

① 艾谷、若云:《为新学制的实现扫清道路》,《文汇报》1951年10月17日第6版。
② 钱俊瑞:《学制改革的重大意义和新学制的基本精神》,教育资料丛刊社编:《当前教育建设的方针》,北京:人民教育出版社1952年版,第92页。
③ 参见:《中央人民政府教育部指示(关于参加新学制试验之市立小学编制经费等项希你局转请市府适当增加以利工作进行由)》(1950年9月27日),北京市档案馆藏,档号:153-005-00104。
④ 《北京市小学学制改革试验计划草案》(1950年9月),北京市档案馆藏,档号:153-005-00104。

明:国语和算术的平均课程量增加,而常识课①的课时比例有所减少。改革前六个年级国语和算术每周平均课时数分别为 11 节和 5.3 节,改革后变为 12 节和 6.6 节;改革前常识课在中年级(三、四年级)和高年级(五、六年级)所占课程比重分别为 11.5% 和 27.6%,改革后在三、四、五年级课程中所占比例分别为 14.3%、24.1% 和 23.3%。然而,由于学习时间缩短一年,新学制中语文课的总节数较旧学制共减少 228 节,这就意味着如果想要用五年的时间达到六年的效果,学生和老师的压力会更大。教材编写的难度也相应上升②。教材作为教学活动的主要依据以及"具体体现新民主主义教育方针的工具",在学制改革中扮演着重要的角色。五年一贯制的实施意味着重新编写一套全新教材,这套教材明确以新民主主义教育政策和毛泽东思想为编辑方针③。中华人民共和国成立之初使用的教材多以根据地时期的教材为蓝本,这套教材主要以北方农村的见闻为材料,已经无法适应新时期以城市为中心的现代化建设进程,因此更多的以城市为背景的材料进入了新编教材④。为了保证教学效果,缺乏系统理论指导的传统教学方法已无法适应时代需要,学习苏联先进的教学方法乃是应有之义⑤。

---

① 包括政治、历史、地理、自然等,从三年级始开设,一、二年级在国语课中讲授。
② 相关数据来源:《五年一贯制教学科目及每周教学时间表》(1950 年),北京市档案馆藏,档号:153 - 005 - 00104;中央人民政府教育部印发:《小学课程暂行标准初稿》(1950 年 7 月),第 31 页。
③ 参见方与严:《克服困难,坚决实行小学五年一贯制》,《人民日报》1952 年 8 月 20 日第 3 版。
④ 参见刘御:《和一年级老师谈谈小学五年一贯制试用课本语文第一册中的两个问题》,光明日报社编印:《小学五年一贯制学习资料》(第 2 辑),内部发行 1952 年版,附录第 2 页。
⑤ 在新学制试验前后,各地教育部门就专门针对中小学教师编译出版了一系列学习苏联教学方法的小册子,这些内容为处在学制改革摸索阶段的教师提供了很好的指导借鉴,也为新学制正式推广之后全面推行苏联教学方法奠定了实践基础。可参见新华书店东北总分店编审部编:《怎样向苏联学习教育》,哈尔滨:新华书店东北总分店 1950 年版;天津市小学教导研究会编印:《向苏联学习》,天津:大众书店 1950 年版;东北教育社编:《苏联的教育》,北京:中国儿童书店 1951 年版。

师资方面,试点小学将政治和业务双过硬的老师分配给试验班,反映出官方对学制改革试点的重视,同时也折射出国家对新学制下人才素质培养的期许。若进一步观察,我们就会发现这种安排背后的现实考量。从业务能力看,小学师资力量的分布非常不平均。由于初小的数目远多于高小,因此能教小学高年级的教师数量不足。以北京为例,根据1952年全面推广五年一贯制前的不完全统计,全市教师中仅能教一、二年级的有427人,占9.3%;能教到三、四年级的有1840人,占40.1%;能教到高年级的有2326人,占50.6%①。在教育相对发达的地区,能够胜任完整小学教学的老师也不过刚刚过半,教育落后地区的比例恐怕更低。可五年一贯制又恰对教师的教学能力提出了更高的要求,官方不得不集中优势资源来完成试点任务。而对教师政治素质提出要求,乃是因为在新学制下,一方面政治课取消后,教师通过日常教学对学生进行思想政治教育的职责被突出;另一方面教师还要对学生的全面成长负责,过去通过简单粗暴的体罚教育学生的方式已不再适用,教师的管理范围有所拓展,课后与学生和家长的联系也更加紧密。

综合上述两方面我们发现,五年一贯制改革从起步之时就已经与其出发点——打破资产阶级垄断的旧有学制,实现教育平等,保证工农子女的受教育权利——相偏离,毋宁说五年一贯制试点选择的是一条精英路线,其核心目的在于尽快为新政权的现代化建设所需人才提供基础教育的服务。试点不仅需要充足的资金保障,而且需要能够胜任教学的高质量教师团队与教材编制和审定团队。加上教材内容也逐渐从以农村为中心转向以城市为中心,广大落后的农村地区很难短时间内达到学制改革所希望实现的局面——这已经为五年一贯制的终止埋下了伏笔。当然,这是后话。当时,在充足的人力物力保障下,在革命精神的鼓动下,新学制改革在试点学校轰轰烈烈地开展起来。

经过一学期的试验,学生的学习成绩和操行成绩尚能维持在一个令人满意的水平。以北师大第一附小为例,该校有甲乙两个试验班共

---

① 参见:《北京市小学实施五年一贯制的初步意见》(1952年8月),北京市档案馆藏,档号:011-002-00246。

100人,在学期末测验中,国语常识得分在4分(满分5分①)以上(含4分)的有84人,而算术则有98人。在学生操行考核中拿到5分的有49人,拿到4分的有43人②。与此同时,学校在教学改革、师资培训和学生生活方面也都有所改进。例如,为尽可能保证教学质量统一,北京市第三区第二中心小学建立集体备课制度,成立集体备课小组,每天上课前一小时进行集体备课,教导室随时抽查教师的笔记与备课情况③。北师大第二附属小学成立"试验工作委员会",由校长、教导主任、班主任与任课教师组成,共同完成"选编教材"与"研究试验新教学方法"两项任务,形成标准化备课流程;建立汇报制度,定期由教师向校长或教导主任汇报工作;同时完善班主任工作,要求对学生进行"健康教育""智育培养""品德教育"和"纪律教育",并要全面了解学生及其家庭情况,师生关系得到有效提升④。在随后新学制全面实施的过程中,试点学校所采取的这些方式都作为先进经验在全国推广,悄然塑造着小学的教育文化。

试验工作取得进展使官方坚定了继续推行五年一贯制的决心,教育工作者认为五年制的小学毕业生可以达到六年的水平,甚至更高⑤。教育部根据试点取得的成绩,相信只要全盘复制试点的做法,五年一贯制能够在全国范围内成功推行。但教育部所忽略的是,试点成绩并不具有

---

① 五级分制学自苏联,用以代替传统的百分制。五级分制的满分为5分,最低分为1分,分为五个档次。分数只反映档次,不显示具体成绩。关于五级分制在新学制改革过程中的推广情况,可参见教育资料丛刊社编:《成绩考查与苏联五级分制》,北京:人民教育出版社1950年版;广东教育与文化月刊社编:《学习五级分制记分法》,广州:华南人民出版社1952年版;中国教育工会广州市委员会筹备委员会编:《五级分制记分法实施经验介绍》,广州:华南人民出版社1953年版。
② 参见:《1950年第一学期师大第一附小试验班工作总结》(1951年3月),北京市档案馆藏,档号:153-005-00108。
③ 参见陈君平:《我做校长工作的几点经验》,光明日报社编印:《小学五年一贯制学习资料》(第1辑),内部发行1952年版,第45页。
④ 参见汪淇:《我在做教导主任工作中的几点体会》,光明日报社编印:《小学五年一贯制学习资料》(第1辑),内部发行1952年版,第48、50、51页。
⑤ 参见张健:《为什么小学要实行五年一贯制》,《教师月报》第1卷第9期,1951年11月15日。

普遍性,因为试验是在北京顶尖的小学中进行的,学生素质普遍较高,而试点班级又集中了学校最优秀的教师,并有充足的资金保障。可以说,试点工作是在汇聚了各方优势资源的前提下取得的成功。一旦将新学制全面铺开,教师水平、学生素质、地区差异、资金来源等方面存在的不平等状况就会迅速呈现,成为学制普及的羁绊。

四、新学制的全国推广

1951年8月10日,政务院第九十七次政务会议通过了中央人民政府政务院关于改革学制的决定,随后召开的全国初等教育会议确定了计划实施的时间安排①。这表明五年一贯制的试验正式得到国家肯定,并将进入全国推行阶段。

决定出台后,官方首先着重阐发新学制的意义。钱俊瑞在分析中国教育领域面临的诸问题时,认为其中一个重要的变化是"广大的工人和农民在政治上翻了身,在经济生活上得到了改善之后,他们自己和他们的子女就迫切要求上学,学文化",而新学制就为工农群众提供了一个在正规的学校系统中平等接受教育的机会②。丁浩川指出新学制是"中国人民自己的,它是以中国人民三十余年来在中国共产党的领导之下所进行的文化教育工作做它的基础","必须以工农劳动人民为教育的主体"③。张健认为五年一贯制是完全适应中华人民共和国成立初期情况和需要的"人民基础教育最好的学制","为祖国培养各种建设人才打下最广泛的基础","为提高人民文化水平创造良好的条件";五年一贯制能够从"教育制度上巩固工农联盟",并为"国家培养大量中级技术人才打下良好的基础",为"小学毕业生打开了宽阔的升学和就业的道路",减轻

---

① 参见中央教育科学研究所编:《中华人民共和国教育大事记(1949—1982)》,北京:教育科学出版社1984年版,第46页。
② 钱俊瑞:《用革命精神实施新学制》,河北省人民政府教育厅初等教育科编:《小学怎样实行五年一贯制》,石家庄:河北人民出版社1952年版,第7—8页。
③ 丁浩川:《为实现人民的新学制而奋斗》,河北省人民政府教育厅初等教育科编:《小学怎样实行五年一贯制》,石家庄:河北人民出版社1952年版,第18—19页。

了国家的财政负担①。各地教育工作者也积极响应,召开学习新学制精神的会议,并及时表态拥护新学制②。这些宣传逐渐改变了民众对教育的看法。他们发现,新政权鼓励工农子女进入学校;也只有通过教育,工农子女才有可能打破身份的循环生产,获得晋升机会,取得更大成就——如今,新学制的实施使上升渠道得以畅通。

进入1952年后,国内形势逐步稳定,经济状况也有所好转,中国共产党的注意力开始偏向国家建设。加之五年一贯制试点所取得的一系列成绩,以及媒体营造出的社会各界热切期待新学制实施的舆论氛围,中央认为在全国小学推广新制的时机已经到来。8月2日,中小学行政会议在北京召开,教育部部长马叙伦在会议开幕式上指出:"除部分少数民族地区、游牧区及经济文化落后农村不正规的小学,五年一贯制的推行,得酌情延缓外,全国小学,从今年秋季新招的一年级起,开始实行五年一贯制,以后逐年顺推,争取在五年内全国小学基本上实现五年一贯制。"③

由于之前对新学制优越性的阐释多集中于价值观念层面,一旦具体执行,各种问题便接踵而至。教职工面对创新,显得顾虑重重,改革阻力很大。以北京为例,市教育局对十四所小学进行了调查。调查后发现,教师们的反应并不像预计的那么乐观。有的老师认为五年一贯制增加了师生负担;郊区教师认为新学制并不适合农村小学的实际情况;能力稍差的老师担心改制后自己会失业;而高水平教师又不愿意拉下面子教低年级;不少教师消极对待改制,认为"不改教书,改也教书",一副无所谓的态度④。

针对教师中间出现的上述反应以及五年一贯制在全国范围内实施

---

① 张健:《为什么小学要实行五年一贯制》,《教师月报》第1卷第9期,1951年11月15日。
② 参见:《上海三万余教育工作者热烈拥护改革学制决定》,《文汇报》1951年10月5日第4版;《学制改革符合新中国实际需要,本市教工一致热烈欢迎,各中小学校长致函本报表示意见》,《文汇报》1951年10月6日第4版;以及《教师月报》1951年第9期上发表的教师笔谈系列文章。
③ 《中央人民政府教育部召开中小学教育行政会议,讨论了大量发展中学的准备工作和小学实施五年一贯制等问题》,《人民日报》1952年8月19日第1版。
④ 参见:《关于调查九、十三两区的报告》(1952年8月),北京市档案馆藏,档号:011-002-00246。

时出现的各种困难,一方面,延续第一阶段的宣传重点,文教部门组织各校继续学习新学制实施的重要意义,并根据学习提纲研究讨论。另一方面,舆论宣传的重点发生了明显转向。之前近于意识形态式的说教宣言几乎不再单独出现,取而代之的是教学内容指导、教学方法和经验介绍以及优秀教师先进事迹报道等。用具体的指导替换空洞的说教,便于一般学校模仿,利于激发教师对五年一贯制改革的热情和兴趣,也容易引起更为激烈的讨论,从而能更好地形成有利于改革的氛围,促进推动新制贯彻。第二阶段的宣传主要围绕下面几种类型展开。

第一种类型是对教学指导思想的宣传。这类宣传的主要目的是强调什么样的思想应该运用于具体的教学过程,从宏观层面控制教学活动沿正确轨迹运转。尽管这类指导并不涉及具体教学细节,但却从整体上深刻影响了当代中国的教育文化。此类宣传主要强调以下几个方面:系统、全面地学习苏联教育科学理论与教学法,用五个教学原则衡量教学工作,认真领会苏联教学的基本原则、课堂教学制度①;要求在各科教学过程中穿插进行思想政治教育②;整体上领导、把握和协调五年一贯制实施的经验③;从生理和心理角度讲解小学生入学年限、课堂时间变化、身心健康等问题④。

---

① 参见:《怎样备课和进行课堂教学》,《文汇报》1952年9月6日第3版;顾少明:《贯彻教育原则,提高教学质量》,《文汇报》1952年12月21日第6版;曹孚:《苏联先进教学基本原则》,《文汇报》1953年12月18日第6版;曹孚:《苏联课堂教学制度》,《文汇报》1953年1月3日第6版;《参观北京市几个小学学习苏联课堂教学后的体会》,《文汇报》1953年1月19日第6版。
② 参见:《怎样在低年级的语文课中进行思想教育》,《文汇报》1952年9月10日第7版;《不能忽略思想教育的要求》,《文汇报》1953年4月21日第7版;《向一年级学生进行思想品德教育的一些经验》,《文汇报》1953年2月20日第3版。
③ 参见:《对"五年一贯制"一年级的领导措施》,《文汇报》1953年1月29日第3版;《本市实施五年一贯制初步成绩》,《文汇报》1953年1月27日第3版;《我校推行新学制的一些经验》,《文汇报》1953年2月8日第3版;《怎么贯彻小学校长责任制?》,《文汇报》1953年3月27日第3版。
④ 在当时这是一些引起不少疑问的问题。参见:《为什么要七足岁才能入小学》,《文汇报》1952年8月13日第5版;《五年一贯制实验工作总结》,《文汇报》1952年8月27日第3版;《小学招生问题简答》,《文汇报》1952年8月16日第5版。

第二种类型是对具体科目教学方法的指导。这种类型的宣传主要意义在于给出试点学校已经尝试过的典型做法，供其他学校参考模仿。这类介绍非常细致全面，注重细节，属于技术层面的宣传。例如，为了协助推广五年一贯制，中央人民电台广播从8月31日至9月5日于每天晚上八点半到九点的"文化生活"栏目播出实行小学五年一贯制的节目。这些讲座包括：北师大第二附属小学校长王静主讲"小学五年一贯制一年级开学的准备工作"；新课本编写者刘御主讲"小学五年一贯制试用课本语文第一册的特点和教学中应注意的问题"；北京市第三区第二中心小学实验班甲班班主任薛蕊主讲"我们学校的五年一贯制实验班是怎样进行同年级语文课生字教学的"；北京育才小学五年一贯制实验班算术教师王淑兰主讲"我教小学五年一贯制实验班一年级算术的几点体会"等①。另外，还有专文介绍五级分制如何应用的文章②。

第三种类型是对优秀教师/集体事迹的报道与宣传。通过对在贯彻五年一贯制过程中涌现出来的，甚至是"制造"出来的先进教师的报道，国家一方面表明地方教师对新制度的拥护和认可，另一方面也向心存各种顾虑和杂念的教师和学校传达了明确的信息，即什么样的态度和行动能够得到国家认可和赏识，并由此将与主流不符的态度和行动划入了对立范畴，以此规训教师的思想和行为。对典型教师优秀品质的报道可以概括为以下几个方面：积极响应党的号召，自觉加强政治学习，发扬革命战斗精神，克服一切困难，以积极的心态不断学习，以坚定的信心贯彻新学制③；积极参加各种学习组织，自觉学习，集体商讨，互帮互助④；关心

---

① 参见：《协助推行小学五年一贯制，中央人民电台广播有关节目》，《文汇报》1952年8月31日第3版。
② 例如，在全面推广五年一贯制的第一学期即将结束时，从1952年12月24日至29日连续六天《文汇报》发表长文介绍五级分制的实施方法。
③ 参见：《姚丽珠老师坚决以革命精神教好五年一贯制新生》，《文汇报》1952年9月22日第3版；《积极为祖国建设事业服务》，《文汇报》1953年1月3日第5版。
④ 参见：《青浦县普遍举办小学教师自我教育的"星期学校"》，《文汇报》1952年9月29日第3版；《余姚县小学教师星期学校介绍》，《文汇报》1953年2月9日第3版；《新成区小学教师的业务学习》，《文汇报》1953年2月10日第3版。

儿童生活,全面了解学生,用自己的行动感化、引导顽劣学生,促成良性师生关系①。

在体现国家意志的宣传攻势下,刚刚试验两年的五年一贯制在全国范围内铺开推行。多元化的宣传为新制实施提供了从宏观到微观的全方位指导,尽管不同地区的学校情况不尽相同,但舆论机器所集中呈现的方向正确的指导为他们提供了可以模仿的样板,使其能够紧跟主导趋势。大量关于新学制意义、先进教学方法、优秀教师典型的宣传报道,为新型小学教育描绘了一幅理想愿景,逐渐改变着人们对小学教育功能和作用的认知。

五、新学制暂停推行

此时,各校都聚焦于如何尽快彻底实现新制,而新制下的教学效果如何已经暂时淡出了人们的视线,或者说大家普遍认为试点学校在学生成绩上取得的成功已经说明了新制与教学效果之间的自洽关系,而忽略了试点学校所具有的优势和特殊性。实际上,当全国都在如火如荼地推进新制时,教学进度和质量已经出现了一些隐患。最突出的问题就是教材难度明显增加,这让多数低年级教师感到吃力。以语文教材为例,新学制第一册语文课本的生字量,与1951年全国各地区使用的课本以及民国时期商务、中华、开明等出版社的著名教材相比,平均高出50%;而且课文篇幅超过了历来的同级课本,总字数是最短篇幅版本的2.9倍②。课程量突然加大导致老师不得不加快讲课节奏,以识字数作为完成任务的硬指标。新教学法也无法完全消化内容增加带来的压力。有些地方甚至延长了课堂上课时间③。尽管如此,很多学校仍然不能按时

---

① 参见:《访内蒙优秀教师吴淑媛》,《文汇报》1953年5月21日第3版;《热爱儿童钻研业务的好教师张淑庄》,《文汇报》1953年6月14日第3版。
② 参见刘御:《介绍小学课本语文第一册形式方面的五个特点》,《人民教育》1952年第9期。
③ 参见《登封县教育志》编委会编:《登封县教育志》,郑州:河南人民出版社1988年版,第108页。

完成教学任务,学期末教材内容讲不完成为普遍现象①。

1953年5月中下旬,在正式推行新学制一学年之后,北京市教育局组织调查组对城区代表前门区和郊区代表海淀区不同类型的小学(有市小、私小、镇小、农村小学)进行了一次全面深入的调研。正是在这次调查之后,北京市教育局提出了暂缓施行五年一贯制的决定,后在全国范围内贯彻执行。

此次调查涉及的内容包括师资质量、教材和学生成绩。通过对师资的调查发现,前门区能够教到二年级、四年级和六年级的教师比重分别为7.1%、36%和57%;而海淀区的比重则为15.5%、42.5%和42%。虽然城乡之间存在一定差距,但调查组认为能够胜任四年级及以上教学任务的教师数量超过了80%,而能力稍差的教师也可以通过各种学习培训提高水平。因此单就北京市来说,师资质量对新学制的影响不大②。但在其他地区,教师能力短板已经严重影响到了五年一贯制的执行③。通过教师座谈会,调查组了解了教师对教材的具体意见,主要包括:语文教材课数过多;课文有些太长,有些还过于抽象,学生不易理解④;生字偏多,导致师生疲于应付,达不到预期效果;课文难易程度的编排顺序亦不精当;各校对教材要求标准的理解也不尽相同。数学教材难度超过学生的接受能力,尤其是应用题错得最多。学生成绩方面,经调查组出题测试,发现语文和数学成绩不及格的情况较为严重(见表2.1)。而对城区学生461人进行的默写测试(共40字)中,全对的仅有8人,答对20个以下的有103人,还有8人全错。另经统计,入学年龄偏小的学生不及格率高(语文50%,数学51%);人数多的班级学生成绩差⑤。

---

① 参见俞济民:《对复习小学一年级语文课的一些意见》,《文汇报》1953年6月19日第7版。
② 参见:《北京市五年一贯制重点调查报告》(1953年),北京市档案馆藏,档号:153-004-02137。
③ 参见东初:《五年一贯制为什么暂缓推行?》,《文汇报》1954年3月6日第7版。
④ 因教科书内容不易理解,有些地区学生甚至出现了缺课现象,参见文教科:《怀宁县小学实施五年一贯制检查报告》,《安徽教育》1953年1、2期合刊。
⑤ 参见:《北京市五年一贯制重点调查报告》(1953年),北京市档案馆藏,档号:153-004-02137。

表 2.1　市/私立与城镇/农村小学成绩对照表

科目	语文				算术			
区划	城区		郊区		城区		郊区	
性质	市立	私立	城镇	农村	市立	私立	城镇	农村
不及格率	20%	54%	26%	39%	21%	43%	25%	48%

资料来源:《北京市五年一贯制重点调查报告》(1953 年),档号:153-4-2137。

根据这一调查,调查组发现新学制实施之后,普通学校和前述试点学校的学生成绩无法相比,而且城乡之间、公立与私立学校之间教育质量的差距相当大,由此得出结论,认为"五年一贯制暂不推行"。教材方面,由于新教材具有思想性强、生动、题材多样等优点,因而决定继续使用,将"新教材加以改编,分六年进行"①。北京教育局的这份调查报告对国家取消五年一贯制推广的决定有较大影响。在教育资源、师资条件都相对优越的北京市,师生面对新教材都无法适应,其他地区的适应程度可想而知。1953 年 12 月 11 日,政务院颁布了《关于整顿和改进小学教育的指示》,正式提出在全国范围内一律暂行停止推行五年一贯制,要求"小学学制仍沿用四二制,分初、高两级"②。至此,这场试行三年、正式推行一年的教育改革运动宣告结束。

六、塑造教育文化:新学制改革的影响

新学制改革在全国范围内推行不过一年,即便从试行到终止也只有短短三年时间,但此次改革远非局限于缩短入学年限那么简单,而是包括了改变教育观念、教学方法和师生关系的一系列举措。宣传推广新学制的过程也是共产党对其所秉承的教育理念集中传播的过程,而学制贯

---

① 《北京市五年一贯制重点调查报告》(1953 年),北京市档案馆藏,档号:153-004-02137。
② 《中央人民政府政务院关于整顿和改进小学教育的指示》,《文汇报》1953 年 12 月 15 日第 1 版。

彻中产生的课堂内外变化对新型教育文化的形成起到了推动作用。有些变化甚至经受了历史长河的磨砺,影响至今,其意义已不再仅局限于对教育平等的追求。

(一) 超越个人义务层面的教育荣誉感形成

前文提到,义务教育推行不畅的一个重要原因就是因为教育被压缩在了个人义务层面,缺少必要的向上流通渠道,个人受教不能与晋升联系在一起,与传统"学而优则仕"之观念无法契合。小学新学制的实施,从理论上填平了学生读书通道上的沟壑;而政策上对工农子女的倾斜使得在旧社会本没有多少读书机会的工农子女进入了新社会的学校,"万般皆下品,惟有读书高"的固有传统观念促使工农阶级很快就认同了共产党所做出的普及初等教育的努力。通过舆论建构,读书与贡献祖国建设之间紧密联系在了一起,唯有认真学习才能更好地服务于祖国,个人价值才能得到社会认可。这一导向使家长又一次看到了通过读书改变命运的希望,读书所具有的荣誉性得以重建。

"读书-改变命运-荣誉"三者构成的逻辑关系很快就深入人心,这从北京市1953年暑期开始的小学升学危机中学生和家长的反应就能看出。此次危机爆发并非北京一地个案,其主要原因是"学生的志向远远超过了经济所能吸收他们的能力"①。而在北京,由于要照顾华侨子女、外来少数民族子女和中央干部子女,这一危机尤为严重。入学紧张的困境引起了学生家长的强烈不满,初中入学考试成绩出来以后,就有4 000多人到教育局上访,表达愤怒;市委、市政府也收到了500多封投诉信要求解决子女入学问题。一时间民怨沸腾,出现很多过激言论:"小孩子不上学就成流氓了,难道政府看着不管吗?""爹妈打一顿骂一顿,也不像政府这样狠心!""为什么盖那么多办公室、宿舍、礼堂,不盖教室?""解放后,我对政府什么都满意,就对这点不满意。""这么多人失学,人民政府和国民党政府没有两样!""什么工人当家做主,我儿子都

---

① [美]傅高义:《共产主义下的广州:一个省会的规划与政治(1949—1968)》,高申鹏译,广州:广东人民出版社2008年版,第335页。

上不了学"①。这些言论表明了普通人希望通过读书改变命运需求的迫切性,给执政者带来了巨大压力。官方不得不通过重新建构劳动之于儿童的荣誉感来弥补读书之荣誉无法实现时所形成的心理落差。但这种新的逻辑关系缺乏传统思想资源的支撑,甚至与之相悖,其稳固与接受程度远不如"读书-改变命运-荣誉"的逻辑关系。

(二)向苏联学习:教学方法的改变与统一

1950年《人民教育》发刊词中强调,"学习苏联教育建设的经验,学习苏联新的教育科学,对于新中国教育的建设有着巨大意义"②。苏联的教学理论和方法在中国获得了"唯一科学的、正确的"地位③,其影响不仅仅体现在高等教育层面④,也体现在基础教育层面。五年一贯制从制定之初就借鉴了苏联基础教育的学制,但对中国基础教育影响更为深远的,则是在新制贯彻过程中对苏联教学方法的吸收和借鉴。

1949年之前,教学方法没有统一,不同方法之间亦无明确的优劣之别。例如,有些地方高中低年级教学方法均不相同,体现出不同教学法

---

① 《中共北京市委关于中小学招生问题向主席、中央、华北局的请示报告》(1953年8月21日),北京教育志编纂委员会办公室、北京市档案馆编研处编:《北京教育档案文粹》上,北京:华艺出版社2008年版,第91页。
② 柳湜:《为建设新中国人民教育而奋斗》,《人民教育》第1卷第1期,1950年5月1日。
③ 曹孚:《苏联先进教学基本原则(小学教育讲座第二讲)》,《文汇报》1952年12月18日第6版。
④ 关于苏联因素对中国高等教育的影响,可参见陈兴明:《中国大学"苏联模式"课程体系的形成与变革》,北京:社会科学文献出版社2012年版;Douglas A. Stiffler. Creating "New China's First New-Style Regular University," 1949 – 1950, in Jeremy Brown and Paul G. Pickowicz eds. *Dilemmas of Victory: The Early Years of the People's Republic of China*. Cambridge, Cambridge, Massachusetts: Harvard University Press, 2007, pp. 288 – 308; Douglas A. Stiffler. "Three Blows of the Shoulder Pole": Soviet Experts at Chinese People's University, 1950 – 1957, in Thomas P. Bernstein and Hua-yu Li eds., *China Learns From the Soviet Union, 1949-Present*. Lanham: Rowman & Littlefield Publishers, Inc., 2010, pp. 303 – 325。

之间的博弈①;有些地方采用美国的教学方法②,并强调自学的重要性③。1949年之后教学各自为战的局面逐渐改变,中国教育界开始有意识地借鉴苏联教育模式,尤其是随着五年一贯制的实施,苏联的教学方法被系统地引入中国的小学教育。在新学制实施过程中,官方通过媒体敦促各校系统、全面地学习苏联教育科学理论与教学法,认真领会苏联教学的基本原则、课堂教学制度,并以此衡量教学工作④。首先,科学主义(scientism)思维⑤主导下的教学标准流程被引进,课堂被严格划分为组织教学、检查复习、讲授新课、巩固联系和布置作业五个教学环节,教师须按部就班地完成这一"仪式",以增加上课效率⑥。其次,为保证不同教师教学内容和进度的一致性,减少教师个人差异对教学效果的影响,在试点学校的示范效应下,各地纷纷学习苏联成立不同级别的教研室(从地市级教研室到年级教研室),定期进行集体备课、听课、教学方法交流等活动,强调教学的计划性和目的性⑦。最后,课堂教学与思想政

---

① 参见:《桂林市志·教育志(初稿)》,内部发行1994年版,第29—30页。
② 参见河南省教育史志编辑室编:《河南教育史志资料选编》第3期,1986年3月刊印,第89页。
③ 参见《焦作市教育志》编辑室编:《焦作市教育志(1898—1985)》,开封:河南大学出版社1989年版,第132页。
④ 参见王昭:《怎样备课和进行课堂教学》,《文汇报》1952年9月6日第3版;顾少明:《贯彻教育原则,提高教学质量》,《文汇报》1952年12月21日第6版;曹孚:《苏联先进教学基本原则》,《文汇报》1953年12月18日第6版;王志成:《参观北京市几个小学学习苏联课堂教学后的体会》,《文汇报》1953年1月19日第6版。
⑤ 参见:Donald J. Munro. The Concept of Man in Contemporary China. Ann Arbor: Center for Chinese Studies, The University of Michigan, 2000, p.77.
⑥ 参见王昭:《五年制实验班三年级一课语文教材的讲授》,《文汇报》1952年11月1日第1版;曹孚:《苏联课堂教学制度(小学教育讲座第三讲)》,《文汇报》1953年1月3日第6版;西城区普通教育志编篡委员会编:《西城区普通教育志》,北京:北京出版社1998年版,第79页;《商丘县教育志》编篡领导小组编:《商丘县教育志》,郑州:中州古籍出版社1991年版,第146页。
⑦ 参见香山小学编著:《香山小学志》,内部发行2011年版,第101—102页;《登封县教育志》编委会编:《登封县教育志》,郑州:河南人民出版社1988年版,第115页;黄冈县教育志编篡委员会编:《黄冈县教育志(1875—1985)》,内部发行1987年版,第139页。

治教育之间的关联加强。苏联模式本就强调通过教育培养学生"最优美的道德——政治品质"①,加之在五年一贯制实施过程中,政治课被取消,因此"结合各科进行思想政治教育"成为新学制推广中着意宣传的观念②。例如,新学制语文教科书的教师参考书就提供丰富的材料,指导教师结合课本内容对学生进行政治教育③。在新学制停止实施后,这种观念不仅没有随之结束,反而得到进一步加强④。

(三) 师生关系重构,学校教育地位提升

如上所述,在五年一贯制实施过程中,教师的职责范围已不仅局限于课堂之上。新学制鼓励教师在课后与学生多沟通交流,关心学生成长——概言之,一种新型师生关系正逐步建立,教师开始与中国教育传统中的"严父"形象脱离,"慈母"形象渐入人心。这一转型的完成主要通过两个环节实现。

第一,赋予体罚以污名,逐步废止体罚。在中国传统社会,教师对学生进行体罚并不罕见,甚至司空见惯。鉴于"板子底下出秀才""严师出高徒"的观念,家长和学生认为体罚乃天经地义,不觉有所不妥。民国时期,教育部虽然屡次规定不得体罚,但又强调须对儿童加以儆戒,以弥补教育手段之不足⑤,这一模糊的规定就为体罚的存在提供了空间。共产

---

① [苏]格鲁斯捷夫、彼特洛夫等:《苏维埃学校中的共产主义教育》(第1分册 共产主义教育基本问题),王易今等译,北京:人民教育出版社1953年版,第1页。
② 参见:《怎样在低年级的语文课中进行思想教育》,《文汇报》1952年9月10日第7版;《不能忽略思想教育的要求》,《文汇报》1953年4月21日第7版;《向一年级学生进行思想品德教育的一些经验》,《文汇报》1953年2月20日第3版。
③ 参见茅谷澄、陈文照、赵瑛合编:《备课参考资料》,上海:上海童联书店1953年版。
④ 详见本书第五章。
⑤ 参见:《教育部公布小学校令》(1912年9月28日)以及《教育部公布国民小学校令》(1915年7月31日),中国第二历史档案馆:《中华民国史档案资料汇编》(第3辑 教育),南京:凤凰出版社1991年版,第445、464页;《教育部公布之国民学校及中心国民学校规则》(1945年9月19日),中国第二历史档案馆:《中华民国史档案资料汇编》[第5辑 第2编 教育(1)],南京:凤凰出版社1997年版,第449页。

党所辖区域内,打骂学生的现象在 1930 年代普遍存在①,后来边区政府明确规定"小学管理绝对禁止体罚"②,但体罚在一些地区远未杜绝③。中华人民共和国成立后,尽管教育领域开始批判体罚制度,并树立正确对待儿童的典型教师④,但体罚或者变相体罚学生的现象仍然相当严重,手段也层出不穷,花样翻新⑤。新学制实施以后,废止体罚成为制度改革的一大任务。尽管有教师发出不同声音⑥,并引发一场关于是否彻底禁止体罚的讨论,但讨论结果是超过 96% 的教师同意废除体罚⑦。经过这场争论,体罚的正当性被彻底击垮。不管今后体罚是否依旧会发生,其"反动落后"的性质已经开始深入人心。"反对体罚"的观念既是师生关系融洽的催化剂,又是学生用以反对教师体罚行为的潜在武器。

第二,教师-学生-家庭新型共同体开始形成。在新学制实施过程中,一种新的师生关系被有意识地塑造起来。一方面,教师应主动和学生接触交流,让他们感受到关爱中的温暖、舒适和无拘无束;并要保护学生的自尊心,积极表扬学生的长处,少公开揭发、指责学生的过错;另一方面,教师被要求与学生家长沟通联系,定期家访,全面了解学生出现问题的原因,配合家长共同帮助孩子成长,由此,新教育进入了家庭这个曾经相对独立于校园之外的系统,学校与家庭之间的联系日益增加⑧。家

---

① 参见董纯才主编:《中国革命根据地教育史》(第 1 卷),北京:教育科学出版社 1991 年版,第 167 页。
② 《陕甘宁边区小学规程》(1941 年 2 月 1 日),陕西师范大学教育研究所编:《陕甘宁边区教育资料·小学教育部分》上,北京:教育科学出版社 1981 年版,第 104 页。
③ 参见:《金湖(老解放区)教育史料汇编》,内部发行 1984 年版,第 13 页。
④ 例如参见陈钧、放野:《滁县部分小学教师应改变体罚儿童的现象》,《人民日报》1951 年 10 月 18 日第 2 版。
⑤ 参见亳县文教科:《小学中的体罚与变相体罚的检查报告》,《安徽教育》1952 年第 2 期。
⑥ 参见吴正礼:《我不同意绝对废止体罚》,《小学教师》1952 年第 11 期。
⑦ 参见本刊编辑室:《体罚问题讨论会结束语》,《小学教师》1953 年第 6 期。
⑧ 新学制实施过程中,介绍学校与家庭相联系的文章刊印在各类教育刊物上面。例如可参见陈君平:《我做校长工作的几点经验》;宋沨:《我在做班主任工作中的几点体会》;马英贞、霍懋征:《我们怎样迎接和指导一年级儿童》,三文均载光明日报社编印:《小学五年一贯制学习资料》(第 1 辑),内部发行 1952 年版,第 41—46、54—74 页。

庭和学校形成联系之后,家长的实际权威地位会有所削弱。建立权威秩序的传统手段,如打骂等,已经在新社会失去了正当性地位——不仅在学校这一公共空间如此,在家庭这一私人空间内亦然,私人空间因与公共空间建立直接联系而不再封闭。家长打骂等私密行为在一定程度上被暴露在公共空间面前,因此会受到干预和限制。学生已经成为社会的新人,而非家庭的私有品①。

小结

本章尝试从微观层面提供一个个案研究,希望绕到丰富而细致的统计数字背后,审视被其所遮盖的历史细节,进而展现追求教育机会平等过程中的复杂面向。

从小学新学制改革努力的失败我们能够感觉到,凭借一厢情愿的美好愿望制定出来的政策,很可能会走向初衷的反面。研究者在观察社会主义国家教育机会获得这一问题时,往往对宏观政治进程和国家政策所扮演的决定性角色印象深刻②,但我们应对其面对固有社会结构时作用的局限性充分保持警惕。以这次新学制改革为例,当代表国家意志的五年一贯制在全国范围内普遍推广时,由于在政策制定环节并未充分考虑各地师资力量、财政力量、地区文化等因素的差异,改革反而拉大了学生之间的受教育水平,形成强者愈强、弱者愈弱的马太效应。城市区域中的好学校成为改革的核心受益者——这些学校具有相对完备的师资结构和相对充足的财政支持,能够迅速凸显出来,获得从中央到地方权力的进一步青睐,从而赢得更多资源支持其改革进程。我们遗憾地发现,尽管这次改革以失败告终,但其教训并未被认真反思和总结:社会主义革命和建设时期,缩短基础教育学制的改革屡次发生③;改革开放以后,

---

① 参见吴晗:《保卫儿童权利,做好儿童工作》,《人民日报》1950年6月1日第3版。
② 例如参见周雪光:《国家与生活机遇——中国城市中的再分配与分层 1949—1994》,郝大海等译,北京:中国人民大学出版社2015年版,第62—66页。
③ 可参见周口地区教育志编纂办公室编:《周口地区教育志》,郑州:中州古籍出版社1994年版,第78页;《桂林市志·教育志(初稿)》,内部发行1994年版,第24页。

各种以"素质"之名推动的改革也都可能会重蹈五年一贯制改革的覆辙——虽说两者目的不同,但改革逻辑中存在的盲点却惊人相似。

相比之下,小学新学制改革对教育文化的塑造可能影响更为深远,而这一问题尚未引起研究者的重视。贯彻新学制时的舆论宣传,使得人们再次将读书与改变命运之间做出了关联(科举制度废止之后,二者之间的断裂始终未能缝合),并将受教育之意义提升至宏观的国家层面,完成了对个人义务层面的超越。在这种整体氛围中,课堂内外的文化都发生了改变。课堂上,统一教学流程的引入以及集体备课制度的建立都显示出新政权生产"标准化"学生的雄心壮志,这些标准包括了基础知识、价值观念、言语表达、思维逻辑以及情感方式等诸方面的内容。课堂外,学校与家庭之间的联系加强,改变了传统社会学生生活空间中存在的二元对立;学校教育与家庭教育的融合实际上凸显了学校教育的功能和地位,而教师、学生和家长之间关系的重新界定也影响着学生对权威秩序的体认。可以说新学制的短暂实施,尽管在追求教育平等的道路上遇到挫折,但影响已超越其改革初衷,在1949年之后小学教育文化的建构过程中发挥着积极作用。

第三章
干部子弟小学的改革与停办

干部子弟学校是中国共产党教育史中短暂存在却不容忽视的事物,但因于研究资料相对有限,加之许多干部子女对自己的出身以及成长状况讳莫如深,覆盖在干部子弟学校之上的神秘面纱始终未能彻底揭开。"文革"初期,干部子弟群体扮演着重要角色,因此学者往往在"文革"研究中提及这一群体,尤其注意到了干部子弟与其他家庭出身的子弟之间的对立[①]。但问题是,干部子弟在"文革"爆发之时所具有的观念是如何形成的,这种观念的形成与他们所经历的学校教育和家庭教育之间存在何种关系,干部子弟学校本身经历了什么样的发展历程。

追寻上述问题,近年来研究者对干部子弟学校在中华人民共和国成立以后的状况已经有了初步研究:李艳艳在其硕士学位论文中,利用上海市档案馆所藏档案和相关回忆资料,对上海市干部子弟学校的运行状况进行了开拓性研究[②];另外,基于当下权力参与择校的不良现

[①] 例如参见米鹤都:《心路:透视共和国同龄人》,北京:中央文献出版社 2011 年版,第三章;李逊:《革命造反年代:上海文革运动史稿Ⅱ》,香港:牛津大学出版社 2015 年版,第二十四章;Roderick MacFarquhar and Michael Schoenhals. *Mao's Last Revolution*. Cambridge and London: The Belknap Press of Harvard University Press, 2006, chap. 6; Andrew G. Walder. *Fractured Rebellion: The Beijing Red Guard Movement*. Cambridge, Massachusetts, and London, England: Harvard University Press, 2009.

[②] 李艳艳:《建国初期上海干部子弟学校研究》,华东师范大学历史学系硕士学位论文,2009 年。

象,新闻媒体也对干部子弟学校的发展历程进行了针对性回顾①。

上述研究或报道取得的突破有目共睹,但还有几点值得加强:第一,根据地时期的干部子弟学校状况有待梳理,其发展的完整历史脉络尚需还原;第二,根据地时期与中华人民共和国成立之后的干部子弟学校运行状况之间需进行对比,以便进一步反思干部子弟教育之得失;第三,关于干部子弟学校停办的研究都是在"反对特殊化"的叙事逻辑中展开,一方面缺少对停办前后社会力量反应的关注,另一方面疏于从教育思想史层面对停办做出透视;第四,1953年末北京市对市内若干所干部子弟小学进行了调查,其结果对中央做出停办干部子弟学校的决定产生了积极影响,此次调查的内容有待揭示。本章将尽可能弥补上述不足。囿于篇幅和主题所限,笔者主要针对干部子弟小学进行考察。

一、革命根据地时期的干部子弟小学

干部子弟小学的设立与当时的战争环境直接相关,其成立初衷旨在解决前线战士和革命烈士的子女在后方无人照看的问题。事实上,关注战乱中儿童命运的做法与世人对儿童认知观念的变化密不可分。在传统社会,家庭中的核心成员乃是成年男性,儿童则在家庭中处在相对边缘的位置。进入20世纪后,儿童的权益越来越受到保护和重视②。这种先进观念在战火频仍的中国很快传播开来。1937年2月1日徐特立在延安首先提出设立干部子弟小学的构想,得到中央苏维埃政府的批准③。3月21日,徐特立在其主持的鲁迅师范学校开设了小学班,成为边区历史上第一所干部子弟小学④。

---

① 方可成:《从干部子弟学校到"条子生"、"共建生"难以革除的权力择校》,南方新闻网2011年9月2日;《1956取消干部子弟学校》,《南方教育时报》2014年5月2日第A08版。
② 参见本书第七章。
③ 《中华之魂》编委会编:《中华之魂——养教篇》,北京:中国民主法制出版社1997年版,第2页。
④ 王云风主编:《徐特立在延安》,西安:陕西人民教育出版社1991年版,第12页。

干部子弟小学的办学模式能够在边区扎根,除与战争环境和认知观念相关外,供给制的实施是其重要制度保障。诞生于战争时期的中共供给制,是一种在物资相对匮乏的情况下以平均主义为指导理念,由后勤供给部门按照一定标准统一发放经费和各种生活所需物资的分配制度①。干部子弟小学学生全部享受供给制,由学校统一分配物资,供给标准高于一般干部②,由此显示出边区政府对革命后代的关心与照顾。干部子弟小学的办学模式概括起来便是徐特立提出的"集体育儿,教养并举",即遵循一种"教养合一,学校与家庭教育合一,教师与父母合一"的教育模式③。这种模式打破了学校教育与家庭教育之间的界限,凸显了学校在儿童成长中所扮演的角色,并淡化了家庭环境可能给儿童带来的负面影响。尽管在干部子弟小学成立之初,这种模式乃是一种无奈的权宜之举,但确实为教育革新提供了可能。

干部子弟小学在陕甘宁边区经历了一系列的发展。1938年1月延安干部子弟学校成立,鲁迅师范干部子弟小学加入,并在同年4月与延安市完小合并,成为"鲁迅小学"。1938年10月鲁迅小学又与边区中学合并,成为其小学部。1938年3月中国战时儿童保育会在汉口成立后,同年10月陕甘宁边区儿童保育院正式成立④。1939年,边中小学部编入边区儿童保育院之后,正式成立"陕甘宁边区儿童保育院小学部"(即"保小")。1941年,"八路军干部子弟小学"在延安大砭沟成立,1944年发展为学生200余人的完小,搬至邓家沟,改名为"第十八集团军抗日军人家属子弟小学"(即"抗小");1946年"抗小"与"保小"合并,称为"一保小"⑤。1944年延安东关飞机场附近成立了"延属分区干部子弟小学"。

---

① 对供给制沿革历史的详细研究,参见杨奎松:《中华人民共和国建国史研究》1,南昌:江西人民出版社2009年版,第412—459页。
② 刘昌亮:《忆革命摇篮——延安保小》,《纵横》2001年第1期。
③ 韩作黎主编:《延安教育研究》,郑州:文心出版社2003年版,第450、451页。
④ 《中华之魂》编委会编:《中华之魂——养教篇》,北京:中国民主法制出版社1997年版,第3页。
⑤ 关于"保小"和"抗小"的回忆,可参见欧阳代娜、翟明战主编:《人民教育家吴燕生》,北京:中国文史出版社2006年版。

到1945年日本投降后,又组建了边区第二保育小学(即"二保小"),后延属分区干部子弟小学合入①。除陕甘宁边区外,其他地区也陆续成立了性质类似的子弟学校。例如,1947年初晋冀鲁豫边区成立了邯郸行知学校②,同年4月晋察冀边区成立了光明小学③。1948年4月,华东局在山东青州成立了华东第一保育院④,11月"中共供给部育英学校"在西柏坡成立⑤。

干部子弟小学承担着培育干部及烈士子女的重任,许多高干和著名烈士的子女也都在此类学校就读⑥。因此,中共中央非常重视干部子弟小学的发展。朱德、任弼时、谢觉哉、王若飞、王震等人都曾到干部子弟小学考察访问;毛泽东还在林育英(张浩)的葬礼上特地表达了对干部子弟们的关心⑦。当然,干部子弟小学所具有的"优越地位"不仅仅体现在与领导干部的亲密关系上,更体现在师资配备和日常生活中。

师资方面,到干部子弟小学任教的老师,均由中共中央组织部选派。

---

① 校史编委会:《从延安到北京》,校史编委会编:《从延安到北京:北京育才学校校史资料选》,内部发行1983年版,第6—7页。
② 王小兴:《行知学校的组成和发展》,《中华之魂》编委会编:《中华之魂——养教篇》,北京:中国民主法制出版社1997年版,第47—49页。
③ 校史编委会:《从延安到北京》,校史编委会编:《从延安到北京:北京育才学校校史资料选》,内部发行1983年版,第8页;桑丰云:《建立光明小学的回忆》,《中华之魂》编委会编:《中华之魂——养教篇》,北京:中国民主法制出版社1997年版,第50—52页。
④ 《华东保育院》,内部发行1987年版,第1页。
⑤ 育英同学会著:《红色家园:中直育英小学纪念图册》,北京:团结出版社2009年版,第18页。
⑥ 例如,"抗小"接收了任弼时之女任远征、项英子女项苏云、项学诚、刘伯承之子刘太行、林伯渠之子林用三、罗瑞卿之子罗箭、李维汉之子李铁映、乌兰夫之子乌可力、乌杰、薄一波之女薄熙莹等。参见吕晴:《程今吾与延安"抗小"》,程今吾著,吕晴整理:《延安一学校》,北京:中国青年出版社2012年版,第1页。"保小"接收了方志敏的儿子方荣柏、方荣竹,谢子长的儿子谢绍明,刘志丹的女儿刘力贞,毛泽民的女儿毛远志,澎湃的儿子彭士禄等。参见陈宝宇:《忆我的母校——延安保小》,《中华之魂》编委会编:《中华之魂——养教篇》,北京:中国民主法制出版社1997年版,第34页。
⑦ 郭青:《回忆延安保育小学》;曲高:《回忆八路军干部子弟小学》,校史编委会编:《从延安到北京:北京育才学校校史资料选》,内部发行1983年版,第16、53—55页。

他们政治过硬,并且多毕业于马列学院、陕北公学等中共在边区创办的高等学府,属于边区的高级知识分子①。如果结合边区普通小学的师资状况来考察,我们会对干部子弟小学师资力量的构成有一个大体印象:由于能够教小学高年级的教师严重匮乏,1938年之前整个陕甘宁边区都没有完小。从1938年到1944年,经过六年发展,普通小学的教员质量已有所提高,主要由边区中学的毕业生充当②。但此时的整体师资水平仍然无法满足一般学生受教育的需求,绝大多数学生依旧只能接受初小教育——据统计,1944年陕甘宁边区完小中高年级学生占全体学生的14%,若加上初小中的学生,接受高级小学教育的学生比例竟在1%以下③。该组数据从侧面反映出边区普通小学师资力量的尴尬,这与干部子弟小学的教师队伍形成对比。

日常生活方面,如前所述,子弟小学学生的生活标准高于普通干部,同时还高于他们的老师。例如,学生每年由政府发送单衣两套、棉衣一套、单鞋两双、棉鞋一双、羊毛四两;而老师仅发送单衣一套、单鞋一双,两年发一套棉衣④。学生的衣服材质面料更好,样式时尚,"一律童子军服,男孩船帽,女孩长裙"⑤。伙食方面,"保小"的学生不仅有白面吃,而且顿顿有蔬菜,每周还可以吃三顿肉,逢年过节还会增加花样⑥;抗日战争结束之后,"抗小"的学生每天能吃到二两肉⑦——这种待遇可谓丰厚。除教师外,干部子弟小学还配有医务员、保育员、炊事员、饲养员、运输员等,甚至还有专门的洗衣员⑧。"抗小"学生和学校员工的比例大概在4∶1⑨;

---

① 郭青:《回忆延安保育小学》,校史编委会编:《从延安到北京:北京育才学校校史资料选》,内部发行1983年版,第14页。
② 赵超构:《延安一月》,北京:中国国际广播出版社2013年版,第151页。
③ 参见本书第二章。
④ 程今吾著,吕晴整理:《延安一学校》,北京:中国青年出版社2012年版,第6页。
⑤ 同上书,第72页。
⑥ 郭青:《回忆延安保育小学》,校史编委会编:《从延安到北京:北京育才学校校史资料选》,内部发行1983年版,第37—38页。
⑦ 程今吾著,吕晴整理:《延安一学校》,北京:中国青年出版社2012年版,第9页。
⑧ 韩作黎主编:《延安教育研究》,郑州:文心出版社2003年版,第208页。
⑨ 程今吾著,吕晴整理:《延安一学校》,北京:中国青年出版社2012年版,第147页。

"保小"的比例还不到 3∶1①,学生能够得到充分的照顾。

集众多宠爱于一身,孩子们难免有些不良习气,并形成以"级别"为核心的身份优越感。例如,有些学生目中无人,根本看不起他们的教师,当面辱骂教员,甚至威胁要枪毙老师;即便是学校领导,学生也没有放在眼里,"抗小"一个学生就对总务科长说:"看你这豆大的官……"他们多数人劳动意识不强,看不起为他们服务的人员;随意浪费粮食,甚至跑到校外偷盗、破坏村民种的瓜果蔬菜,殴打他们的子女。村民望着围墙内的"贵族",也是敢怒不敢言②。学生之间相互攀比父母官衔,还有学生借势压人③。

干部子弟身上出现优越感实属正常,关键在于如何教育——消除身份优越感乃是干部子弟培养中的一个核心问题。当时的教育工作者已经认识到了这一问题的重要性。根据地时期干部子弟小学所采取的教养合一的"新型集体教育"④为纠正上述风气作出了尝试。首先,寄宿制使得学生与家庭之间接触不多,在一定程度上避免了沾染家长身上的不良思想观念。其次,在校园中,教师要在课堂内外给予学生全方位的教育指导;同龄人之间的集体生活也为平等观念的养成提供了可操作空间。

这一时期,干部子弟小学在教育方面最为突出的特点在于真正将学校教育与社会实践相融合,从而使学生能够有接触普通民众的机会,保持对日常生活的体认。一方面,学校要求在校学生学习延安大生产精神,参加生产活动,如开荒种菜、制盐、磨豆腐、生豆芽⑤;还要求学生参

---

① 参见郭青:《回忆延安保育小学》,校史编委会编:《从延安到北京:北京育才学校校史资料选》,内部发行 1983 年版,第 14 页;韩作黎:《他们在党的关怀下成长》,校史编委会编:《从延安到北京:北京育才学校校史资料选》,内部发行 1983 年版,第 47 页。
② 程今吾著,吕晴整理:《延安一学校》,北京:中国青年出版社 2012 年版,第 31、71—72 页。
③ 郭青:《回忆延安保育小学》,校史编委会编:《从延安到北京:北京育才学校校史资料选》,内部发行 1983 年版,第 21 页。
④ 关于"新型集体教育"的提法,参见曹孟君:《新型的集体教育》,《中华之魂》编委会编:《中华之魂——养教篇》,北京:中国民主法制出版社 1997 年版,第 100—101 页。
⑤ 赵秋芙:《忆中华中干部子弟学校》,《老兵话当年》第 10 辑,2006 年 12 月;刘昌亮:《忆革命摇篮——延安保小》,《纵横》2001 年第 1 期。

与到地方组织的各种运动,例如1944年学生们参加了陕甘宁边区的防旱备荒①。另一方面,学校敦促学生加强与地方民众的联系,体会农民的生活,培养劳动意识。逢年过节,学校把农民请来喝酒联欢,增进交往,并派学生到田间地头看望农民②;教师还请当地农民给学生讲授农作物生长方面的知识③,时刻教育孩子"不要践踏老百姓的庄稼"④。这种教育方式旨在打破学校与地方之间的藩篱,增进学校教育中的地方性色彩。除此之外,为培养学生间的良性关系,学校还在学生群体中加强了互动。学校利用课余时间,动员学生参加管理图书馆、筹建小型博物馆、整修校内马路等活动⑤;有的学校还展开了学生自理自治活动,推行一种"大带小"的互助形式,增进情谊⑥。上述教育方法的尝试均针对干部子弟教育中的核心问题展开,旨在培养他们的平等观念,淡化身份优越感。尽管这些改革尚未彻底改变干部子弟的面貌,但其思路确为1949年以后干部子弟小学的发展提供了经验借鉴。

二、中华人民共和国成立后干部子弟小学的发展

随着中共获得政权,这些诞生于革命边区的干部子弟小学也逐渐迁往了教育资源丰厚的中心城市。至此,干部子弟结束了一段颠沛流离的学习与生活体验。1948年7月,"保小"与行知、光明两校合并,成立"华北育才小学",于次年暑期迁至北京先农坛,1950年改名为"北京育才小学"。"二保小"则于1949年迁往西安,改名为"西北保小"⑦。1949年4

---

① 《小学生日记》,《中华之魂》编委会编:《中华之魂——养教篇》,北京:中国民主法制出版社1997年版,第200—201页。
② 韩作黎主编:《延安教育研究》,郑州:文心出版社2003年版,第229—232页。
③ 黄国诚:《永远难忘的鄂豫边区实验小学》,《地方革命史研究》2000年12月号。
④ 《小学生日记》,《中华之魂》编委会编:《中华之魂——养教篇》,北京:中国民主法制出版社1997年版,第199页。
⑤ 程今吾著,吕晴整理:《延安一学校》,北京:中国青年出版社2012年版,第53—61页。
⑥ 韩作黎主编:《延安教育研究》,郑州:文心出版社2003年版,第213—214页。
⑦ 校史编委会编:《从延安到北京:北京育才学校校史资料选》,内部发行1983年版,第8—10页。

月育英学校迁至北京万寿路,改由中办领导,更名为"中共中央直属机关育英学校"①。华东第一保育院于1949年6月迁至上海,改名为"华东局机关保育院"②。除上述老牌学校外,各地还新建了一批学校,以解决干部子女的入学问题。例如北京成立了华北小学、北京小学、培英小学等校;上海亦建成数所地方党政干部子弟学校和部队系统子弟学校③。1952年底,据华北、华东、西北、东北四大区的不完全统计,共有干部子弟小学42所,学生13084人,教职员工2975人④。在1949年前后,中共中央已经认识到供给制会造成严重的资源浪费,但为了确保干部及其家属能够适应城市生活,并未急于做出改变⑤。因此,干部子弟小学也继续沿用供给制。

中华人民共和国成立以后,干部子弟小学的发展更加受重视。1952年毛泽东曾托李讷给育英小学带去著名的题词"好好学习,天天向上";周恩来、徐特立、杨尚昆、胡乔木等人也都先后到育英或者育才小学参观⑥。1952年5月,政务院批准通过了《干部子女小学暂行实施办法》(简称《办法》),这一规定实际上为干部子弟小学的开办提供了政策支持。《办法》规定,各级政府机关和团体均可根据需要设立子弟小学;允许干部子女随时入学;规定子弟学校的教职员工与学生的比例为1∶6,以便有足够人手照顾学生;若出现供不应求的状况,《办法》甚至规定必

---

① 育英同学会编:《红色家园:中直育英小学纪念图册》,北京:团结出版社2009年版,第18页。
② 《华东保育院》,内部发行1987年版,第9页。
③ 地方干部的子弟学校包括:上海市府机关干部子弟小学、华东军政委员会干部子弟学校;部队系统的学校有:育鹰小学、空军政治学校子女小学、虹桥机场子女小学、海鹰小学和六一小学。参见李艳艳:《建国初期上海干部子弟学校研究》,华东师范大学历史学系硕士学位论文,2009年,第1页。
④ 参见:《中共中央批转教育部党组关于逐渐取消各地干部子女学校的报告》(1955年10月28日),中央档案馆、中共中央文献研究室编:《中共中央文件选集(1949年10月—1966年5月)》(第20册),北京:人民出版社2013年版,第549页。
⑤ 杨奎松:《中华人民共和国建国史研究》1,南昌:江西人民出版社2009年版,第424页。
⑥ 参见中直育英小学同学会编:《在育英我们走过童年》,北京:中共党史出版社2007年版,第3—5、18、72—73页;成索斯等:《在育才苗圃里》,校史编委会编:《从延安到北京:北京育才学校校史资料选》,内部发行1983年版,第285页。

要时可以将干部的级别作为是否招录子女入学的参考标准①。

领导的眷顾与政策的支持使干部子弟小学进入了快速发展期,大量人力、物力和财力的投入,确保干部子弟小学成为正规小学教育的模板和标杆,既反映当时初等教育的最高水平,又浓缩了理想教育的美好愿景。

师资方面,学校对教师要求很严,例如育英小学要求教师不管经验如何丰富,没有教案就不准进课堂②;华东保育院要求教师在批改作业时不能只判对错,还要注明原因③。教职员工的学历也非常高,育英小学有辅仁大学的毕业生④;而华东保育院的普通员工甚至都来历不凡:营养员张济贞、教养员徐祖丰毕业于金陵大学,教养干事诸以侬毕业于南京大学⑤。这些教职员工能够在课堂内外为学生提供高品质服务。

饮食健康方面,尽管干部子弟小学的待遇不一致,但均高于一般学校⑥,也比普通干部家庭的标准高⑦。育英小学每个月都要给学生量体重,并要求班主任与学生同桌吃饭,以观察学生饭量变化;学校每年都为孩子们进行详细体检,每个人的体检表都是厚厚一本。体检之后,学校为每个学生建立健康档案,依据健康情况将学生分组,以便有针对性

---

① 《干部子女小学暂行实施办法》(1952年5月5日),何东昌主编:《中华人民共和国重要教育文献(1949—1975)》,海口:海南出版社1998年版,第149—150页。
② 中直育英小学同学会编:《在育英我们走过童年》,北京:中共党史出版社2007年版。
③ 邓六金主编:《在华东保育院的日子里》,太原:希望出版社2000年版,第48页。
④ 中直育英小学同学会编:《在育英我们走过童年》,北京:中共党史出版社2007年版,第87页。
⑤ 邓六金主编:《在华东保育院的日子里》,太原:希望出版社2000年版,第22页。
⑥ 《中共北京市委关于北京市中小学学生负担及生活情况向中央、华北局的报告》(1952年6月11日),北京教育志编纂委员会办公室、北京市档案馆编研处编:《北京教育档案文粹》中,北京:华艺出版社2008年版,第652页。有的干部子弟小学(如华北中学附小),甚至在学生中间还划分出中灶和大灶。
⑦ [美]周锡瑞:《叶:百年动荡中的一个中国家庭》,史金金、孟繁之、朱琳菲译,太原:山西人民出版社2014年版,第316—317页。

地重点照顾;学校医务室还专门聘请了苏联专家①。育才小学的校医院有 50 张病床,有内科、外科、挂号处、取药处、化验室等部门,俨然"一个小型医院"②。华东保育院保证学生"天天有牛奶喝,顿顿有水果吃",上午课间有鸡蛋和豆浆加餐,每天早饭还有鱼肝油供应;为学生做饭的厨师詹万财厨艺精湛,后调到中央军委,服务于邓小平、叶剑英等人③。

硬件方面,这些学校也往往领先不止一步。以育英小学为例,他们的校园由苏联工程师设计,包括了图书馆、能容纳几百人的阅览室、足球场、篮球场、排球场、冰场、室内体育馆、大礼堂、洗澡堂、理发室、食堂,甚至还有一个小型动物园④。这些设施一直使用到 1995 年才拆除重建⑤。而南京卫岗小学在 1950 年代就为学生提供了室内篮球场,供雨天体育课使用⑥。

总的来说,中华人民共和国成立以后的干部子弟小学保留了根据地时期的基本办学思路和模式,并获得了中央和地方政府的进一步支持,占有大量资源,拥有舒适的生活学习环境,学生也获得了更好的受教育机会。仅从升学成绩一项指标就能略见端倪——例如,育英小学的毕业生大多都考上了师大女附中、101 中学、男四中、男八中等重点中学⑦。根据 1953 年的统计,育才小学毕业 238 人,只有四人没有考上初中;北

---

① 参见中直育英小学同学会编:《在育英我们走过童年》,北京:中共党史出版社 2007 年版,第 38、67、139 页。
② 《了解育才小学人事编制和经费开支情况的报告》(1953 年 11 月),北京档案馆藏,档案号:011-001-00084。
③ 邓六金主编:《在华东保育院的日子里》,太原:希望出版社 2000 年版,第 49、143、181、204 页。
④ 参见中直育英小学同学会编:《在育英我们走过童年》,北京:中共党史出版社 2007 年版,第 5、29、53、69、109 页。
⑤ 育英同学会编:《红色家园:中直育英小学纪念图册》,北京:团结出版社 2009 年版,第 30 页。
⑥ 冯抗胜:《在卫岗小学的特殊生活》,《世纪》2012 年第 4 期。
⑦ 参见中直育英小学同学会编:《在育英我们走过童年》,北京:中共党史出版社 2007 年版,第 72、111 页。

京小学 81 人,未考上初中的只有 3 人①。在 1953 年,全国小学升初中的升学率仅有 27.9%②,且全国不少地方都出现了小学升初中供不应求的局面,考试竞争非常激烈③。

三、问题凸现:1953 年北京市干部子弟小学状况调查

综上所言,在教育资源和物质资源相对有限的中华人民共和国早期岁月,干部子弟小学通过政策支持,迅速集中了优质资源以保证在校学生的教育质量和日常生活水平。但这种依靠政策支持并与其紧密结合的办学模式本身所具有的特殊化趋势以及和追求教育平等的官方意识形态之间存在的冲突,使得干部子弟小学逐渐成为初等教育领域内被人关注的焦点。

具体来看,一方面,毛泽东向来对官僚制度以及由此导致的特殊化现象保持敏感和警惕,对自己的子女也要求颇严,经常劝诫他们,任何时候都不要搞特殊④。1951 年就有人对中央各机关用公车接送子女上下学的现象提出异议,认为这"浪费汽油",希望能够改进干部子弟的接送办法,毛泽东对此批示:"这个建议值得注意。"⑤1951 年末开始的"三反"运动所揭露出来的干部贪污浪费问题,让中央感到震惊。毛泽东接连做

---

① 《关于干部子弟小学的调查及处理意见》(1953 年 11 月),北京档案馆藏,档案号:011-001-00084。
② 参见《中国教育年鉴》编辑部编:《中国教育年鉴(1949—1981)》,北京:中国大百科全书出版社 1984 年版,第 1001、1021 页。
③ 参见:《武汉和广州积极解决小学毕业生升学问题》,《人民日报》1953 年 9 月 7 日第 3 版;[美]傅高义:《共产主义下的广州:一个省会的规划与政治(1949—1968)》,高申鹏译,广州:广东人民出版社 2008 年版,第 335 页;《中共中央批转山东分局办公厅关于各地解决高小毕业生出路问题的情况报告》(1954 年 1 月 7 日),中央档案馆、中共中央文献研究室编:《中共中央文件选集(1949 年 10 月—1966 年 5 月)》(第 15 册),北京:人民出版社 2013 年版,第 41 页。
④ 参见李敏:《我的父亲毛泽东》,沈阳:辽宁人民出版社 2000 年版,第 94—95、99、112、115—116、313—314 页。
⑤ 中共中央党史和文献研究院编:《毛泽东年谱》(第 4 卷),北京:中央文献出版社 2023 年版,第 444 页。

出批示,以显示其在"三反"问题上的坚决态度。在这一背景下,毛泽东于1952年6月读到了北京市关于干部子弟待遇问题的报告①,遂将干部子弟学校贴上了"贵族学校"的标签,并提出"与人民子弟合一"的设想①。该批示在《干部子女小学暂行实施办法》颁布一个月后做出,是中央高层对干部子弟学校最早的否定。但此时,这种否定还未上升至政策调整层面。

另一方面,教育平等的观念渐入人心。如前章所述,1951年召开的全国初等教育会议确定,从1952年下半年在小学推广以实现工农子弟平等接受教育为目的的新学制改革。日程确定之后,围绕阐明新学制意义的宣传工作随即展开。通过宣传,新政权表明了支持教育平等、普及初等教育的明确态度;民众也逐渐认识到,只有通过教育,子女才有可能进入晋升渠道,获得更好的发展空间。渴望接受教育的工农子弟越来越多,入学的积极性日渐提升,但学校的运营经费和硬件设施显然无法满足人们的主观愿望,很多学校都无力承担日益增加的学生数量。无法进入全日制小学就读的学生,只能被安排接受临时性的社会教育。这一供给关系上的矛盾于1953年年中在全国多地爆发。以北京市为例,由于经费限制,1953年北京市市立小学的招生名额,在"有所照顾"的情况下还是比1952年缩减10%,"和群众要求相距过远"。由于《办法》中有对干部子弟进行照顾的规定,所以名额削减的后果主要由普通家庭承担。这一结果将家长的怒火点燃:他们斥责政府只顾自己盖办公室,不盖教室;激烈攻击新政府,认为其与国民政府一样,都让孩子失学;甚至质疑工人当家做主的地位。这些言论直指新政权的合法性,北京市委感到压力很大,遂向中央作了汇报。中央非常重视这次因受教育权利无法实现

---

① 参见《中共北京市委关于北京市中小学学生负担及生活情况向中央、华北局的报告》(1952年6月11日),北京教育志编纂委员会办公室、北京市档案馆编研处编:《北京教育档案文粹》中,北京:华艺出版社2008年版,第650—653页。该报告指出,干部子弟在学校的待遇比一般学生要好;干部子弟若在普通学校就读,则对其实行公费制度,补助额度根据家长的革命历史和职位分为三级。

① 中共中央党史和文献研究院编:《毛泽东年谱》(第4卷),北京:中央文献出版社2023年版,第564页。

而引起的社会波动,迅速作出批示:"应着手进行调查研究,并提出具体解决方案报告中央。"①

在反对特权和铺张浪费的观念指引下,面对普通民众子女等待入学的迫切需求及由此产生的舆论压力,负责提供解决方案的教育工作者将目光对准了干部子弟小学——这些学校占有大量房间用于教学目的之外,如果能够腾出来作教室,恐怕可以在最短的时间内让更多的适龄学童走进学校,节省出来的开支还可以支持其他学校;另外,如果工农子弟渴望教育的要求无法满足,而干部子弟却享受着舒适的教育环境,民众对新政权的质疑声将会更大。正是在这一背景下,1953年11月,北京市教委对育才、北京和培英三所子弟小学进行了调查。这次调查反映出很多情况,促使中央重新审视了干部子弟小学在培养人才过程中所发挥的作用,为进一步采取措施打下基础。

教委将这三所学校的问题概括为三个方面。第一,人员编制庞杂,组织机构设置不合理。育才小学教职员工人数和学生人数比为1∶6,北京小学为1∶6.4,培英小学为1∶8;育才小学232名教职员工中,勤杂人员竟占到56.9%,而教员的人数不足25%。为证明三所学校编制臃肿的事实,调查人员以一般市立小学东四区第一中心小学和绒线胡同小学为例作对比。前者有学生1838人,但教职员工仅53人,员工学生比为1∶35;后者学生与育才小学接近,有1128人,教职员工42人,员工学生比为1∶27。调查人员直言,"办一个育才小学所用的工作人员可办4.4个一般市立小学"。

第二,经费开支过多,存在浪费现象。例如,1952年下半年至1953年上半年,育才小学全年开支5 381 000 000元,北京小学全年开支2 150 194 726元;但像绒线胡同小学这样的普通市立小学全年仅开支286 507 111元。也就是说,拿育才小学所用经费可以办19个市立小学,拿北京小学所用经费可以办7个市立小学。根据干部子弟小学现

---

① 《中共北京市委关于中小学招生问题向主席、中央、华北局的请示报告》(1953年8月21日),北京教育志编纂委员会办公室、北京市档案馆编研处编《北京教育档案文粹》上,北京:华艺出版社2008年版,第90—93页。

在规定的经费标准计算,育才小学培养一个学生全年须用 2 068 761 元(不包括伙食服装费);而绒线胡同小学培养一个学生全年只用 253 995 元(不包括衣食费用),前者是后者的 8 倍之多。如果考虑到用地及其他日常消耗,干部子弟小学的耗费更甚。例如,育才小学占地 156 亩,共有房屋百余间,作为教室和办公室的房间不到四分之一,宿舍占去一多半①,但实际上父母在京工作、可以走读的学生占到 90%。除此之外,育才小学每年的公杂费竟有 452 000 000 余元,其中很大一部分用来支付学生的牙刷、牙膏、面巾等一切生活用品及文化娱乐费用。这些费用在市立学校均由各自家庭承担。

第三,学生教育方面存在漏洞。在 1949 年之后接受教育的干部子弟,不像根据地时期的学生那样与地方生活有相当频繁的接触。他们全部生活在学校里面,甚至连国庆节庆典、儿童节游园都很少参加,与校园外的社会严重脱节。学生生活能力差,一个人出门不会坐公车,甚至到中学报考还得老师陪着;考上中学的某些学生,有时还回原校哭诉自己在学校独立生活的困难。对比之下,根据对市立顺城街小学的调查,该校有四分之三左右的学生帮助家里做活。另外,为了干部子弟在校内能够正常生活,学校不得不配备各种设施,"造成了人力、物力和财力上的严重浪费现象"。这种教育使得学生节约意识不强,多数不知道爱护个人和学校的东西,年龄较大的一些学生,还常常毁坏公物。而且这些孩子往往不尊重老师,目中无人,师生关系不正常②。

这个调查报告反映出两个主要问题。首先是供给制下的学校运营浪费严重。在基础教育尚未普及的 1950 年代,干部子弟小学对于人力和物资的占有程度令人印象深刻。各种资源如此容易获取,干部子弟有时很难真正体会所处时代的艰辛以及普通家庭出身的同龄人之不幸。因此,干部子弟学校中不珍惜学习机会、浪费和破坏学习生活用品的现

---

① 《了解育才小学人事编制和经费开支情况的报告》(1953 年 11 月),北京市档案馆藏,档案号:011-001-00084。
② 对该调查的引用,除已注明的之外,均来自:《关于干部子弟小学的调查及处理意见》(1953 年 11 月),北京市档案馆藏,档案号:011-001-00084。

象绝非个案①。此时,中央正在逐步尝试将供给制改为工资制,而该调查报告中的前两点都是针对供给制之弊端在谈,可谓恰逢其时地为供给制下的资源浪费提供了一个鲜活案例。若供给制终结,依托该制度的干部子弟学校就失去了存在的制度保障,将被改为普通学校,招收平民子弟,那么会有更多人获得受教育的机会。

第二个问题尽管在调查报告中被放在了第三点,但或许更为严峻,那就是目前的干部子弟教育模式在培养合格的社会主义新一代过程中遇到了挫折。中华人民共和国初期,干部子弟所处的生活环境已经与社会现实产生了脱节,他们的日常起居受到了无微不至的关怀与照顾,可以说是"衣来伸手,饭来张口",自理能力和劳动意识严重不足,对日常真实状况的接触极为有限。即便有些在普通学校就读的干部子弟,同样受到特殊优待,比如就餐时将他们与普通子弟分开,伙食也更为优质②。这些细节无疑会潜移默化地影响学生对社会权力结构的体认,并塑造着他们的身份优越感——这与中央对"新一代"所应具备素质的期许相去甚远③。

既然干部子弟小学占据了如此多的资源,却无法培养出合格的人才,那么对其进行改革就理所应当了。调查人员最后给出的办法是:将培英小学和北京小学逐步转变为一般市立小学,采取走读制,将宿舍改为教室,招收一般市民子弟,成为混合学校;将不得不住校的学生并入育才小学实行寄宿制,保留之前的干部子弟学校体例④。该办法与之前毛泽东提出的"与人民子弟合一"的设想相契合,为供给制终结之后干部子弟小学的改革指出了方向。

---

① 于沛:《我们是这样进行爱护公共财物教育的》,《人民教育》1952年第6期。
② 闻上:《批评一区中心小学干部子弟寄宿舍的管理工作》,《天津教育》1951年第5期;天津市第一中心小学:《对本刊批评的反映》,《天津教育》1951年第7期。
③ 参见:《更好地培养我们的新一代》,《人民日报》1953年6月1日第1版;胡耀邦:《热爱新的一代是共产主义的美德——在第二次全国少年儿童工作会议上的总结》,《人民日报》1954年1月15日第3版。
④ 《关于干部子弟小学的调查及处理意见》,1953年11月,001-001-00084,北京市档案馆藏。

四、干部子弟小学改革及效果评析

　　1953 年底的调查揭开了干部子弟小学在资源占有和教育效果上存在的问题,其他地方陆续反映的情况也呈现出同样的问题①,这让更多人意识到了这一办学模式所具有的隐患;加上 1953 年后普通民众要求其子女接受正规教育的呼声越来越高,教育资源供给紧张的状况并未根本缓解,因此干部子弟小学改革势在必行。1955 年 8 月国务院正式颁布了国家机关工作人员全部实行工资制的决定②,这也为改革干部子弟小学提供了制度依据。同年 10 月,教育部党组发出《关于逐步取消各地干部子女学校的报告》,所列举的问题与 1953 年调查报告中发现的问题相一致。该报告要求各地干部子弟小学从 1956 年开始逐步变为普通小学,取消寄宿制,交由地方政府管理;设立"儿童之家",供烈士子女、父母在国外或边疆工作的子女住宿,不再单独为其设立学校就读;公费生待遇一律取消。但此次规定并不涉及军队系统的子弟小学。中央在批转该报告时还特别强调,既然供给制已经转变,并且干部子弟学校确有流弊,已无专设的必要③。此后,全国开始了对干部子弟小学的整顿。以上海市为例,新华小学和上海市府机关干部子弟小学分别更名为延安西路小学和思南路小学,于 1956 年交于静安区和卢湾区管理,招收走读生,干部子弟人数比例已不到一半。半年之后,思南路小学撤销,学生转

---

① 参见:《中共中央批转青年团中央书记处关于干部子弟学生情况的报告》(1955 年 7 月 19 日),中央档案馆、中共中央文献研究室编:《中共中央文件选集(1949 年 10 月—1966 年 5 月)》(第 19 册),北京:人民出版社 2013 年版,第 462—467 页;李艳艳:《建国初期上海干部子弟学校研究》,华东师范大学历史学系硕士学位论文,2009 年,第 43—44 页。
② 杨奎松:《中华人民共和国建国史研究》1,南昌:江西人民出版社 2009 年版,第 442 页。
③ 《中共中央批转教育部党组关于逐步取消各地干部子女学校的报告》(1955 年 10 月 28 日),中央档案馆、中共中央文献研究室编:《中共中央文件选集(1949 年 10 月—1966 年 5 月)》(第 19 册),北京:人民出版社 2013 年版,第 548—549 页。

入重庆南路二小与普通群众一起就读①。随着学校问题的暴露以及此番调整的展开,干部子弟的形象也开始变得负面——有人将干部子弟比作皇子皇孙,有人干脆直接指出干部子弟"一定会感到高人一等,一定会有特权思想",言语间充满了对干部子弟的不满和忧虑②。

面对中央的举措和社会舆论的压力,身为干部的学生家长又作何反应?事实上,在有些地方,干部子弟小学改革从一开始便遭到了家长们的抵抗。例如,从1956年起,北京市开始着手改革干部子弟小学为一般小学,以走读制为主。很多家长对这一举措表示不满,他们要求继续保留寄宿制。于是学校不得不实行"双轨制"。首先,以父母级别作为筛选准则之一,放宽学生寄宿标准③,继续接收国务院人事局、中央办公厅委托培养的干部子弟学生寄宿,但相应地缩小员工编制,学生员工比由5.98∶1升至7.5∶1,学生按月交伙食费和学杂费;另外公开招收一部分走读生和寄宿生,公开招收寄宿生的条件相对苛刻:(1)烈士遗孤;(2)夫妇双方患病,无人照顾子女④。1957年,北京市进一步规定,仅在育英、育才、北京三所小学保留寄宿制,若仍有名额,可适当招收走读生;培英小学和芳草地小学改为走读学校,而华北小学和西苑小学则被撤销⑤。当北京市决定取消西苑小学、让其学生就近走读入学时,在中央党校工作的家长相当不满。他们联名给北京市委写信,首先指出大有庄

---

① 参见李艳艳:《建国初期上海干部子弟学校研究》,华东师范大学历史学系硕士学位论文,2009年,第53页。
② 郭林:《不许动摇教育向工农开门的方针》,《人民教育》1957年第9期。
③ 符合下列条件之一的干部子弟即可寄宿:1.工作人员牺牲或病故以后,无人照顾的子女;2.夫妇双方参加工作,一方或者双方长期出国工作的干部的子女;3.工作人员夫妇双方都调到边疆工作,需要暂时留京学习的子女;4.夫妇双方都是工作人员,现在都在长期休养或者长期学习的干部的子女;5.副部长以上干部的子女;6.夫妇双方参加工作,有四个孩子以上的司局长干部的子女。《国务院人事局关于中央国家机关、团体干部子女入育才、培英小学的通知》(1956年6月23日),北京市档案馆藏,档案号:153-004-02616。
④ 参见:《北京市教育局关于改变市属五个干部子弟小学为一般小学的通知》(1956年7月13日),北京市档案馆藏,档案号:153-004-02616。
⑤ 《关于调整干小、干幼的方案》(1957年5月3日),北京市档案馆藏,档案号:153-004-02636。

小学和颐和园小学教育质量不高,然后又说走读制影响家长工作。他们建议,要么用党校的宿舍专门为党校子女成立一所子弟小学,要么保留西苑小学,将大有庄小学合并,从而保证教学质量①。面对压力,教育部门不得不作出妥协。

在1956年干部子弟小学改革之初,吴晗就认识到了此项改革所面临的重重阻力,对改革中"换汤不换药"的现象给予了尖锐批评:"名义上学校是交下了,招生任务仍由国务院人事局和其他人事部门掌握,去年有几个学校虽然也招了一些走读生,但数量很少。这样,名义上交给地方,实际上仍是中央的干部子弟小学。"②中央既然如此,地方何尝不会变通,干部子弟学校始终没有根除。到了1963年,教育部仍就该问题发出通知,指出"有的省、市现在还保留少数的干部子女学校;有的地区把重点学校实际办成'干部子女学校',只有'干部子女'才能入学",催促各地抓紧取消子弟学校的工作③。一年之后,教育部再次敦促地方尽快取缔干部子弟小学;而地方在对此作出回应时显得不紧不慢,仍对干部子弟进行照顾,改革难以彻底④。

那么,此次改革在多大程度上回应了1953年调查报告中所反映出来的两大问题?从上述进程看,改革主要通过终止供给制和缩小住宿学生规模等手段,针对资源集中的一个方面(即生活资源集中)做出调整,让有条件走读的学生回归家庭,减少了学校非教师员工的数量。但是,此次改革并未涉及资源集中的另一方面(即教育资源集中),没有通过有效手段使师资力量得到合理配置,学校间的教育质量差距并未缩小,这实际上为干部子弟小学的变相存在提供了基础——只要教育资源依旧集中,学生

---

① 《中共中央高级党校写给北京市人民委员会的信》(1957年6月26日),北京市档案馆藏,档案号:153-004-02636。
② 《关于北京市工作中的两个问题——吴晗代表的发言》,《人民日报》1956年6月29日第8版。
③ 《中华人民共和国教育部催报贯彻中央"逐步取消干部子女学校"指示的情况和准备采取的具体措施的通知》(1963年9月30日),北京市档案馆藏,档案号:153-004-02696。
④ 《山西省人民委员会关于取消干部子女学校的通知》(1964年6月27日),《山西政报》1964年第7期。

家长就有动用关系网络进行择校的可能性。即便允许普通家庭的子女进入曾经的干部子弟学校就读,也很难撼动作为整体的干部子女利益。

本次改革是否能够从整体上有效遏制干部子弟身份优越感的滋生,真正在教育层面上取得拓展?这一问题似乎并未在改革设计者的考虑范围之内。中央开出的药方是"要有家庭教育做配合",呼吁干部能够"用共产主义的精神来教育后代,抵制资产阶级思想对孩子们的侵蚀"①。但是,让学生回归家庭、接受家庭教育,会对学生身份优越感的滋生带来何种影响?要对这一问题有所判断,我们需要首先阐明中共干部的家庭文化和革命胜利后的心态。

在中共干部家庭文化传统中,"舍小家为大家"的理念已被广泛接受,革命工作重于家庭事务的观念已成为共识——革命时期如此,建设时期亦然。因此,革命工作者与家庭,尤其与后代之间存在着相当程度的疏离感②。多数身为干部的家长工作繁忙,无暇顾及孩子,即使教育,也缺乏恰当的教育理念和方法。他们往往不和学校有过多联系,甚至都没有见过教师③。与此同时,革命胜利后,干部们的心态也在悄然发生改变。正如杨尚昆所言:"似乎大家都变了。要想维持简朴的作风,恐不容易。城市的诱惑实在太大。"④干部功臣面临着"革命之第二天"的困境:世俗世界归来,"道德理想无法革除倔强的物质欲望和特权的遗传"⑤。

---

① 《中共中央批转教育部党组关于逐步取消各地干部子女学校的报告》(1955 年 10 月 28 日),中央档案馆、中共中央文献研究室编:《中共中央文件选集(1949 年 10 月—1966 年 5 月)》(第 19 册),北京:人民出版社 2013 年版,第 548—549 页。
② 如杨瑞所言,很多干部子弟对父母的情感远不如对保姆的情感深。参见[美]杨瑞:《吃蜘蛛的人》,叶安宁译,广州:南方日报出版社 1999 年版,第 13 页。孩子与家长在家庭生活中疏离的现象,也出现在苏联。参见[英]奥兰多·费吉斯:《耳语者:斯大林时代苏联的私人生活》,毛俊杰译,桂林:广西师范大学出版社 2014 年版,第 23—26 页。
③ 参见《合肥市小学开展"干部子弟家庭访问周"的情况小结》,《安徽教育》1957 年 8 月号。
④ 杨尚昆:《杨尚昆日记》上,北京:中央文献出版社 2001 年版,第 64 页。
⑤ 蔡翔:《革命/叙述:中国社会主义文学-文化想象(1949—1966)》,北京:北京大学出版社 2010 年版,第 11 页。

学生家长成为各级领导,这种变化会不自觉地反映在对待孩子和教师的态度上。例如,许多家长都会利用职务之便,派公车接送孩子上下学。这种现象一早就被提出,但屡禁不止,直到 1956 年仍然有人给《人民日报》写信反映这一问题,说一到假日"小汽车成队地来回接送"①。有些家长认为,"自己的孩子是娇宝宝,与众应有不同","自己过去受了苦,今天孩子可该享福了"②。不少家长根本不将教师放在眼里,即便"接见"老师,也自觉高人一等,动辄训骂,引起了教师的强烈不满,但敢怒不敢言③。怀有此心态,家长在培养孩子的过程中难免会与学校教育产生一定的抵牾,并弱化学校教育所应起到的作用;与此同时,尽管家长经常有意识地向子女灌输中共主流价值观念,但他们言谈举止间的无意流露以及日常生活中的细节都可能与提倡艰苦朴素、平等观念的意识形态发生矛盾,尽管家长并不承认或并未认识到这种颇为吊诡的冲突④。而这种冲突也可能会导致干部子女言语观念和实际行动之间存在某种程度的不一致性。

受家庭氛围的熏陶,干部子女在交友时必然有所选择。据一位干部子女回忆,读小学时和她要好的朋友,"知识分子和干部家庭出身的比较多";父亲教育她要多和工人子弟接触、交朋友,但由于生活环境和习惯上的差异,"融合还是很难的"。有时干部子弟在不经意间还会伤害工人子弟的自尊心⑤。另外,由于在中华人民共和国成立初期,干部往往居住在城市中相对集中的空间,回归家庭的子女也很难扩展自己的社交圈。放学后一起玩耍的伙伴的家庭出身也比较接近。这些孩子在一起

---

① 《内部参考》1956 年 11 月 26 日第 2061 期,第 591 页。转引自高华:《历史笔记Ⅰ》,香港:牛津大学出版社 2014 年版,第 559 页。
② 《中共中央批转青年团中央书记处关于干部子弟学生情况的报告》(1955 年 7 月 19 日),中央档案馆、中共中央文献研究室编:《中共中央文件选集(1949 年 10 月—1966 年 5 月)》(第 19 册),北京:人民出版社 2013 年版,第 464 页。
③ 《北京小学有关人民内部矛盾和百家争鸣问题的教师座谈会》(1957 年 5 月 15 日),北京市档案馆藏,档案号:153-004-02636。
④ [美]周锡瑞:《叶:百年动荡中的一个中国家庭》,史金金、孟繁之、朱琳菲译,太原:山西人民出版社 2014 年版,第 317—318 页。
⑤ [美]杨瑞:《吃蜘蛛的人》,叶安宁译,广州:南方日报出版社 1999 年版,第 56—57 页。

玩的"过家家"游戏都能反映出他们的优越感:男孩子争先扮演将军、部长和党委书记,这无疑表明了干部子弟所"追求的角色"①。可以看出,干部子弟的身份优越感很难在家庭生活的环境中逐渐消弭,反而容易扩大与普通家庭出身的学生之间的身份裂痕。经过数年的酝酿演化,这种裂痕越来越大:在"文革"爆发前夕的1965年,万里曾经与14名北京8中的干部子弟谈话。从这些学生的叙述看,他们和工农子女以及知识分子子女之间的隔阂非常深,他们不断强调自己的干部子弟身份,为自己的身份优势无法转化成其他优势而感到愤愤不平。有些干部子弟对他们所应承担的社会责任和使命的过度申明与展现,也是身份优越感的另一种表现形式②。

小结

本章粗略梳理了中共干部子弟小学的短暂历史。概言之,干部子弟小学被取消,其初衷并非主要针对学校和学生中出现的特殊化现象,这些现象也并未随着改革的进行而消弭。干部子弟小学之所以会面临被取消的历史命运,首先是因为它在传统中形成的办学模式和资源配置方式,与当时总体的教育资源状况不相适应,并有可能引发意识形态层面的危机;其次是因为它在教育效果上出现了问题。

诞生于战争时期的干部子弟小学将烈士和前线战士的子女集中起来进行管理,在资源极其有限的情况下,对他们施以最好的教育和照顾,表现出中共对牺牲烈士和前线战士的关怀——让逝者安心,让生者能够全力投入到革命工作中去。此时干部子弟小学的办学模式能够顺利推广,与资源集中分配的供给制密切相关。1949年之后,干部子弟小学一度得到了较快的发展,但与此同时,危机也随之到来。与战时环境相适

---

① [美]周锡瑞:《叶:百年动荡中的一个中国家庭》,史金金、孟繁之、朱琳菲译,太原:山西人民出版社2014年版,第316页。
② 参见:《万里同志和8中高三(4)班14名干部子弟谈话记录》(1965年1月15日),北京市档案馆藏,档案号:001-023-00397。

应的供给制的优越性在和平建设时期已难体现,但物资浪费等弊端却日益明显。一方面,干部子弟小学占据了大量资源,师生比明显高于普通市立小学,众多房间被挪用为宿舍和活动室,资金浪费在琐碎事务上;另一方面,许多普通家庭的子女却因市立小学师资、教室和资金跟不上发展形势,面临着无学可上的局面。普通民众积极接受并拥护中共所宣传的"教育平等"的价值,一旦观念话语和现实发生冲突时,指向新政权的不满就可能爆发。干部子弟小学改革,作为对民众舆论压力的一种回应,其实质就是对教育资源分配方式的调整。遗憾的是,在各种阻力之下,这一调整并不彻底。而干部子弟名声上的受损也从一个侧面折射出当革命逻辑应用于和平时期时,可能会遭遇的尴尬。

在一个资源丰裕程度明显高于社会平均水平的环境中,旨在消除身份优越感、培养自立坚强爱劳动品质的教育目标确实很难实现。中央对干部子弟培养模式失望的同时,却希望通过回归家庭的方式重新塑造干部子弟的品质。这一决定缺少对家庭教育利弊得失的权衡,更像是为尽快解决资源集中问题而制定的权宜之计。家庭教育的不确定性超过学校教育,但急切的现实形势未能给反思学校教育模式留下时间。事实上,传统培养思路中并非没有可取之处。在根据地时期,学校就有意识地组织学生与地方社会之间保持一种良性互动,通过各种方式在学生和当地民众之间搭起了沟通的桥梁,敦促学生熟悉地方生活。可惜这种防止校内学生对校外社会产生疏离感的做法在1949年之后不仅没有被当做重要的教育经验继承下来,反而被忽略了。另外,寄宿制也为学生成长提供了一个无差别环境,有助于培养集体主义精神,增加对共同体的责任意识,同时锻炼了学生独自生活和与人相处沟通的能力[①],但却不可避免地成为改革者首先针对的制度。教育资源重新分配的现实压力使干部子弟小学改革失去了在教育思想史层面上进行突破的可能性。

---

① 参见杨东平:《反思当年的"接班人"教育》,《中小学管理》2012年第3期。

第四章
小学教师的政治学习与思想改造

如前章所言,随着现代教育的普及和推广,传统意义上家庭对孩子价值观念的绝对影响力正在逐渐削弱;学校作为制度化的组织机构,很大程度上对小学生价值观念的塑造起到了奠基作用。苏联社会主义教育学理论认为,由于小学生独立判断和分析的能力尚未形成,容易受到外界权威的引导和教育,于是小学教师课堂内外的言行举止在学生眼中会被凸显和放大,成为他们学习效仿的榜样。因此教师在整个基础教育体系中扮演着至关重要的角色。而教师对学生进行正确引导的先决条件就在于教师的"思想政治水准"是否过硬①。

受苏联教育理论的影响,中国共产党也认为教师能否完整正确接受其主导意识形态将对新政权旨在培养"新的一代"的基础教育产生直接作用②,认为教师思想改造是"教育改革的基本关键"③;并明确指出对小学老师进行思想改造的必要性和急迫性:"小学教师是儿童们的直接教育者。儿童们所以能够感染到那种资产阶级不劳而食、唯利是图等等的腐化堕落思想,是和我们小学教师的思想影响分不开的。因为儿童们总是听教师的话的,教师的一举一动对他们有着直接的影响,所以儿童思

---

① 参见[苏]H. A. 彼得洛夫:《论人民教师的威信》,方德厚译,上海:作家书屋刊1951年版,第212—222、273—279页。
② 参见冯文彬:《培养教育新的一代》,何东昌主编:《中华人民共和国重要教育文献(1949—1975)》,海口:海南出版社1998年版,第12—13页。
③ 《贯彻"小学暂行规程(草案)"的关键》,广东教育与文化月刊社编:《学习"小学暂行规程(草案)"》(教师学习小丛书之三),广州:华南人民出版社1952年版,第41页。

想的健全与否,其主要的责任是在教师们身上的。"①而从这段话中我们也能够体察出中国共产党对小学教师的基本定位——他们来自(小)资产阶级,拥有与新社会不相匹配的落后思想和陋习,属于亟需改造的旧知识分子范畴。于是,小学教师就具备了双重身份:他们首先是来自旧社会、拥有旧思想的底层落后知识分子,拥有和高级知识分子完全不同的生活经历和体验,属于普通人;但他们同样是中国未来建设者最初的领航员和指路人,是未来人才培养体系的基石。正是这"一轻一重"的身份叠加赋予本章研究以意义。

为更好地聚焦历史细节,本章将以北京市小学教师的思想学习和改造为中心进行考察。北平和平接管之后,师资学习与改造旋即被提上议事日程,并逐渐形成一种制度化的形式。而本章所关注的焦点在于这种由国家政权主导的大规模、持续性、制度化的意识形态教育是通过哪些形式组织起来的?具体学习什么内容?这种学习何以在整体上取得成功并获得教师的认同?经过学习改造,教师将不断吸收的不同于旧政权的表达方式和思维方式通过课堂传播给学生,从而推进新型教育文化的形成。

一、讨论小学教师思想学习的可能路径

中华人民共和国成立初期知识分子的思想改造运动一直是国内外历史学和政治学研究的热点问题之一,涉及此问题的著作和专题论文数量可观②。对于这些前期研究所讨论的问题,如建政初期知识分子队伍

---

① 《在中小学生中进行思想教育不要大搞运动》,《人民日报》1952 年 1 月 19 日第 3 版。
② 代表性的相关著作有:杨奎松:《忍不住的"关怀":1949 年前后的书生与政治》,桂林:广西师范大学出版社 2013 年版;于风政:《改造——1949—1957 年的知识分子》,郑州:河南人民出版社 2001 年版;杨凤城:《中国共产党的知识分子理论与政策研究》,北京:中共党史出版社 2005 年版;崔晓麟:《重塑与思考——1951 年前后高校知识分子思想改造运动研究》,北京:中共党史出版社 2005 年版;[美]史景迁:《天安门:知识分子与中国革命》,尹庆军等译.北京:中央编译出版社 1998 (转下页)

的总体情况,思想改造运动发起的原因、经过以及整体评价等,已经有专文对其综述①。本章旨在针对这些研究成果,提出三点相关的思考。

首先,先前对知识分子思想改造的研究多集中于著名学者、文化人、大学教授等群体,即所谓的"高级知识分子"。这一现象产生的原因至少有以下几个方面:首先,这些高级知识分子一般拥有较为显赫的学术背景和丰富的社会经历——这本身就足以抓住猎奇者的目光;而且在中共政权成立之前,他们多数人都业已拥有一套不同于共产党价值观念的知识结构和思想体系,具有较强的独立性。于是当作为独立思想者的个人和新兴的强势政权发生接触以至最终产生碰撞时,由此产生的戏剧性场面更能吸引历史研究者和一般读者②。而研究者与读者之间通过真实的或虚拟的互动,能够在学术研究以及大众文化消费两个层面进一步推进对高级知识分子的追逐,前些年出现的"梁漱溟热"便是一例③。

(接上页)年版; Robert Jay Lifton. *Thought Reform and the Psychology of Totalism: A Study of "Brainwashing" in China*. London: Victor Gollancz Ltd, 1961;等等。对建国初期知识分子思想改造整体研究的专题论文有:谢泳:《思想改造》,《南方文坛》总72期;朱薇:《中国共产党在新中国成立初期对知识分子的思想改造——对历史文献的解读与思考》,《当代中国史研究》2011年第7期;谢莹:《建国初期知识分子思想改造学习运动始末》,《党的文献》1997年第5期;朱地:《对建国初期知识分子思想改造学习运动的历史考察——评〈剑桥中华人民共和国史〉的一个观点》,《中共党史研究》1998年第5期;刘晓清:《五十年代初思想改造运动中知识分子心理变迁及原因》,《浙江学刊》1998年第5期;周兵:《社会实践与知识分子教育和改造——以建国初期知识分子参加土地改革为例》,《现代哲学》2012年第3期;等等。此外还有不少专著和论文涉及这一主题,此处不再赘述。

① 如孙丹:《建国初期知识分子思想改造运动研究述评》,《当代中国史研究》2008年第5期;谢涛:《1990年代以来关于建国初知识分子思想改造运动研究综述》,《党史研究与教学》2002年第5期。
② 参见杨奎松:《思想改造运动中的潘光旦——潘光旦"历史问题"的由来及其后果》,《史林》2007年第6期。
③ 2010年前后,梁漱溟大量著作被重印,如《中国文化要义》《东西文化及其哲学》《乡村建设理论》等;而梁氏晚年的口述回忆、一些曾经尚未正式出版的读书心得也陆续面世,如《中国文化的命运》《这个世界会好吗?梁漱溟晚年口述》《梁(转下页)

其次,聚焦高级知识分子的研究趋势受到传统研究惯性的影响。研究者讨论中华人民共和国初期的思想改造,往往对准"思想改造运动",即以1951年9月北大校长马寅初致信周恩来为肇始,至1952年夏结束,中间还穿插结合"三反"的改造运动①。这一阶段,虽然广大中小学教职员也参与到了思想改造运动中,但其强度不及以高校教师为代表的高级知识分子②;而主流舆论关注的焦点亦在高级知识分子,这些议程在为后人研究提供大量易获史料的同时,也在某种程度上规制了研究的视野③。

最后,也是最重要的,研究者对"知识分子"这一范畴的理解从根本上影响了他们对研究对象的选择。在当代中国学术研究的语境中,"知识分子"这一概念至少被赋予了双重含义。一方面,"知识分子"往往跨越时空界限,与传统士大夫直谏权威的精神追求联系在一起;研究者将其浪漫地想象为士大夫的现代化身,并将理想化的士大夫品质安插在他们身上④。另一方面,西方语境下对"知识分子"内涵的诠释也影响着中国学者的理解。"知识分子"(intellectual)本身就源于19世纪的欧洲,从词源上看,"知识分子"最早用来指称俄国出现的批判性知识群体

(接上页)漱溟读书与做人》《出世入世·梁漱溟随笔》《我生有涯愿无尽》《梁漱溟自述:我是怎样一个人》等;而关于梁氏的研究著作和传记包括《最后的儒家:梁漱溟与中国现代化的两难》《改造中国的实践:梁漱溟传》《中国最后一个大儒:记父亲梁漱溟》等等。"梁漱溟热"反映了当今的一种社会心理,后文会稍微提及。

① 参见中共中央党史研究室:《中国共产党历史(第二卷1949—1978)》上,北京:中共党史出版社2011年版,第156—158页;孙丹:《建国初期知识分子思想改造运动研究述评》,《当代中国史研究》2008年第5期;谢泳:《思想改造》,《南方文坛》,总第72期。

② 参见胡清宁:《解放初期中小学教师的思想学习活动——以江苏地区为中心》,《南京大学学报(哲学·人文科学·社会科学)》2005年第4期。

③ 这一时期,《人民日报》对高级知识分子的思想改造进行了大量跟踪报道,刊登了如梁思成、罗常培、董渭川、陈垣、金克木、侯仁之、马大猷等诸多著名学者的思想检讨,这些检讨也成为后来研究的一手资料。

④ [美]艾恺:《最后的儒家:梁漱溟与中国现代化的两难》,王宗昱、冀建中译,南京:江苏人民出版社2011年版。

以及在法国德雷福斯事件中有正义感和社会良知的人①。沿着这层含义,"知识分子"逐渐用来指称"那些以独立的身份、借助知识和精神的力量,对社会表现出强烈的公共关怀,体现出一种公共良知、有社会参与意识的一群文化人"②,以区别于职业技术专家。上述双重含义背后都有一个结构主义式的预设:社会中确实存在这样一个"知识分子"群体,其基本特征是拥有知识、思想独立、具备批判精神与良知。沿此思路追寻,研究者往往发现的便是高级知识分子。但如果我们稍微想想街头巷尾与"知识分子"相关的谈论,就会发现这种精英式的、结构化的"知识分子"界定与现实体验有所偏差——简言之,这种界定把毛泽东时代的历史经验抽离了。余伟康(Eddy U)在对毛泽东时代的知识分子的研究中已经注意到了这一趋向。与传统的结构主义理解不同,余伟康受福柯的影响,采取一种建构主义的视角来看待 1949 年之后"知识分子"范畴的形成,认为"知识分子"是在话语实践和非话语实践的共同作用下产生的③。因此,中华人民共和国初期中国共产党一系列关于失业知识分子登记与分配的政策对"知识分子"范畴的形成具有影响。在这些政策的推动下,中小学教师、国民政府的公务员、公司和银行职员等都被扩充到了知识分子队伍;而大量政治和历史不清白的人员涌入,也使得政府加大了对"知识分子"的不信任和监管力度④。

余伟康的研究提醒我们,毛泽东时代的中国,包含在"知识分子"范畴内的人群种类是多元的,单纯以传统语境中的"士大夫"或者现代西方语境中的"知识分子"为参照对象,很难顾及甚至会遮蔽多元主体的不同

---

① [英]雷蒙·威廉斯:《关键词:文化与社会的词汇》,刘建基译,北京:生活·读书·新知三联书店 2005 年版,第 244 页。
② 许纪霖:《中国知识分子十论》,上海:复旦大学出版社 2008 年版,第 4 页。
③ Eddy U. The Making of Zhishifenzi: The Critical Impact of the Registration of Unemployed Intellectuals in the Early PRC. *The China Quarterly*, No. 173 (Mar., 2003), pp. 100 - 121.
④ Eddy U. The Hiring of Rejects: Teacher Recruitment and Crises of Socialism in the Early PRC Years. *Modern China*, Vol. 30, No. 1 (Jan., 2004), pp. 46 - 80.

经历,从而降低历史的丰富性和认知历史的多种可能性①。中华人民共和国成立后,同样被贴上"知识分子"标签的高级知识分子、著名学者与中小学教职员等底层知识分子的生活境遇完全不同。高级知识分子一方面深刻体会并消化着理性和情感上日益彰显的张力,感受着日益强大的新政权对他们生活的影响;另一方面却拥有一般人无法企及的社会和文化资源,享有崇高的社会名望,过着养尊处优的物质生活,境况与国民政府时期并未发生多大改变。吴宓就是一个很好的例子。一方面,他对思想学习和改造表现出了排斥和无奈:"循例随众,不得不言,既违良心,又不合时宜,殊自愧自恨也。"②经常缺席一些政治性的会议和活动;并批评当时的学校教育乃是政府通过强力机械地将学生铸造为统一模型;还不无讥讽地将思想教育的内容概括为"拥护党国,服从主义,舍己从令,抗美亲苏而已"③。但另一方面,吴宓所在学校领导却一再宽容其格格不入的表现,通过区分思想表现与政治行动为其开脱;并且吴宓的物质生活条件能够得到充分保障,他不仅常常下馆子改善伙食,而且还能够对亲朋好友慷慨解囊,助其渡过难关。相比之下,生活在社会底层的知识分子却没有这般幸运。解放前,小学教师的学历、知识掌握情况和社会背景不尽相同,他们的社会地位相当卑微,"家有二斗粮,不当孩子王"④的俗语正反映了这一实情。与社会地位相对应的则是收入不堪,很多教师都是在温饱线上苦苦挣扎⑤。基于上述原因,研究高级知识分

---

① 参见[美]余伟康:《思想改造运动与"中国知识分子"的形成》,邵小文、黄碧影译,《现代哲学》2010年第4期。
② 吴学昭整理注释:《吴宓日记续编(1949—1953)》,北京:生活·读书·新知三联书店2006年版,第23—24页。
③ 同上书,第227页。
④ 张如心:《做一个人民教师是否光荣?》,《人民日报》1951年2月23日第3版。
⑤ 参见:《蒋管区教育危机严重,各地教职员啼饿号寒,纷纷请愿要求改善待遇》,《人民日报》1947年1月31日第4版;《青岛小学教员要求改善待遇》,《人民日报》1947年5月28日第1版;《成都小学教师,罢教示威反饥饿,全市数万学生广泛支援》,《人民日报》1948年7月9日第2版;《沪小学教师反饥饿示威》,《人民日报》1948年7月3日第2版。

子思想学习和改造的传统思维不能适当地兼容底层知识分子改造研究。

正是由于第一个问题存在,研究中的第二个问题才得以凸显——偏重强调知识分子与国家-政党之间的关系。出于对"知识分子"结构主义式的理解,知识分子群体面对国家-政党权力如何行动一直是中外研究者经久不衰的旨趣所在①。在处理知识分子与国家-政党关系时,叙述者中间往往具有两种较为鲜明的取向。一种取向采纳了上述传统的精英式的知识分子含义界定,将理想知识分子视作应与国家-政党始终保持对抗和批判状态的独立精英阶层,将国家-政党与社会力量视为截然相对的双方,并将此作为一种"默识"投射到中国知识分子思想改造的研究中去,形成了一种道德主义的叙事路径。在这种叙事脉络中,知识分子往往被描绘成国家-政权干涉自由思想的"受害者"和"牺牲品":在国家-政党日益向社会力量进行渗透和规训的过程中,知识分子的实际地位和作用被逐渐边缘化②;知识分子的思想不再具有独立性,而是通过国家强加的价值观念进行塑造③;共产党主导的思想改造运动旨在对知识分子进行控制和规训④。而经历过这段历史的知识分子本人、朋友和后人的回忆与追述更是为这种道德主义路径增加了浓厚的感情色彩。毛彦文回忆她的旧识吴宓在思想改造中的境遇时不禁感慨:"人间何世,文人竟被侮辱以至如此!吴君的痛苦,可想而知。"⑤这一慨叹凝括了道德主义路径的情感基调:叙事者为知识分子面对政治时的境遇而扼腕叹

---

① 参见[美]马克·里拉:《当知识分子遇到政治》,邓晓菁、王笑红译,北京:新星出版社 2005 年版;[英]以赛亚·柏林:《苏联的心灵:共产主义时期的俄国文化》,潘永强、刘北成译,南京:译林出版社 2010 年版;金雁:《倒转"红轮":俄国知识分子的心路回溯》,北京:北京大学出版社 2012 年版。
② 参见王来棣:《毛泽东的知识分子政策》,《当代中国研究》2003 年第 3 期。
③ 参见[美]魏斐德:《历史与意志:毛泽东思想的哲学透视》,李君如等译,北京:中国人民大学出版社 2006 年版,第 26 页。
④ 参见[美]R. 麦克法夸尔、费正清编:《剑桥中华人民共和国史(革命的中国的兴起,1949—1965)》上,谢亮生等译,北京:中国社会科学出版社 2007 年版,第 214—221 页。
⑤ 毛彦文:《往事》,罗久芳、罗久蓉校订,商务印书馆 2012 年版,第 62 页。

息,并为任何意义上的反抗行为而倍感欣慰①。这种叙事路径经久不衰,一方面源自叙事者对共产党的刻板印象根深蒂固,另一方面现实生活中的不满情绪也呼叫一种对"抗争精神"的消费心理。

知识分子思想改造叙事的另一取向可以称作现实主义路径。这一路径主要强调知识分子思想改造之于政党维系和国家建设的作用。在这种叙事脉络中,最具代表性的乃是正统党史的描述:通过思想改造,大多数知识分子"以新的精神面貌积极投入新中国的建设中去",他们"在政治上划清了革命与反革命的界限",大多数人抛弃了"过去不同程度存在的轻视劳动人民的旧思想,进一步站到人民的立场";思想改造之后,大多数知识分子能够在祖国建设的各条战线上贡献自己的力量②。当然,这只是此路径的一种典型叙事。现实主义路径与道德主义路径的关键区别在于其修正了后者在知识分子和国家-政党之间划出的泾渭分明的界限,而更多地讨论知识分子是如何参与到国家-政党的历史发展进程之中③。

以上两种研究路径,尽管立论点不同,均难以照搬到底层知识分子的研究中去。道德主义路径过分纠结于对立关系,这种关系很难在底层知识分子身上直接体现;尽管底层知识分子通过思想学习和改造,在各自的职位上履行其职责,但是又很难承受现实主义宏大叙事自身所具有的分量,生搬硬套显然就成了空洞说教并且缺乏历史细节的鲜活。对于以小学教师为代表的底层知识分子来说,其研究起点在于他们的生活本身——他们的思想认知和关注点更多直接来自其日常体验。底层知识分子很少有人具有保持思想自由独立的明确意识,也缺少参政议政、一

---

① 研究者对反抗行为的欣赏使其视线突破了高级知识分子的界限,向社会下层寻找具有反抗精神的代表,参见徐晓、丁东、徐友渔编:《遇罗克遗作与回忆》,北京:中国文联出版公司 1999 年版。
② 中共中央党史研究室:《中国共产党历史(第二卷 1949—1978)》上,北京:中共党史出版社 2011 年版,第 158 页。
③ 参见:Hung-Yok Ip. Mao, Mao Zedong Thought, and Communist Intellectuals, in Timothy Cheek ed., *A Critical Introduction to Mao*. New York: Cambridge University Press, 2010, pp.169 - 195。

展宏图的雄心壮志。小学教师中的多数都具有民族主义情怀,真心拥护中华人民共和国的成立。但鉴于实际地位和生活境况,他们面临的首要问题是考虑如何在新政权下获得基本生存空间。

关于思想改造研究的第三个问题在于学习改造的组织形式与具体内容往往没有引起足够重视。之前研究的重点,一方面关注国家-政党是如何通过政策部署一步步推进思想改造运动,另一方面聚焦知识分子的回馈与反应。但是在国家意志与个人回应之间的中间环节往往为研究者所忽视。地方政府相关部门的组织在国家与个人之间建立了有效联系,从而保证思想改造运动的顺利推进。另外,当研究者提及思想学习和改造的内容时,往往以"马克思主义世界观""唯物史观"和"唯物辩证法"这样的抽象词语来概述①,很少谈及思想改造具体学些什么,学习的形式和内容是单一化还是多样化;更不用说高级知识分子和底层知识分子之间的学习内容有何差别。而这些问题恰恰在某种程度上反映了知识分子群体内部的差别以及共产党治理的多元化特征。

如果说前两点反思规定了本章的研究对象和基本路径,那么第三点反思将直接决定本章的主体结构。本章将以小学教师思想学习和改造的形式为线索展开讨论。根据目前掌握的材料,小学教师思想学习和改造的形式可大致分为两大类,即基本类型和内化类型。所谓基本类型,乃是对共产党价值观念的学习和掌握,具体到小学教师群体,则主要是以社会发展史和中国革命史为主要内容的唯物史观学习。而所谓内化类型则是指督促受教育者内化主流价值观念的学习形式,可将其进一步划分为两种形式,一种是日常化制度化的思想政治学习,以时事政策学习为主;一种是运动式的思想批判和政治审查,该方式以一种激烈的形式批判旧的教育思想和理论,并通过不断深挖教师的历史出身,推动教师以书面或口头的形式交代问题,从而加深对主流价值观念的记忆(见表4.1)。而在结论部分,我将初步尝试讨论这种由政权主导的多元化学习方式的效果,并指出教师待遇和地位的提高是思想学习改造基本起

---

① 参见:中共中央党史研究室:《中国共产党历史(第二卷 1949—1978)》上,北京:中共党史出版社 2011 年版,第 158 页。

效的重要保障。

表 4.1　思想学习和改造运动的类型

名称	类型	亚类型	内容	特点
思想学习和改造运动的类型	基本形式	—	意识形态理论（如唯物史观等）	制度化、理论化、集中学习
	内化形式	思想政治学习	时事政策为主	制度化、日常化、分散与集中相结合，形式多样
		运动式的思想批判和政治审查	批判旧教育思想和理论，交代历史问题，加强思想批判	突发、集中、激烈

二、小学教师待遇、社会地位和政治地位的提高

　　上节提及，如若想要理解作为底层知识分子的小学教师面对新政权组织的一轮轮思想学习和改造时的真实心理和复杂感受，就必须对他们所处的实际境遇有所了解。本节主要对小学教师在新社会生存状况的变化做一个简单勾勒。自现代教育体系在中国推广以来，小学教育被视作现代教育的始点和基础。但是小学教师并没有受到足够的重视，他们的薪水待遇和社会地位均在各级教师中垫底。社会环境安定之时，小学教师只能依靠微薄的薪水勉强维持家庭生计；社会动乱之时，他们甚至连最基本的生活条件都无法得到保障。以北京市为例，1920 年代北京市的小学教师工作一日薪水还不到 1 元，中学教师工作一小时就可以得到 1.25—1.5 元，而大学教授可以达到每小时 3—5 元甚至更高①。即便如此，小学教师还经常遭遇政府拖欠薪水的现象，往往是集体向其索要

---

① 参见：《令教育局妥拟小学教员待遇办法》，邓菊英、李诚编：《北京近代小学教育史料》上，北京：北京教育出版社 1995 年版，第 706—707 页。

而不得①。其实就算发放薪水,教师实际获得的收入也往往缺斤短两,很难维系生活之必需②。1920年代末,北京的公立小学教师通过消极怠工运动来向政府施压,要求提高待遇③。面对如此窘境,教育局向政府申请改善小学教师的待遇,对其薪金进行了比较详细的规定,并制定了最低薪金标准、各项加薪条件以及各种对待小学教师的优惠政策(如照顾子女教育、安排休养期等)。政府了解了小学教师的生存境遇之后,在道义上谴责了大中小学教师同工不同酬的现象:"事业一也,职责一也,而人格亦一也,何劳逸之不均,而待遇之悬殊若是耶?"④并指出小学教师责任甚重,担负培养儿童智识、品性和国民资格的大任,"其生活必须达到与其事业相副之程度"⑤。遂责令教育局妥善提高小学教师待遇。但是面对艰难的经济形式和动荡不安的政治局势,政府无法兑现良好的愿望,教师生活艰辛依旧⑥,许多教师都需要依靠多份兼职来弥补家用⑦。根据北京解放前的统计,北京市立小学教师的月薪在60—95元,私立高级小学在15—75元之间,初级小学在10—50元之间。考虑到通货膨胀等因素,这个收入水平相当低⑧。不仅教师待遇很难获得实质提升,而且在博学儒雅的大学教授等高级知识分子的光环照耀下,小学教

---

① 参见:《小学教职员之索薪,国务院闭门不纳》,邓菊英、李诚编:《北京近代小学教育史料》上,北京:北京教育出版社1995年版,第701—702页。
② 参见:《北京小学教员领到的薪水》,邓菊英、李诚编:《北京近代小学教育史料》上,北京:北京教育出版社1995年版,第703页。
③ 参见:《小学教师昨已复工,发表宣言报告怠工经过》,邓菊英、李诚编:《北京近代小学教育史料》上,北京:北京教育出版社1995年版,第721—722页。
④ 《令教育局妥拟小学教员待遇办法》,邓菊英、李诚编:《北京近代小学教育史料》上,北京:北京教育出版社1995年版,第707页。
⑤ 《小学教员之生活状况》,邓菊英、李诚编:《北京近代小学教育史料》上,北京:北京教育出版社1995年版,第717页。
⑥ 参见:《小学教员索薪潮转严重》《小学教员索薪问题僵化》《小学怠工潮益严重》,邓菊英、李诚编:《北京近代小学教育史料》上,北京:北京教育出版社1995年版,第733—742页。
⑦ 参见赵宣、张小武:《霍懋征传》,北京:中国大百科全书出版社2012年版,第27—28页。
⑧ 参见刘仲华主编:《北京教育史》,北京:人民出版社2008年版,第372页。

师甚至连正常的社会尊重都无法获得。尽管在官方文件的正式表达中，小学教师与大学教授职责一致，但在具体实践中，政府并未尝试提升小学教师在社会舆论中的形象和地位。小学教职没有太多神圣性和崇高性可言，那只不过是一种谋生手段而已。

中华人民共和国成立之后，为生计而苦苦挣扎的教师确实充满了希望。今后将成为杏坛传奇的霍懋征在北京解放之时还未过而立之年。新政权接管这座业已千疮百孔的城市之后，她逐渐感到了变化：物价正在回落，工资也开始正常发放了。这一切都让霍懋征欣喜不已，他们一家人像过年一样迎接开国大典①。尽管这种变化并没有立竿见影的效果，因传统而形成的格局和刻板印象须逐步消除，但新政权非常明确地为提升小学教师待遇、社会地位甚至是政治地位而努力着。随着私立小学逐渐被官方接办，小学教师的身份也产生了变化——他们全部成为国家工作人员，政府不但要承担为教师发放薪水的任务，而且要保证教师们的基本生活。虽然建政初期经济十分艰难，地方政府仍然很重视小学教师的待遇问题。如第一章所述，私立小学接办过程中，在保证工资高的教师工资不降低的情况下，尽可能提升低收入教师的薪资水平，使其至少达到公立学校的最低标准。1956年毛泽东专门就小学教师待遇低的问题进行批示②，教育部随即起草《关于提高小学教师待遇和社会地位的报告》，要求干部须从思想上清除轻视小学教师的倾向，应根据"按劳取酬、同工同酬"的原则制定小学教师工资，所有教师享受公费医疗待遇③。提高教师待遇的举措深得教师心，例如，陈畹霞在给政府的感谢信中表示小学教师在新社会翻了身，决心要更好地教育下一代，以报答

---

① 参见赵宣、张小武：《霍懋征传》，北京：中国大百科全书出版社2012年版，第28—32页。

② 参见：《关于注意研究解决小学教师待遇低等问题的批语》(1956年1月21日，4月11日)，中共中央党史和文献研究院编：《建国以来毛泽东文稿》(第10册)，北京：中央文献出版社2023年版，第435页。

③ 参见《中国教育事典》编委会编：《中国教育事典(初等教育卷)》，石家庄：河北教育出版社1994年版，第268页。

政府的恩情①。在提高教师待遇方面更重要、更有意义的尝试在于在教师中间建立等级制度。1952年7月教育部发布《关于调整全国各级各类学校教职工工资的通知》，规定初等学校的工资有18个等级②。工资级别的设定打破了教师中的均衡，教师根据各种条件被安排到了不同的工资级别中，待遇之间出现一定差距，但同时也为教师通过积极的、合乎政权意志的表现提高级别、增加待遇提供了机会。通过工资级别的设置，教师的平时表现就与实际利益紧密联系在了一起。等级制度配合《小学教师服务规程》中对教师奖惩、任免、资格的规定，对教师言行起到了很好的规训作用③。

  小学教师待遇受到重视的同时，社会地位也在提升。如第二章所述，学校教育已经逐渐取代家庭教育，成为对儿童进行教育的主导力量，教师本身也就成为沟通学生和家长的重要纽带。《小学暂行规程》明确规定，教师须担负起学生课堂内外的教育④。和旧社会相比，新社会的教师责任更重。为了让社会舆论更好地认可小学教师，一方面，政府动用宣传机器加大对优秀教师的宣传力度，向全社会展现小学教师工作的意义和伟大之处。另一方面，政府也通过授予荣誉和地位的方式表明对小学教师的关心。例如，1956年北京市将一批教学能力强、思想端正的教师评为特级教师。特级教师的称号对教师来说不仅是莫大的荣誉，而且和待遇挂钩，小学特级教师的工资水平相当于中学教师三级⑤。"特级教师"的殊荣对于获得者来说意味着政府对其工作的高度认可，对于未获得者来说则是鞭策、鼓励和诱惑；而对社会舆论来说，该称号提升了小学教师群体的形象。与此同时，小学教师的政治地位也获得提升，他

---

① 参见:《小学教员陈畹霞感谢政府调整薪金》,《北京日报》1953年1月8日第2版。
② 参见:《中国教育事典》编委会编:《中国教育事典(初等教育卷)》,石家庄:河北教育出版社1994年版,第266页。
③ 参见:《小学暂行规程(草案)》,何东昌主编:《中华人民共和国重要教育文献(1949—1975)》,海口:海南出版社1998年版,第144页。
④ 同上书,第143页。
⑤ 参见刘英杰主编:《中国教育大事典(1949—1990)》上,杭州:浙江教育出版社1992年版,第694页。

们已经积极参与到政治进程中,这在国民政府时期很难想象。1953年,司法部街小学教导主任白国栋当选西单区人大代表。他直言自己社会地位有所提高,并感受到党和政府的高度信任①。1954年,东单区人大代表、东高房小学教师杨春葆荣当北京市人大代表。面对这一不曾奢望的荣誉,杨老师向记者讲述了解放前他为生计而殊死奔波的艰难生活,并感慨如今生活环境的巨变②。

上述这些变化是小学教师能够切身感受到的,而霍懋征在新政权成立之初所表现出来的期许与希望也很难说是伪装出来的。小学教师正是保持这样一种积极的心态——尽管程度不尽相同——投入到日常工作和思想学习与改造之中。小学教师与高级知识分子的境遇正好相反,后者在1949年之后往往有种被压制、不受重用的心理痛楚。于是,待遇、社会地位和政治地位的提升是理解小学教师对待思想学习与改造的心态的关键因素。

三、学习改造的基本形式:主流价值观教育

(一) 国民政府时期北京小学教师的思想学习

对执政党所信奉的价值观念的学习,是小学教师思想学习和改造的基本内容;而掌握与主流价值观念相对应的话语表达和行动规范,则是思想学习和改造的最终目的——不管是渐进式的学习,还是激进式的运动,其鹄的均在保证教育要旨的实现。当然,通过国家力量组织教师学习政党意识形态并非中国共产党的独创。受列宁主义组织原则影响的国民党,在执政时期同样组织教师进行政治学习。因此,国统区小学教师所面对的新政权组织的学习活动,对其经历而言并非新鲜事物。对他们来说,最大的变化在于学习内容和组织形式,而非学习活动

---

① 参见:《小学教师当选了区人大代表》,《北京日报》1953年12月14日第2版。
② 参见:《二十七年与五年——访东高房小学教师杨春葆》,《北京日报》1954年8月21日第2版。

本身。

1928年7月28日,北平政治分会致电国民政府,赞同白崇禧关于实行三民主义化教育的提议,认为北平市诸多学校多年来"受军阀秕政之影响","教员又多兼差",实行三民主义化教育有利于"树立教育之精神,以固党国百年之基础"①。同年十月,国民党制定党治教育方案,要求"根据本党主义,确定教育宗旨","以发展儿童本位教育为原则","彻底普及于一般国民"②。此后,党化教育开始蔓延。由于小学教师均"未受过党的训练,对党义诸欠明瞭"③,所以从1929年暑假开始,北京市的小学教师被集中起来进行有组织的"党义训练"。这一学习活动并非松散的、自愿的集合,而是在政府教育部门严格控制下组织的制度化学习形式。

小学教师的"党义训练"由训育处负责组织④。训育处下设训练委员会,其主要职责包括:讨论训练方针,规定训练问题,传达训育处决定事项,解答学生关于党的政策理论问题,考察并纠正学生言行⑤。训练委员会每周要组织一次会议,听取学员汇报,总结本周讨论的问题,制定下周讨论的问题及出席汇报的学员名单⑥。参加训育的小学教师被划分成由10至20人组成的若干小组,每个小组每周至少举行一次会议。小组民主选择或上级指定的组长负责考察并汇报小组成员的言行,并且

---

① 《国民党北平政治分会关于白崇禧提议实行三民主义化教育案致国民政府代电》,中国第二历史档案馆编:《中华民国史档案资料汇编》(第5辑 第1编 教育[2]),南京:凤凰出版社1994年版,第1010页。
② 《国民党中央民众训练部订定的党治教育实施方案》,中国第二历史档案馆编:《中华民国史档案资料汇编》(第5辑 第1编 教育[2]),南京:凤凰出版社2010年版,第1011页。
③ 《北平特别市小学教职员暑期党义训练所训练纲要》,邓菊英、李诚编:《北京近代小学教育史料》上,北京:北京教育出版社1995年版,第692页。
④ 参见:《北平特别市小学教师暑期党义训练所训育处组织条例》,邓菊英、李诚编:《北京近代小学教育史料》上,北京:北京教育出版社1995年版,第688页。
⑤ 同上书,第691页。
⑥ 参见:《北平特别市小学暑期党义训练所训育处训练委员会会议规定》,邓菊英、李诚编:《北京近代小学教育史料》上,北京:北京教育出版社1995年版,第691页。

每周至少向训育处提交书面报告一次①。当小组举行学习会议时,首先由组长做报告,然后组员之间进行讨论和批评(组员之间的相互批评每两周举行一次②),随后由组长指定的此次会议主席做总结论,训育委员做总批评,最后宣布下次讨论主题③。

除了组织小组讨论外,参与训育教师的绝大部分时间都用来上课,进行突击式的强化理论学习。理论学习的时间为期六周,除国民党规定的纪念周外,一周七天全部上课,每周要保证四十个小时的授课量④。所授课程分为两大类,即党的课程和一般社会科学即史实课程(详见表4.2),旨在革命化其思想,社会化其人格,纪律化其作风,科学化其观念,培养老师勤俭朴实、平易近人的精神⑤。从表4.2能够看出,小学教师训育的两类课程均以改变教师的思想认识为主旨,相比之下略偏重于"党的课程",而核心则在于对国民党意识形态之精髓——"三民主义"的学习,其比重远高于其他各门课程,占到全部学时的13.3%。这种重点明确的学习形式作为一种制度固定下来。而当北平成为沦陷区之后,伪政府也举办了教师的暑期讲习会,核心内容则变成了以促进中日亲善为本的"新民主义"⑥,旨在纠正教师思想,消除党化教育之影响⑦。

---

① 参见:《北平特别市小学暑期党义训练所学生小组组织条例》,邓菊英、李诚编:《北京近代小学教育史料》上,北京:北京教育出版社1995年版,第689页。
② 参见:《北平特别市小学教职员暑期党义训练所训练纲要》,邓菊英、李诚编:《北京近代小学教育史料》上,北京:北京教育出版社1995年版,第693页。
③ 参见:《北平特别市小学教师暑期党义训练所学生小组会议规则》,邓菊英、李诚编:《北京近代小学教育史料》上,北京:北京教育出版社1995年版,第690页。
④ 参见:《北平特别市小学教师暑期党义训练所简章》,邓菊英、李诚编:《北京近代小学教育史料》上,北京:北京教育出版社1995年版,第694页。
⑤ 参见:《北平特别市小学教职员暑期党义训练所训练纲要》,邓菊英、李诚编:《北京近代小学教育史料》上,北京:北京教育出版社1995年版,第692页。
⑥ 参见:《教育局二十七年施政报告》,邓菊英、高莹编:《北京近代教育行政史料》,北京:北京教育出版社1995年版,第442页。
⑦ 参见刘仲华主编:《北京教育史》,北京:人民出版社2008年版,第328—329页。

表 4.2　北平小学教师暑期党义训练课程表

课程类别	课程名称	课时数
党义课程	三民主义	32
	五权宪法	16
	建国大纲	8
	建国方略	24
	党的组织和训练	18
	中国国民党史	18
	中国国民党政纲宣言决议案	12
	小计	128
社会科学及历史课程	社会学概要	20
	社会问题及社会主义	28
	政治学概要	20
	经济学概要	20
	帝国主义侵略中国史（附不平等条约）	24
	小计	112
	合计	240

资料来源：《北平特别市小学教师暑期党义训练所简章》，邓菊英、李诚编：《北京近代小学教育史料》上，北京：北京教育出版社 1995 年版，第 694 页。

（二）共产党接管后北京小学教师的暑期思想学习

共产党组织教师进行思想学习并非从零开始。他们之前在老解放区进行的师资改造以及苏联在这方面的经验为其在新解放区组织教师学习提供了经验指导与借鉴。以陕甘宁边区关中分区为例，小学教师在艰苦条件下坚持参加培训班。他们举办的训练班包括五门课程，总体上可以分为思想教育、时政教育和业务教育，其中思想教育的比例最重，占到了 55%；如果将时政学习也包括在内，则共占 73%（详见表 4.3）。

表 4.3　关中分区小学教师训练班课程表

课程类别	课程名称	授课内容	课时数	比例
思想学习	政治	统一战线、持久战、三民主义、世界革命前途、中华民族伟大任务	34	30%
思想学习	社会科学	社会发展顺序,帝国主义,民族殖民地问题,农民问题	28	25%
时政学习	国防教育	国防教育的内容、教师及对国防教育的基本认识	20	18%
业务学习	怎么办小学	如何动员学生、处理行政、教学、成绩考核	16	15%
业务学习	社会教育	如何办冬学、夜校、半日班、识字小组等	14	12%

资料来源:肖云:《关中分区小学教师训练班参观记》,陕西师范大学教育研究所编:《陕甘宁边区教育资料:小学教育部分》下,北京:教育科学出版社 1981 年版,第 188 页。

尽管思想学习占绝大比例,但与国民政府不同,共产党所办的培训班还包括了一定比重的业务学习。这是因为与国统区相比,老解放区多远离现代学校的聚集地——城市,师资力量非常薄弱,很多教师都是边学习边教课。这种思想学习和业务学习并重的集中学习形式在根据地时期已经形成①,并在共产党夺得政权后保留下来。建国初期历次大规模的集中学习都包括了思想学习和业务学习两种基本形式。鉴于本章主题,业务学习不做专门讨论。除此之外北京接管前后,华北其他新近

---

① 参见:《小学教师的进修》,陕西师范大学教育研究所编:《陕甘宁边区教育资料:小学教育部分》下,北京:教育科学出版社 1981 年版,第 202—204 页。该文将小学教师的进修内容分为四个方面:业务、政治、文化和理论,并对各方面的学习内容做出了详细规定。根据该文所列举的学习参考资料,政治和理论学习可以归为"思想学习";业务和文化学习可以归为"业务学习"。而在有的地方,"思想"和"业务"构成了教师考核的全部内容,参见:《晋冀鲁豫边区小学教员服务暂行条例》(1942年 10 月 5 日),中央教育科学研究所编:《老解放区教育资料(2)》(抗日战争时期)下,北京:教育科学出版社 1986 年版,第 446 页。

解放地区所举办的师资改造训练班也为北京市提供了直接可以参照的模板①。中华人民共和国初期教师思想学习与改造的形式同时也受到苏联的影响。1918 年夏秋两季,苏联各地掀起举办教师短期培训班的高潮。仅夏天就建立了 100 多个师资培训班。这些培训班特别重视讲述政治性问题,如无产阶级革命之任务、国际形势、苏俄宪法等,并举办了诸如社会主义史、革命运动史以及经济政策等主题的讲演②。苏联师资改造过程中的组织形式、授课形式和授课内容都对 1949 年之后中国教师思想学习与改造之操作起到了借鉴作用。

1949 年 2 月共产党和平接管北平之后,北平市小学教师的思想学习工作也逐步展开。同年 6 月召开华北小学教育会议,制定了教师学习和改造的总方针:"老区教师应着重学习文化,研究教学方法;新区教师则着重提高政治认识,改变旧观点、旧方法、旧作风,树立新观点、新方法、新作风。"③北平市属于新解放区,因此"改旧立新"就成为教师思想学习的主要目标。徐特立在谈及师资改造时指出,"改旧立新"乃是符合唯物史观的观点和方法,应通过适当的方法改变旧教育工作者的态度,让他们为中国人民服务④。另一方面,对共产党接管表现积极的教师们也表达了希望进行思想学习的愿望,在 1949 年 6 月召开的北平市中小学教职员代表会议上,有超过半数的代表呼吁教育局在暑假期间组织教师进行学习⑤。这与新政权赋予教师一定的社会地位、保证其基本生活

---

① 参见:《张家口的文化建设》,《人民日报》1949 年 3 月 26 日第 2 版;《固安等八个县市,三百新区教师集会,一场论战扫清许多疑虑》,《人民日报》1949 年 3 月 24 日第 2 版;《冀东召开中小教员座谈会,互相交流教学经验》,《人民日报》1949 年 3 月 9 日第 2 版;《建屏小学教员,学习时事提高认识》,《人民日报》1949 年 2 月 20 日第 4 版。
② 参见:《苏联建国初期的教育方针和师资问题》,《人民日报》1949 年 7 月 25 日第 4 版。
③ 《贯彻华北小学教育会议的精神,把小学教育从现有基础上提高一步》,《人民日报》1949 年 6 月 15 日第 2 版。
④ 参见徐特立:《在教师节谈新民主主义教育》,《人民日报》1949 年 6 月 6 日第 1 版。
⑤ 参见:《平市召开中小学教职员代表大会,讨论加强教职员学习,叶剑英彭真等同志莅会指导》,《人民日报》1949 年 6 月 6 日第 2 版。

待遇有密切关系。而此时教育局也认为"尚有很多人的革命人生观还未明确地树立起来,一部分尚保有浓厚的反动或落后思想"①。在国家政策、教师和地方政府的互动反应下,1949年7月至8月,北平市教育局牵头组织了以在校教师为主要对象的中小学教职员暑期讲习会。组织者希望通过此次讲习会,使教师对中国革命的基本问题和唯物史观进行系统、基本的学习,并在业务上有所长进,以"达到初步改造思想和改进业务的目的"②。

此次学习涉及的范围非常广。当时全市中小学教职员共有6 200余人,本次讲习会就计划一次性招生5 000人。尽管此次活动以自愿自觉为原则③,但报名参加学习的实际人数达到5 800余人,"基本上囊括了北京市所有公私立中小学教职员和小部分适于做文教工作的失业知识分子"④,其中小学教职员有3 003人⑤。组织者以中小学教员分开、业务相同者同组为原则,将参加学习的教师大致均分为10个分会,每个分会安排正副主任各一人。为保证每个分会都能沿着正确的方向开展学习活动,这二十个正副主任全都由政治素质过硬、有教学经验的学校骨干担任,党员就高达16人⑥。

在小学教师参加思想学习之前,存在各种思想倾向和疑问,这些观点、看法有些与共产党所秉持的价值观念相去甚远。教师的各种看法大

---

① 《中共北平市委关于中小学校教职员与大中学生暑期工作的计划》(1949年6月),北京教育志编纂委员会办公室、北京市档案馆编研处编《北京教育档案文粹》上,北京:华艺出版社2008年版,第13页。

② 同上书,第14页。

③ 参见:《"中国青年"论暑期学习,号召教师学生加紧学习》,《人民日报》1949年8月7日第1版。

④ 《北京市教育概况》(1949年12月),北京教育志编纂委员会办公室、北京市档案馆编研处编《北京教育档案文粹》上,北京:华艺出版社2008年版,第26页。

⑤ 参见:《关于中等、初等、社会教育工作中存在的问题及解决问题的意见》(1950年1月5日),北京教育志编纂委员会办公室、北京市档案馆编研处编《北京教育档案文粹》上,北京:华艺出版社2008年版,第71页。

⑥ 参见:《市教育局关于暑期组织中小学教职员学习的请示及市府的批复》(1949年7月21日),北京市档案馆藏,档案号:002-001-00106。

致分为三类:对新民主主义革命性质的认识;对中国外交倾向的认识;以及对教育性质的认识(详见表4.4)。

表4.4 教师接受思想学习之前的各种看法

观点类型	观点表达
中国革命	革什么命,还不是争权夺势,割据地盘!
	有些革命家也是知识分子,怎么不说知识分子领导革命?
	解放军都是农民出身,不是也能领导革命吗?
	无产阶级没有知识怎么能领导革命?
中国外交	为什么一边倒?
	美国对中国也有些好处
	美国有原子弹,如果第三次世界大战爆发了怎么办?
教育性质	现在我教书是为人民服务,从前教书也是为人民服务呀,怎么说教育不是超然的?
	脑力劳动重要,还是体力劳动重要?

资料来源:《北平市中小学教职员暑期学习会总结》,北京教育志编纂委员会办公室、北京市档案馆编研处编《北京教育档案文粹》中,北京:华艺出版社2008年版,第625页。

从表4.4中列举的各种困惑和疑问能够看出,小学教师在进入正式的思想学习之前,就已经通过各种传播渠道接触到了共产党的宣传。他们所表达的问题背后,体现出一个棘手的思想史难题——外来的、宏大的价值观念如何与源自本土的、传统的以及自身经验的认知相调和?这一问题影响了教师对马克思主义的接受效度。这种张力也体现在教师参加讲习班的动机上。一方面,在自觉自愿的原则下,教师积极踊跃地参加讲习班的现象说明他们发自内心地对拥护新政权,并基本认可主导意识形态。但另一方面,他们参与其中的目的又往往与自身对社会规则和压力的经验紧密相关:不少教师认为共产党办的暑假学习班与国民党办的性质相同,参加学习无非因为"大家都来我也来""不来怕人说落伍""保证下学期的职业""镀镀金,找职业好有门路",有的老师更清楚地认识到语言和政治之间的关系,要通过讲习班"学会一堆名词,一套说法,将来好应付学生"①。从这些动机可以看出,教师参加讲习班的初衷很复杂,既因受到新政权重视而表现出积极、认可的倾向,又有一丝对前途不确定的隐约焦虑。

  在学习内容上,此次讲习会延续了共产党举办培训班的传统,分为思想学习和业务学习。思想学习包括社会发展史、中国革命与中国共产党、新民主主义文化、中国知识分子的改造②,以"解决人生观的问题""取得一种思想上的武器"为目的③。这次思想学习的涉及面相当广泛,在一定程度上折射出业已成为执政党的共产党在改造旧知识分子思想方面的急迫心情。尽管如此,此次讲习会的重点依旧非常突出,那就是以艾思奇主编的《社会发展史提纲》为基本教材,通过对社会发展史的学习,使老师掌握最基本的唯物史观。这种学习安排与高级知识分子的思想改造有一定区别。对高校教师而言,他们的思想学习内容更加系统,而且往往从马克思主义哲学学起。这一区别与高级知识分子的认知习惯紧密相关——如果能首先从思维方式入手进行改造,那么对于这些坚持思想独立和理性至上的知识分子而言,接受起其他方面的思想训练可能会相对容易些。事实也确实如此,高校教师更愿意学习哲学,往往感觉研习毛泽东的《实践论》《矛盾论》收获更大;相比之下,他们对中国共产党革命史、联共党史、政治经济学的学习积极性偏低,甚至有一定的抵触情绪,认为这些课程抽象、枯燥,离自身经验相差较远④。大概是考虑到认识水平和接受能力的问题,共产党在中小学教师的思想改造过程

---

① 《北平市中小学教职员暑期学习会总结》(1949年8月),北京教育志编纂委员会办公室、北京市档案馆编研处编《北京教育档案文粹》中,北京:华艺出版社2008年版,第625—626页。

② 参见:《市教育局关于暑期组织中小学教职员学习的请示及市府的批复》(1949年7月21日),北京市档案馆藏,档案号:002-001-00106。

③ 《北平市中小学教职员暑期学习会总结》(1949年8月),北京教育志编纂委员会办公室、北京市档案馆编研处编《北京教育档案文粹》中,北京:华艺出版社2008年版,第626页。

④ 参见:《校长会议记录》(1953年12月4日),北京市档案馆藏,档案号:001-022-00113。

中,并没有加入系统的马克思主义哲学的思维训练;相反,组织者希望通过更为形象具体的社会发展史学习,能够使这些小知识分子迅速消化吸收主导意识形态中的核心构成部分。实际上,在具体学习过程中,组织者根据教师的出身、思想偏向和接受能力,只集中力量学习了两个观点,即劳动观点和阶级观点①。

和国民党实施训育制度初期的小学教师训练班相比,此次讲习会在学习时间、学习强度上有所减弱,从过去的六周减为四周,每天两个时段的强制学习改为一个时段。另外,学习方式也发生了变化:在国民政府时期,学习以讲课为主,辅以小组讨论;共产党根据过往经验,在讲习会采取自学讨论为主、请人报告为辅的学习方式,鼓励学生通过个人阅读与小组学习来解决疑难问题②。国共两党在组织教师学习的方式上最值得注意的区别就在对"批评与自我批评"的认识。在国民党时期,"批评与自我批评"只是小组讨论学习中一种形式上的环节,隔周举行一次;而在共产党这里,"批评与自我批评"已经深化为了贯穿学习过程始终的关键性方法,通过这种方法的使用,组织者希望学员们能够深入剖析自己过去和现在的思想行为,进一步改造思想③。但是,教师们对这种学习方式却还不适应,面对面的自我揭发和批评使他们很难放得开,而且害怕说错话受牵连,因此效果有限④。他们更喜欢听报告的方式,组织者也为学员们安排了15场关于社会发展史的专题报告,大家反应很热烈⑤。

---

① 参见:《北京市教育概况》(1949年12月),北京教育志编纂委员会办公室、北京市档案馆编研处编《北京教育档案文粹》上,北京:华艺出版社2008年版,第26页。
② 参见:《中共北平市委关于中小学校教职员与大中学生暑期工作的计划》(1949年6月),北京教育志编纂委员会办公室、北京市档案馆编研处编《北京教育档案文粹》上,北京:华艺出版社2008年版,第15页。
③ 参见:《北京市教育概况》(1949年12月),北京教育志编纂委员会办公室、北京市档案馆编研处编《北京教育档案文粹》上,北京:华艺出版社2008年版,第26页。
④ 参见:《北平市中小学教职员暑期学习会总结》(1949年8月),北京教育志编纂委员会办公室、北京市档案馆编研处编《北京教育档案文粹》中,北京:华艺出版社2008年版,第628—629页。
⑤ 纪青:《记中小学教职员暑期学习会》,《人民日报》1949年8月17日第8版。

经过一个月的学习,教师们与主导意识形态之间有了直接接触。组织者很清楚在短短一个月的时间里学员们很难从内心发生实质性转变,因此他们在总结报告中强调:"大体说来,参加学习的人都已获得了一个概念。"①更确切地说,教师们经过思想学习,初步掌握了这套共产党所拥有的意识形态语言以及隐藏在这套语言背后的分析逻辑。就劳动观点而言,学员们知道了世界是由劳动创造的,劳动光荣而非可耻,有些学员还亲自参与到劳动中。就阶级观点而言,学员们明白了阶级斗争是社会发展的原动力,并利用阶级观点解决了曾经的几个困惑:教育是阶级斗争的工具,在一定时期为一定阶级服务,不存在超阶级的教育;从无产阶级的立场上理解苏联对中国的作为;放弃对土改中身处漩涡的地主的同情;从无产阶级和劳动人民的立场上看,共产党与国民党所领导的革命有本质区别,不是简单的"改朝换代",而是"天翻地覆"②。

对小学教师而言,思想学习最大的收获在于有机会直接习得共产党所控制的意识形态语言,明晰了正确的表达逻辑。但这并不意味着学员通过这次学习就能够彻底抛弃多年来已基本固定的一套价值理念,尤其当这套理念是通过自身经历和感知所形成时,外来观念很难撼动其固有地位。教师们通过对唯物史观的学习,多了一种理解事物的视角。新的认知方式与固有认知方式之间既存在重合,又保持张力。这是人们接受一种外来思想时普遍存在的情况,讲习会的组织者也非常清楚。于是,他们通过将教师集中学习的形式制度化、规律化,来逐渐增强新的意识形态在教师思想中的力量。每年假期的强化学习成为建政初期的惯例。

(三)失业知识分子的思想学习改造

以 1949 年暑假为肇始的小学教师集中思想学习与改造主要针对在

---

① 《北平市中小学教职员暑期学习会总结》(1949 年 8 月),北京教育志编纂委员会办公室、北京市档案馆编研处编《北京教育档案文粹》中,北京:华艺出版社 2008 年版,第 626 页。
② 同上书,第 626—628 页.

校职员。随着国家普及教育政策的落实,北京市的各小学纷纷扩招,并新建了百余所小学①。加之"三反"运动对教师队伍的清理,因此出现了教师短缺的情况②。例如,仅 1952 年一年北京市教师职位空缺就高达 1000 人③。面对这种急迫的情势,北京市教育局不得不从社会上的失业群体中招募一批具有一定文化水平、经过培训可以充当小学教师的人员。当然,新政权采取此方法也是迫不得已,从内心真实想法看,他们确实不愿将社会主义未来的建设者交与这些过往历史不清白、政治思想未受洗礼、已经赋闲数年的"社会闲杂人等"。为了让这些失业人员能够在思想和业务上达到新政权的基本要求,1952 年北京市教育局举办了首次小学教师训练班,希望通过集中的强化训练,使他们短时间内有所进步。由于这些失业人员从 1949 年至今并未受到系统的意识形态训练,他们对渗透着共产党文化和价值观念的生活方式的感触极度匮乏。因此,与在校职员的集中学习相比,对失业人员的培训更加突出思想学习和组织生活体验。

此次小学教师训练班于 6 月 6 日至 8 月 23 日举行,时间跨度从学期末到下学期初,远超过在校教职员的集中学习时间。训练班招募的首批学员共有 538 人,但报到时只来了 497 人,并有 6 人在学习过程中陆续退学,实际毕业人数为 491 人④。在学员人数为 495 人时,培训的组织者对学员本人成分和文化程度进行了统计(图 4.1 和图 4.2):从学历看,学员中拥有高中学历的人数接近一半;从成分看,家庭妇女的人数亦接

---

① 参见:《北京市两年来小学教育初步总结》(1951 年 7 月),北京教育志编纂委员会办公室、北京市档案馆编研处编《北京教育档案文粹》中,北京:华艺出版社 2008 年版,第 1251 页。
② 这种情况不仅出现在北京,上海等各地均出现师资匮乏的现象。参见 Eddy U. The Hiring of Rejects: Teacher Recruitment and Crises of Socialism in the Early PRC Years. *Modern China*, Vol. 30, No. 1 (Jan., 2004), pp. 46-80。
③ 参见:《关于培养 1952 年所需小学教师的计划》(1952 年),北京市档案馆藏,档案号:153-001-00128。
④ 参见:《北京师范附属师资训练班第一学期工作总结》(1952 年 9 月 9 日),北京市档案馆藏,档案号:153-001-00129。

近一半①。

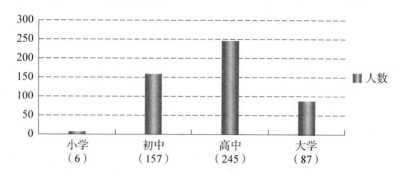

图 4.1 失业人员培训班学历统计图

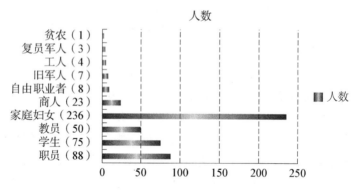

图 4.2 失业人员培训班个人成分统计图

总体来看,本次失业人员培训班中的学员学历普遍不高,个人成分更是相对复杂。真正有教学经验的人员仅有 50 人,其余人员多是从事与教学无直接关系的行业,其中还包括诸如"旧军人"这样在新政权的划分范畴中属于政治历史不清白的人员。这些学员多已赋闲三年,对党和中华人民共和国几乎没有多少理性认知,有些人甚至持有

---

① 参见:《北京市小学教师训练班学员统计》(1952 年 10 月),北京市档案馆藏,档案号:153-001-00128。

敌意①；很少有人愿意主动接受思想学习，积极改造思想；家庭妇女一般都存在享乐思想；同情被划为反革命分子和地主的人员，对美国持有好感②。他们参与思想学习与改造多是为了能够实现就业，改善生活状况③。因此他们对业务课的兴趣要明显高于思想政治学习④。为充分把握失业人员的情况，组织者特意对其进行了入学测试。测试分为政治常识和文化知识两部分，通过测试组织者发现学员们的基本政治常识非常差，对党和政府存在肤浅与错误的认识。例如，他们多数人不知道共产党所提倡的国民公德以及共产党的成立日期，将新民主主义社会的成分说成"小资产阶级、民族资产阶级、工人阶级、农人阶级、资产阶级"或"地主、富农、富中农、中农、贫农"⑤。地方政府看来，上述情况将给此次培训带来巨大挑战。

尽管此次训练班依循传统，安排了思想政治学习和业务学习，但考虑到学员的具体情况，组织者在两者比例上做出调整，突出思想政治课程，其分量占全部学习内容的三分之二（见表 4.5）。政治课以历史唯物主义-社会发展史及中国革命基本问题为纲，并且将政治课与业务课分开学习，把政治课放在业务课前面进行，学生唯有"掌握了马列主义的武器，评判是非的标准，才能学好业务"⑥。为此，组织者专门聘请相关专家给学员上政治课，其中历史唯物主义-社会发展史的课程由人民大学马列主义研究院的人员讲授，中国革命基本问题课程由教育局有研究经

---

① 参见：《北京师范附属师资训练班第一学期工作总结》（1952 年 9 月 9 日），北京市档案馆藏，档案号：153-001-00129。
② 《第四班工作总结》（1952 年 9 月 7 日），北京市档案馆藏，档案号：153-001-00128。
③ 《第一班工作总结》（1952 年 9 月 8 日），北京市档案馆藏，档案号：153-001-00128。
④ 《教学组工作总结》（1952 年 9 月 9 日），北京市档案馆藏，档案号：153-001-00128。
⑤ 《北京师范附属师资训练班第一学期工作总结》（1952 年 9 月 9 日），北京市档案馆藏，档案号：153-001-00129。
⑥ 同上。

验的人员担当①。

表 4.5 失业知识分子培训班课程一览表②

课程类型	课程名称	授课次数	所占比例
与政治相关的课程	社会发展史	9	66%
	中国革命问题	5	
	党史以及对党的认识	2	
	文教政策	4	
	实践论	1	
	苏联专家讲时事政策	2	
业务课程	教育学	5	34%
	教材教法	5	
	五年一贯制	2	

资料来源:《教学组工作总结》(1952 年 9 月 9 日),北京市档案馆藏,档案号:153-001-00128。

思想政治课程中,分量最重的两门课程就是社会发展史和中国革命问题,并且尤以前者为主。社会发展史课程旨在传播并指导教师接受唯物史观,其"目的在于帮助学员认识世界认识社会,肃清三大敌人的思想,批判资产阶级的思想,克服小资产阶级个人主义的思想,初步建立工人阶级的思想与革命的人生观、世界观"③。社会发展史共有 6 次讲课、3 次报告,以讲课为主。授课方式则是树立新观点与批判旧思想同时进

---

① 《北京师范附属师资训练班第一学期工作总结》(1952 年 9 月 9 日),北京市档案馆藏,档案号:153-001-00129。
② 笔者根据档案中所提供的课程,按照"政治"和"业务"两种类型重新进行排列。但实际上,这种排列只能是一个大概情况,因为业务课程的学习也牵涉到思想政治的改造,例如"教育学"一课,授课者通过批判资产阶级的教育学来树立共产主义的教育学。所以,实际课程中思想政治学习的比例肯定超过 66%。
③ 《历史唯物论社会发展史六讲来的汇总情况》(1952 年 9 月 9 日),北京市档案馆藏,档案号:153-001-00128。

行。课程讲授以艾思奇的《历史唯物论、社会发展史》为蓝本,但组织者考虑到该书的理论化叙述以及小学教师的接受能力和思想现状,增加了第一讲"为建立科学的革命人生观、世界观而斗争",此讲类似于导论,一方面向学员展示三年来国家的发展变化,痛陈旧中国人民生活的苦难,以此说明中国人已经走上了自由幸福生活的康庄大道;另一方面告知学员唯物史观在思想改造中起着基础作用,明确唯物史观是学员建立革命人生观和世界观的有力武器。此讲旨在初步纠正学员对共产党政权的偏见与恐惧。第二讲是"劳动创造世界",旨在让学员了解"劳动创造人类、劳动创造世界、劳动人民创造历史"的道理,并使他们明确唯有劳动人民才是新社会的主人,应以劳动为荣;如果不及时改变旧思想中对劳动的看法,必将被历史边缘化。此讲在于帮助学员初步建立劳动观点和群众观点。第三讲是"五种生产方式、阶级与阶级斗争"。此讲一方面要科学阐释社会发展形态的线性规律,使学员了解"社会发展的历史也就是生产发展的历史",并了解生产的内容、生产力的意义、生产的形式与生产关系的意义;另一方面必须使学员明确自从阶级社会出现以后,阶级斗争贯穿整个社会历史过程。此讲旨在批判学员中存在的"超阶级""英雄创造时势"等思想偏向,纠正学员认为"土改过火"的看法,教导学员用阶级观点分析问题。第四讲是"社会主义革命与新民主主义革命"。此讲重点在于告诉学员什么是"革命",以及新民主主义革命与社会主义革命的关系、中国革命的性质。此讲针对性地批判了学员中存在的一些思想观念,如"革命不须经过阶级斗争,只要统治阶级觉悟了一道命令就行了""蒋介石本人还不错,只是他下面的贪官污吏包围了他""共产党今天搞革命也是为了自己利益,换汤不换药"等。第五讲和第六讲分别为"政治与国家"和"论社会思想意识",此两讲是对前面四讲的巩固,着重阐明国家、政治的概念以及社会存在决定社会意识这一唯物史观的基本原理,进一步暴露学员肤浅的和错误的认识[①]。为了巩固训练效果,教

[①] 上述课程内容参见:《历史唯物论社会发展史六讲来的汇总情况》(1952年9月9日),北京市档案馆藏,档案号:153-001-00128;另参见艾思奇:《历史唯物论、社会发展史》,北京:生活·读书·新知三联书店1953年版。

育局还组织了三次报告和两次测试。尤其值得注意的是"测试",这种形式在此次训练班上被反复使用,从而推进学员更加主动地吸收课堂所学内容。

中国革命问题是在社会发展史结束之后开始讲授的,主要围绕以下几个问题展开:第一,讲述1949年以前中国贫穷落后、不能独立的局面与帝国主义入侵之间的关系;批判学员中对中国人的负面评价,如"中国人一盘散沙";帮助学员树立民族自尊心,批判对美国的错误认识。第二,讲述帝国主义入侵对中国社会和人民造成的种种危害,批驳"帝国主义入侵促使中国进步"的观点。第三,讲述革命的领导权问题,使学员明白历史上不同阶级领导革命所产生的结果和失败的原因,并从唯物史观的角度阐明为什么唯有工人阶级才可能成为中国革命真正的领导者。第四,讲述中国革命的特点和性质,告诉学员中国社会在革命前属于半殖民地半封建性质,反动势力强大,唯有通过武装斗争和统一战线才能够取得革命胜利。第五,讲述中华人民共和国政治制度的优越性,明确其成立对亚洲乃至世界革命的影响和意义,引导学员体会成为国家主人的感受①。

从社会发展史到中国革命问题的学习,基本上延续着从理论到实践的学习路径。组织者认为,经理论学习奠定基础之后,再结合中国国情学习,学员能够更容易理解中国共产党所面临的错综复杂的形势以及做出种种选择的原因②。从这两门课程的学习内容能够发现,组织者并非要求学员全面、系统地将唯物史观作为具有科学色彩的知识进行掌握,而是希望学员们能够信奉阶级观点和劳动观点,并将这两种观点背后的逻辑内化为自己分析看待问题的方式,从而不仅可以理解共产党为自身过往历史所做出的合理化解释,而且可以从内心到行动支持共产党政权,并将这种信念通过课堂传递给下一代。但需要指出的是,将唯物史观凝练为阶级斗争和劳动至上,在很大程度上乃是由于战争背景下的实

---

① 《"中国革命问题"学员学习理解的情况》(1952年9月9日),北京市档案馆藏,档案号:153-001-00128。
② 同上。

用性抉择——通过简单明晰的理论阐释,从而在更大范围内动员民众参加革命。因此这两条核心观点被打上了革命的烙印。有研究者指出,凸显阶级斗争是用社会经济结构的表层主观变化取代深层客观变化,而将阶级斗争史观与唯物史观画等号,则"使得阶级斗争理论这种主观意志表达机制获得了社会形态理论这种客观规律表达形式的科学外观",此乃"革命史学的神话结构"①。这种革命史学范本在中华人民共和国成立后作为经典被反复地学习和传播,其背后所蕴含的革命逻辑也被较为完整地继承下来,在一代新人中生根发芽。

但这两个观点作为信仰被接受的过程却远非坦途。以此次培训班为例,习惯了给大学生进行理论宣讲的大学教师面对层次相对较低的学员时,没有做好充足的应对准备,授课过程中往往照本宣科,缺乏"生动案例与具体分析"②,学员感到枯燥和费解。因此,尽管关于社会发展史和中国革命史的讲座、报告不下十余次,但是学员还是有很多疑问没有解决。例如,"半封建半殖民地社会是否比封建社会进步呢";"没有帝国主义入侵,中国封建社会是否会延续下去";"农民在战争中为什么地位没有工人高";"个别工人怎么还有坏的";"美国将来革命是否需要统一战线和武装斗争";等等③。这些问题在一定程度上反映了学员在学习过程中的苦恼——理论与自身经历和认知之间存在冲突——并没有充分化解。但是这种不解并没有完全反映在最后的测试成绩中(参见图4.3)。

从上表可以看出,政治测试成绩相对比较集中,高分和不及格人数均少于业务课成绩,而且平均成绩也超过业务测试。呈现此现象的部分原因可能在于,与业务测试相比,政治测试更强调记忆和背诵,尽管学员暂时无法完全理解所学内容,但因为政治测试的标准答案是唯一的,学

---

① 王学典、牛方玉:《唯物史观与伦理史观的冲突——阶级观点问题研究》,开封:河南大学出版社2010年版,第359页。
② 《历史唯物论社会发展史六讲来的汇总情况》(1952年9月9日),北京市档案馆藏,档案号:153-001-00128。
③ 《"中国革命问题"学员学习理解的情况》(1952年9月9日),北京市档案馆藏,档案号:153-001-00128。

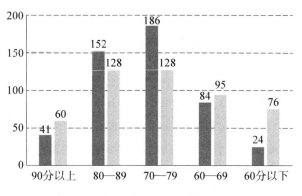

图 4.3　失业知识分子培训班测试成绩统计①

员可以通过强化记忆应付考试。其实,经过这一过程锻炼的学员,不管理解和接受程度与否,都已在记忆中储存下了正确的言说方式。

　　除了思想学习之外,此次训练班的另外一个重点则是要求这些脱离组织之外数年之久的失业人员体验共产党文化指导下的集体生活。通过这种方式,组织者希望能够加强这些"闲散人员"的纪律性,并增进其对新政权的认同感。组织者所采取的举措包括:首先,要求学员组织学生会,学习过民主生活,在实践中体验民主并接受思想教育。学员们逐渐适应了这种新型的集体生活,并很快投身于班级所举行的各种活动之中——学员们在一起有组织地交流学习心得,唱歌颂诗,办宣传性壁报,布置教室环境。学员们生活在一起的氛围使他们逐渐认同这种集体文化,开始主动地在教室内悬挂领袖像、粘贴指导性和鼓舞性标语②。其次,建立各项班级管理规程:学习方面,组织者宣布统一的学习规则和住宿规定,而各班则在辅导员的带领下制定学习公约;日常管理方面,组织者要求各班每月就教学、生活和总务三方面进行计划和总结。最后,也是最重要的方面,即完善班级会议制度。组织者规定了三种形式的会

---

① 数据来源:《教学组工作总结》(1952年9月9日),北京市档案馆藏,档案号:153-001-00128。
② 参见:《总务工作总结》(1952年9月),北京市档案馆藏,档案号:153-001-00128。

议,第一种是班务会议,每周一次,由班主任和教学、生活、总务各组负责人、辅导员代表出席,以研讨下周工作为主;第二种是组务会议,每周一次,由各组负责人主持召开,全部组员参加,根据班级工作方向制定小组工作计划;第三种是临时会议,根据需要择期召开,主持人依据会议性质决定①。通过有层次的会议制度,班级成员被有效地组织起来,每个人都被纳入该制度中。这种体验对学员而言非常重要——他们在走上教师岗位之后,会在班级日常管理过程中强调会议制度的重要性,从而使儿童经历成人化的体验②。

四、政治学习和思想改造的内化形式

(一)日常化的思想政治学习

利用假期时间将教师集中起来进行系统的意识形态教育,能够使他们在短时间内通过高密度的学习训练,强化其对基本理论及其逻辑的认知。但是如果单凭这一种学习方式,学习和改造的效果就很难保证,特别是每个假期之间相隔数月,而老师们又忙于日常教学和行政工作,刚刚学习到的不同于过往经验的价值观和世界观很难生根发芽。因此,必须借助日常化、制度化的措施,才能保证教师持续不断地与主导意识形态相接触。而这一过程也是将系统理论融入日常生活中的过程。

北京市小学教师的日常思想政治学习在暑期讲习会前就已经展开。而对思想政治学习日常化、制度化进程产生最大推动作用的莫过于中小学教职员联合会(后简称教联)。教联是中小学教职员自发组织在一起成立的组织,于1949年6月13日正式成立,薛成业等四十五人当选执行委员,孙少青等十人当选候补执行委员③。尽管教联成立时间较晚,

---

① 参见:《北京师范附属师资训练班第一学期工作总结》(1952年9月9日),北京市档案馆藏,档案号:153-001-00129。
② 参见金冬日编:《中小学班会的领导》,南京:江苏人民出版社1959年版。
③ 参见柏生:《平中小学教职联成立,薛成业等四十五人当选执委》,《人民日报》1949年6月14日第2版。

但是作为一个自发组织,从北平解放后,就开始逐渐对教师的学习形态产生影响。简言之,教联的形成源自教师对环境变化的判断和对生存状况的焦虑。北平解放后,中小学教师中间大概有三种态度,一种人秉持"教育超然于政治"之观念,与政府保持距离,洁身自好;一种人恃才傲物,无所畏惧;但大多数人自知,如不跟上新政权的步伐,主动学习作为其支撑的价值观念和意识形态,将来的生活可能会充满坎坷——这是普通教师面临政权更迭时最真实、最普遍的想法。所以全市共有4238个中小学职员加入了这个组织,占全部中小学教师总数的68.4%。他们主动组织学习,举行时事座谈会,学习各种政策,邀请大学教授讲课;有的教师还成立了生活检讨和批评会制度。他们学习的主要文献包括"中国革命与中国共产党""新民主主义论""论知识分子的改造""城市政策""新人生观"等①。教联形成的一个重要意义就在于教师学习的形态发生了重要变化。从此之后,教师思想学习就不再是凭借个人自觉性的自发行为了,他们被卷入不同规模、不同层次的组织中。由于群体压力的存在,他们不管是主动抑或被动,都要参与到组织举办的各种学习活动中去。教联对教师的学习形态进行了有效的整合,使其迅速制度化和日常化。从1949年2月到6月之间,教联筹委会举办了16场星期讲座,另外还组织了政治演讲、座谈、纪念日演讲等活动;牵头成立了政治、语文、历史研究组织;推动全市公立学校和好的私立学校组织教师进行学习②。

中华人民共和国成立后,教师的日常政治学习逐渐制度化。教育局要求学校校长必须参加并领导教师学习,掌握每个教师的思想政治情况③。如果说1949年上半年的日常化学习是为假期集中的意识形态理论学习做铺垫的话,那么此后的日常化政治学习则主要以时事政治为主

---

① 参见柏生:《平市中小学教职员,正努力学习新知识》,《人民日报》1949年6月6日第2版。
② 参见:《北京市教育概况》(1949年12月),北京教育志编纂委员会办公室、北京市档案馆编研处编《北京教育档案文粹》上,北京:华艺出版社2008年版,第25页。
③ 参见:北京市两年来小学教育初步总结(1951年7月).北京教育志编纂委员会办公室、北京市档案馆编研处编《北京教育档案文粹》中,北京:华艺出版社2008年版,第1265页。

线,同时学习党和国家的基本知识、政策和法律法规。这些内容的学习,能够引导教师更深入地理解、吸收意识形态理论,从而确保他们能够将集中学习的理论知识与日常生活体验联系起来。从 1949 年 10 月 22 日至 1950 年 2 月底,市教育局开办了中小学教员学生政治训练班,"着重学习党纲党章,了解党的政治纲领和组织原则,提高政治觉悟,培养共产主义人生观"①。此次学习班自学、讨论和讲座兼顾:教师利用课余时间阅读学习材料;周末集中上大课举行讲座;一周举行一次小组讨论,两周举行一次大讨论;教员与学生同时上课,分别讨论②。这种政治学习日常化的雏形很快在北京市的公立学校推广开来③。在教育局、教联和各校领导的组织下,教师利用课余时间进行思想政治学习成为惯例,阅读报纸材料、定期组织讨论和参加集会活动成为主要形式。以育才小学为例,该校严格规定教师须每天在校集体学习两个小时,冬季晚上学习,其余三季早晨学习;除检查学生自习可以短暂离开外,教师不能因其他缘由请假;学校成立了由校长、教导主任、党、团工会宣传委员组成的学习会,有步骤的制定整体学习计划,并监督每个教师制定自己的学习计划,学习会根据老师的计划,编排学习小组④。下面,本章将围绕 1950 年代初期一外一内两个典型时政事件——抗美援朝运动与过渡时期总路线的制定,来考察小学教师是如何通过重要时政事件进行思想政治学习以及这种学习如何与基本意识形态相联系。

围绕"抗美援朝"的时政学习与活动

围绕抗美援朝展开的时政学习旨在教育教师形成对以美国为代表的帝国主义的仇恨。1949 年 8 月 5 日美国国务院发表了题为"中美关

---

① 《中共北京市委关于北京市中小学教员学生政治培训班教育计划向华北局并中央的报告》(1950 年 6 月 5 日),北京教育志编纂委员会办公室、北京市档案馆编研处编《北京教育档案文粹》中,北京:华艺出版社 2008 年版,第 633 页。
② 参见:《中共北京市委关于北京市中小学教员学生政治培训班教育计划向华北局并中央的报告》(1950 年 6 月 5 日),北京教育志编纂委员会办公室、北京市档案馆编研处编《北京教育档案文粹》中,北京:华艺出版社 2008 年版,第 633 页。
③ 参见:《小学教师进修班一月来学习情况及今后半个月的学习计划》(1950 年 11 月 18 日),北京市档案馆存,档案号:012-002-00046。
④ 参见张印斗:《北京育才小学的教师学习》,《教师月报》1951 年第 3 期。

系"的白皮书,阐述了美国政府及国民党在中国失败的命运,指责了国民政府的腐败无能,并打算退出中国内部纷争。中国共产党却很好地利用这个白皮书做文章,通过舆论媒体在国内掀起了一股批判美国、痛击帝国主义的浪潮。毛泽东连发五篇文章阐述了自己的看法。他认为这一白皮书"反映了中国人民的胜利和帝国主义的失败,反映了整个帝国主义世界制度的衰落"①;人民面对帝国主义的正确逻辑乃是不断从失败的废墟中站立起来,继续斗争,直至胜利;并强烈谴责了"美帝国主义对于中国的干涉"②。与此同时,从8月13日到当年12月底,《人民日报》共发表了151篇内容包含"白皮书"这一关键词的报道,平均每天有1篇以上的报道与此有关③。中国共产党借此机会公开表明了对美国的态度和立场,同时警告了那些对美国持有好感和存有幻想的人,尤其是知识分子所拥有的"自由主义"或"民主个人主义"立场。社会各界也随潮流而动,纷纷发表声明、组织讨论共同声讨"白皮书",第一次形成了浓厚的反美氛围④。1950年随着朝鲜战争的爆发以及中国军队和以美国为首的联合国军的介入,中美关系再次成为舆论的焦点。"抗美援朝"成为那几年最热门的词语之一(见图4.4)。

标题含有目标关键词表明该报道直接与"抗美援朝"相关;而内容含有目标关键词则表明虽然报道主题并非"抗美援朝",但却与"抗美援朝"有一定的关联,在某种意义上能够反映出"抗美援朝"作为一个有重要影

---

① 《丢掉幻想,准备战斗》,《毛泽东选集》(第4卷),北京:人民出版社1991年版,第1483页。
② 参见:《别了,司徒雷登》《为什么讨论白皮书?》《"友谊",还是侵略?》《唯心历史观的破产》,均载《毛泽东选集》(第4卷),北京:人民出版社1991年版。
③ 数据来源:《人民日报》数据库。
④ 参见:《各民主党派发表意见,谴责美帝白皮书》,《人民日报》1949年8月18日第1版;《根绝幻想坚决斗争到底,各界严斥美帝白皮书》,《人民日报》1949年8月26日第1版;《工农兵斥责白皮书,坚决粉碎美帝新阴谋,增加生产回击敌封锁》,《人民日报》1949年8月24日第4版;《坚强的中国学生队伍,必予美帝侵略以痛击》,《人民日报》1949年8月28日第4版;《科学工作者座谈白皮书》,《人民日报》1949年9月2日第2版;《全国文联等九文艺团体联名斥白皮书,号召文艺工作者对美帝斗争到底》,《人民日报》1949年8月31日第1版;等等。

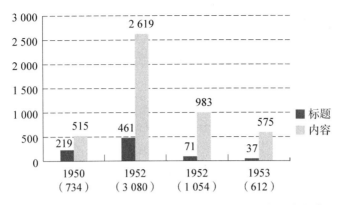

图 4.4 1950—1953 年《人民日报》新闻标题和内容中包含"抗美援朝"的篇数统计①

响的概念渗入日常生活的程度。从图 4.4 能够看出,《人民日报》1950 年(从 10 月末到年底)和 1951 年与"抗美援朝"相关的报道密度很高,1950 年日均报道量超过 10 篇,而 1951 年也接近 10 篇。1952 年和 1953 年虽然报道总数开始下降,但是间接相关与直接报道的数量比却在拉大(分别为 13.8 和 15.5),这一数字表明"抗美援朝"对日常生活的影响更持久,消退速度较直接报道而言相对缓慢。

虽然上述统计只反映了《人民日报》一家媒体的报道情况,但其作为"党的喉舌"所占据的指导地位,能够引导其他媒体的议程设置。因此这些数字基本可以反映出当时的舆论环境。小学教师正是身处此环境下展开对"抗美援朝"的日常学习的。北京市开展了"抗美援朝保家卫国"的学习活动。学习之初小学教师主要采取听报告,阅读报纸材料,举办座谈会以及组织讨论等形式。他们不但自己参与学习,而且还利用朝会和课堂对学生进行教育,并召集家长进行宣传②。教师在传播观念的同时也加深了自己的认同和理解。而控诉大会以一种更为激烈的表现影

---

① 数据来源:《人民日报》数据库。本图表在统计内容含有"抗美援朝"的报道数量时,排除了标题含有"抗美援朝"的报道。即标题数字与内容数字相加为与"抗美援朝"相关的报道总数量。
② 《京市各区小学教师,开展各种宣传活动》,《人民日报》1950 年 11 月 25 日第 3 版。

响着教师的认知①。例如,三区教员控诉大会门口贴了一副对联,"要告诉孩子永远不忘美帝的残暴罪行;要教好学生决不让下一代再作奴隶"②,明确指出了教师的责任和义务。教师代表在台前声泪俱下地诉说自己亲身经历或亲眼目睹的事件,痛斥美国人的暴行,增加对他们的仇恨:穆德小学老教师李守山紧握拳头慷慨陈词:"日本人杀我们,美国人来又杀我们,中国人就能这样随便被蹂躏吗?"③前圆恩寺小学拥有近四十年教龄的教员李博儒也壮心不已:"我虽然老了,我还要去和美国强盗拼命!"④台下的教师也被控诉者的遭遇所感动,义愤填膺地表示"血债是要用血来偿还的"⑤。除此之外,小学教员还组织游行活动来表达自己的强烈情感⑥。

尽管之前经过了一年多的不断学习,但不少教师依旧对美国的物质文明和生活方式羡慕不已,并感激美国对中国人民的恩惠。学习活动的组织者希望教师们经过此次学习能够在一定程度上开始按照官方舆论导向对落后腐朽的帝国主义产生憎恨,并更加热爱拥有先进社会制度的祖国;能够明晰历史发展的规律,并从阶级观点认识到中美之间的冲突是先进文明与落后文明之间的根本对立,是帝国主义与人民之间不可调和的殊死搏斗。学习活动产生了一定的效果,通过参加讨论会和控诉会,不少教员开始对自己的亲美思想进行反思和自我批评。有老师在思

---

① 老舍先生在《新社会就是一座大学校》中生动地描写出了参加控诉大会时人们的心理变化,个人理性完全融化在了集体欢腾所形成的强烈情感之中。理性无法对个体的行为做出约束和控制,个体仅仅跟随着集体情绪,并为其做出合理化解释。参见雷颐:《逃向苍天:极端年代里小人物的命运沉浮》,杭州:浙江大学出版社2013年版,第3—4页。
② 《京市各区小学教师,开展各种宣传活动》,《人民日报》1950年11月25日第3版。
③ 《京市七区小学教师,举行反美侵略大会,控诉美帝暴行决心抗美援朝》,《人民日报》1950年12月2日第2版。
④ 《京市各区小学教师,开展各种宣传活动》,《人民日报》1950年11月25日第3版。
⑤ 《京市七区小学教师,举行反美侵略大会,控诉美帝暴行决心抗美援朝》,《人民日报》1950年12月2日第2版。
⑥ 参见:《京市中小学教员经过抗美宣传,普遍树立仇视美帝思想》,《人民日报》1950年12月15日第3版。

想总结中写道:"由于美国送我到美国留学,我感觉美国一切都好,从而产生了亲美、崇美的思想,现在认识到美帝办教育,骨子里是麻醉我们,是最毒辣的手段。过去自以为办的教育对人民有功,哪知道完全是为美帝服务。"①但具有官方背景的教育工作者仍然对教育效果表示不满,认为"还有很多教师对于美帝国主义缺乏着高度的仇恨和卑视,有的人甚至因为过去受美帝国主义的思想毒害太深,一时还仇恨不起来"②。另一方面,针对学员中普遍存在的排斥结盟的情绪,学习组织者还通过对中、朝、苏关系的讲解,培养学员对朝鲜的同情,引导学员理解中国政府为什么采取"一边倒"的外交政策,并告知苏联在中国革命中所贡献的国际援助,激发其对苏联的好感,形成一种"国际主义思想"③。通过爱憎分明的教育,共产党试图教会教师用阶级的观点和立场来思考国家间关系,从而将作为方法的"阶级分析"推而广之——小到人际关系,大到国际关系,阶级观点具有普遍适用性。

围绕"过渡时期总路线"的时政学习

经过三年的逐步调整,1952年中国经济内部的关系发生了重要变化:国营经济比重大幅上升,私营经济比重下降,国营经济的领导地位增强;私营工商业以多种形式被纳入国家轨道,接受国家的管理监督;土改基本完成,农业互助合作运动普遍开展。简言之,中国的社会主义因素在不断增加④。在这一背景下,党开始考虑向社会主义过渡的问题,并于1953年正式提出了过渡时期总路线:"从中华人民共和国成立,到社会主义改造基本完成,这是一个过渡时期。党在这个过渡时期的总路线和总任务,是要在一个相当长的时期内,逐步实现国家的社会主义工业化,并逐步实现国家对农业、对手工业和对资本主义工商业的社会主义

---

① 卞慎吾:《北京市中小学教师在时事学习中的收获》,《教师月报》1951年3月号,第1期。
② 同上。
③ 参见:《小学教师进修班一月来学习情况及今后半个月的学习计划》(1950年11月18日),北京市档案馆藏,档案号:012-002-00046。
④ 参见:中共中央党史研究室:《中国共产党历史(第二卷 1949—1978)》上,北京:中共党史出版社2011年版,第183—185页。

改造。"①总路线的提出是国家整体建设思路的一个重要转折点,因此对总路线实质的学习成为这一时期小学教师,尤其是党团员教师日常学习的重中之重。

  北京市小学教师总路线的学习大致可以分为两个阶段,第一个阶段从 1953 年 10 月底到 12 月初。这一时期老师关于总路线的学习并未组织化和系统化,缺乏领导,以老师的自觉学习为基础,学习方式以阅读报纸材料和文件为主。多数教师起初并未足够重视总路线学习,往往将其当作一般的经济常识,认为总路线属于经济问题,与政治无关。有的老师甚至说:"跟着走吧!何必学呢?"②1953 年 12 月,经中共中央批准,中宣部制定并发布了党在过渡时期总路线的学习和宣传提纲,借此契机,教育部门对小学教师总路线的学习组织重新进行了整合,加大了管理力度,由此进入了第二阶段的学习。系统化的学习以宣传提纲为依据,共分为五讲:第一讲"党在过渡时期的总路线";第二讲"为国家的社会主义工业化而斗争";第三讲"逐步实现国家对农业和手工业的社会主义改造";第四讲"逐步实现国家对资本主义工商业的社会主义改造";第五讲"加强党的领导,动员全国人民为实现党在过渡时期的总路线而奋斗"③。每讲组织者都邀请相关专家讲述,之后还要组织学员召开讨论会,要求他们准备发言提纲,在会上积极发言④。经过面对面的交流,组织者发现小学教师对总路线的认识实在不容乐观:多数老师都不明白过渡时期的基本特点以及性质,内容说不全面,并将总路线与第一个五年

---

① 《为动员一切力量把我国建设成为一个伟大的社会主义国家而奋斗——关于党在过渡时期总路线的学习和宣传提纲》,学习杂志部编:《社会主义教育课程的阅读文件汇编》(第 1 编),北京:人民出版社 1957 年版,第 347 页。
② 《小学教师团员学习党在过渡时期总路线情况的报告》(1953 年),北京市档案馆藏,档案号:100-001-00216。
③ 参见:《为动员一切力量把我国建设成为一个伟大的社会主义国家而奋斗——关于党在过渡时期总路线的学习和宣传提纲》,学习杂志部编:《社会主义教育课程的阅读文件汇编》(第 1 编),北京:人民出版社 1957 年版,第 341—374 页。
④ 参见:《小学教师团员学习"国家在过渡时期的总路线"的情况汇报》(1953 年),北京市档案馆藏,档案号:100-001-00216。

计划的基本任务搞混在一起①。针对这些回馈,组织者在授课过程中着重强调了总路线的提出与转向社会主义建设之间的关系,从而激发学员的热情并提高他们的使命感。这一策略起到了一定作用,老师在听完报告和讨论之后的表达反映了他们的理解:"不学总路线,还以为是新民主主义革命呢。现在才知道自己走在了社会主义的大道上了";"学了总路线,明确了社会主义不远了,身上有劲了";"现在我们的工作就是社会主义社会的工作"②。过渡时期总路线是一个相对复杂的理论体系,但学员们往往根据自己的知识结构和认知视角,将授课者的讲述重点凸显出来。社会发展史的学习使小学教师深受线性历史发展规律的影响。因此当他们听到自己已经在为课本中所描述的遥远未来而奋斗时③,欣喜之情溢于言表。正如一位教师所言:"解放后学习社会发展史觉得社会主义遥遥无期,没想到已在眼前。"④通过对总路线的学习,小学教师进一步认可了从社会发展史中所学习到的历史发展规律,并为自己能够亲自参与建设一个理想社会而备受鼓舞。

(二) 运动式的思想批判与政治审查

尽管集中理论学习和日常时政学习从学习内容到学习方式上均有

---

① 《小教团总路线第一讲讨论总结》(1953年),北京市档案馆藏,档案号:100-001-00216。
② 同上。
③ 中华人民共和国初期小学教师学习社会发展史的范本教材来自艾思奇所著的《历史唯物论、社会发展史》以及相关讲义和提纲。但是艾思奇在第三讲"社会主义革命与新民主主义革命"谈到中国现状时,着重论述了新民主主义的性质,并未专门谈及在中国如何进行社会主义革命,只是一带而过的谈到鼓励民族资本发展的同时也要给予一定限制,"以便条件成熟时,容易完成向社会主义的过渡";"有新民主主义革命转为社会主义革命是可以争取最少痛苦的,主要以教育改造各阶级人民的斗争方式而不是以流血的方式达到转变为社会主义的目的"。而谈及社会主义革命时,主要是针对俄国的情况论述。参见艾思奇:《历史唯物论、社会发展史讲授纲》,北京:人民出版社1953年版,第38页;艾思奇:《历史唯物论、社会发展史讲义》,北京:工人出版社1953年版;艾思奇:《历史唯物论、社会发展史》,北京:生活·读书·新知三联书店1953年版。
④ 《小学教师团员学习"国家在过渡时期的总路线"的情况汇报》(1953年),北京市档案馆藏,档案号:100-001-00216。

比较明显的区别,但两者都以一种稳定的制度化形式存在。一方面,不管具体形式如何变化,学员对学习内容是可以预期的——理论学习方面,学员已在不断的强化过程中明确了内容的具体结构;时政学习方面,学员们也早已明白学习紧跟热点问题的规律,舆论关注的焦点决定日常学习内容。另一方面,虽然学习过程中批评与自我批评贯穿始终,但是其程度相对缓和,因为制度化学习的主旨在于对自身之外的作为他者的知识和观念进行初步地吸收和掌握。与之形成鲜明对比的则是一种运动式的思想改造形式。一方面,运动式的思想改造的开展时间不固定,教师们无法对其进行预料。运动式的思想改造持续时间短,相对集中,往往根据当时需要抽出一段时间针对某一问题(主要是思想问题)集中力量进行解决,教师往往在没有心理准备的状态下被卷入其中。另一方面,运动模式往往从个人思想内部展开,针对性更强,批评与自我批评的程度要比制度化模式激烈,甚至还伴随着检举揭发和行政乃至刑事处罚,因此运动模式给教师们带来的震撼和记忆要超过制度化模式。通过经历运动式的思想改造,教师们能够更加清晰地感受到国家权力的存在,反过来会促进他们在日常生活中的思想学习与改造——运动模式的根本目的亦在强化教师对主流意识形态的吸纳与贯通。所以本书将这种模式也列为保障形式之一。下文将以针对武训的思想批判为重点,描述中华人民共和国初期小学教师参与运动式的思想学习与改造的一般情况,之后对知识分子思想改造运动以及忠诚老实运动进行简单概括。

围绕《武训传》展开的思想批判

对武训历史功绩与地位评价的剧烈变化是1950年代初期思想界一个非常有意思并值得深入探讨的现象。限于主题关系,这里只能有选择的简单概述。整体来讲,对武训及其电影《武训传》看法的起伏跌宕反映了一个上文反复提及的事实,即基于传统与自身经历的"本能"观念与主导意识形态之间可能会存在着潜在的紧张和冲突。

早在1949年之前,知识界和教育界就已经对武训非常关注,并给予"武训精神"很高的评价。早期对武训的赞扬主要集中在两个方面。首先,是对武训其人品质的褒奖。顾颉刚称其具有三种特性,一是利人克己,二是意志坚强,三是实干精神①。舒新城称赞其为"舍己为群的宗教家""改善世界的社会主义者""苦行求真的哲学家"和"同情贫苦的儿童教育家"②。陶行知指出,武训突破了"消极与自私的界限,为社会大多数人争取永久幸福,坚贞不拔、冒万险、犯万难,实行苦行而有伟大成果遗留后世"③。其次,充分肯定了武训对中国教育事业做出的贡献。蔡元培认为武训通过自己的努力提醒世人教育经费困难乃是教育者自身未能做到"刻苦而诚恳"④。陶行知盛赞武训用整个生命贯彻义学之宗旨,成为"普及教育之义人"⑤。从最初对"武训精神"的建构努力可以看出,描述者将武训从其所经历的具体历史中抽出,将武训刻画成为一个专心为穷人受教育而奔走努力的"圣人"。武训此时已经历经神圣化的过程,变成一个象征符号。这一现象一方面与中国人的传统文化心理有关,具体表现在对大公无私、舍生取义、重义轻利、反抗强权的赞美以及对弱者的同情和怜悯——武训的扶弱义行正好满足了这种心理,因此被无限放大。另一方面,武训兴办学堂、普及教育的努力正契中国社会之弊病:文盲率高、受教育机会极不均衡、教育呈现精英化趋势——教育羸弱从而导致整个国家无法实现富强,成为当时知识界最难以释怀的心结之一。此时的知识分子根据自身的传统文化偏好和现实问题关怀,选择了上述建构"武训精神"的路径。这一路径中不存在诸如"阶级"等马克思主义的分析范畴。

中国共产党建政前后,其话语体系的影响逐渐增大,"阶级""人民"等概念广为传播。在这种背景下,对武训的评价也悄然发生改变。在柏

---

① 参见顾颉刚:《纪念武训先生》,张明主编:《武训研究资料大全》,济南:山东大学出版社1991年版,第129页。
② 舒新城:《武训先生在教育史上的地位》,张明主编:《武训研究资料大全》,济南:山东大学出版社1991年版,第481页。
③ 陶行知:《伟大的苦行者》,张明主编:《武训研究资料大全》,济南:山东大学出版社1991年版,第540—541页。
④ 蔡元培:《武训先生提醒我们》,张明主编:《武训研究资料大全》,济南:山东大学出版社1991年版,第479页。
⑤ 陶行知:《新武训》,张明主编:《武训研究资料大全》,济南:山东大学出版社1991年版,第532页。

水所著的影响甚大的章回小说《千古奇丐》中,武训的伟大之处被指认为"为无产阶级而生,生与无产阶级为友";"为无产阶级而死,死后与无产阶级同穴"①。李士钊在《武训画传》中刻意为武训增加了"劳动创造世界"和发扬"阶级友爱"的品质②,将其描述成"穷苦的劳动人民的儿子,封建社会中被压迫农民阶级的先觉者",用自己的行动"坚持不移的对地主、恶霸、封建势力作过长期的斗争","实现了为穷孩子们创办义学的理想,为被压迫的农民阶级出了一口气";并将其精神凝练为"全心全意为人民服务的伟大精神"③。在电影《武训传》中饰演武训的赵丹认为武训的事迹是"劳动人民向剥削阶级作反抗斗争的典型事件",其斗争反映了"中国农民的顽强不屈的精神",体现了"劳动英雄的意志"④。在全新概念和分析范畴的透视之下,武训也不再是完美无瑕的圣人,其局限性被论者更多的谈及——毕竟,武训的尝试无法解决社会问题,他也未发现农民受地主欺骗的真正根源⑤。尽管如此,在新的分析范畴引入后,知识界、教育界对武训的评价仍然以正面为主。这一时期建构"武训精神"路径的最大特点莫过于调和传统文化心理与新兴阶级话语,从而用具有政治合法性的分析范畴来表达自身的真实关切。虽然对"武训精神"的外在描述发生了明显转变,但是其底色始终如一:不管是基于传统文化的分析范畴还是基于阶级斗争的分析范畴,均旨在展现"武训精神"中同情和帮助弱者、置自身利益于不顾、反抗强者的精神内核。这种对"武训精神"的内在认同具有顽强的生命力,在经过武训批判运动之后,要求正

---

① 柏水:《千古奇丐》,张明主编:《武训研究资料大全》,济南:山东大学出版社1991年版,第436页。
② 李士钊:《〈武训画传〉著者序》,张明主编:《武训研究资料大全》,济南:山东大学出版社1991年版,第589页。
③ 李士钊:《〈武训画传〉注文》,张明主编:《武训研究资料大全》,济南:山东大学出版社1991年版,第323、324页。
④ 赵丹:《〈武训画传〉代序——〈我怎样演武训的〉节录》,张明主编:《武训研究资料大全》,济南:山东大学出版社1991年版,第587、588页。
⑤ 参见下俚巴:《学习武训》,张明主编:《武训研究资料大全》,济南:山东大学出版社1991年版,第583页。

面评价"武训精神"的呼声再度高涨①。

1950年10月,电影《武训传》拍摄完成,公开放映。该电影的初衷在于配合全国范围内的扫盲识字运动,帮助群众认识到文化知识的重要性,动员其积极参加各种扫盲班②。由于武训在中国知识界和教育界享有较高的象征地位,在舆论的推动下,该电影在知识分子中间起了一场讨论。论者的看法基本分明,多将电影编写与武训其人分开对待,一部分人对电影评价较高,认为《武训传》具有思想性,描述了被压迫者的奋斗史,并将武训还原成了一个普通人③;一部分人却认为电影不仅未能表现出来武训的伟大精神,反而削弱了他的崇高形象④。尽管评价有所不同,但对武训基本维持正面评价。

到了1951年3月份之后,知识界、教育界在对武训的整体评价上才开始有实质性分歧,根本性的转折就此出现。3月25日,晴簑在《进步日报》上发表标志性文章"武训不是我们的好传统",指责武训乃是一个歪曲中国人民斗争、四处下跪、没有丝毫反抗精神的"反现实主义人物"⑤。贾霁进一步指出,阶级调和路线是武训的生活实践方式,妥协投降与改良主义"是他的结果,是他的实质";而这部影片阶级立场模糊,缺乏历史感⑥。随着对武训以及《武训传》讨论的升温,毛泽东于5月20日

---

① 参见张经济:《希望给武训平反》;张明:《为武训的研究说几句话》;胡乔木:《对电影〈武训传〉的批判是非常片面、极端和粗暴的》;李绪基、孙永都:《应该恢复武训的真正形象》;魏际昌:《为晚清的苦行主义者、山东乡村教育家武训先辈"平反"》;等等。上文均载张明主编:《武训研究资料大全》,济南:山东大学出版社1991年版。
② 参见孙瑜:《武训传(电影剧本)》,张明主编:《武训研究资料大全》,济南:山东大学出版社1991年版,第255页。
③ 参见戴白韬:《看了〈武训传〉之后的意见》;王鼎成:《从〈武训传〉谈起》;等等。此两文均载张明主编:《武训研究资料大全》,济南:山东大学出版社1991年版。
④ 参见董渭川:《由教育观点评〈武训传〉》;杨雨明、端木蕻良:《论〈武训传〉》;等等。此两文均载张明主编:《武训研究资料大全》,济南:山东大学出版社1991年版。
⑤ 晴簑:《武训不是我们的好传统》,张明主编:《武训研究资料大全》,济南:山东大学出版社1991年版,第610页。
⑥ 贾霁:《不足为训的武训》,张明主编:《武训研究资料大全》,济南:山东大学出版社1991年版,第619、624页。

在《人民日报》发表社论,为此后形成的政治化评价奠定了基调。毛泽东指出,武训处在中国人民反抗国内反动统治者和国外侵略者的伟大时代,"根本不去触动封建经济基础及其上层建筑的一根毫毛,反而狂热地宣传封建文化","对反动的封建统治者竭尽奴颜婢膝的能事",是种极丑恶的陋行。毛泽东继而将批判矛头对准了业已学习过历史唯物论的共产党员,认为他们的理论学习根本无法联系实际,丧失了对资产阶级反动思想的批判能力①。随后,沿着毛泽东所提供的路径进行批判的文章大量涌现。武训再次成为象征符号,代表着落后、反动、妥协与退缩。杨耳认为武训的赞扬犯下了企图超越阶级的谬误,阉割了"革命"这一核心思想②。何其芳指责赞扬武训的人混淆了封建地主与人民大众、游民和劳动人民之间的区别;而那些溢美之词实质上是拥有马列主义、毛泽东思想光鲜外表的资产阶级流毒③。在毛泽东的指引下,对武训及其电影的批判被提升到了路线斗争的政治层面,正如周扬在这场思想批判行将结束之际所概括的:"争论的中心问题关涉到中国人民的历史的道路:中国人民所走的是革命的道路呢?还是改良主义、投降主义的道路呢?"④一旦涉及路线之争,就关系到共产党执政合法性的根本问题,被卷入到思想批判运动中的人就别无选择,必须按照官方规定路径对自己的思想深入挖掘,积极向以阶级斗争为中心的革命路线靠拢。

小学教师正是在这种迅速转折的思想背景下进入此次批判运动。官方希望教师积极参与对武训及其电影的批判,深入理解学习过的理论知识——此目的正如郭沫若所言:"关于电影《武训传》的讨论是一件很好的思想教育工作,把辩证唯物主义与历史唯物主义和实际问题具体地

---

① 毛泽东:《应当重视电影〈武训传〉的讨论》,中共中央党史和文献研究院编:《建国以来毛泽东文稿》(第4册),北京:中央文献出版社2023年版,第403页。
② 杨耳:《评武训和关于武训的宣传》,张明主编:《武训研究资料大全》,济南:山东大学出版社1991年版,第663页。
③ 何其芳:《驳对于武训和〈武训传〉的种种歌颂》,张明主编:《武训研究资料大全》,济南:山东大学出版社1991年版,第672、683页。
④ 周扬:《反人民、反历史的思想和反现实主义的艺术——电影〈武训传〉批判》,《人民日报》1951年8月8日第3版。

联系了起来。"①6月5日,中央人民政府教育部发布关于开展电影《武训传》和《武训精神》的讨论与批判的指示,要求在"各级教育行政机关及各级学校中深入讨论《武训传》及有关武训的论著,对武训这一人物及所谓'武训精神'进行科学的、系统的讨论与批判";重点"应放在检讨自己的思想,就自己过去和现在对武训的看法,对电影《武训传》的看法,以马列主义、毛泽东思想为武器,进行检讨,展开自由论争";并专门指出小学教师以自学讨论、集中学习为主要方式②。北京市教育局积极响应教育部的号召,在全市文教工作者中间开展了批判武训及其"武训精神"的运动,要求教师结合此次与教育领域密切相关的运动,深入剖析自己思想中存在的问题。然而这场突如其来的思想批判运动在北京市教育工作者中间的开展从一开始就遇到了不少阻力。一方面,很多学校的教师不理解为什么要展开对武训的批判,在他们所接受的教育中,武训都是以正面形象出现。就从事的职业而言,教师们亦不愿意对武训进行批判,认为这是对自身工作和经历的一种否认③。很多老师依旧延续传统路径理解武训,认为他办学动机好,精神令人敬佩,电影将其形象丑化了,不应拿现在的标准来要求古人④。另一方面,一些教师认为将武训作为靶子是小题大做,因此对批判活动表现得漠不关心,不愿意参与其中⑤。教育局对该现状很不满意,要求围绕武训批判,加强思想改造⑥。

从教师的这些反应可以看出,尽管他们已经接受了两年的正统意识形态教育——不管是理论学习还是时政学习——但他们仍然很难用学

---

① 郭沫若:《联系着武训批判的自我检讨》,《新华月刊》1951年第7期。
② 《中央教育部指示教育机关讨论批判电影〈武训传〉和"武训精神"》,《人民日报》1951年6月5日第1版。
③ 参见颜默:《人民教育工作者应该和武训划清敌我界限》,《教师月报》1951年第6期。
④ 参见:《认真贯彻教育部的指示,继续开展〈武训传〉和"武训精神"的讨论和批判》,《教师月报》1951年第6期。
⑤ 参见韩作黎:《端正态度,更深入地进行〈武训传〉和武训问题的学习》,《教师月报》1951年第7期。
⑥ 参见:《认真贯彻教育部的指示,继续开展〈武训传〉和"武训精神"的讨论和批判》,《教师月报》1951年第6期。

习到的概念和分析框架对自己的思维习惯进行颠覆式地纠正。在他们身上,传统文化心理和生活经历所共同造就的认知方式根深蒂固,加上思想学习和改造的部分内容在一定程度上与其实际生活之间存在脱轨,教师们很难心悦诚服地认同反复进行的以不同面貌出现的思想学习和批判运动。面对这种局面,教育部门所能做的就是通过行政力量加大各校学习力度,不断要求教师按照官方路径对自己的思想进行解剖,学习用官方提供的概念和思维方式展开批评与自我批评。经过集中训练,教师们通过对武训的批判,又一次掌握了正确的表达方式①。而借《武训传》所展开的思想批判的另一层意义在于使教师明白,他们现在所从事的教育事业是一个完全崭新的开端,不但与旧时代的教育没有任何联系,并且旧时代尤其是近代中国受到追捧的教育思想和人物都要遭到批判和否定,从而为在教育领域树立全新教育思想的地位提供契机。正在批判武训运动如火如荼展开之际,时任教育部副部长钱俊瑞以纪念共产党成立三十周年的名义,在《人民日报》发表题为"学习和贯彻毛主席的教育思想"的专论,指出毛泽东对教育工作者的告诫,概括起来就是"我们必须革命,不要改良主义,更不许可投降主义",并呼吁所有教育工作者"朝着毛泽东同志所指示的方向"奋勇前进②。此文明确了教育事业与革命事业之间密切的联系,要求教育工作者必须与违背革命要旨的教育思想进行坚决的斗争。而此次思想批判运动正是这一斗争的开端。此后,旨在深入教师思想深处的运动模式就被固定下来,成为教师思想学习和改造的重要形式之一。

思想改造运动和忠诚老实运动

如果说围绕《武训传》的批判开创了从个人思想深处开展改造的运动模式,那么随后开始的知识分子思想改造运动就将这种模式第一次推向了高潮。尽管思想改造运动最初是在高校知识分子与新政权的互动

---

① 参见《教师月报》1951年7月份所刊登的专题报道"从学习和讨论《武训传》所得到的教育",里面刊登了数篇教育工作者在接受了思想批判之后的学习体会。
② 钱俊瑞:《学习和贯彻毛主席的教育思想——为纪念中国共产党的三十周年而作》,《人民日报》1951年6月29日第3版。

下开始的,而且中央和舆论关注的焦点也在高校知识分子的改造。但是这场持续数月之久的运动仍然对处在底层的小学教师产生了影响。1951年11月30日,中央发出《关于在学校进行思想改造和组织清理工作的指示》,要求"必须立即开始准备有计划、有领导、有步骤地于一年至二年内,在所有大中小学校的教职员中和高中学校以上的学生中,普遍地进行初步的思想改造的工作"①。由此可见,中央在发动这场运动时,就已经将小学教师包括在内。

北京市教育局于1951年下半年在中小学教师中间开展了思想改造运动。开展此次运动的目的旨在"彻底批判和肃清封建的、买办的、法西斯主义等反动思想的残余,认真批判资产阶级和小资产阶级的种种错误思想,诸如超阶级超政治的思想、客观主义、个人主义和教学中的教条主义等,充分认识资产阶级和小资产阶级的错误思想必须改造,为今后进一步的自我教育和自我改造打下良好的基础"②。透过这套官方表达形式,此次思想改造的重点有两个,一是在教师中间确立教育和政治的关系,打破老师自命清高、不问政事、对新政权冷淡的态度;二是从思想深处鞭答以体罚为代表的旧式教育方法。基于此,教育局明确提出此次思想改造必须端正教师对新政权和新社会的立场和态度③;在改造方式上突出强调教师的自我批评与相互批评④,要求教师必须结合自身思想和实际工作,谈根本性问题,不准只谈原则教条,从而树立教育必须与革命和政治相结合的意识⑤。

教师起初面临新一轮的思想改造运动,仍然有许多困惑,例如有些人存在疑问,觉得教数、理、化的没必要进行思想改造,或者留恋小资产

---

① 转引自谢莹:《建国初期知识分子思想改造学习运动始末》,《党的文献》1997年第5期。
② 《为系统地学习毛泽东思想打下良好基础——祝北京市教育工作者胜利地完成思想改造的学习》,《教师月报》1951年第11期。
③ 参见张耀文:《立场问题是思想改造的中心问题》,《教师月报》1951年第12期。
④ 参见庄依石:《正确运用批评和自我批评的武器》,《教师月报》1951年第12期。
⑤ 参见:《为系统地学习毛泽东思想打下良好基础——祝北京市教育工作者胜利地完成思想改造的学习》,《教师月报》1951年第11期。

阶级的身份认同,或者觉得一旦进入社会主义社会,思想自然就纯正了;而有些清高的教师直言对思想改造的抵触,声称"士可杀,不可辱。合则留,不合则去"①。经过一段时间的学习改造,教师们的态度有所变化,甚至那些自命清高的教师都开始怀疑自己"是否过去全没有错误""如果当时有人提拔是否也会当汉奸"②,这些变化表明教师经过以小组为单位的自我反省和相互批评,逐渐感受到集体氛围产生的压力,开始对自己过去所坚守的信念产生了一定的动摇。有些表现积极的教师甚至公开发表了思想检讨书。六区一中心小学王守中从自己的地主出身开始检讨,声称自己参加爱国运动不过是"出风头,逞英雄";看不起小学教师这一职业;因为仕途受阻才对国民党产生痛恨,而非从阶级立场出发认识国民党政权的反动性;坦言因解放后自家土地被分而感受到共产党的残酷性,从而又对国民党产生好感,因此从不喊"毛主席万岁",并敌视一切新事物;在思想学习和改造中,为了饭碗而学习并卖弄新名词、新概念,但从不从思想深处检讨自己。在痛陈了种种行径之后,王守中认为经过此次运动,他发现自己一切问题的根源就在于"地主阶级的思想意识",表示一定要通过"批评与自我批评"的武器,痛改前非,迎头赶上③。五区中心小学的张致文在历数了国民政府时期的"反动经历"后,交代自己不关心抗美援朝和镇压反革命运动,认为与己无关,并阻止家人参加运动;曾经痛斥共产党在镇反和土改中的残酷举措;平日工作也是应付了事。张致文最后分析了上述问题的根源,认为自己始终站在小资产阶级的立场上,并表示要通过改造"坚决站到无产阶级的立场上来"④。其他教师的忏悔与检讨也基本上延续了上述两篇检讨的结构⑤。教师们的检讨基本沿用着同样的格式:首先交代自己在解放前的经历,然后不无夸张地痛斥自己在解放后种种与主流逆向而动的思想和行为,最后都

---

① 侯俊岩:《进一步认清学习目的,端正学习态度》,《教师月报》1951年第12期。
② 同上。
③ 参见王守中:《赶上前去》,《教师月报》1951年第12期。
④ 参见张致文:《开始认识了自己的错误思想》,《教师月报》1951年第12期。
⑤ 参见《教师月报》1951年12月号推出的专辑"努力改造思想,做一个新中国的人民教师"。

将问题根源归结到了"阶级立场"之上。教师们通过这次大强度的思想改造运动,再次强化了一种认识,即阶级问题是共产党认定的根本问题。在批评与自我批评的强化训练中,教师们逐渐掌握了用阶级逻辑来正确分析问题的方法,纠正且规范了自己在公开场合的表达方式,并将其内化为一种思维习惯。

思想改造运动旨在通过思想批判强化阶级意识,而1954年的忠诚老实运动则通过对教师出身和历史状况的反复审查来加深他们对"阶级"的体认。随着小学扩招步伐的加快,大量失业知识分子被纳入小学教师队伍,教师队伍的构成变得复杂。根据1954年的统计,时任小学教师有7000余人,党员和团员仅有94人和829人,占总数的1.2%和10.9%;而转业旧军政人员、失业知识分子和家庭妇女却占到了40%①。这些教师历史复杂,既有军统、中统、民社党、伪军等旧政权的工作人员,也有普济佛教会、圣母军等宗教人员。各区委宣传部和区文教科的领导干部普遍认为清理小学教师队伍、净化教师思想是当时的中心工作。同年7月份,北京市委又颁布了提高中小学教育质量的报告,加强师资建设被列为重点工作②。于是从7月末开始,教育局在全市教师中间开展了忠诚老实运动。

本章以北京市前门区为例,来简单分析忠诚老实运动的开展情况。鉴于之前对教师队伍结构复杂状况的统计,从运动开始之际,各学校的积极分子和革命干部就普遍存在激进的想法,将参加运动的教师当作阶级敌人来对待,希望能够通过"追逼"的方式强迫教师交代过往历史,"好好整整那些有问题的"教师③。上级部门针对这种情绪,专门制定了"坚决不追不逼,依靠思想斗争交代问题"的基本原则。这一原则引起了很

---

① 《中共北京市委宣传部关于北京市小学教育工作的一些情况和问题》(1954年6月8日),北京教育志编纂委员会办公室、北京市档案馆编研处编《北京教育档案文粹》中,北京:华艺出版社2008年版,第1269页。
② 参见:《中共北京市委关于提高北京市中小学教育质量问题的报告》(1954年7月26日),北京教育志编纂委员会办公室、北京市档案馆编研处编《北京教育档案文粹》上,北京:华艺出版社2008年版,第118页。
③ 《前门区中小学暑期学习情况简报》(第3期),北京市档案馆藏,档案号:038-002-00396。

多革命干部的不解和不满,他们认为采用缓和的手段不能有效地让教师交代问题,也无法给予资产阶级思想以痛击。甚至有干部提出,如果不用追逼的方式,那么就把有矛盾的教师安排在一组学习,让他们相互掐斗①。此次运动分两批进行,第一批175人,第二批657人,从党团员教师、群众教师到普通工友全部涉及其中。在入班学习前,领导干部已经基本掌握了所有参加运动教师的基本情况②,并将教师中间存在的问题分为一般性问题(如隐瞒学历、年龄等)、一般政治性问题、重大政治性问题和刑事问题③。运动采取上午举行动员报告,下午分组交代问题的方式,日程安排非常紧凑,教师们感觉压力很大,氛围在反复追问和交代的过程中日益紧张起来。尤其是那些被认为有重大政治问题、刑事问题的教师,他们在小组会议中坐立不安,有些人紧张得双手发抖,但交代问题时往往避重就轻,不能令干部满意。干部们利用同组已经交代完问题、做出明确结论的同事给那些仍需交代的教师施压,告诉他们"不忠诚老实的果子是苦的,小的是思想上的痛苦,大的就要变成法律制裁"④。通过动员与威胁的软硬兼施,有超过90%的教师都被组织做出了明确结论,拒不交代问题的教师被留级,等待继续考察。

忠诚老实运动给一些在校教师造成了心理恐慌。有些教师害怕批判思想,有些教师不相信政府会采取不追逼的政策,有些内向的教师担心说话不多就会被认定为有历史问题,有些教师甚至散布谣言,说如果交代问题就会被当场逮捕⑤。这些言论反映了小学教师对自身境况担忧和无助的心理状态。根据此次忠诚老实运动中教师的交代与组织的

---

① 《前门区中小学暑期学习情况简报》(第1期),北京市档案馆藏,档案号:038-002-00396。
② 参见:《前门区中小学暑期学习情况简报》(第2期),北京市档案馆藏,档案号:038-002-00396。
③ 参见:《前门区中小学暑期学习情况简报》(第4期),北京市档案馆藏,档案号:038-002-00396。
④ 《前门区中小学暑期学习情况简报》(第5期),北京市档案馆藏,档案号:038-002-00396。
⑤ 参见:《前门区中小学暑期学习情况简报》(第7期),北京市档案馆藏,档案号:038-002-00396。

调查,截至 10 月份教育局共处理了有问题的教师 129 人,其中有 52 人遭到开除或解聘(详见表 4.6)。经过此次运动,教师们的公开言行更加小心谨慎,尽量与主流话语保持一致——忠诚老实运动既净化了教师队伍和校园环境,也在教师中间进一步统一了思想。

表 4.6 截至 1954 年 10 月北京市教育局对有问题教员的处理情况统计

存在的问题	人数	具体处理方式
政治历史有重大问题甚至有现行活动	12	交送公安局 12 人,解聘 1 人,撤销教员职务者 1 人
思想反动或极端落后,无组织、反领导、破坏团结	20	解聘 10 人,记过 1 人,批评教育 3 人,调职 2 人,警告 1 人,其他处理 3 人
生活品质作风恶劣	47	开除 4 人,解聘 20 人,记过 3 人,警告 5 人,批评教育 8 人,留校察看 5 人,资遣 1 人,降职 1 人
工作极端不负责,违反劳动纪律	50	开除 1 人,解聘 12 人,留校察看 9 人,警告 7 人,记过 2 人,停止试用 1 人,调职 1 人,批评教育 12 人,其他处理 12 人

资料来源:《北京市教育局关于整顿中小学教职员队伍的报告》(1954 年 10 月),北京教育志编纂委员会办公室、北京市档案馆编研处编《北京教育档案文粹》上,北京:华艺出版社 2008 年版,第 120 页。

小结

中华人民共和国成立初期的几年间,经过不断尝试,已基本形成一套对小学教师进行思想改造的模式。概括来讲,这套模式就是以唯物史观的学习为基本方式,并通过日常政治学习和思想批判运动来巩固并加深教师对唯物史观基本观点——主要是劳动观点和阶级观点——的掌握和理解,从而使他们能够在日常生活中自觉应用。而不同的方式均旨在为内化主导意识形态这一基本目的服务。在以往对知识分子思想改造的研究中,研究者往往痴迷于程度激烈、充满戏剧性的思想批判与改造运动。但通过上文分析我们能够发现,运动式的改造只是思想学习与改造的手段之一,而非根本目的。

综合来看,不管是基本形式还是内化形式,中共主导下的思想学习与改造的基本特点就是通过集体学习和讨论使学员掌握并不断应用这套主导意识形态的表达方式以及背后的思维逻辑。集体学习针对个人自学而言,主要包括小组学习和大课堂讲座等形式,而最基本、最重要的形式则是小组学习。共产党非常重视以小组学习为核心的集体学习。在怀特看来,以"小组"为代表的创新学习方式反映了中国人为努力改变国民性从而形成一个相对团结的组织的努力①。事实上也确实如此。1950年代初,当学习风气蔓延开来之际,官方学者就一再强调集体学习的重要性,指出集体学习乃是"克服个人主义的方法之一,使个人主义走向集体主义"②。在他们看来,参与思想改造的学员需要一个氛围来逐渐培养自己的集体情感——增进对集体主义生活方式的认同也是思想改造的重要内容,而个人学习则无法实现集体情感的凝聚与升华。因此,他们进一步将个人学习与仅仅为自己的前途学习联系起来,将其贴上"个人主义"的标签,而且还将根源追溯到了小资产阶级思想与封建残余思想③。于是,思想改造就包括了内容学习和组织学习的双重含义,组织形式本身就成为学员思想改造的重要维度。

小组学习不是自发组织的,而是由上级进行组织并予以监管的。怀特将这种"小组内举行的有组织的政治学习、相互批评以及相关活动"称之为"政治仪式",通过这些"仪式",小组成员能够感受到社会压力,从而促使他们改变自己的态度和行动,进而与更高权威的要求保持更加紧密的一致性④。小组成员的构成是由上级领导根据成员的具体情况安排的,既包括了积极分子,也包括了思想落后、态度消极的成员⑤。因此,

---

① 参见:Martin King Whyte. *Small Groups and Political Rituals in China*. Berkeley: University of California Press, 1974, p.2。
② 姚宇编:《学习小组的经验》,上海:棠棣出版社1951年版,第1页。
③ 同上书,第4—12页。
④ Martin King Whyte. *Small Groups and Political Rituals in China*. Berkeley: University of California Press, 1974, p.3.
⑤ 参见姚宇编:《学习小组的经验》,上海:棠棣出版社1951年版,第18、19、30页。

小组中成员的身份并非均等,而是具有能够体认的明显差异。正是基于这种身份差异,小组内部形成了一种权威秩序,从而保障了小组能够自上而下的正常运转,有效贯彻上级意见,并使处于被动地位的成员感受到更大的压力。小组学习正是在这种压力环境下展开的,每个成员都要参与到学习讨论的各个环节,从共同探讨学习提纲到课余时间个人准备发言内容,每个细节都有明确的要求。小组成员需要谨慎对待讨论学习,尤其需要重视个人发言,因为小组讨论特别强调从发言内容分析发言人的阶级和思想,发言人稍不注意就可能成为同组成员批判的对象①。除此之外,小组内部还要细分为数个规模更小的互助小组,这样学员就具有多重隶属关系,即便在小组学习时间之外,也时常处在集体生活之中。

小学教师面对思想学习和改造的心态也非常复杂。如前所述,他们普遍对新政权都怀有某种程度的期许,真心愿意为新政权服务,很少会排斥思想学习和改造。毕竟待遇有了保障,社会地位和政治地位又得到提升——他们对这些积极变化有切身的体会。况且他们大多具有强烈的民族主义情怀。但是,如此高密度、高强度的学习确实令他们疲惫不堪。1952年暑假,时任北京市副市长吴晗携文教文员会副主任廖沫沙组织中小学教师代表进行了一次会谈,会上教师普遍反映政治学习过于频繁,严重占用教师的休息时间,整个暑假甚至都未能有多少自由支配的时间,五分之一的教员只能休息一两天,个别人一天都无法休息;从1949年开始,教师就再未放过暑假。尽管彭真市长明确要求停止学习活动,但这一政策并未贯彻下去②。小学教师已经逐渐转变成为国家工作人员,被固定在了秩序结构中的某个位子,他们没有可以逃避的空间,必须投入其中。即便是在学习和改造过程中,教师们也要谨遵官方设定的议程和方向,一些诸如"为什么中国革命要在共产党领导下才能成功""新民主主义与人民民主主义有何不同""民主人士与爱国人士有

---

① 参见姚宇编:《学习小组的经验》,上海:棠棣出版社1951年版,第56页。
② 参见:《中小学校长教师暑期座谈会记录》(1952年7月31日),北京市档案馆藏,档案号:011-001-00071。

何区别"之类的疑问,均被贴上"钻牛角尖""旧式学究咬文嚼字式的学习"等标签而加以批判①。在学习组织者看来,理想的学习方式就是不加质疑地跟随正确方向,而非纠缠于细枝末节的不断质问——通过强化学习,掌握正确的表达才是关键。教师会将这套正确言说有意无意地通过课堂传递给学生,影响着学生的语言构成和思维方式。

---

① 参见姚宇编:《学习小组的经验》,上海:棠棣出版社1951年版,第69—71页。

第五章
小学教科书内容变迁与课堂文化塑造

本章关注教科书的内容以及围绕教科书所形成的课堂教育文化。教科书在现代教育体系中占据至关重要的位置。在传统中国,并没有"教科书"这一固定说法。近代意义上的"教科书"是从19世纪70年代末由传教士传入中国,经过近半个世纪的接受、适应与推广,直到民国以后"教科书"的说法才得到广泛认可①。在现代教育体系中,学生从入学伊始就开始接触教科书;直到整个受教育过程全部结束,学生都与不同层次、各个学科的教科书紧密相伴。可以说,教科书是现代学生使用最为频繁的文字材料。因此,学生思维习惯的养成、基本知识和价值观念的获得、审美情趣的培养都与基于教科书的教授、阅读与训练密不可分。

正是由于教科书在儿童成长过程中所扮演的关键角色,其内容的选择与确定才格外引人关注。教科书的内容虽然在一定程度上反映了编纂者的倾向和判断,但是在国家主导的现代教育体系中,能够通过审查的教科书的内容必定是"经过特殊筛选,加以定式化、组织化的社会共同经验"②。教科书代表了一种"有选择的传统",它只能是"某些人对法定知识和文化的看法"③。也就是说,一本合格的教科书,其内容所反映的

---

① 关于对"教科书"一词使用的历史演变,参见毕苑:《建造常识:教科书与近代中国文化转型》,福州:福建教育出版社2010年版,第2—9页。
② 吴小鸥:《中国近代教科书的启蒙价值》,福州:福建教育出版社2011年版,第19页。
③ [美]迈克尔·M.阿普尔等主编:《教科书政治学》,侯定凯译,袁振国审校,上海:华东师范大学出版社2005年版,第4页;另参见:[美]迈克尔·W.阿普尔:《意识形态与课程》,黄忠敬译,袁振国审校,上海:华东师范大学出版社2001年版。

须是一个国家主流的、力图使新一代国民所接受的价值规范。不管教科书是由国家组织编写(即国定制),还是由国家对社会机构编撰教材进行审核(即审定制),教科书在很大程度上都被刻上了国家意志的烙印,决定其内容的逻辑是政治性的①。教科书能够及时反映精英阶层思想观念的变化,并承担着沟通国家统治阶层、知识精英与普通民众的媒介任务。国家的统治阶层偕同知识精英,试图通过对教科书内容的控制来"塑造理想的未来民众"②。因此,一个时代的教科书不仅能够体现精英阶层的现实思考以及精英与普通民众的虚拟交流方式,更在一定程度上折射出统治阶层对理想社会的愿景。由是,教科书便成为透视一个时代社会文化心理的重要视角。

基于上述共识,近年来学者开始逐渐超越教育学研究的固有视角,从历史维度探讨清末民国教科书的出版发行情况以及对国民知识结构、价值观念的建构和影响,取得了一定的成果③。学者的旨趣多集中在清末民初的社会转型时期,国家观念的转变、公民意识的萌发、科学观念的兴起都为研究者提供了丰富的分析视角和问题意识。这些研究背后存在一个共同的基本关怀,即面对西方近代意义上器物文明、制度文明和精神文明的影响和冲击,传统中国是如何调动固有思想资源应对冲击、适应变化,并逐渐形成一套带有中国思想特质的现代观念,以及这套仍在不断演变的观念是如何体现在教科书中的。这一关怀紧紧围绕近代中国转型过程中所面对的根本思想困境,试图从知识和观念传播的视角给予回应。

---

① 参见:[美]迈克尔·W.阿普尔等著:《国家与知识政治》,黄忠敬等译,袁振国审校,上海:华东师范大学出版社 2007 年版,第 1—23 页。关于审定制与国定制的研究,参见刁含勇:《新中国中小学教科书制度的形成及其影响(1949—1954)》,华东师范大学历史学系博士学位论文,2011 年。
② 毕苑:《建造常识:教科书与近代中国文化转型》,福州:福建教育出版社 2010 年版,第 1 页。
③ 此类著作已有不少,其中包括毕苑:《建造常识:教科书与近代中国文化转型》,福州:福建教育出版社 2010 年版;吴小鸥:《中国近代教科书的启蒙价值》,福州:福建教育出版社 2011 年版;汪家熔:《民族魂——教科书变迁》,北京:商务印书馆 2008 年版。另外还有一系列关于教科书的研究论文。

与现代教科书相伴的另外一个现象——教科书与政治权力的关系——研究者出于忌讳或其他原因,研究成果相对有限①。尤其是当中国进入政党政治时代之后,这一现象更加凸显:作为国家实际领导者的政党所秉持的价值规范如何进入教科书之中并使其内容发生变化?这种价值规范又是如何通过课堂传播出去并影响学生的政治认同?而这些疑问则构成了本章研究的基本问题。

就研究思路而言,本章尽量避免仅围绕教科书文本做单一分析。如"导论"所言,一方面我们很难单凭对教科书内容作出的文本分析来断言教科书是如何塑造学生的思想和价值观念的——教科书的使用者很难按照编纂者所预想的路线完全吸收文本所蕴含的信息,知识和价值观念在传播过程中必定会出现偏差与误读。另一方面,教科书内容是在编辑者的相互博弈中确定下来的,关注教科书内容,就须考察教科书的编纂过程。但是,教科书中所呈现的内容却明确表达了国家意志,对教科书内容的分析与解读有助于我们理解当时主导的价值观念是如何通过教科书体现出来的,从而有助于分析政治权力对教育的影响和塑造。尽管如此,我们仍须重申单纯分析教科书文本时无法避免的局限性,尤其是在试图回应教科书对学生精神世界所产生的影响时。而这一点也是之前诸多教科书研究中所忽略的。只有将教科书置于完整的教学链条之中,即以教科书为中心形成的课堂文化之中,而非孤立僵化地分析文本,其作用才能鲜活起来。从输入的角度看,教学链条的重要一环乃是教师的教授②。现代教育的一大特点就是教师教学不再是无据可依,完全按

---

① 涉及这一问题的论著参见陈蕴茜:《崇拜与记忆:孙中山符号的建构与传播》,南京:南京大学出版社 2009 年版;课程教材研究所编著:《新中国中小学教材建设史研究丛书(1949—2000)》(小学语文卷),北京:人民教育出版社 2010 年版;刁含勇:《新中国中小学教科书制度的形成及其影响(1949—1954)》,华东师范大学历史学系博士学位论文,2011 年;汪家熔:《民族魂——教科书变迁》,北京:商务印书馆 2008 年版。
② 例如,根据王哲的回忆,他在莱阳乡师当教务主任时,虽然使用的课本是国民党教育部派发的,但是他在授课过程中加入了革命内容,包括政治经济学和辩证唯物主义,从而以半公开的形式宣传马克思主义。参见刘昶:《革命的普罗米修斯:民国时期的乡村教师》,[美]黄宗智主编:《中国乡村研究》第 6 辑,福州:福建教育出版社 2008 年版,第 57 页。

照自己的思想和经验教育学生;教科书的编纂者为了保证教学质量在一个基础层面上能够持平,为教师编写了教授法和教学参考书①,以便指导教师更加系统、目的性更强地组织教学。可以说,教授法在很大程度上影响了课堂教学的具体进程。从输出的角度看,教科书中布置的练习作业以及考试所扮演的角色不可忽视,作业与考试为学生如何理解和吸收所学知识提供了明确的方向。"教科书-教授法"和"作业练习-考试"从输入和输出两方面共同构成了教学活动的完整链条,形成了课堂文化的底色——这也是本章在分析中华人民共和国初期的教科书时所尝试使用的基本框架。但是由于相关资料有限,目前收集到的教授法和考试资料相对零散,所以写作过程仍然以知识和价值观念的输入过程为主。对当时文科教科书②的内容分析——尤其针对 1949 年之前的教科书——依旧是本章所使用的基本方法。

本章将通过对比 1949 年前后文科教科书内容的变化,从教科书塑造学生政治身份认同的角度分析内容变化与政治时局之间的紧密关系。教科书在学生身份认同塑造过程中扮演着至关重要的角色,学生最初对国家、政党和领袖的体认,以及对主流价值规范的学习,很大程度上都依赖于教科书与课堂教学。不同时空的学生通过学习内容相同的教科书,形成一种大体一致的认知。这种认知经过积累和沉淀,逐渐演化为"集体记忆"③。这种"集体记忆"既是支撑政权合法性的重要支柱,也影响了学生的思维习惯与表达方式,塑造了一代学生的气质。

一、民族国家观念的形成与清末教科书的表达

清末民初最重要的思想现象莫过于精英阶层逐渐认可并接受了现

---

① 参见毕苑:《建造常识:教科书与近代中国文化转型》,福州:福建教育出版社 2010 年版,第 54 页;汪家熔:《民族魂——教科书变迁》,北京:商务印书馆 2008 年版,第 125—131 页。
② 本章所谓的"文科教科书",根据中华人民共和国成立后小学教育课程设计的特点,主要指语文教科书;在讨论中华人民共和国成立前的教科书时,还会捎带提及修身和党义教科书。
③ 参见[法]阿尔弗雷德·格罗塞:《身份认同的困境》,王鲲译,北京:社会科学文献出版社 2010 年版,第 33—49 页。

代意义上的民族国家观念。从欧洲经验来看,民族国家意识多起源于一个自在民族与他者发生碰撞与冲突的过程之中,在近代中国亦是如此①。民族国家观念诞生的直接导火索来自中方在甲午战争中的溃败,通过对比中日士兵在战争中的表现,士大夫深感民族意识缺乏所形成的危机。如张灏所言,1895年后,西方列强一改之前对中国所采取的慢性、渐进的施压节奏,对华侵略进入了"急性帝国主义"的新阶段,精英阶层的危机意识明显加剧②。面对列强的冲击,晚晴王朝不仅政治秩序趋于坍塌,而且连基于传统文化的核心价值也摇摇欲坠,从而陷入了"政治-社会秩序"和"文化-道德秩序"的双重危机③。晚清王朝所拥有的"夷夏之辨"的传统思想资源已经无法应对列强大举入侵的紧张局势,以民族国家为基础的新型历史观粉墨登场。在杨念群看来,正是借助多民族有限自我认同和"大一统"意识互补互动的模式,清帝国从普遍主义的统治王朝转变为民族国家中的一员时,才没有按照现代国家的构成理念分裂成诸多国家实体——清帝国处理多民族问题所形成的民族主义遗产成为"现代中国疆域形成合法性存在的动力和基础"④。沿此脉络,在中国语境下唯一具有正统地位的现代国家形式乃是多民族共存的、以清朝疆域为基础的"大一统"国家。

1904年,标志着中国现代教育诞生的"癸卯学制"颁布,规定初等小学堂应"立其明伦理、爱国家之根基"⑤。从这段表述可以看出,民族国家观念在字面上已经得到官方认可,民间出版商按此学制指示开始编印教科书。但"天朝上国"的观念很难被苦苦挣扎的王朝统治者所放弃,因此清末的教科书中出现了两种不同的取向。

---

① 参见王晴佳:《新史学讲演录》,北京:中国人民大学出版社2010年版,第68—72页。
② 参见张灏:《幽暗意识与民主传统》,北京:新星出版社2006年版,第166—167页。
③ 参见林毓生:《二十世纪中国的反传统思潮与中式乌托邦主义》,许纪霖主编:《二十世纪中国思想史论》上,上海:东方出版中心2000年版,第447页。
④ 杨念群:《"感觉注意"的谱系:新史学十年的反思之旅》,北京:北京大学出版社2012年版,第191—192页。
⑤ 《奏定初等小学堂章程》(1904年1月13日),璩鑫圭、唐良炎编:《中国近代教育史资料汇编(学制演变)》,上海:上海教育出版社1991年版,第291页。

民间出版方面,自"癸卯学制"颁定后,教科书市场较之前繁荣,新增了十余家出版教科书的出版社,其中以商务印书馆为龙头①。刚刚进入20世纪,商务印书馆就非常清楚地认识到教科书市场存在的巨大缺口。蔡元培向张元济提议,"盖各地办理小学,日增月盛,皆苦无适用之教科书,尤以国文为甚",究其原因乃是当时小学主要使用的国语课本有两套,南洋公学附属小学出版的《蒙学课本》仅有三册,内容多来自英文翻译,不适合国情;而文明书局出版的俟实学堂《蒙学读本》虽然结构完整,但是内容却颇为"陈腐可笑",全书第一课竟表达对皇帝五体投拜地崇敬:"大清皇帝治天下,保我国民万万岁,国民爱国呼皇帝,万岁万岁万万岁。"②在民族国家观念萌发的时代,如此不加修饰地颂圣文字已无法为民间出版者所接受。从1903年开始,商务印书馆推出"最新教科书"系列,其中国文第一册出版数月就销售十万余册,其他书局的教科书逐渐失去竞争力③。商务出版的"最新教科书"反映了知识界对国家的认知。例如,在修身教科书中有《死国》一课,讲述庄善辞别母亲为楚国拼死一战的故事。当母亲问其如此选择的原因时,他答曰:"为臣者,内其禄而外其身。今所以养母者,国之禄也。食其禄而不死其事,不可。"④尽管该文所举故事未见得合适,而且这种由"国"置换"君"的情感与现代民族主义情感差异很大,但编纂者的意图却很清晰:他们试图淡化"君-臣"之间的关系,而尝试将个人与国家联系在一起,帮助学生建立个人对国家的情感。虽然此时国家-个人之间的关系只是传统意义上君臣关系的替代,但这种变化在当时已是很大的进步。

与民间教科书相比,官方编纂的教科书则要保守许多。清朝学部以忠君、尊孔、尚公、尚武、尚实为宗旨,要求教科书中涉及"朝""万岁"等字样,须"换行顶格,以示尊重"⑤。学部编纂的高小国文教科书第一课教

---

① 汪家熔:《民族魂——教科书变迁》,北京:商务印书馆2008年版,第26页。
② 蒋维乔:《创办初期之商务印书馆与中华书局》,张静庐辑注:《现代出版史料(丁编)》下,北京:中华书局1959年版,第396页。
③ 同上书,第396—397页。
④ 转引自毕苑:《"国家"的诞生:教科书中的中华民国》,《读书》2012年第11期。
⑤ 同上。

授学生如何开学仪式,课文要求学生"鱼贯入,分班序列,以(依)次恭向万岁碑、至圣位前各行三跪九叩首礼"①。而《忠君爱国》一课则教育学生"忠君爱国,未有不忠于君而可为爱国者也"②。学部编纂的教科书并未反映出知识阶层现代国家观念的萌发,虽然在课文中不时提及"国",但真正具备根本性和至上性的仍然是"君","国"只不过是被"君"光环遮蔽下的修饰。由此看出,对"国"与"君"关系理解的差异乃是清末民间教科书和官方教科书在培养学生政治认同方面的重要区别。

二、"崇拜国家":民国初期的小学教科书主旨

中华民国的建立标志着中国历史新纪元的开始。清帝国的消亡使精英阶层对建立在普遍主义之上的传统王朝的最后留恋也基本丧失殆尽,世人在身份认同方面出现真空,而中华民国的成立亦为世人在精神层面弥补真空提供了契机。新国体的确立重新点燃了人们的希望,精英阶层将"政治改革"作为克服危机的不二法门,认为自上而下确立现代国家体制并施行政党政治能够彻底解决社会弊病。由此,国家成为世人的新偶像,"国家崇拜"流行开来③。就连试图纠正民族主义宏大叙事的杜赞奇也不得不承认,近代以来民族国家乃是具有宰制力的强势话语,"不论是作为历史学家,还是普通的个人,我们的价值观都是由民族国家所塑造的"④。张灏指出,民族国家观念和民族主义情感能够迅速在世人的精神世界中扎根,与现代传播媒介网络在 1895 年后的迅猛发展密不可分⑤。这一观察与安德森在研究东南亚民族主义时的看法接近,安德森关注作为互动力量的传播媒介与读者,认为"印刷资本主义"(press

---

① 转引自毕苑:《"国家"的诞生:教科书中的中华民国》,《读书》2012 年第 11 期。
② 同上。
③ 参见杨念群:《"感觉注意"的谱系:新史学十年的反思之旅》,北京:北京大学出版社 2012 年版,第 189—195 页。
④ [美]杜赞奇:《从民族国家拯救历史:民族主义话语与中国现代史研究》,王宪明等译,南京:江苏人民出版社 2009 年版,第 4 页。
⑤ 参见张灏:《幽暗意识与民主传统》,北京:新星出版社 2006 年版,第 167—168 页。

capitalism)为现代民族意识的形成提供了必要的技术手段①。而现代学校正是这一传播网络中的重要环节。印刷出版和交通运输技术的提升使得教科书能够不受刊印限制,并保证使不同地区的学生同时阅读到内容一致的文本。进入民国之后,教科书在培养学生身份认同方面扮演着重要的角色。

  对于刚刚进入初小的学生来说,他们对国家观念的接触主要是通过修身课和国文课实现的。中华民国的成立是一次在象征层面上具有断裂意义的事件,现代国家诞生,王朝时代终止,一切都理应重新开始。1912年教育部颁布的《普通教育暂行办法通令》中指出,教科书须符合"共和民国宗旨",清朝学部编纂的教科书一律禁用;民间教科书中凡是有"尊崇满清朝廷,及旧时官制、军制等课,并避讳抬头字样,应由各该书局自行修改,并呈送样本与本部及本省民政司、教育总会存查"②。随后出台的小学教则要求修身课须培养学生"对国家之责任",并"养成爱群、爱国之精神",使之具备国家观念③。而国文课只是要求学生"学习普通语言文字,养成发表思想之能力"④,并未对如何培养政治认同做出相应规定。这与之后语文课必承担思想政治教育的任务相比,有很大区别。但是,商务印书馆在新编的国文教科书编辑大意中已明确指出,国文课要启发"国民之爱国心",并"提倡汉、满、蒙、回、藏五族平等主义以巩固统一民国之基础"⑤,国家、民族等观念已经成为编辑教科书的指导精

---

① 参见[美]B. 安德森:《想象的共同体:民族主义的起源与分布》,吴睿人译,上海:上海世纪出版集团2005年版,第11—33页。但是安德森将民族国家观念的形成纯粹视作建构结果的看法过于绝对,张灏和杨念群都对其进行了批评,并不约而同地指出,中国现代民族意识的形成是在历史遗产基础上建构起来的。
② 《普通教育暂行办法通令》,舒新城编:《近代中国教育史料》(第2册),上海:中华书局1928年版,第38页。
③ 《教育部公布小学校教则及课程表》(1912),中国第二历史档案馆编:《中华民国史档案资料汇编》(第3辑 教育),南京:凤凰出版社1991年版,第447—448页。
④ 同上书,第448页。
⑤ 《编辑大意》,《共和教科书·新国文(高小部分)》(影印版),北京:新星出版社2011年版。新星出版社于2011年按照1912年商务印书馆出版的"共和国教科书",原版影印了初高小的《新国文》和《新修身》,并重新编排再版了与之对应的教授法,本章对民国初期教科书的讨论就以此套材料为主。

神。从当时课程表的安排来看,每周国文课有十个课时,是修身课的五倍①,因此国文课对学生的影响要高于修身课,学生也更重视国文课的学习。国文课文中出现与"国家""民族"等主题有关的课文,即便教师不按照修身课的思路讲解,对学生潜移默化的影响依旧很大。

尽管国家观念已经深入小学教科书的编辑精神之中,但是民国初期的教科书和教授法仍然以儿童的接受心理和能力为基准,紧紧围绕儿童生活和认知过程展开。初小国文课本第一、第二册以认字为主,无标题。从第三册到第八册共有300篇课文②,涉及内容非常广泛,既包括各种寓意的故事,又吸纳了历史、地理、自然、生活、生活常识。高小国文课本六册共212篇,增加了古今名篇和一些议论文、传记,与初小课文的内容结构保持一致。课文以语言习得为基本出发点,直接关于政治认同的内容并不多。还有一些课文,通过教授法的指导,可以引申到对国家认同的教育。而修身教育仍然贯彻传统儒家"修齐治平"的逻辑,在小学阶段主要围绕个人品行的培养展开教育,很少涉及个人与国家之间的关系。教科书中为数不多的论及国家的课文,主要通过以下三种方式培养学生对国家的认同和情感。

第一,再现国家的象征符号。初小第一册第十课的内容是教孩子识别五种颜色,即红、黄、蓝、白、黑。这五种颜色是按照中华民国国旗的颜色依次排列的③。在该课的教授法中,编者要求教师以中华民国国旗为教具,务必使学生按顺序辨认清楚国旗的五种颜色,并使学生明白"无论中外各国,一国必有国旗。今我国为中华民国,此旗即为中华国旗,他国无相同者也"④。此课旨在教育儿童熟练认知新国家的象征符号,开始

---

① 参见:《教育部公布小学校教则及课程表》(1912),中国第二历史档案馆编:《中华民国史档案资料汇编》(第3辑 教育),南京:凤凰出版社1991年版,第453—456页。
② 课文目录参见闫苹、张雯主编:《民国时期小学语文教科书评介》,北京:语文出版社2009年版,第13—16页。
③ 参见:《共和国教科书·新国文(初小部分)》(影印版),北京:新星出版社2011年版,第1册第10课。
④ 秦同培编纂,庄俞、樊炳清校订:《新国文教授法(初小部分)》上,北京:新星出版社2011年版,第18页。

建立个人与国家及其象征之间的情感,并明白世界各国之间乃平等关系。国旗作为一个民族国家最重要的象征符号,在教科书中反复几次出现①,并通过课文教育学生"凡我同胞,皆当敬此国旗也"②。除国旗之外,国家的疆域图也是一个民族国家的重要象征。基于清朝"大一统"疆域基础之上的中华民国疆域图在课本中出现过数次③,通过不断重复,编纂者希望学生能够熟知中华民国的疆域范围以及多民族共存的特点。以《我国》一课为例,教师被要求在课堂上强调中华民国的国民身份,介绍国家疆域范围,民族分布特点;在此基础上,告诫学生"若人民不自爱其国,即不得谓为国民。中华人而不爱中华国,即不得为中华国民"④。

第二,直接灌输爱国思想。这种方式多出现在初级小学的教科书中。《我国革命》一课痛斥前清政府"拂逆人民之公意",通过革命建立中华民国乃顺应民心,大势所趋。⑤ 教授法要求教师借助此课使学生明白革命之由来,从而"培养爱国心"⑥。而《爱国》一课通过船客与航海之船的关系来比喻人民和国家之间的关系,告诫学生"国以民立,民以国存""国民必爱国",若背叛祖国,则"犹舟人自穴其舟也"⑦。与此同时,初小修身课中也出现了几篇以"爱国"为题的课文。第六册《爱国(一)》讲述

---

① 如初小国文第2册第26课的配图、第5册第28课《钱》中关于开国纪念币的配图以及修身教科书第1册第1课《入学》中的配图。
② 《国旗》,《共和国教科书·新国文(初小部分)》(影印版),北京:新星出版社2011年版,第4册50课。
③ 如初小国文第4册第1课《我国》,第5册第32课《地图》,第7册第43课《我国疆域》,第8册第34课《大山》以及第35课《大湖》;高小第1册第2课《民国成立始末》。
④ 秦同培编纂,庄俞、樊炳清校订:《新国文教授法(初小部分)》上,北京:新星出版社2011年版,第191页。
⑤ 《我国革命》,《共和国教科书·新国文(初小部分)》(影印版),北京:新星出版社2011年版,第5册第31课。
⑥ 秦同培编纂,庄俞、樊炳清校订:《新国文教授法(初小部分)》下,北京:新星出版社2011年版,第312页。
⑦ 《爱国》,《共和国教科书·新国文(初小部分)》(影印版),北京:新星出版社2011年版,第8册第13课。

信陵君魏无忌救魏抗秦的故事,意在使学生认知"国与己之关系"①;《爱国(二)》一文讲述幼女雅丽慰问华盛顿的故事,旨在"激发学生爱国之真性"②,使学生明白爱国行为与年龄无关,关键在于尽己之力付诸实践;第八册《爱国》一课以燕雀与巢穴的关系类比人民与国家的关系,意在告诉学生"未有国已危亡,而身家无恙者。故人民皆当爱国"③。

如果说象征符号以一种直观形象的方式再现了新诞生的民族国家,增加了学生对国家的认知和亲近感,而直接灌输的方式更适用于教导低年级学生,那么教科书所采取的第三种方式则重在彰显理性,以平铺直叙的方式陈述现代国家制度的诸多优越性。《共和国》一课为学生界定了"共和国"的概念,告诉学生共和国可以有效防止"专擅之弊"④。《国体与政体》讲述了国体与政体的分类,教导学生宪政乃世界历史大势所趋,而君主专制则"不适于近日之世界,几无复存者矣"⑤。教授法要求教师引导学生明白清王朝属于专制政体,有种种不符合人道的弊端;而中华民国则顺应历史趋势,走上了民主立宪的康庄大道⑥。《共和政体》旨在"述共和政体之权限责任,使学生知共和之要道"⑦。课文几将共和政体描述成一种完美形式,述其原则在于"全国人民俱有闻政事之权利"。议员和总统均由国民选举,委托其负责全国之政权,而国民"皆有服从之义务"。如此一来,"治人者,治于人者,各尽其道,则国家未有不昌者也"⑧。

---

① 秦同培编纂,沈颐、许国英校订:《新修身教授法(初小部分)》,北京:新星出版社2011年版,第175页。
② 同上书,第177页。
③ 《爱国》,《共和国教科书·新修身(初小部分)》(影印版),北京:新星出版社2011年版,第8册15课。
④ 《共和国》,《共和国教科书·新国文(初小部分)》(影印版),北京:新星出版社2011年版,第7册第3课。
⑤ 《国体与政体》,《共和国教科书·新国文(高小部分)》(影印版),北京:新星出版社2011年版,第1册第1课。
⑥ 参见谭廉编纂,高凤谦、庄俞校订:《新国文教授法(高小部分)》上,北京:新星出版社2011年版,第6—7页。
⑦ 同上书,第54页。
⑧ 《共和政体》,《共和国教科书·新国文(高小部分)》(影印版),北京:新星出版社2011年版,第1册第23课。

《共和政治之精神》承接上文,斥专制之流弊,褒共和之真理,颂扬共和制所具有的平等、自由、博爱等精神,使学生对共和国形成明确的认同①。

教科书作为沟通精英阶层和普通民众的媒介,在某种程度上反映了一个时代的精神风貌。民国初期的教科书流淌着对中华民国成立后的期许和向往,这与当时寄希望于政治革命和国家崇拜的思潮相契合。在教科书中,君主政体和君主被彻底抛弃,共和政体被描述成为解决一切弊病的灵丹妙药,它能够实现人人平等,从而使所有人都有参政议政的机会;能够消除专制余孽;能够引领国人走上富强民主的康庄大道。教科书以一种"救世主情结"看待共和政体,从理论层面歌颂着共和政体,彻底回避或根本没有意识到共和政体在实践层面上可能存在的问题。但是通过象征符号再现、情感-灌输模式以及理性-论证模式,民国初期的教科书确实初步建构了个人与现代国家之间的关系。这套确立个人之于国家身份认同的基本模式一直沿用下来。在 1949 年之后,前两种模式成为主要培学生政治认同的主要方式,理性-论证模式已不多见。

三、政党与党义:党化教育与教科书主旨变迁

随着历史演进,"民族国家"作为一种强势话语的宰制地位逐渐削弱:国内方面,从军阀混战到大革命的波澜壮阔,直至国共两党分裂,革命阵营内部瓦解,共和国的出现不仅没有解决晚晴王朝遗留下来的诸多问题,反而使社会问题变得复杂,各种冲突和矛盾加剧;国际方面,第一次世界大战的爆发以及西方列国对中国资源争夺战的日趋激烈,都使得世人重新审视"国家"究竟能在何种程度上拯救中国的命运。当"国家"作为凝聚人心的意识形态话语衰落时,统治者需要依靠一套新话语来重振国人士气。国民政府由此引入政党、领袖及其所信奉的理念(即三民主义),试图通过建构世人对政党及其意识形态的体认,来填补"国家"祛魅后形成的认同多元与混乱的局面。

---

① 参见:《共和政治之精神》,《共和国教科书·新国文(高小部分)》(影印版),北京:新星出版社 2011 年版,第 4 册第 32 课。

国民党决定在学校体系内推行党化教育,希望学生通过系统的党义教育和训练,能够增进对国民党及其统治合法性的认同。国文课程出现政治化趋势、党义教育开始渗透的现象最早出现在20世纪20年代中期的国立广东大学,随后在国民党政权的自上而下主导推动下,党义教育开始向大中小学体系扩散①。1928年国民党拟定的教育目标案指出"中华民国教育宗旨以培养主义化、革命化、平民化、社会化、科学化之人民,施行民族主义、民权主义、民生主义,以完成国民革命,达到世界大同为宗旨"②。党义教育被视为"救国主义的教育",要从幼儿园开始贯彻,并面向学校教育、社会教育、家庭教育各个维度③。随着党义教育的推行,国民党对学校教师、学生课程和教材审查等方面的规定也做出了调整:设立党义教师鉴定委员会,以确保"全国各级学校党义教师思想一致"④;并且要对中小学党义教师分别组织考试以检验是否合格⑤;规定在各级学校增加党义课程,小学校授民权初步、孙文学说浅释以及三民主义浅说⑥,教科书审定采取复审制,由编审会议确立教科书审查的共同

---

① 参见:Wen-hsin Yeh. *The Alienated Academy: Culture and Politics in Republican China, 1919‑1937*. Cambridge and London: Harvard University Press, 1990, pp.31,173.
② 《国民党中央秘书处录送训练部拟定的教育目标案致丁惟汾函》(1928年7月5日),中国第二历史档案馆编:《中华民国史档案资料汇编》(第5辑 第1编 教育[1]),南京:凤凰出版社1994年版,第1页。
③ 参见江卓群:《党义教育ABC》,上海:世界书局出版社1929年版。
④ 《国民党中央常委会通过的各级学校党义教师鉴定委员会组织通则》(1928年6月30日),中国第二历史档案馆编:《中华民国史档案资料汇编》(第5辑 第1编 教育[2]),南京:凤凰出版社1994年版,第1071页。
⑤ 中等教育之党义教师应考科目为"建国大纲;建国方略;三民主义;本党第一次全国代表大会宣言";小学教育之党义教师应考科目为"孙文学说;民权初步;建国大纲;三民主义"。参见:《国民党中央委员会议通过的检定各级学校党义教师条例》,中国第二历史档案馆编:《中华民国史档案资料汇编》(第5辑 第1编 教育[2]),南京:凤凰出版社1994年版,第1073页。
⑥ 参见:《南京国民政府公布各学校增加当以课程暂行条例》,中国第二历史档案馆编:《中华民国史档案资料汇编》(第5辑 第1编 教育[2]),南京:凤凰出版社1994年版,第1074页。党义课程在小学学校课程中所占比重相当有限,初级小学中每周有30分钟的党义课程,在语文(330分/周)、算术(150分/周)、(转下页)

标准①,要求具备"适合党义,适合国情,适合时代性"之精神②,并对不符合规定的教科书予以取缔③。

党义教育的核心思想之一便是要通过各科教学灌输党义,从而逐渐形成对党国体系的认同④。1932年国语课标准附加"教材的选编应注意各点",要求积极采用党义教材,"包括孙中山、国民革命、奋发民族精神、

(接上页)社会(90分/周)、工作(120分/周)、美术(60分/周)、音乐(120分/周)、自然(90分/周)和体育(150分/周)中用时最少;在高级小学中时间虽有提升(90分/周),但只是高于英语(45分/周),与美术和音乐持平,仍远低于语文(405分/周)、算术(270分/周)、社会(180分/周)、工作(180分/周),略低于体育(135分/周)和自然(120分/周)。参见:《小学课程》,邓菊英、李诚编:《北京近代小学教育史料》上,北京:北京教育出版社1995年版,第197页。需要注意的是,"党义课"的名称只是短暂使用,1929年曾经改名为"社会",1932年改名为"公民训练",初级小学的社会课程则与自然、卫生合并为"常识"。参见汪家熔:《民族魂——教科书变迁》,北京:商务印书馆2008年版,第155—156页。

① 《教育部订定暂行教科图书审查办法》(1929年1月22日),中国第二历史档案馆编:《中华民国史档案资料汇编》(第5辑 第1编 教育[1]),南京:凤凰出版社1994年版,第90—91页。

② 《教育部订定审查教科图书共同标准》(1929年1月22日),中国第二历史档案馆编:《中华民国史档案资料汇编》(第5辑 第1编 教育[1]),南京:凤凰出版社1994年版,第92页。

③ 例如,县知事陈时泌认为世界书局出版的小学语文读本第五册中有"兽国革命,兽国委员制二节,侮辱党国,任情丑诋,不独污蔑国府委员狗彘不如,亦且不以人类视我先总理",故"拟请派员彻查,严加惩处,以明正义,而靖人心"。而时任教育部部长蒋梦麟在回复中指出"查该书内容,谬误之处颇多,……除令饬将该书全部改编,再送审查,并在改编期间停止发行外"。参见《陈时泌请取缔世界书局刊行小学国语读本呈及教育部复函》(1929年9—11月),中国第二历史档案馆编:《中华民国史档案资料汇编》(第5辑 第1编 教育[1]),南京:凤凰出版社1994年版,第93—94页。另参见:《平市中小学国文教材审查委员会章程》,邓菊英、高莹编:《北京近代教育行政史料》,北京:北京教育出版社1995年版,第683—684页。政府对课本的审查相当严格,甚至连"教员自撰课本,学生笔记"都须"一律提出审查,如发现错误,即予更正,如教师误解荒谬者过甚者,应予严罚"。参见《市政府改组中小学教育设立课本审查委员会责成学校辟置农作场》,邓菊英、高莹编:《北京近代教育行政史料》,北京:北京教育出版社1995年版,第686页。

④ 参见江卓群:《党义教育ABC》,上海:世界书局出版社1929年版,第27—37页。

启发民权思想、养成民生观念五个方面的故事和诗歌"①。随后即此标准修订,虽然指导标准有所改动,但灌输党义、增进党国认同的要旨未曾改变。尽管要求明确,但各出版社在编纂教材时的回应却有所不同。开明书店强调教材遵照教育部课程标准编写,但仍然坚持取材"随着儿童生活的进展从家庭、学校逐渐拓张到广大的社会"②。编辑要旨数百字,并未提及"党义"或相关内容,对学生的要求也仅仅强调语文能力的提升。尽管主编叶圣陶回避提及"党义",但是要想通过审查进入市场,每册课文中须加入与政党有关的内容。相比之下,世界书局坦承党义规范对编辑方针的影响:"内容包含公民、自然、历史、文艺、党义、卫生、地理各科,而宣扬本党主义……尤为注重。"③课文内容选取仍强调围绕儿童生活,依据儿童心理,培养语文能力和兴趣④,但隐性传播党义的文章有所增加。而隶属教育部的国立编译馆编写的教科书,更能反映党化教育的推行。

这个时期教科书内容的一大变化就是作为国民党象征符号的国父孙中山以各种形式进入了小学课本。对孙中山的崇拜和神化在其生前就已经开展。1903年兴中会成员章士钊编译《大革命家孙逸仙》,开启了孙中山崇拜先河⑤。国民党将孙中山塑造成一个韦伯意义上具有超凡魅力的克里斯玛型领袖,有利于在混乱的时局下,激发人们对曾经为之奋斗的理想和信念的追忆,增进世人对党国体制正当性的认同,明晰身份意识,加强归属感,从而凝聚党内外的各股势力,为民族国家复兴之大业而奋斗。

世界书局版《国语读本》初小第一册《他是谁》一课首次出现了孙中山的形象,课文内容为"他是谁,他是谁,他叫孙中山"⑥。课文插图中五

---

① 汪家熔:《民族魂——教科书变迁》,北京:商务印书馆2008年版,第167页。
② 《〈开明国语课本〉编辑要旨》,上海:开明书店1934年版。
③ 《〈世界第一种国语读本〉全书编辑纲要》,上海:世界书局1934年版。
④ 参见:《〈世界第一种国语读本〉全书编辑纲要》,上海:世界书局1934年版。
⑤ 陈蕴茜:《崇拜与记忆:孙中山符号的建构与传播》,南京:南京大学出版社2009年版,第63页。
⑥ 朱翊新、魏冰心、苏兆骧编:《国语读本》(第1册),上海:世界书局1934年版,第37页。

个小朋友在孙中山的遗像前进行讨论,遗像一边的挽联"革命尚未成功"赫然在目。第三册连续三篇文章介绍孙中山的童年,《你不该欺负他》赞美孙中山不畏强暴、保护弱小;《孙中山》讲述他生活节俭有度;《坏风俗要改造》颂扬他自小立志改变社会恶风陋习①。《孙中山住在海边》讲述他儿时因目睹海盗抢劫而萌发法律意识,由此立志建立中华民国②。开明书店版《国语课本》中,《孙中山先生的少年时代》记述了国父儿时反抗不合理旧传统的故事③。《革命精神》歌颂孙中山为了中华民国革命到底的精神。④ 而编译馆的教材在孙中山的头像下,详细列举了国父的事业:"提倡国民革命,组织革命党,创造三民主义,推翻满清政府,建立中华民国,订定建国大纲。"⑤《国父的故事》颂扬身为大总统孙中山艰苦朴素,平易近人⑥。《国父的革命运动》概述了孙中山创立中华民国的过程⑦。

民间两个版本的教科书都在以一种理想化、非历史的手法展现孙中山,世界书局版尤甚。经过教科书建构的孙中山,业已成为一个自小就具备极高德性、完美无缺的精神领袖。这两个版本中讲述的多是孙中山的少年故事,更容易为学生接受。通过教科书的传播,孙中山的形象已在数代人脑中打下烙印。编译馆的教科书从初小开始就有直接灌输党义的内容,并要求学生进行早会和晚会,听报告作讨论⑧,这种强调由上

---

① 朱翙新、魏冰心、苏兆骧编:《国语读本》(第3册),上海:世界书局1933年版,第45—48页。
② 朱翙新、魏冰心、苏兆骧编:《国语读本》(第5册),上海:世界书局1933年版,第34—35页。
③ 参见叶圣陶编:《开明国语课本》(第1册),上海:开明书店1934年版,第46—49页。
④ 参见叶圣陶编:《开明国语课本》(第3册),上海:开明书店1934年版,第84—86页。
⑤ 国立编译馆编:《初级小学国语常识课本》(第5册),武汉:汉口湖北书局,出版年月不详,第1页。
⑥ 同上书,第4页。
⑦ 参见国立编译馆编:《初级小学国语常识课本》(第8册),上海:商务印书馆1947年版,第44页。
⑧ 参见国立编译馆编:《初级小学国语常识课本》(第5册),武汉:汉口湖北书局,出版年月不详,第3页。

至下的灌输模式显然与学生的接受习惯有所冲突。

和民国初期的课本相比,无论是开明书店版还是世界书局版,直接颂扬共和政体的课文几乎不见其踪。开明书店版教科书与政治保持一定的距离,对国家认同的塑造也多基于情感模式,并且极少涉及对政权的认同。世界书局版和编译馆版教科书则尝试以一种隐性的方式建构国家和政权认同。例如,《回声》讲孩子在山林中验证回声的存在,所呼喊的即为"中华民国万岁"[①];《我要本国布》启发学生"本国人该买本国货"[②]。《两盏红灯》告诉学生"国庆纪念"要庆祝,《提灯会》则描写学生提着印有"国庆纪念""民国万岁"的灯笼活动的场景,课后练习也出现了国庆日的话题[③]。《交通大道》告诉学生国家公路建设的迅猛发展乃是遵循国父遗训[④]。《儿童报国第一号》讲述孩童自觉为国家国防建设做出贡献[⑤]。《好消息》以话剧的形式传达了"中华民国万岁""蒋主席万岁"的讯息[⑥]。这种隐形建构政治身份认同的方式也多基于唤起情感的模式。

不管是否在编辑大意中表达"灌输党义"的意愿,两个旨趣宣称看似差异很大的民间版本都在国语教科书中增加了与政党相关的内容。尽管两版教科书与政治的距离不尽相同,可这些文章占课文总数的比例毕竟有限。在开明书店版的教科书中,党义教育甚至显得相当孤立突兀,因为编者并未在其他课文中融入党义内容。即便进行党义宣传的课文,编者也进行了比较巧妙的"修饰",多以儿童能够接受的方式呈现,并且课后练习紧紧围绕语文知识进行。民间教科书在某种意义上更像是缓冲了党化浪潮强大攻势的调和产物。而官方教科书更加积极地融合党

---

① 参见朱翊新、魏冰心、苏兆骧编:《国语读本》(第4册),上海:世界书局1933年版,第54页。
② 同上书,第55页。
③ 参见朱翊新、魏冰心、苏兆骧编:《国语读本》(第5册),上海:世界书局1933年版,第21—23、28页。
④ 参见国立编译馆编:《初级小学国语常识课本》(第8册),上海:商务印书馆1947年版,第1页。
⑤ 同上书,第57页。
⑥ 同上书,第31页。

义教育,所选课文有的已经脱离了儿童的生活常识范围,有纯粹以灌输为目的之嫌。

党义教育渗透还体现在考试之中。1935年上海北新书局出版了《小朋友升学指导》,旨在帮助学生整理和复习所学知识,供小学升初中考试使用。该书以历年各中学入学试题为主要内容。《升学指导》第一编即为"党义问答",足见党义知识在升学考试中占据一定分量。"党义问答"总共分为四个部分,分别为三民主义、建国方略与建国大纲、孙中山先生传略、中国国民党与国民政府。每部分都依据主题设计了若干问题,并在问题后配备标准答案。这些问题和答案完全是对政党意识形态内容的标准化重复,学生应对此类考试需要做的便是准确记下各种问题的正确表述①。通过这种强制性训练,儿童从小就对党义的框架和内容有了基本认识,也对现代政治常识有了初步了解。

日本发动全面侵华战争以后,发动了一场旨在通过教科书改变学生政治身份认同的运动。以北平市为例,日本控制该地区以后,即对教科书进行改编。改编的主要原则包括:"脱离党化"②,删除"宣传党义及孙文事项"③,"增添睦邻意识","扫除赤化思想"④;为从小消除儿童的公民意识,日方要求将公民课改为修身课⑤,废除现代公民课程,以《孝经》《论语》《孟子》为教科书⑥。通过对教科书的篡改,日方希望中国学生从小就淡化对国家、政党的认知,做一个懂得服从的臣民而非具有责任意识的现代公民。

---

① 参见储伟、郦培根、吴云章:《小朋友升学指导》,上海:北新书局1935年版,第1—13页。
② 《京津教科书审委会今晨举行成立大会分组审订中小学教科书》,邓菊英、高莹编:《北京近代教育行政史料》,北京:北京教育出版社1995年版,第693页。
③ 刘仲华主编:《北京教育史》,北京:人民出版社2008年版,第327页。
④ 《中小学教科书将增添睦邻意识,扫除一切赤化思想》,邓菊英、高莹编:《北京近代教育行政史料》,北京:北京教育出版社1995年版,第694页。
⑤ 《全市中小学校更改一部课程并加添日语随意科》,邓菊英、高莹编:《北京近代教育行政史料》,北京:北京教育出版社1995年版,第692页。
⑥ 《市、私立中小学决定在中小学教科书未印就以前课务进行办法》,邓菊英、高莹编:《北京近代教育行政史料》,北京:北京教育出版社1995年版,第694页。

四、阶级、敌人与革命：革命根据地的教科书内容建构

"国家"祛魅之后，通过政治革命带动社会问题解决的上层路径不再被视为"百忧解"，进入中国思想界数十年之久却处于边缘地位的马克思主义思想逐渐获得关注。"劳动"和"阶级"观念的引入与传播为中国知识分子重新思考中国问题的解决路径提供了由下及上的新视角①。在"国家"概念盛行之际，精英阶层理想化地认为一旦现代国家制度能够在中国建立，那么国民都将是平等、自由的，共同享有着参与政治的权利。这种乐观的情绪也反映在了民国初年的教科书中。而当民国现实危机愈演愈烈，"阶级"以及与之相伴随的"劳动"观念成为分析问题的基本视角之后，国民之间的平等和自由就不再是一个不证自明的问题。土地革命时期，国家在教科书的叙述中等同于"王朝"，被描述成为"从前的酋长和皇帝，以武力征服而成的，也就是他们的统治"②。概言之，"阶级"观念的引入进一步打破了世人对"现代国家"的迷思，社会透过"阶级"这一锋利的分析概念，对之前被理想化的同质状态的社会进行了重新分析——社会是由不同阶级所构成，阶级之间并非平等自由的关系，而是剥削与被剥削、压迫与被压迫的关系，如果革命不解决中国社会中的阶级分化问题，不让传统上位于被剥削、被压迫的群体彻底实现翻身，任何政治制度都无法引领中国走出泥淖，反而会加剧阶级分化，引发更严重的社会问题。从革命逻辑上看，共产党选择马克思主义的分析范式之后，转向了"社会革命"的路径。"阶级认同"成为政治身份认同的核心内容。

上述变化在革命区的教科书中得到了充分体现。革命区多建立在农村，这为"劳动"观念的传播与"阶级身份"的塑造提供了便利。教科书

---

① 关于"劳动"观念的演变，参见刘宪阁：《现代中国"劳动"观念的形成：以1890—1924年为中心》，《现代传播》2017年第3期。
② 《国家》，《前期小学常识课本（第3册）》（影印版），第6课，湖南省档案馆编：《湖南老区革命文化史料》（1）长沙：湖南人民出版社2010年版，第323页。

首先旨在纠正根深蒂固的中国传统观念,使学生明白工人和农民所拥有的崇高地位以及无产阶级的先进性、世界性,培养学生身为无产阶级一分子的自豪感,增加对共产党的认同。《赤色国语》初小第一册课本前四课就围绕工人和农民展开:在识别了"工人"和"农人"后,学生被告知他们是"世界上的主人"和"世界上的创造者",工人和农民不工作,"世上人,都受苦"①。由此使学生明白,人活着就要劳动,否则便是寄生虫,"社会不能容"②。而共产党则代表着工农的利益,共产党是"为工农无产阶级谋利益谋解放的政党",是由"一部分最有阶级觉悟、最勇敢的分子所组成的"③,正是有了共产党,农民才分了土地,学生才有学上④,以此教育学生拥护共产党,鼓舞他们"学习共产主义"⑤。作为无产阶级的工、农不是孤立的,他们不分国界,彼此团结:"无产阶级到处有,他们都是我们的好朋友。"⑥到了根据地时期,歌颂劳动英雄、生产劳动的课文增加,如《国语课本》中的《劳动英雄甄春儿》《槐树庄选英雄》,《高小国语》中的《劳动英雄大会》《开荒日记》《耕者有其田》等⑦,这些课文都与当时的政治时局紧密相关。

与此同时,教科书还在儿童的思想世界中建构出敌人的形象,使儿童逐渐明白敌人是谁以及敌人之恶,引导学生对敌人产生仇恨,从而进一步加深对无产阶级身份和共产党的认同。正如凯丰所言,共产主义教

---

① 《赤色国语教科书(初级第 1 册)》(影印版),第 1—4 课,湖南省档案馆编:《湖南老区革命文化史料》(1)长沙:湖南人民出版社 2010 年版,第 294 页。
② 《寄生虫》,《赤色国语教科书(初级第 1 册)》(影印版),第 9、10 课,湖南省档案馆编:《湖南老区革命文化史料》(1)长沙:湖南人民出版社 2010 年版,第 296 页。
③ 《共产党》,《赤色初级国语教科书(第 2 册)》(影印版),第 5 课,湖南省档案馆编:《湖南老区革命文化史料》(1),长沙:湖南人民出版社 2010 年版,第 306 页。
④ 《张生》(2),《赤色初级国语教科书(第 2 册)》(影印版),第 9 课,湖南省档案馆编:《湖南老区革命文化史料》(1),长沙:湖南人民出版社 2010 年版,第 307 页。
⑤ 《童子团》,《赤色初级国语教科书(第 2 册)》(影印版),第 19 课,湖南省档案馆编:《湖南老区革命文化史料》(1),长沙:湖南人民出版社 2010 年版,第 309 页。
⑥ 《五大洲》,《赤色国语教科书(初级第 1 册)》(影印版),第 19 课,湖南省档案馆编:《湖南老区革命文化史料》(1),长沙:湖南人民出版社 2010 年版,第 298 页。
⑦ 参见闫苹、张雯主编:《民国时期小学语文教科书评介》,北京:语文出版社 2009 年版,第 458—462 页。

育的中心任务就是"用阶级斗争的思想去教育广大群众"①。教科书非常明确地告诉学生,"土豪和劣绅都是我们的敌人"②,痛斥他们为帝国主义、军阀的走狗③。因为土地"被地主豪绅占住了"④,"我们的膏汁,被地主吸收尽了;我们的血汗,被资本家剥削尽了;我们终年劳碌,只弄得饥寒交迫,求生不能,求死不得"⑤。教科书将这些敌人比作"吃人血的东西",教育儿童对待他们的态度应为"杀死!杀死!一概把他们杀死"⑥。教科书还刻画了国民党的反面形象,称其乃是"大强盗,手里拿着杀人刀"⑦。到了根据地时期,尽管共产党所面临的主要敌人发生了改变,但是引导学生仇恨敌人的基本思路保持不变。如《反对四大虫》中所言:"一恨蒋介石真混账呀!恨呀,是个刮民党呀,明里捐来暗里抢呀……二恨大肚皮孔祥熙呀……三恨何应钦呀!四恨陈立夫呀!"⑧再如《高小国语》中的《狗饭店》《蒋管区民谣四首》《孩子的仇恨》等;《国语课本》中的《狠心狼》《旧社会》等⑨。

---

① 凯丰:《团对教育部工作的协助运动》,中央教育科学研究所编:《老解放区教育资料(1)》(土地革命战争时期),北京:教育科学出版社1981年版,第346页。
② 《土豪劣绅》,《赤色国语教科书(初级第1册)》(影印版),第6课,湖南省档案馆编:《湖南老区革命文化史料》(1),长沙:湖南人民出版社2010年版,第295页。
③ 《走狗》,《赤色初级国语教科书(第4册)》(影印版),第11课,湖南省档案馆编:《湖南老区革命文化史料》(1),长沙:湖南人民出版社2010年版,第315页。
④ 《土地》,《赤色国语教科书(初级第1册)》(影印版),第38课,湖南省档案馆编:《湖南老区革命文化史料》(1),长沙:湖南人民出版社2010年版,第303页。
⑤ 《我们的出路(一)》,《赤色初级国语教科书(第4册)》(影印版),第20课,湖南省档案馆编:《湖南老区革命文化史料》(1),长沙:湖南人民出版社2010年版,第318页。
⑥ 《一概把他们杀死》,《赤色初级国语教科书(第2册)》(影印版),第24课,湖南省档案馆编:《湖南老区革命文化史料》(1),长沙:湖南人民出版社2010年版,第310页。
⑦ 《国民党来了(一)》,《赤色初级国语教科书(第2册)》(影印版),第3课,湖南省档案馆编:《湖南老区革命文化史料》(1),长沙:湖南人民出版社2010年版,第305页。
⑧ 杨仲勋:《回忆老解放区自编的几篇教材》,江苏省教育科学研究所、老解放区教育史编写组编印:《华中苏皖边区教育资料选编》(1),内部发行1988年版,第157页。
⑨ 参见闫苹、张雯主编:《民国时期小学语文教科书评介》,北京:语文出版社2009年版,第462、472页。

在建构阶级情感和对敌仇恨的基础上,教科书自然引导学生对共产党所领导的革命的认同。《红孩儿读本》第一课就主题鲜明地呼吁学生要"努力读书,努力革命"①,随后教育孩子不管是工人、农民还是军人,为了吃饭、穿衣和读书,都要去革命②。课文指示学生尽管年纪轻,也须"懂得要革命"③,并鼓舞学生加入儿童团,团结抗敌,"冲锋前进"④;勇敢担负起革命任务⑤,长大要去参军⑥。有些合辙押韵的战斗口号也出现在了课本中:"暴动!暴动!无产阶级心欢喜,有产阶级寿命终。"⑦根据地的教科书中,也有不少课文是描写革命战争的题材,如《冀中宋庄之战》《地雷战》《小莲青去当兵》《王国有智勇捉敌》《捉敌探》⑧,以及《一致抗日》《捉奸细》等⑨。增进革命认同,自然要歌颂军队和军人。《谁带来了民主和自由》写道:"民主、自由的快乐,是新四军带来的,是他们用血肉换来的,我们应该深切的感谢他们。我们更应该……为建设独立、自由、富强的新中国而奋斗。"⑩《新

---

① 《红孩儿读本》(第1册),第1课,湖南省档案馆编:《湖南老区革命文化史料》(1),长沙:湖南人民出版社2010年版,第329页。
② 《红孩儿读本》(第1册),第2、3课,湖南省档案馆编:《湖南老区革命文化史料》(1),长沙:湖南人民出版社2010年版,第330页。
③ 《革命》,《赤色国语教科书(初级第1册)》(影印版),第27课,湖南省档案馆编:《湖南老区革命文化史料》(1),长沙:湖南人民出版社2010年版,第300页。
④ 《儿童》,《赤色国语教科书(初级第1册)》(影印版),第15课,湖南省档案馆编:《湖南老区革命文化史料》(1),长沙:湖南人民出版社2010年版,第297页。
⑤ 钟声:《赤色初级国语教科书(第2册)》(影印版),第12课,湖南省档案馆编:《湖南老区革命文化史料》(1),长沙:湖南人民出版社2010年版,第308页。
⑥ 《当红军》,《赤色国语教科书(初级第1册)》(影印版),第7课,湖南省档案馆编:《湖南老区革命文化史料》(1),长沙:湖南人民出版社2010年版,第295页。
⑦ 《暴动》,《赤色初级国语教科书(第2册)》(影印版),第26课,湖南省档案馆编:《湖南老区革命文化史料》(1),长沙:湖南人民出版社2010年版,第311页。
⑧ 参见闫苹、张雯主编:《民国时期小学语文教科书评介》,北京:语文出版社2009年版,第459、462页。
⑨ 《淮南新民主小学教科书〈语文〉(初级第四册)目次》,江苏省教育科学研究所、老解放区教育史编写组编印:《华中苏皖边区教育资料选编》(1),内部发行1988年版,第158页。
⑩ 《谁带来了民主和自由》,苏中城市小学临时课本《语文》第一课,江苏省教育科学研究所、老解放区教育史编写组编印:《华中苏皖边区教育资料选编》(1),内部发行1988年版,第163页。

四军》将军队拟人化:"你纵横华中千万里,你渡过江涛和海浪,为了人民流血汗,千百次的战斗,成绩辉煌……你决心消灭敌伪,你要老百姓得到解放……歌颂你的英勇! 赞扬你的坚强!"①

到了解放战争时期,根据地的教科书已经有不少文章歌颂毛泽东和其他党的领袖。1946 年由晋察冀边区编写的《国语课本》第二册连续四课刊登了两篇歌颂毛泽东的文章《毛主席这样爱我们》与《毛泽东之歌》,其中《毛泽东之歌》这样写道:

敬爱的毛主席同志! 你响亮的声音,鼓励着斗争中的人民,温暖着受难者的心! 你是光明的象征! 你是胜利的旗帜! 你是光明的象征! 胜利的旗帜! 敬爱的毛泽东同志! 我们光荣的生活在你的年代,我们光荣的生活在你的年代,学着你的榜样,跟着你的火炬,走向自由幸福的新世界!②

1947 年东北书店发行的《高小国语》中有《毛主席的少年时代》《中国人民领袖毛主席》等课文,1948 年晋绥边区的《国语课本》中收有《毛泽东》《歌唱毛泽东》,新华书店出版的《国语课本》中有《毛主席像》,华北联合出版社的《新编高级小学国语课本》中有《毛主席爱小孩》《毛主席看伤兵》《毛主席的结论》。而朱德则是另外一位被歌颂较多的共产党领导人,《朱德总司令》《朱德的扁担》出现在多个版本的教科书中③。

革命区的教科书编写条件非常艰苦,能用资料极为有限,往往先删除国统区教科书中不当的内容,再参考根据地出版的报纸与政治理论读

---

① 《新四军(1)》,苏中城市小学临时课本《语文》第二课,江苏省教育科学研究所、老解放区教育史编写组编印,《华中苏皖边区教育资料选编》(1),内部发行 1988 年版,第 164—165 页。
② 转引自闫苹、张雯主编:《民国时期小学语文教科书评介》,北京:语文出版社 2009 年版,第 459 页。
③ 上述课文标题参见闫苹、张雯主编:《民国时期小学语文教科书评介》,北京:语文出版社 2009 年版,第 460、464—465、474、485、489 页。

物进行增补①。所以这些教科书政治意味比较浓厚，与时局结合紧密，能够充分反映出共产党阶段性任务的特征，因此在很大程度上担负着动员群众、宣传革命的任务。教科书所选课文合辙上口，感情色彩浓郁，裴宜理所谓的"感情动员模式"体现得淋漓尽致②。在感情调动的基础上，教科书内容结合了农民与生俱来的实用主义理性，为其描绘出一幅理想社会的生动画卷。"感情调动结合实用理性"的模式旨在鼓舞更多人加入革命进程。教科书所扮演的角色与共产党人对教育的认知密不可分。苏维埃中央政府教育人民委员部发布的第一号训令着重指出当时的教育任务乃是"用教育与学习的方法，启发群众的阶级觉悟，提高群众的文化水平与政治水平，打破旧社会思想习惯的传统，以深入思想斗争，使能更有力的动员起来，加入战争，深入阶级斗争，和参加苏维埃各方面的建设"③。而1939年所通过的《陕甘宁边区小学法》则要求培养儿童的"民族意识、革命精神及抗战建国所必需的基本知识技能"④。晋察冀边区的小学国语课本亦有相同要求⑤。

  这种政治化趋势不仅体现在上述课文中，而且反映在课后练习和考试当中。例如，新华书店《国语课本》第五册的练习四，其中有"接着写下去"的练习，题目有"农民翻身了，就应当……""朱总司令和战士们……"等。而问答题第一道就是"地主吃的酒肉穿的绸缎是从哪里来的"⑥。在学生"公民测验"的考试中，考题有"陷害青年，屠杀共产党员的是哪

---

① 参见杭苇：《在老解放区编写教材的一些情况和体会》，江苏省教育科学研究所、老解放区教育史编写组编印：《华中苏皖边区教育资料选编》(1)，内部发行1988年版，第148—149页。
② 参见[美]裴宜理：《重返中国革命——以感情的模式》，李寇南、何翔译，刘东主编：《中国学术》第4辑，北京：商务印书馆2001年版。
③ 《目前的教育任务》，赣南师范学院、江西省教育科学研究所编：《江西苏区教育资料汇编》(1)，内部发行1985年版，第85页，着重号为原文所加。
④ 《陕甘宁边区小学法》，陕西师范大学教育研究所编：《陕甘宁边区教育资料：小学教育部分》上，北京：教育科学出版社1981年版，第55页。
⑤ 参见刘松涛：《对七部小学国语课本的检讨》，《人民教育》1950年第6期。
⑥ 转引自闫苹、张雯主编：《民国时期小学语文教科书评介》，北京：语文出版社2009年版，第483页。

些人""你们长大了要为谁努力工作""八路军、新四军有些同志是为谁流血牺牲了",等等①。这些题目都有基本的标准答案②,学生所要做的就是牢记这些答案,学会这套兼具政治化、仪式化和成人化的表达方式。

其实,突出政治并非革命区教科书的唯一取向。部分共产党人对这种教科书纯粹政治化的趋势有清醒的认识和担忧。时任苏维埃中央政府教育部部长的徐特立就曾批评《共产儿童读本》的编纂者,认为该教科书与儿童日常生活脱离,"太偏重于政治,日常事项太少"③。该教科书编者对其内容进行大幅调整,第一册共34课完全围绕乡村儿童的生活经验编写,没有政治鼓动与革命宣传的内容。其余几册即便出现教育儿童认同革命、军队和共产党的课文,也是以学生能够接受的形式出现,直接灌输的内容被删除。这种强调以语文本身特点为诉求的编辑取向在战争和现实需要的压力下很难一以贯之的坚持下去,根据地时期的教科书政治化取向依旧明显。程今吾在中华人民共和国成立前夕就批评根据地时期的思想教育存在强行灌输的教条主义、脱离儿童生活实际的不当之处;尽管如此,他依旧强调思想政治教育之于儿童的重要性④。在战争年代,满足政治现实需要与提升儿童能力之间的张力并未充分体现,但业已存在。1949年之后,共产党从革命党变成了执政党,编纂教科书的两种取向之间的突出与矛盾才逐渐显现。

---

① 转引自程今吾:《思想教育》,陕西师范大学教育研究所编:《陕甘宁边区教育资料:小学教育部分》上,北京:教育科学出版社1981年版,第369—370页。
② 例如上述三个题目的标准答案依次为:是代表大资产阶级、大地主的人杀害了共产党员,法西斯特务政策陷害了青年;我长大了要为共产党、无产阶级的事业努力工作,为人类幸福奋斗;是为工农大众的自由幸福、为全人类幸福自由牺牲的。
③ 向荣:《写在前面的话》,《共产儿童读本》(第1册),赣南师范学院、江西省教育科学研究所编:《江西苏区教育资料汇编》(7),内部发行1985年版,第1页。
④ 参见程今吾:《思想教育》,陕西师范大学教育研究所编:《陕甘宁边区教育资料:小学教育部分》上,北京:教育科学出版社1981年版,第369—378页。

五、中华人民共和国教科书对政治认同的培养

（一）中华人民共和国成立初期与教育相关的思想舆论环境

中国共产党夺得政权，中华人民共和国成立，教科书关于政治认同的内容也随之面临改变。教科书内容的变化反映了当时人们对教育的认识以及社会的普遍心态。

取得新民主主义革命胜利使得中国共产党处于一种慷慨激昂的状态，特别是这一决定性胜利是在与各种势力的不断斗争中取得的①。共产党自身的强大使其产生了与过往历史划清界限的信心和勇气，至少在话语表达方面如此。具体到教育领域，中国的传统教育模式与诞生于清末民初的现代教育模式统一被称为"旧教育"，这种教育乃是"帝国主义、封建主义和官僚资本主义统治下的产物，是旧政治经济的一种反映，和旧政治旧经济借以持续的一种工具"②。与之形成鲜明对比的则是新民主主义教育。然而，话语策略所表达出的"彻底决裂"很难与历史实践相契合。从革命党转向执政党的身份变化使共产党所主持的教育工作不得不面临一次根本意义上的转型。执政之前，共产党在革命区所编写的教科书，一是为革命斗争服务，二是与农村的生活实践紧密结合，这两点直接决定了当时教科书的整体气质。如今，中国共产党的首要任务是以城市为中心的现代化建设，而教育的性质也随之发生巨变③。教育要从农村中心取向转向城市中心取向，从革命主旨转向建设主旨。面对实践层面重大的战略转移，共产党不可能如话语表达的那样与旧有教育模式彻底决裂，重新来过。因此，在确定新民主主义教育的发展路径时，教育

---

① 参见：《中国人民从此站立起来了》(1949年9月21日)，中共中央党史和文献研究院编：《建国以来毛泽东文稿》（第1册），北京：中共中央文献出版社2023年版，第8—11页。
② 《马叙伦部长在第一次全国教育工作会议上的开幕词》，何东昌主编：《中华人民共和国重要教育文献(1949—1975)》，海口：海南出版社1998年版，第6页。
③ 参见钱俊瑞：《当前教育建设的方针（下）》，《人民教育》1950年第2期。

部副部长钱俊瑞提出了一个"三结合"的方案:"以老解放区新教育经验为基础,吸收旧教育有用经验,借助苏联经验"①。其中,老解放区的教育经验主要为新教育提供方向和原则上的保障与约束,而旧有经验和苏联资源则用以应对以城市为中心的教育所带来的挑战。

然而在共产党的话语体系中,以大中城市为中心的新解放区的旧教育只是在为统治阶级等少数既得利益者服务,课堂所教授的也是与新政权要求相去甚远的"反动"内容。于是,对旧教育进行改造就成为在城市中开展新民主主义教育的首要任务。考虑到旧教育在城市中根深蒂固,共产党所采取的主要措施便是开展"革命的思想政治教育",取消反动课程,"力求课程内容适合国家建设需要,并设法精简不必要的课程与教材"②。就小学教育而言,共产党的教育者认为新解放区的学生受旧教科书毒害颇深,他们通过课堂内外接受的尽是"四维八德的封建道德""反共反人民的荒谬言论",并通过个人功利主义培养儿童鄙视劳动、贪图享乐的思想③。根据这一判断,教育部门一方面对学校所使用的文科旧教材进行初步改进,并下令重编小学教科书,尤其强调对语文、政治常识、历史和地理教科书的编写④;另一方面强调通过课堂对小学生进行思想政治教育的必要性,并要求教师通过正确的方法教育儿童,避免过度成人化的教育手段,反对"以抽象的政治八股的方法来对待少年儿童"⑤。强调教育的思想性、政治性反映了共产党人对教育之作用与地

---

① 《钱俊瑞副部长在第一次全国教育工作会议上的总结报告要点》,何东昌主编:《中华人民共和国重要教育文献(1949—1975)》,海口:海南出版社1998年版,第7页。
② 《关于1950年全国教育工作总结和1951年全国教育工作的方针和任务的报告》,中华人民共和国教育部办公厅编:《教育文献法令汇编(1949—1952)》,内部发行1958年版,第16页。
③ 李绵:《谈小学的思想教育》,教育资料丛刊社编:《小学的思想政治教育》,北京:新华书店1950年版,第33页。
④ 《关于1950年全国教育工作总结和1951年全国教育工作的方针和任务的报告》,中华人民共和国教育部办公厅编:《教育文献法令汇编(1949—1952)》,内部发行1958年版,第16、20页。重新编写教科书成为今后几年教育工作的重点之一。
⑤ 冯文彬:《培养教育新的一代》,中华人民共和国教育部办公厅编:《教育文献法令汇编(1949—1952)》,内部发行1958年版,第12页。

位的看法——教育不可能孤立地产生作用,教育唯有纳入革命进程,为革命政治的现实需要服务,才能够发挥其作用①。

通过教科书内容的改变以及课堂内外思想政治教育的强化,中国共产党希望将中华人民共和国的儿童塑造成爱祖国、爱人民、爱劳动、爱科学、爱护公共财物,团结友爱、大公无私、诚实、勇敢、坦白、守纪律的新后代②。这一要求是在《共同纲领》中以"五爱"为核心的中华人民共和国全体国民公德的基础上进行的增补。从具体表述看,不管是这一改进的要求,还是最初的"五爱"准则,它们首要处理地便是个人("小我")与集体("大我")的关系,尤其是与国家的关系③。我们从当时被广泛传播的徐特立对"五爱"的阐释中就能看出端倪④。在徐特立看来,国民最高公德便是"爱祖国";"爱人民"乃是因为人民缔造了中华人民共和国,当然"人民"在这里是一个具体历史语境下存在的政治概念,包括参加革命、拥护《共同纲领》的各阶级;"爱劳动"旨在培养国民对劳动神圣性的意识,增进对无产阶级国家政权的认同;而"科学"首先指的是唯物史观、社会发展史和政治经济学,"是一个最高的原理的科学",或者说是一种方法、态度和立场,是正确认识"国家性质"的前提;"爱护公共财物"则有利于推动国家的生产发展建设,是"积累财富的重要环节"⑤。补充的"团结友爱、大公无私、诚实、勇敢、坦白、守纪律"则旨在"发扬集体主义精神,使儿童养成一切服从组织利益的品质"⑥。在1952年出台的《小学暂行规程(草案)》的德育目标中,专门将"爱国思想"提出来置于首位,随

---

① 参见钱俊瑞:《当前教育建设的方针(下)》,《人民教育》1950年第2期。
② 萧凤:《新社会中儿童应具备哪些优良品质》,教育资料丛刊社编:《小学的思想政治教育》,北京:新华书店1950年版,第17页。
③ 参见郭真:《加强爱国主义教育是当前学校思想政治教育的中心任务》,《察哈尔文教》第3卷第3期,1950年12月。
④ 《论国民公德》首发于《人民教育》1950年第3—5期,后被各省市许多重要的教育刊物反复转载,成为当时解读"五爱"的一个标准版本。
⑤ 参见徐特立:《论国民公德》,何东昌主编:《中华人民共和国重要教育文献(1949—1975)》,海口:海南出版社1998年版,第33—38页。
⑥ 萧凤:《新社会中儿童应具备哪些优良品质》,教育资料丛刊社编:《小学的思想政治教育》,北京:新华书店1950年版,第20页。

后是国民公德与其他品质①。另一方面,抗美援朝战争的爆发大大推进了学校对学生爱国主义情感和国家认同的培养,官方指出爱国主义教育不仅仅是政治教员的责任②,明确要求"各级和各类学校通过各科教学,并配合各种课外活动,普遍进行抗美援朝爱国主义教育"③。一时间,通过各科进行以爱国主义为主的思想政治教育成为中小学教师的共识④,他们踊跃发表文章谈论利用课堂进行思想政治教育的经验与得失,形成了强大的舆论氛围(详见表5.1)。该舆论对教师原有的教学程序与议程设置产生作用,不管是顺理成章还是牵强附会,教科书中的内容都被当做进行思想政治教育的材料⑤。这一取向对教科书内容和教授法的改变影响深远。

表5.1 讨论中小学如何通过各科进行以爱国主义为核心的思想政治教育的文章举隅

期刊名称	文章名称	作者	发表时间
人民教育	略谈初中语文教材的思想标准	金灿然	1950.4
	我是这样向低年级学生进行爱国主义教育的	吕敬先	1951.5
	在国语教学中贯彻思想政治教育的几点经验	哈尔滨市文教局初等教育科	1952.3

---

① 《小学暂行规程(草案)》,何东昌主编:《中华人民共和国重要教育文献(1949—1975)》,海口:海南出版社1998年版,第142页。
② 丁浩川:《关于小学爱国主义教育的几点意见》,《教师月报》1951年第3期。
③ 《关于1950年全国教育工作总结和1951年全国教育工作的方针和任务的报告》,中华人民共和国教育部办公厅编:《教育文献法令汇编(1949—1952)》,内部发行1958年版,第18页。
④ 这种教育思想在根据地时期就已经开始实践,只不过范围有限。参见刘松涛:《革命战争中对儿童进行爱国教育的点滴经验》,教育科学研究所筹备处编:《老解放区教育资料选编》,北京:人民教育出版社1959年版,第180—181页。
⑤ 参见庐禹、徐正秋编:《通过各科进行爱国主义教育的经验介绍》,北京:大众书店印行1951年版。

(续表)

期刊名称	文章名称	作者	发表时间
	谈谈小学课本语文第一册的思想内容和教学要求	刘御	1952.7
察哈尔文教	通过国文教学加强政治思想教育	李清	1949.12
	我怎样通过作文贯彻思想教育	江山野	1950.11
	关于初等教育方面如何进行抗美援朝的时事教育的问题	张健	1951.2
湖北文教	历史教学怎样联系爱国主义的实际	陈清中	1951.4
	听了"我们的国家(二)"教学后	王世伟	1951.5
湖南教师	化学教学过程中的思想政治教育	瑞亚波娃	1950.10
	北京市中小学各科教学结合时事教育的经验介绍	岑	1950.12
湖南教育	我在国文教学中进行政治思想教育	宋科	1950.4
	人民地理教师在这一门课程中怎样贯彻思想政治教育	孙敬之	1950.4
	中学地理教本中等几个政治思想问题	金灿然	1950.7
	通过地理教学加强思想政治教育	可风	1950.7
	在生物教学中如何进行思想政治教育	姚长梓	1950.7
教师月报	我怎样通过《睡冰》一课进行思想政治教育	刘国正	1951.3
	通过世界史教学进行爱国主义教育	齐荣	1951.4
	关于通过化学教学进行爱国主义教育的一些意见	仓孝苏	1951.5

(续表)

期刊名称	文章名称	作者	发表时间
	我这样通过"呐喊自序"进行爱国主义教育	修古藩	1951.5
	在写作指导中我这样贯彻爱国主义教育	刘国正	1951.5
	《初中语文》第六册中的爱国主义内容	徐华	1951.5
	谈爱国主义的语文教学	李广田	1951.6
	物理教学与爱国主义教育的结合	钱伟长	1951.8
	谈谈语文教学中的思想教育问题	史振晔	1951.8
松江教育	自然课与爱国主义教育	红岭	1951.2
	生物科与爱国主义教育	佳中生物组	1951.4
	国语教学中开展爱国主义教育的收获	初等教育科	1951.4
	历史课进行爱国主义教育的几点经验	初等教育科	1951.4
	地理教学中怎样贯彻爱国主义教育	魏殿卿	1951.5
苏南文教月刊	怎样在语文课中进行时事教育	施树森	1951.2
	通过历史教学贯彻爱国主义教育	佚名	1951.5
绥远文教	在地理教学中贯彻爱国主义教育的几点体验	归绥二完小	1951.4
皖北文教	一学期来自然教学贯彻爱国主义教育的体会	范家宜	1951.7
新教育	国文课中的思想教育问题	徐沁君	1950.8
	通过国语科教学进行思想品德教育	陈南生	1950.8
	在语文教学中贯彻爱国主义教育	座谈会	1951.4

(续表)

期刊名称	文章名称	作者	发表时间
	数学科贯彻爱国主义教育的一个实例	黄蕴辉	1951.9
	在新植物学课本中进行爱国主义教育	傅伯	1951.11
新教师	我教赵占魁一课是这样贯彻爱国主义教育的	杨崇德	1951.6
中华教育界	语文教育和思想政治教育结合问题	周裔	1950.3

在强大的舆论浪潮冲击下,中华人民共和国成立初期对政治身份认同的培养呈现出三个鲜明的特点。第一,对国家的情感与对共产党、领袖、人民(统治阶级)的情感紧密相连,构成一个同位体。正如钱俊瑞所言,热爱祖国就要"热爱自己的勇敢和勤劳的伟大人民;要热爱祖国的解放者,劳苦功高的人民解放军,热爱中国人民解放运动的领导者共产党,热爱中国人民的伟大领袖毛泽东,认真地学习他的思想和作风,坚决地跟着他走"①。小学政治课文《"没有共产党,就没有新中国"》的标题就很好地传达了这种逻辑。这篇以师生对话形式出现的课文旨在以生动的方式告诉学生,共产党的出现如何根本改变了中国革命的面貌,从而引导中国革命走向胜利②。政治符号进入课堂和教科书,教室前面黑板正上方都要挂着毛主席的画像;教科书中也以"隐性"的方式呈现领袖像并表达对领袖的热爱。第二,通过诉诸情感的方式建构身份认同。这种方式往往采取对比新旧社会人民生活状况的方式,直接抒发中华人民共和国成立后人民的自豪与喜悦之情,以及对共产党和领袖的热爱、革命的认同。第三,将国家认同置于国际主义的语境中进行培养。共产主义

---

① 钱俊瑞:《当前教育建设的方针(上)》,《人民教育》1950年第1期。
② 参见:《"没有共产党就没有新中国"》,《高级小学政治课本》(第4册),第1课,北京:人民教育出版社1951年版,第1—4页。

的实现是建立在"全世界无产者联合起来"的基础之上,加上中华人民共和国初期中国共产党采取"一边倒"的外交政策,因此教科书中对国际主义意识的塑造远远超过民国时期①。中国革命的新后代不仅要形成基于民族国家的情感,而且要对世界社会主义阵营产生好感与认同。在爱国主义舆论攻势下形成的建构政治认同的三个特点,直接影响了中华人民共和国教科书的编辑工作。下面我们就以小学生接触最多的语文教科书为例,分析中华人民共和国教科书内容结构的变化以及如何塑造学生的认同感。

(二) 政治和语文之间的调和:新学制语文课本的编纂

语文是小学生课时量最大的课程,语文教科书也是学生使用和接触最频繁的媒介。由于国民政府采取国定制与审定制相结合的教科书审查模式,允许民间出版社发行教科书。加之老解放区编写的多种教科书,中华人民共和国初期小学教科书的使用情况"甚为紊乱,各地采用的版本,亦不一律"②。从 1950 年秋季开始,教育部和出版总署就联合下文规定小学应使用的教科书版本。但这一规定只是提供了一个参考意见,并未解决版本繁多的现状③。从内容上看,这一时期所使用的教科书是对旧有版本的修正和改编,官方尚未组织专人重新编写适合国情变

---

① 民国时期的教科书更重视讲中国在国际环境中所遭遇的羞辱以及列强对中国领土、经济的侵略。例如参见陆绍昌编、叶楚伧校:《小学校高级用新中华三民主义课本》(第 1 册),第 5—8 课,上海:中华书局 1928 年版,第 4—7 页。
② 《中央人民政府教育部、出版总署关于 1950 年秋季中小学教科用书的决定》,中华人民共和国教育部办公厅编:《教育文献法令汇编(1949—1952)》,内部发行 1958 年版,第 215 页。
③ 例如,1950 年秋季提供的语文参考教科书有初小六种版本,高小六种版本;1951 年春季初小有一种版本,高小有两种版本;1951 年秋季初小有两种版本,高小有两种版本。从 1952 年秋开始,小学一年级进入"五年一贯制"阶段,使用统一的《小学课本语文》,但是其他年级仍然有两套可供使用的教科书。1953 年春季二年级以上的学生有两种初小课本和三种高小课本可供选择。参见:中华人民共和国教育部办公厅编:《教育文献法令汇编(1949—1952)》,内部发行 1958 年版,第 215—238 页。

化的新教科书。

　　这一时期,关于语文教学应达到的目标亦有分歧。最初,作为一门旨在提高学生运用文字能力的课程,语文课的基本意义得到更多的强调——1950年教育部颁发的"小学课程暂行标准初稿"(讨论稿)就体现了这一趋势。在这份标准初稿中,语文课的总体目标被定为"培养儿童组织和运用语言的能力"以及"培养儿童阅读和使用文字的能力",唯有以此为基础,并结合文学阅读与实际生活体验,才能指导学生"实践国民公德的革命热情""树立新民主主义思想和国际主义精神"①。但另一方面,通过语文课教学对学生进行思想教育,培养其认知并初步形成主流价值观念的做法,从民国时期就已开始实践。中华人民共和国成立初期,在上述主导舆论的加持下,这一基本理念得以强化,甚至有教师将语文课上成政治课②。因此,新学制语文教材的编写工作就被置于这两种取向形成的张力之中。

　　民国时期主持开明书店编辑工作的叶圣陶素来用行动抵制教科书政治化的趋势。在党化教育时期,叶圣陶负责开明系列小学国语教科书的编写工作。如前文所述,该教科书能够有意与政治保持距离,仅在每册书内加入最低限度的党化内容,并且充分考虑到了儿童的接受能力。中华人民共和国成立不久,时任国家出版总署副署长、负责教科书编订工作的叶圣陶就感觉到了要求语文课本履行政治教育功能的压力。1949年下半年,叶圣陶作《国旗歌》插入高小语文第一册,作《咱们的新国家》插入第三册,并对初小语文课本进行了重新排版。他在日记中对此行为做出了如下解释:"人民共和国业已成立,课本中无所表现,亦说不过去也。"③从这句话就能感到当叶做出与自己一贯立场相悖的举动时的不情愿和无奈。尽管如此,他内心依旧坚持自己的原则。当他审定

---

① 《小学国语课程暂行标准初稿》,中央人民政府教育部:《小学课程暂行标准初稿》,1950年印发,第55页。
② 参见:《改进小学语文教学的初步意见》(1954),人民教育出版社网站(www.pep.com.cn)。
③ 叶圣陶:《北游日记(甲抄)》,《叶圣陶集》(第22卷),南京:江苏教育出版社1994年版,第78页。

高小语文课本时,他对以"开国大典"为题材的课文如此评价:"此题未易写,写来殊呆板。"①叶始终困惑如何将宣传与教育相融合,反对将政治化、追新跟风的文章纳入教科书,对选入教科书的文章感到"多不当意"②。而刘松涛通过对晋察冀边区七种小学国语课本的批评,亦委婉地道出教科书不应该与时事政治过度结合、不应狭隘地追求实际功用,而应考虑儿童的接受能力与心理,重视对字词和课文结构的推敲琢磨③。

然而,这种对语文教科书去政治化的追求却受到来自延安革命根据地的教育工作者的批评。刘御在1950年重新刊发了他写于1945年的旧文,重提其对抗战期间陕甘宁边区三种国语教科书的认识。他认为这些教科书的主要问题在于编纂者的阶级观点模糊,阶级立场不明确。他们不了解中国的农村与农民,用城市大少爷、大小姐的视角编纂教科书,流露着小资产阶级的腐朽与落后。教科书中的有些内容"超时空、超阶级、超社会",起到了麻痹学生的作用。在对待抗日战争的问题上,编纂者未能指出国民政府反动的一面,也为表明"抗日的主要力量和基本队伍"究竟是谁;对抗战的描写主要集中在正面战场的正规战,反映游击战争的课文较少。刘认为教科书中出现这些问题的根本原因在于未能真正将政治性与阶级性的原则贯穿教科书的编写过程④。刘御在1949年后重发这篇旧文,并非仅仅如其按语所言,为大家提供一则史料,而是意在强调中华人民共和国教科书的编写应该密切联系时事政治,把握好政治性与阶级性的原则。

在为新学制编写全新语文教科书的过程中,坚持两种原则的编者之间的冲突明显。如前所述,凝练为"五年一贯制"的小学新学制被视为与旧有学制的决裂,充分体现了共产党领导的新政权的优越性。加之新学

---

① 叶圣陶:《北游日记(甲抄)》,《叶圣陶集》(第22卷),南京:江苏教育出版社1994年版,第78页。
② 同上书,第100、129页。
③ 参见刘松涛:《对七部小学国语课本的检讨》,《人民教育》1950年第6期。
④ 参见刘御:《我对陕甘宁边区抗战期间三部初小国语课本的认识》,《人民教育》1950年第6期。

制取消了小学阶段的政治常识课,语文课的思想政治教育功能更加凸显。因此,官方非常重视为这套被赋予浓厚意识形态色彩的学制编写与之相匹配的教科书。1951年10月,教育部任命刘御为语文组组长,开始商议新学制小学语文课本的编写工作,计划于1952年2月完成第一册,以供秋季使用①。教科书的具体编辑工作由刘御和来自开明书店的朱文叔共同负责。如前文所言,刘御作为出身革命根据地的专家,特别强调教科书的思想内涵,认为教科书的编写应突出政治性和阶级性的原则。刘御的编辑思想与叶圣陶、朱文叔等人的追求之间存在张力,这就注定新学制教科书的诞生必将历经坎坷。

朱文叔主持拟定了第一册的初稿,叶圣陶认为朱所撰写的课文"皆不坏","论思想,论教育意义,视以前教本为胜"②。但是这个颇受叶圣陶赏识的课本却没有得到教育部的认同。按照原定计划,1952年2月应该将第一册定稿出版。但是由于编者、官方对课文内容的分歧暂未平息,第一册迟迟未能最终敲定。2月6日教育部副部长钱俊瑞、韦悫召集小学教育司司长吴研因以及刘御、叶圣陶、朱文叔和一名苏联专家,共商第一册的编纂工作。针对叶、朱等人对教科书内容上的高要求,教育部针锋相对地提出对于内容"决不可能求全,但求大致无误,堪以应用,即为满足"③。但与此同时,韦悫却对教科书提出了诸多思想政治方面的要求,钱俊瑞亦指出教科书必须以工人阶级的思想为主导。叶圣陶表示,他们认同通过语文课程进行思想政治教育的原则,但关键在"如何贯彻于课本之中,用何种材料何种手法表达之"④。此次讨论仍未取得实质性突破,两种编辑取向之间依旧争执不下。但教育部已

---

① 叶圣陶:《北游日记(甲抄)》,《叶圣陶集》(第22卷),南京:江苏教育出版社1994年版,第236页。
② 同上书,第256页。
③ 同上书,第286页。吴玉章日后也曾劝叶:"此第一册只为应急,不必求全,可以对付即为了事。"叶对此的解读是:"易言之,不妨马虎而已。"参见叶圣陶:《北游日记(甲抄)》,《叶圣陶集》(第22卷),南京:江苏教育出版社1994年版,第294页。
④ 叶圣陶:《北游日记(甲抄)》,《叶圣陶集》(第22卷),南京:江苏教育出版社1994年版,第286页。

要求语文组对现有文稿进行修改，修改工作由刘御主持。刘御按照教育部制定的原则对课文进行了纠正。叶圣陶对修改之后文笔平平的文章感到不满，觉得无从下笔润色①，感慨"此册实平平，无多大毛病亦无多精彩"②。3月中旬，教育部邀请若干小学老师对刘御修订完成的教科书进行评价，他们对此教科书的反馈虽未被记载，但从叶圣陶认为此册可以出版试用的态度看，所邀教师应对其内容从整体上给予认可。然而教育部对目前的版本仍然不满意，要求"大加修改"③。此时，叶圣陶已经感到疲惫，认为在薄薄一册教科书中体现教育部的全部要求，"实为难能之事"，希望就以刘御的版本为基础，"酌加修改"，交付印刷④。3月底，人民教育出版社又组织小学教师逐字逐句对此册教科书进行校订，4月初教育部方才审核通过，开始请专人配图，准备正式出版⑤。

（三）新学制语文课本的内容与课堂讲授

在新学制教科书的编辑过程中，朱文叔等人坚持语文优先的原则编辑的初稿被教育部否定，最终选择了刘御负责的政治性更强的版本。这一事实充分反映了当时教育部门对语文教科书功能的认知。然而，刘御主持版本的胜出并不意味着语文教科书内容的彻底政治化，成为简单的说教。与此相反，在两种编辑取向的博弈下，教科书中涉及思想政治教育的课文往往以学生更容易接受、喜闻乐见的形式出现。在利用各学科进行思想教育已成为共识的环境中，新版教科书以一种更为巧妙地方式将主流价值观念融入到了具有共产党教育文化特色的课文中，并经由教师的课堂启发将其意义揭示出来。这种模式既与国民政府时期民间教

---

① 叶圣陶：《北游日记（甲抄）》，《叶圣陶集》（第22卷），南京：江苏教育出版社1994年版，第293页。
② 同上书，第304页。
③ 同上书，第307页。
④ 同上书，第308页。
⑤ 同上书，第313页。

科书将党化教育内容孤立插入的做法不同①,也与革命区部分教科书过分政治化、以服务革命现实需要的做法相异,在某种程度上是对国民党官方出版的教科书所采用方式的进一步改良和深化,但由上至下的庄重说教意味明显减弱,更注重从情感上引导学生。这种变化很大程度上乃是继承了共产党在革命时期的宣传实践遗产。课本的具体内容表现方式的变化是一方面,另一方面或许更为重要,那就是教师在课堂上对学生的启发与指导②。受苏联教育和根据地实践的影响③,1949年之后的小学教育也突出了教师在课堂上的主体地位,教师对学生正确的思想引导成为教学过程中必不可少的环节④。下面就以新学制语文课本第一册为例(详见表5.2),分析新版教科书是如何通过课文内容与课堂教学,建构学生对国家、政权以及主导价值观念的认同。

表5.2 新学制小学课本语文第一册的内容统计

序号	课文名称	内容原文（或简介）	课程指导的思想要求
1	开学了	开学了	能上学读书,是新中国儿童的幸福,这是毛主席带来的,要热爱国家,热爱毛主席,将来为国家和人民服务;强调纪律的重要性

---

① 例如,在商务印书馆1932年出版的由沈百英编著,蔡元培和吴研因校对的《小学校初级用国语》教科书第7册中连续三课刊载三民主义的演说词。参见刁含勇:《新中国中小学教科书制度的形成及其影响(1949—1954)》,华东师范大学历史学系博士学位论文,2011年,第176—177页。

② 在新版教科书第一册定稿之后,人民教育出版社非常重视对教学参考书的编纂,反复修改,"欲求尽善尽美"。参见叶陶:《北游日记(甲抄)》,《叶圣陶集》(第22卷),南京:江苏教育出版社1994年版,第346页。

③ 根据刘昶的研究,革命时期在乡村从事教学活动的小学教师,往往成为革命思想的主动宣传者和传播者。参见刘昶:《革命的普罗米修斯:民国时期的乡村教师》,[美]黄宗智主编:《中国乡村研究》(第6辑),福州:福建教育出版社2008年版,第42—71页。

④ 如此一来,对教师的能力和素质就要有更高的要求。可参见李纪生:《小学语文教学法讲话》,杭州:浙江人民出版社1954年版。

(续表)

序号	课文名称	内容原文（或简介）	课程指导的思想要求
2	上学	我们上学	教育学生明白遵守纪律的重要性
3	同学	学校里同学很多	体验集体生活,遵守纪律
4	老师	老师教我们,我们听老师的话	敬爱老师,成为建设祖国的人才
5	好学生	我们天天学习。我们要做好学生	努力学习,不怕困难
6	放学	放学回家,给老师说再见	敬爱老师,遵守纪律
7	回家	哥哥回家,妹妹告诉妈妈	同辈之间友爱和睦
8	讲故事	哥哥给妹妹讲故事	同辈之间友爱和睦
9	课本	介绍课本	爱护课本,养成习惯
10	国庆日	国庆日,开大会,高呼"毛泽东万岁"	知道国庆日的意义,培养对新中国、共产党和毛主席的感情
11	到北京去	到北京看毛主席	使学生认识幸福是毛主席领导带来的,热爱毛主席,知道北京是首都,是毛主席居住的地方
12	红领巾	做毛主席的好孩子,争取戴上红领巾	认识少先队,培养纪律性,热爱毛主席
13	工人	工人工厂忙做工	热爱工人,长大当工人
14	农民	农民种菜	培养敬爱农民的思想
15	中国人民解放军	认识解放军	解放军保护国家和幸福生活,热爱解放军

(续表)

序号	课文名称	内容原文（或简介）	课程指导的思想要求
16	手	通过手来劳动	培养儿童热爱劳动和劳动人民
17	种瓜得瓜	种瓜得瓜，种豆得豆	培养儿童热爱劳动的思想，初步明白劳动创造一切
18	秋天	秋天的丰收景象	了解解放后农村的新面貌
19	公园里的花	不要摘公园的花	爱护公共财物，培养儿童审美性情
20	马和牛	介绍牛和马的作用	热爱动物
21	羊和狗	区别山羊与绵羊，狼与狗	帮助弱小，不畏强暴，区别善恶
22	鸡	介绍鸡这种动物	培养儿童帮助家里饲养家禽，增进劳动观念
23	洗手洗脸	学会洗手和洗脸	了解清洁卫生的意义，养成好习惯
24	要上课了	上课前做准备	遵守纪律
25	值日生	同学值日打扫教室	养成认真负责的态度，使学生知道为大家服务是快乐的
26	这样坐	写字姿势要正确	培养正确的写作姿势
27	书和笔	学生要爱书和笔	教育学生爱护学习工具
28	扫树叶	学生帮家长干活	培养劳动的习惯
29	拔萝卜	学生帮父亲拔萝卜	培养劳动的习惯
30	大萝卜	大家帮忙拔萝卜	教育学生团结力量大，集体精神
31	棉衣	妈妈给孩子做棉衣	热爱劳动，尊敬父母
32	爸爸回来了	爸爸去交公粮	交公粮是农民对国家应尽的义务，敬爱父母

(续表)

序号	课文名称	内容原文（或简介）	课程指导的思想要求
33	不要吃得太多	吃多伤身体	养成良好生活习惯
34	换牙	小孩儿到一定年龄换牙	常识
35	新年	庆祝新年	增加对工人、农民的认同,培养学生热爱解放军
36	拜年	慰问军属	敬爱军属
37	猫捉老鼠	儿童游戏	培养集体精神,遵守纪律
38	听妈妈的话	小羊听话,不听狼的哄骗	教育儿童提高警惕,分清敌我,辨别是非
39	大雪	学生扫雪	热爱劳动爱学习
40	东方红	歌曲	歌颂毛主席领导人民解放全中国

资料来源:茅谷澄、陈文照、赵瑛合编:《备课参考资料》,上海:童联书店发行1953年版;刘御:《谈谈小学课本语文第一册的思想内容和教学要求》,《人民教育》1952年第7期。

从教科书所收录的课文看,国家、共产党、领袖、人民、解放军等涉及政治认同符号直接呈现的课文并不多,共有8篇,占全部课文的20%。这个比例略高于民国时期教科书中党义内容所占比例。但是,这些课文并不像有些直接涉及政治的教科书文本那样,以训导的面目出现,而是通过儿童容易接受的话将思想表达出来——这与开明系列教科书的风格接近。

例如,《国庆日》一课:

国庆日,开大会。大家欢呼:"毛主席万岁!"①

---

① 《小学课本语文》,第1册第10课,茅谷澄、陈文照、赵瑛合编:《备课参考资料》,上海:童联书店发行1953年版,第42页。

《到北京去》：

"马来了！马来了！""你到哪里去？""我到北京去。""你到北京做什么？""我要去看毛主席。"①

《红领巾》：

我们要做毛主席的好孩子。到了九岁，我们要戴上红领巾。②

这些课文多是以儿童的口吻在讲述，显得非常亲切。通过这种叙事方式，毛泽东被比作孩子们的亲人和父辈，从而使学生用对待亲人的情感去对待毛主席，大大增进了孩童对领袖的感知和认同。编者要求教师在教授这几课时，要让学生明白新旧社会之间的巨大差距，明白是毛主席带领中国人民翻身做主人，还要告诉学生毛主席是他们"最好的朋友"③。

除了这些直接传达政治认同的课文之外，政治宣传和教育在新学制教科书中多以间接的形式出现。第一册中，这样的课文共有22篇，比重超过50%。这些课文多需要通过教师的正确引导，其政治教育意义方能清晰展现。此类课文当属全书第一课最为典型。作为小学生入学来学习的第一课，课文内容非常简单，仅"开学了"三个字。但是经过教师讲授，这一课的内容就立刻变得丰富饱满。他们教育学生，国旗是国家的象征，升降旗时应向国旗敬礼；毛主席是爱护小朋友的，无时无刻不在关注着学生的成长，所以学生要听毛主席

---

① 《小学课本语文》，第1册第10课，茅谷澄、陈文照、赵瑛合编：《备课参考资料》，上海：童联书店发行1953年版，第47页。
② 《小学课本语文》，第1册第12课，茅谷澄、陈文照、赵瑛合编：《备课参考资料》，上海：童联书店发行1953年版，第51页。
③ 刘御：《谈谈小学课本语文第一册的思想内容和教学要求》，《人民教育》1952年第7期。

的话。课后指导教师布置的作业也围绕国家和领袖展开,如"小朋友应当怎样敬爱国旗""小朋友应当怎样热爱毛主席"①。对领袖情感的培养不断重复,例如第六单元练习的第一题还要求学生在课本彩图边上写"毛主席和我们在一起"。参考书并建议教师指导学生多试写几遍,练习好了再正式誊抄到图画上②。这些以间接形式对学生进行政治教育的课文,更专注对主流价值规范的传播,包括热爱劳动、遵守纪律、融入并服务于集体、区分敌我是非等。从表5.2可以看出,这些价值规范经由课文和课堂教学反复传播,从而潜移默化地为学生所吸收,以期经过长年积累,逐渐内化为一套指导并判断自身行为的"先验"准则。

综合来看,该册教科书与政治认同和主导价值规范相关的课文共有30篇,占到全书的75%,比例甚重。尽管这些课文力求通过"儿童的视角"进行表述,但分量如此之重的政治化内容带来的一个结果便是学生提前离开了本属于自己的童真世界,进入成年人为其建构的政治时空。例如,1949年开明书店出版的《幼童国语读本》和新学制语文教科书的第一册都有关于贺新年的课文,开明版意在突出"贺新年,穿新衣"③,而新学制版则旨在强调"挂国旗,工人、农民和学生一起慰问军属"④。前者所描述的场景更符合中国传统和儿童的实际体验,后者所刻绘的画面更多是一种成年人形塑的理想化表达,与儿童真实生活之间存在疏离。当时有人从思想政治教育适度性的角度公开批评了新教科书"泛政治化"的取向,认为强调语文课的思想性容易助长教师将其上成政治课,而且刘御所提出的思想标准根本就不适合低年级儿童⑤。而刘御在回应

---

① 茅谷澄、陈文照、赵瑛合编:《备课参考资料》,上海:童联书店发行1953年版,第2—3页。
② 同上书,第148页。
③ 叶圣陶撰:《幼童国语读本(第1册)》(影印版),北京:中国青年出版社2011年版,第49页。
④ 茅谷澄、陈文照、赵瑛合编:《备课参考资料》,上海:童联书店发行1953年版,第171页。
⑤ 参见萧垠:《"谈谈小学课本语文第一册的思想内容和教学要求"一文的读后感》,《人民教育》1952年第9期。

中指出,当前小学语文课堂教学不是政治性过强,而是政治性不够,教师无法准确把握课文的思想意义,因此需要对其进行指导①。在突出政治的氛围中,异见成为点缀主流的陪衬,强调政治性和思想性的趋势不可扭转。

如果我们再将新学制教科书第三册和1952改编版的初小国语课本第三册进行对比,就更能体会教科书政治化趋势的一以贯之(详见表5.3)。

表5.3 两版课本内容的对比

内容导向	新学制第三册	篇数	初小第三册	篇数
对国家、共产党、领袖的认同	在剧场里、毛主席惦记着我们	2	国旗飘、天安门、十月一日、东方红、毛主席惦记着我们、吃水不忘开井人、西藏解放了	7
对解放军、革命和抗美援朝的赞美	八路军很多很多、小铁锤、渡船上的母女、中国人民解放军、中国人民志愿军军歌	5	你看光荣不光荣、送鸡蛋、怎么会变得更强壮、新年到、丁丁当、中国人民志愿军军歌、上前方	7
对苏联领袖、中苏关系的颂扬	毛主席和苏联小朋友、"小山羊"、斯大林的学生时代	3	空缺	
对共产党价值规范的传输	小树、白蝴蝶、是我的、团结、什么叫集体	5	栽白菜、不做工的没得吃、怎么样过冬(一)(二)拔萝卜、团结起来才有力量	6
结合时政的教育	朱老伯伯、小宁、到合作社买东西	3	东北的森林、长大了做什么、谷子黄	3

---

① 参见刘御:《再谈小学课本语文第一册的思想内容和教学要求——答萧垠同志》,《人民教育》1952年第10期。

(续表)

内容导向	新学制第三册	篇数	初小第三册	篇数
与政治不相关的内容	我比去年更快乐、蓝树叶、月亮和云、猴子捞月亮、东西南北、呼吸、脏手受屈、蹦蹦、狼、狐狸、狐狸和乌鸦、狐狸和白鹤、狗找同伴、冬老头儿	14	小先生来啦、大家都有本领、铁能做什么、它是什么、猴子捞月亮(一)(二)、这是我们的家(一)(二)、你太坏、一棵白菜、一觉醒来精神好、李庄伤风了、沙眼、吃喝要定时定量、雁南飞、谁看到的、雪花和雪人	17

资料来源:《小学课本语文》(第3册),北京:人民教育出版社1953年版;《初级小学国语课本》(第3册),北京:人民教育出版社1952年版。

我们发现,新学制课本比旧制课本少了8课,但涉及时政的课文(表中的前5项)比重非常接近,分别为56.25%和57.5%。和旧制课本相比,新制课本中课文的触及面更广泛,增加了关于歌颂中苏关系以及苏联领袖的若干文章;各部分文章比重的分配更均匀;课文内容也更具体,时政部分反映了当时的政策和措施,如实施土改和合作社等,而非如旧制课文那般泛泛谈及生产和建设。这一变化说明,从技术操作层面看,新学制课本显得更成熟和细致。

(四) 语文教科书政治化趋势的进一步加强

小学新学制的改革在全国推行了一年就偃旗息鼓,这套专为新学制设计的教材出版了三册也随即戛然而止。小学恢复到初高小二分的四二学制,人民教育出版社继而对之前使用的旧课本进行了重新修订。此时社会大环境和出版社内部的结构都较之前有所变化。一方面,经过三年的恢复与改造,新生政权已基本稳固,共产党于1953年正式提出了过渡时期总路线,中华人民共和国的发展迈上新台阶。随着总路线在全国范围内的宣传与教育,各行业的政治热情持续高涨。另一方面,人民教育出版社内部的人事结构也在悄然发生改变。1954年5月,戴白韬、吴伯萧、巩少英三位党的干部入驻人民教育出版社,担任副社长和副总编等要职。而之前负责小学语文教科书编辑的朱文叔逐渐被边缘化,转而从事稿件审查工作①。这一变化意味着具有根据地经历的编辑在人教社中占据了多数位置,教科书的政治原则会更加凸显。

在大小背景的共同作用下,新修订的旧制语文教科书中与政治相关的内容比重有所提升。下面我们就以1954年修订的高级小学语文课本(共四册)为例进行分析(课本内容详见表5.4)。

表5.4 高级小学语文课本四册内容对比②

	第一册	篇数	第二册	篇数	第三册	篇数	第四册	篇数
对国家、共产党、领袖的认同	我们是幸福的、举杯祝福毛主席、一个伤员的愿望、朱总司令的故事	4	国旗、快去看毛主席、我看见毛主席了、我羡慕你们、沙漠里的奇怪事情、工农兵歌唱"七一"	6	开国大典(一)(二)(三)、一篇祝词	4	我们是接班人、怎样回答这样的期望、一个诚实的孩子	3
对解放军、革命、抗美援朝和军民关系的赞美	鞋、一只鸡、西瓜兄弟、他是从朝鲜前线回来的人、朱司令的向导、骑马与战马、功劳炮(一)(二)	8	好容易找到了、人民解放军渡长江、淮河大桥、袁儿	4	十七个勇士、大战平型关(一)(二)(三)、过桥、铁脚团长(一)(二)	6	在井冈山(一)(二)、刘志丹将军的笔记簿、野战医院(一)(二)、寄给祖国的小朋友们	6

---

① 参见刁含勇:《新中国中小学教科书制度的形成及其影响(1949—1954)》,华东师范大学历史学系博士学位论文,2011年版,第88—90页。
② 这一划分基本上是根据文本进行的分类,并未考虑到教学法的影响。如果考虑到教学法,一些无涉政治的课文也会表达出政治意涵。

(续表)

	第一册	篇数	第二册	篇数	第三册	篇数	第四册	篇数
对国际主义、苏联认同的培养	蜜蜂引路、朝鲜孩子们的心（一）（二）	3	一棵大树、斯大林的工作作风、小侦察兵（一）（二）（三）	5	列宁和卫兵、米丘林、斯达汉诺夫（一）（二）、在福特工厂里	5	"美少年"、女孩子们驾驶的拖拉机队（一）（二）（三）（四）、幻想	6
对共产党价值规范的传输			桌椅委员	1	一套工具、读书会、读书会记录、奴隶英雄	4	一个小朋友对时光老人说的话、真正的艺术	2
结合时政，通过新旧社会对比，对新生活的赞美	秋收场上、牛牵来了、渴求文化的人们、开荒日记、土地还家（一）（二）、农民代表看工业展览会、步步走的光明道（一）（二）	9	一封报告的信、北斗星村的孩子们（一）（二）、机器割麦子、青年拖拉机手之歌、姚连君（一）（二）（三）、我们要和时间赛跑、一分钟也不让它停工	10	我们的学校生活、节约、赵占魁（一）（二）、我的理想实现了、我是从农村来的（一）（二）（三）	8	千千万万人朝着一个方向、成渝铁路（一）（二）（三）、用飞机扑灭蝗虫、小经理（一）（二）（三）、徐建春、农业生产合作社不可少的力量	10
与政治不相关的内容	最好的成绩在等待你们（一）（二）、演讲的材料、	6	我懂得怎样写日记了、壁报的一栏、一条小虫	5	故事四则、负荆请罪、读书笔记	3	我们用它做题目、篮球比赛、多写多修改、	5

(续表)

	第一册	篇数	第二册	篇数	第三册	篇数	第四册	篇数
	演讲的声调、望眼镜、会喷火的怪物		和一条大船、怎么样取得时间、拖拉机				赤壁之战、黄泥岗	
政治化内容的所占比例	80%		84%		90%		84%	

资料来源:《高级小学语文课本》(1—4册),北京:人民教育出版社1954年版。

经过修改之后的旧制课本呈现以下三个特点。首先,政治化内容所占比例大幅提升。四册教科书中第一册比重最低,但也达到了80%,第三册的政治化内容高达90%。这一比重远远超过了之前版本的教科书。在这四册高级小学语文课本中,只有三篇课文与中国古代历史相关,显得孤立和突兀;剩余全部课文几乎都是以新社会或者战争革命时期为背景的题材。其次,与时政相结合的内容明显增多,有些课文甚至就是领导讲话或者新闻报道。例如,《一篇祝词》就是毛泽东在全国战斗英雄代表会议和全国工农兵劳动模范代表会议上的祝词原稿①;《我是从农村来的》是李鹤于1952年发表在《工人日报》上的新闻;《朝鲜孩子们的心》描写的是中国人民赴朝慰问团1951年在朝鲜访问的场景;更多的课文讲述的都是关于土改、合作社、现代生产之类的内容。这些内容多是用成人的口吻描述成人世界,和新学制教科书有很大区别,学生接受起来有一定难度,老师往往只能让学生机械地记下每篇课文的主题思想。笔者收集到的教科书上面,有当时学生所做的笔记。这些笔记主要记的都是每一课的主旨。例如,《机器割麦子》记着"拖拉机能改造自然,

---

① 参见:《在全国战斗英雄和劳动模范代表会议上的祝词》(1950年9月25日),中共中央党史和文献研究院编:《建国以来毛泽东文稿》(第3册),北京:中央文献出版社2023年版,第79—80页。

经过了机器割麦子,把农民的旧思想去掉了,农民们下定了决心,一定要组织起来使用拖拉机"①;《青年拖拉机手之歌》记着:"青年拖拉机手的勇敢精神,能克服困难,驰向祖国美丽的明天。"②学生所记下的内容空洞呆板,只是在重复着标准表达方式。但正是从小经历如此的反复训练,学生方才逐渐掌握了这种正确的表达方式③。最后,隐性传达共产党价值规范的文章减少。之前版本的教科书中尚有一些文章通过儿童喜闻乐见的形式(如童话、寓言等)阐释共产党所秉持的价值规范,如爱劳动、爱护公共财物、为人民服务、集体力量大、遵守纪律等,尽管如前所述,这些价值规范主要用以处理小我与大我之间的关系,但通过这些课文,它们能够以一种简单明了的形式为学生所认可和接受。如今,这些文章被紧跟时代步伐的时政类文章所取代,不再从儿童的视角去解释以及启发他们明白为什么要遵守这些价值规范。如此一来,这些价值规范就仅仅与基于情感之上的认同联系在一起,与儿童的实际生活相脱离,有时甚至以一种"命令"的姿态出现——价值规范的内在逻辑被抽空。

小结

本章从建构学生政治身份认同的角度梳理了 50 年间以语文教科书

---

① 《高级小学语文课本》(第 2 册),北京:人民教育出版社 1954 年版,第 50 页的批注。
② 同上书,第 51 页的批注。
③ 例如,作文是学生进行表达训练最常见的方式。在政治化趋势的语境下,教育者特别重视学生写作的思想性是否正确。思想不正确的作文(如反映出羡慕城市、不爱劳动等趋势)会受到特别的关注。为了保证学生作文的思想性,官方还组织小学教师参加作文批改培训班,通过对教师所写文章的修改和点评,使其首先体会和把握如何在作文中正确恰当地贯彻思想性原则。在不断地训练和修改中,学生与教师的表达方式与思维习惯都在发生着变化。参见王养齐、李洲编:《怎样批改作文》,保定:河北人民出版社 1955 年版;张鸿举、齐望川:《怎样指导小学生作文》,济南:山东人民出版社 1953 年版,第 16—18 页。对思想性的重视往往使教师在具体教学过程中把握不好"度",给小学生的题目——如"伟大的祖国""我怎样实行学生守则""谈谈纪律的重要性"——往往使他们无从下手,只能空谈政治口号,没有真情实感。参见中华人民共和国教育部小学教育司编:《小学语文经验报告选辑》(五、六年级部分),北京:人民教育出版社 1956 年版,第 120 页。

为核心的文科教科书内容的变化。不管是官方教科书还是民间教科书，都与政治保持联系，无不在一定程度上体现了国家意志。教科书作为低年级学生所接触的最重要的媒介，在传播国家和政权形象的过程中发挥着举足轻重的作用。学生最初对政治身份的体认在一定程度上就来自教科书以及课堂教学——政治身份认同的建构方式在很大程度上塑造了以教科书为中心的课堂教育文化的特征。

不同时期教科书对学生政治身份建构的表现不尽相同。民初的教科书，与政治身份认同相关的内容非常有限。即便有限的内容，也展现出不同的表达模式：既有基于民族共同情感的爱国思想灌输，又有围绕国家职能与意义的理性陈述与阐释。党化教育时期的教科书，官方版本与民间版本之间呈现出了一定的差异。前者与党义内容的结合程度相对较高，以三民主义为纲安排内容，有些课文由上而下的说教意味浓厚，过于抽象和理论化①；而民间版本尽管与政治内容结合的程度不一，但课文多能坚持以儿童的生活为中心，用儿童的视角展开叙述。不管是官方版本还是民间版本，都很少涉及国民党的时政问题。而革命区的教科书则与时政方针紧密结合，并为之服务。从塑造身份认同的具体方式看，革命色彩浓厚的基于爱-恨二元对立的情感调动成为主流。

由于编辑人员配置的结构特点，新学制教科书试图在代表建设与革命的两种教科书传统之间进行调和。基于爱-恨的二元情感动员模式得以保留，但是表现程度有所减弱。更多符合儿童阅读习惯的课文被收录，对共产党价值规范的宣传也趋于隐性。随着新学制试验宣告终止、教科书编辑队伍结构发生变动，革命根据地时期的编辑思想重新占据主导位置，继而深刻影响了之后教科书的编写风格。

经过几年的反复探索，中华人民共和国语文教科书的基本内容结构业已成型：与时政紧密结合的政治性课文的比重上升；围绕儿童生活、旨在发展儿童语言应用能力、审美能力、想象力以及丰富情感的课文比重下滑。与内容变化相应发生的乃是政治化教学方式的普及推广。一方

---

① 这一趋势在党义训练的教科书中体现得最为明显。参见陆绍昌编，叶楚伧校：《小学校高级用新中华三民主义课本》（第1—4册），上海：中华书局1928年版。

面,教科书更加频繁地反复传播着"新中国""毛主席""共产党""革命""解放军""工人"以及"农民"等内容。这些内容在经过理想化、浪漫化乃至神圣化的叙事处理之后,成为抽除复杂面向、富含政治身份意义的崇高符号。这些符号渗入到课堂教学的各个环节,从课文到课后练习,从写作训练到考试①,不断加深着学生对政治身份的认同记忆。另一方面,基于革命经验的情感动员模式得以强化。改版后的语文教科书中包含了大量对毛主席、共产党和新社会的热情讴歌,以及对旧社会、旧统治阶级和侵略者的无情鞭笞——新的政治身份认同唯有在爱-恨两极情感强烈对比的基础上才能得以巩固。从此意义上讲,1949 年之后语文课对学生课堂朗读的高度重视正是强化了情感动员逻辑,因为朗读是通过声音将"思想情感显示出来的一种手段",通过朗读可以用"文章本身所具有的思想情感直接感染学生"②,以培养学生感知和体会课文所传达的情感,进而在集体氛围中增进其对爱与恨的情景化理解。上述两点亦对建国初期学校课堂文化的特征产生了重要影响,一种突出政治、建构情感场景的课堂文化逐渐形成。

---

① 在 1949 年后新版的小学升初中的升学指导中,重新编写了"政治常识"。1950 年版的《实用高效升学指导》中的"政治常识"一节下面共列出了 85 道复习题目,部分细目,并配有标准答案。1951 年版的《小朋友升学指导》的"政治常识"分为爱国主义观点、学习观点、群众观点、劳动观点、革命观点、时事问题六部分,共 171 道复习题,亦配有标准答案。这些内容是对官方意识形态标准表述的机械重复,完全没有顾及儿童的接受能力(很典型的,例如对"斯达哈诺夫运动"的解释)。小学生对许多经常听到的概念的初步接触和理解,都是通过准备考试获得的。如"马克思主义"("是马克思所提倡的科学的社会主义,主张无产阶级革命,实行共产主义")、"列宁主义"("是马克思主义在帝国主义时代的发展,是和革命的实践结合起来的共产主义")等。1953 年版的升学指导取消了"政治常识",政治教育与身份认同塑造的任务就落在了"语文"身上。语文考试辅导部分的"常识问答""造句练习"等部分反复出现"新中国""毛主席""解放军""苏联"等政治符号。参见张公民:《实用高效升学指导(解放版)》,北京:打磨厂益昌书局印行 1950 年版,第 1—8 页;《小朋友升学指导》,上海:北新书局印行 1951 年版,第 1—40 页;《小朋友升学指导(增订版)》,上海:北新书局印行 1953 年版,第 1—15 页。
② 刘家骥编著:《谈谈小学语文教学中的几个问题》,郑州:河南人民出版社 1955 年版,第 39 页。

第六章

少年先锋队的历史发展、文化意涵与地方实践

少先队是1949年之后几代人集体记忆中的重要组成部分,它是促使儿童初步形成集体主义观念、接受主流政治价值观念的基本组织。少先队在中国儿童政治社会化的过程中扮演着关键作用。苏联著名教育家克鲁普斯卡娅认为:"儿童组织存在的事实,具有巨大的教育意义,儿童习惯于经常注意集体的利益,把自己的一切行动和集体行动连接起来。"①儿童越早适应集体生活,就越能够成为"忠心献身于共同事业的真正共产党员"②。深受苏联教育理论影响的中华人民共和国初期的教育,自然也非常强调少先队的教育功能。中国的教育官员和教育工作者从苏联吸收理论,规定了少先队的性质和任务,希望少先队能够成为一个具有普遍性的旨在培养少年儿童集体主义精神的教育组织。但少年儿童组织作为一种具有浓郁现代气息的产物,并非共产主义世界所独有的现象。因此,在中国共产党获得政权之前,中国就存在着形态各异的少年儿童组织。这些组织在战争时期的实践,既为共产党塑造少先队的文化意涵提供了依据,又是建政初期学生和家长对少年儿童组织整体印象的基础。本章在对少先队的前身进行简要介绍的基础上,希望尝试分析少先队在建政之后如何通过建构并宣传其文化意涵而逐渐被接受,以及少先队是如何将儿童们组织起来进行教育的。

---

① 转引自:《北京市少先队半年工作总结和今后工作的意见》(1954年8月20日),北京市档案馆藏,档案号:100-001-00218。
② [苏]N. K. 克鲁普斯卡娅:《论儿童新教育(上)——论少年先锋队运动和学校》,宗华译,上海:作家书屋1950年版,第15页。

一、少年儿童组织的历史演变

将尚处在身心发育期的少年儿童组织起来并非源自中国,更非中国共产党的独创。组织儿童进行管理训练的做法起源于20世纪初的英国,并在短短数年间风靡全世界,中国只是其中的追随者之一。根据国内史学界公认的看法,这一短暂传统的最初倡导者是英国军人贝登堡(Robert Baden-Powell)。当贝登堡从海外战场回到国内后,发现当时英国的少年儿童精神气质颓废消极,遂于1907年组织20名儿童在英国南部的白浪岛(Brownsea Island)进行试验,学习烹饪、侦查、追踪等基本战时生存技能,并指导他们从事自然研究等活动。后贝登堡根据实验经历,并参照其他国家青少年教育的经验,在1908年撰写了《少年侦查员:培养好公民的指导手册》(*Scouting for Boys: A Handbook for Instruction in Good Citizenship*)①。随后,贝登堡就开始周游世界,推广自己所创建的青少年教育模式,引起很大反响。人们就根据贝氏的专著,将其组织起来的少年儿童团体称之为"Boy Scouts"。这种形式引入中国以后,时人将其翻译作"童子军"。

根据贝氏专著的副标题我们可知,其创建童子军教育的首要目的乃是将儿童培养成"好公民"。在贝氏看来,"好公民"的基本标准应具备诚实、尽忠、服从、友爱、助人、快乐、服务、礼节等素质,并遵守纪律、热爱国家、自学自立②。观其初衷,贝登堡旨在建立个人与国家之间的联系——尽管他从个人素质培养出发,但"好公民"终究是要为强国服务的,这与当时整个国际背景及民族国家意识的发展紧密相关。笔者认为,童子军模式诞生伊始的内在逻辑就注定其特别容易与国家、政党政

---

① 国内历史学者只是将贝登堡创建童子军的经历作为背景略微提及,于是往往根据民国时期介绍童子军的译著和专著,将该书称之为《童子警探》,并未查阅英文原著,因此忽略了对副标题的介绍。而此副标题在笔者看来却是揭示本书要旨的关键提示。
② 转引自翟海涛、何英:《民国上海的童子军教育及其影响》,《历史档案》2009年第4期。

治相结合,并为其服务。这与一些学者较为理想化的看法不同①。贝登堡将童子军的行为法则凝练为"准备"(Be prepared),即要求童子军在身体与精神两方面都要做好尽责的准备②。这一思想很大程度上反映了童子军的任务和精神特质,同样也对中国儿童组织的发展产生了重要影响。

二、童子军的诞生与在中国的发展

中国最早创办的童子军来自教会学校。这些学校均有西方背景,往往较为积极地模仿甚至照搬西方的教育制度。1913 年,严家麟主持下的文华学校成为中国首支童子军的诞生地。随后,上海华童公学、上海致格公学、基督教青年会中学也先后创办了童子军③。1915 年,公立学校无锡省立第三师范附属小学建立了首支由国人主办的童子军④。最初,童子军的课程完全以贝登堡的著作为依据,开设纪律、礼节、操法、旗语、结绳、救护、侦查、炊事、露营等课程⑤;后来的课程更为细致,分为初、本、优三个等级,但依旧以西方童子军训练模式为基础⑥。仪式方

---

① 例如,有学者就指出,西方童子军训练的指导思想注重"让儿童充分发展自己的个性,以儿童自身的成长为出发点";而民国童子军旨在培养儿童"对政党、国家、社会的服从和奉献,以政党、国家的利益为出发点"。我们承认西方和民国时期童子军的训练方式和目的存在差异,但这种将两者对立的观点却有待商榷。参见张晓辉、荣子菡:《民国时期童子军的中国化及其影响》,《广西社会科学》2005 年第 2 期。
② 参见孙玉芹、刘敬忠:《抗日战争时期童子军社会服务活动述论》,《抗日战争研究》2011 年第 3 期。
③ 参见王晋丽:《中国最早的童子军——华文童子军》,《武汉文史资料》2005 年第 11 期。
④ 参见孙玉芹:《江苏童子军研究:1915—1926》,《南京政治学院学报》2011 年第 1 期。
⑤ 杨孔鑫口述,杨铸昭整理:《从文华中学走出来的"中国童子军代表"》,《武汉文史资料》2009 年第 11 期。
⑥ 参见孙玉芹:《江苏童子军研究:1915—1926》,《南京政治学院学报》2011 年第 1 期。

面,童子军入队须念誓词:"尽国民之责任,随时随地扶助他人,遵守童子军规律。"①着装也甚为繁琐,帽子、领巾、衬衣、短裤(马裤)、腰带、鞋、袜都有相应规定,并由学生自己承担这笔费用②。童子军行三指礼,食指、中指、无名指伸直并拢,拇指按小指于掌中,其意为实践三条誓言,以强扶弱,以大助小③。童子军中亦存在等级之分,以佩戴徽章不同加以区别。以三师附小为例:志愿入队者,佩戴五色肩章;获入队资格者,佩戴帽章;修完本级,佩戴袖章;修完优级课程,袖章上增添"口"字;有特别技能的队员,依技能种类,佩戴特别徽章④。

综上可知,民国初期中国有了自己的童子军。此时的童子军由在校学生组成,学生家庭有一定的经济实力,训练主要在校园内举行,带有一定的军事性质。国民党政府时期,童子军的基本结构与特点没有发生变化,主要是加强了党义训练,其表现为日常学习的思想政治灌输与重要节日的纪念活动⑤。抗日战争爆发后,童子军从校园走向社会,不管奔赴前线还是留守后方,他们在国民政府的领导下,为抗日战争的胜利作出了自己的贡献⑥。

三、新民主主义革命时期中国共产党领导下的儿童运动概况

国民政府继承民初童子军创建时的特点,以在校学生为基础组建童

---

① 孙玉芹:《江苏童子军研究:1915—1926》,《南京政治学院学报》2011年第1期。该誓言是对贝登堡所制定誓言的修正,原誓言为"信奉上帝,忠于英皇;遵守童子军规律;随时随地扶助他人",从誓言也能看出童子军所具有的政治性特征。参见翟海涛、何英:《民国上海的童子军教育及其影响》,《历史档案》2009年第4期。
② 参见王晋丽:《中国最早的童子军——华文童子军》,《武汉文史资料》2005年第11期。
③ 参见孙玉芹:《江苏童子军研究:1915—1926》,《南京政治学院学报》2011年第1期。
④ 同上。
⑤ 参见张晓辉、荣子菡:《民国时期童子军的中国化及其影响》,《广西社会科学》2005年第2期。
⑥ 参见孙玉芹、刘敬忠:《抗日战争时期童子军社会服务活动述论》,《抗日战争研究》2011年第3期。

子军,有种"正规军"的意味,舶来色彩依旧浓厚。共产党人也同样吸收了"将儿童组织起来"的现代思想资源,积极在少年儿童中间宣传共产党的价值理念,并尝试在他们中间建立组织,以为革命斗争服务。与国民党组织的童子军相比,共产党所领导的儿童团就是一支"游击队":成员既有在校学生,又有分布在城市各行各业的童工、难童,还包括散居于广大农村的贫苦孩童①;不同时间、不同地区的儿童团组织的名称、入团规定、着装要求,具体任务也不尽相同。因此并不存在一个真正意义上的全国性的统一领导机构,儿童团工作基本上以地区为中心。下面本章将从组织要求与原则、仪式与着装、社会活动与斗争的参与情况、政治教育、学习活动等几方面简单描绘一下中国共产党领导下的儿童团运动的历史概况。

(一) 组织要求与原则

1922年的四五月份,安源煤矿的小矿工与工人子弟小学的学生被陆续组织起来,成立了儿童团,这是中共历史上成立最早的革命儿童团体②。安源儿童团宣布了三条组织纪律:"保守秘密,不许打架,完成任务。"③同年7月,共产党历史上第一个关于少年儿童运动的纲领性文件《关于少年运动问题的决议案》出台,提出组织少年运动迫在眉睫。1926年,共青团中央通过了《儿童运动决议案》,细化了前面文件的提法,指出要培养儿童"勇敢牺牲的精神和团体生活的习惯","训练他们成为将来继续斗争的战士";该文件认为"吸收团员条件不宜过严",应包括工人童工和工人子弟、乡村农民子弟以及小学生与城市穷苦儿童④。随即颁布的《劳动童子团简章》明确规定,"凡不过十六岁劳动阶级之子女,遵守本

---

① 关于当时中国一般儿童的生活状况,可参见郑洸、吴芸红主编:《中国少年儿童运动史》,天津:天津人民出版社1992年版,第15—19页。
② 参见:团中央少队工作委员会、中国少年先锋队工作学会编著:《中国少年儿童运动史话》,北京:中国少年儿童出版社1989年版,第7—8页。
③ 中国少年先锋队全国工作委员会、中国少年先锋队工作学会主编:《中国少年先锋队大全》,北京:中国少年儿童出版社2005年版,第106页。
④ 同上书,第109—110页。

团章程者,得团员或工会会员二人以上介绍,经团部执行机关之通过,皆得为本团团员。"①

在土地革命时期,儿童团对其组织和团员身份有了进一步的明确,提出将"夺取劳苦儿童群众"作为一项重要任务②,规定儿童团为"广大劳动儿童群众及一般贫苦儿童的群众的组织",依旧要求章程不宜复杂,门槛不宜过高,并将入团年龄限制提高至十八岁③。1931年苏区通过的儿童团组织法和编制法强调了纯化组织的重要性,要求以阶级成分作为甄选团员的唯一标准,应使"百分之百的劳苦儿童加入",决不允许"地主豪绅富农子弟以及加入了反革命团体的儿童"加入,"以便建立童团坚固的阶级基础和指导机关"④。在此思想指导下,1932年苏区儿童团开展了一场"自上而下,自下而上"的彻底改造,清理了不符合阶级成分要求的团员,大量吸收了组织之外的劳动儿童⑤。与此同时,组织还对团员中的一些陋习进行了清理——当时,团员中吸烟、喝酒、赌博并非个别现象⑥。

抗日战争期间,《抗日儿童团章程》不再强调阶级成分,规定7岁以上14岁以下的孩子都可以自愿加入儿童团,以扩大其规模和影响力;而组织纪律被概括为"五要"与"五不要"⑦。为了提高凝聚力,这一阶段有

---

① 《劳动童子团简章》,赣南师范学院、江西省教育科学研究所编:《江西苏区教育资料汇编》(6),内部发行1985年版,第40页。
② 郑洸、吴芸红主编:《中国少年儿童运动史》,天津:天津人民出版社1992年版,第64页。
③ 《全国第五次大会儿童运动决议案》,中央教育科学研究所编:《老解放区教育资料(1)》(土地革命战争时期),北京:教育科学出版社1981年版,第384—385页。
④ 中国少年先锋队全国工作委员会、中国少年先锋队工作学会主编:《中国少年先锋队大全》,北京:中国少年儿童出版社2005年版,第123页。
⑤ 《湘赣苏区儿童团工作决议案》,中央教育科学研究所编:《老解放区教育资料(1)》(土地革命战争时期),北京:教育科学出版社1981年版,第388页。
⑥ 参见中央教育科学研究所编:《老解放区教育资料(1)》(土地革命战争时期),北京:教育科学出版社1981年版,第125—126页。
⑦ 即:要服从组织、要忠实团结、要坚决勇敢、要艰苦工作、要努力学习;不要自私自利、不要互相打骂、不要胆小害怕、不说空话假话、不要自高自大。参见郑洸、吴芸红主编:《中国少年儿童运动史》,天津:天津人民出版社1992年版,第133页。

的儿童团组织还增加了入团誓词,以期增加约束:"我愿意参加儿童团,做个好团员,不打架,不骂人,不撒谎,不逃课,遵守团章,服从领导,努力学习,努力帮助大人赶走日本强盗,建设一个自由快乐新中国,要是我犯了儿童团的纪律,愿接受大家处罚,我自己发了誓,就一定要做到。"① 该阶段一个鲜明的特点便是各根据地根据自己的情况纷纷建立儿童团,组织相对独立,缺少统一的名称和管理制度。

1945 年之后,延安根据地加强了对儿童团的管理,增加了入团的限制条件,主要包括学习好,守纪律,尊师爱幼,积极参加活动,爱劳动,讲卫生等②。这一变化说明组织对待儿童团的态度正在悄然更改:儿童团不再仅仅是一股战时补充力量,它在某种程度上已经被赋予了"荣誉"的意味——这在 1949 年之后儿童组织的职能转换过程中更充分地体现出来。

(二)仪式、口号与着装

组织仪式、标语口号与着装是少年儿童形成身份认同的重要环节。儿童团的团礼相对固定,要求"右手五指并拢至额表示敬礼",规定"团员相遇或当举行庆祝、哀悼礼时均须举手行礼"③。五指并拢既意味着中华民族儿童大团结,也象征着世界五大洲儿童的大联合④。儿童团还定期组织检阅大会。1933 年 4 月 1 日苏区举行第一次儿童团检阅,共有 300 余名儿童团员到场。会场主席台正中挂着"红色儿童团结起来"的彩旗,两边悬挂"学习共产主义""世界主人翁""将来的主人"等匾额。检阅开始后,印有"苏区共产儿童团'四一'大检阅"的红旗升起,全体团员敬礼。团员代表带领全体团员呼喊,表示时刻准备着"打倒帝国主义"

---

① 中国少年先锋队全国工作委员会、中国少年先锋队工作学会主编:《中国少年先锋队大全》,北京:中国少年儿童出版社 2005 年版,第 144 页。
② 同上书,第 170 页。
③ 《劳动童子团简章》,赣南师范学院、江西省教育科学研究所编:《江西苏区教育资料汇编》(6),内部发行 1985 年版,第 40 页。
④ 参见中国少年先锋队全国工作委员会、中国少年先锋队工作学会主编:《中国少年先锋队大全》,北京:中国少年儿童出版社 2005 年版,第 143 页。

"推翻国民党反动统治""做将来的社会主义的主人"①。除此之外团员集体进行打野操、军事演练,并听取领导的报告和讲话②。

标语口号是儿童团文化的重要组成部分。标语不仅能够起到动员作用③,而且还是重要的身份标识,独具特色的口号与徽章一样,都可以视为明晰组织身份的图腾。儿童团从建立之初就很重视口号的设计。省港罢工期间,儿童团的口号是"准备着,团结起来,努力工作,勇往直前"④。学生童子团的口号为:"准备着新的知识!准备着新的力量!准备着团结起来!"⑤劳动童子团的口号为:"准备着打倒帝国主义!准备着打倒军阀!准备着做全世界的主人!"⑥苏区儿童团传达的口号为:"准备着,时时刻刻准备着。"⑦抗战爆发以后,儿童团的口号变得更加短促有力:"时刻准备着!"⑧

除了标语口号,儿童团唱的歌曲也不断塑造着组织文化。在五卅运动中,团员唱诵:"天不怕、地不怕,哪管铁链下面淌血花。拼着一个死,

---

① 参见中国少年先锋队全国工作委员会、中国少年先锋队工作学会主编:《中国少年先锋队大全》,北京:中国少年儿童出版社2005年版,第136页。
② 《我们的总检阅——中央苏区儿童团总检阅经过》,赣南师范学院、江西省教育科学研究所编:《江西苏区教育资料汇编》(6),内部发行1985年版,第41页;另参见:《少共宜萍县委儿童局第二次书记联席会议决议案》,中央教育科学研究所编:《老解放区教育资料(1)》(土地革命战争时期),北京:教育科学出版社1981年版,第395页。
③ 关于标语口号的动员作用,参见韩承鹏:《标语口号文化透视》,上海:学林出版社2010年版,第1—4页。
④ 参见中国少年先锋队全国工作委员会、中国少年先锋队工作学会主编:《中国少年先锋队大全》,北京:中国少年儿童出版社2005年版,第113页。
⑤ 《学生童子团简章》,赣南师范学院、江西省教育科学研究所编:《江西苏区教育资料汇编》(6),内部发行1985年版,第39页。
⑥ 同上书,第40页。
⑦ 《少共宜萍县委儿童局第二次书记联席会议决议案》,中央教育科学研究所编:《老解放区教育资料(1)》(土地革命战争时期),北京:教育科学出版社1981年版,第394页。
⑧ 中国少年先锋队全国工作委员会、中国少年先锋队工作学会主编:《中国少年先锋队大全》,北京:中国少年儿童出版社2005年版,第143页。

敢把皇帝拉下马。杀人不过头落地,砍掉脑袋只有碗大个疤。"①省港大罢工中,团员们高唱:"头颅虽小血自热,心肝虽小胆不惊。前进!前进!小朋友们武装起,要向那压迫者进攻,不牺牲,安得胜?血染全世界,杀尽那敌人!"②苏区儿童团通过朗朗上口的歌曲进行革命宣传,"青竹蛇牙蜈蚣嘴,蝎子尾巴马蜂针,砒霜加上断肠草,最毒莫过土豪心";"扳倒大树有柴烧,扳掉穷根幸福到,穷人跟定共产党,竹笋出土节节高"等③。后来,儿童组织还有了自己的歌曲,例如陕甘宁边区的保育小学,他们的队歌这么唱道:"我们是光荣的少先队员,毛泽东时代的新少年,无论是工作、学习和生产,我们永远站在同学的前面!"④从歌词我们同样能够发现,革命后期的儿童组织已经不再单纯是一个战斗团体了⑤。

具有鲜明标志的着装与装备同样容易激发孩童对其组织身份的确认。和童子军一样,共产党领导的儿童团同样强调着装。安源罢工中,儿童团员"颈系红领巾,手持木棍"⑥,红领巾和长棍类武器之后构成了战时儿童团的基本象征符号。1926年的《儿童运动决议案》就规定服装不要求一致,旗帜亦有各地自行决定,唯作统一要求的便是须佩戴"红色领结"⑦。与之相似,劳动童子团也规定制服可模仿旧式童子军制服,但

---

① 中国少年先锋队全国工作委员会、中国少年先锋队工作学会主编:《中国少年先锋队大全》,北京:中国少年儿童出版社2005年版,第112页。
② 团中央少先队工作委员会、中国少年先锋队工作学会编著:《中国少年儿童运动史话》,北京:中国少年儿童出版社1989年版,第27—28页。
③ 中国少年先锋队全国工作委员会、中国少年先锋队工作学会主编:《中国少年先锋队大全》,北京:中国少年儿童出版社2005年版,第136页。
④ 郑洸、吴芸红主编:《中国少年儿童运动史》,天津:天津人民出版社1992年版,第219—220页。
⑤ 另外一首歌曲也反映了这种变化:"少先队和儿童团,吃苦作事在前面,打饭打菜不争先,遵守纪律的好模范。"参见郑洸、吴芸红主编:《中国少年儿童运动史》,天津:天津人民出版社1992年版,第224页。
⑥ 中国少年先锋队全国工作委员会、中国少年先锋队工作学会主编:《中国少年先锋队大全》,北京:中国少年儿童出版社2005年版,第106页。
⑦ 同上书,第110页。

领口必须为红色①。宜萍县规定儿童团员需要持有木枪或者红棍②。鄂豫皖和弦歌西苏区儿童团的标志是红袖章,武器是梭镖、木枪、木棒③。1949年上海解放前夕成立的儿童精英团体"铁木儿团"的标志显得与众不同,是一个三角形,代表着五角星的一角,意指"小共产党"④。

(三) 社会活动与斗争

与诞生于校园的童子军不同,儿童团成立后就是一个以参与斗争为主要目的的组织。儿童团员没有在虚拟环境中接受过训练,从入团之日起他们就面临着真实残酷的局势——斗争业已成为他们日常生活的重要组成部分,五卅运动期间,儿童团接受了散发传单的任务。据当时参与此任务的儿童团员张明回忆,他因散发传单被捕,在巡捕反复的逼供下,他一口咬定只是碰巧捡起传单才得以逃脱⑤。而同样是散发传单、张贴标语的罗志群、邓金娣却没有那么幸运,他们于1927年在广州被捕,即遭杀害⑥。随着局势的恶化,儿童团的活动更加隐蔽。

土地革命期间,苏区的儿童团组织了调查队,查出隐藏身份的地主富农十余家⑦。在反击国民党政府的"围剿"中,儿童团员从事侦察工作,站岗放哨,传递敌情,参与运输弹药;有的团员甚至还直接参与斗争,

---

① 参见:《劳动童子团简章》,赣南师范学院、江西省教育科学研究所编:《江西苏区教育资料汇编》(6),内部发行1985年版,第40页。
② 《少共宜萍县委儿童局第二次书记联席会议决议案》中央教育科学研究所编:《老解放区教育资料(1)》(土地革命战争时期),北京:教育科学出版社1981年版,第395页。
③ 中国少年先锋队全国工作委员会、中国少年先锋队工作学会主编:《中国少年先锋队大全》,北京:中国少年儿童出版社2005年版,第132—133页。
④ 同上书,第174页。
⑤ 团中央少先队工作委员会、中国少年先锋队工作学会编著:《中国少年儿童运动史话》,北京:中国少年儿童出版社1989年版,第16页。
⑥ 中国少年先锋队全国工作委员会、中国少年先锋队工作学会主编:《中国少年先锋队大全》,北京:中国少年儿童出版社2005年版,第117页。
⑦ 耀邦:《共产青年团领导下的苏区共产儿童团三个月来的活跃情形》,中央教育科学研究所编:《老解放区教育资料(1)》(土地革命战争时期),北京:教育科学出版社1981年版,第396页。

刘志丹所领导的游击队中就有一支由十一二岁的儿童组成的娃娃班①。抗日战争期间,儿童团开展了著名的"五不运动"②。"五不运动"鼓舞了一代儿童团员,他们利用课上课下的时间学习、讲解"五不"的内涵。面对敌人的威逼利诱,涌现出了一些积极实践"五不"的团员英雄,如河北完县野场村的王朴③。另外,厦门、上海等地的儿童团组织了孩子剧团,转战各地,深入一线表现,号召大家团结抗战④。到了解放战争时期,儿童团员向前线运送军需物资、护理伤员;后方的团员参加土改和户口普查,挨家挨户审查,揪出有问题的人⑤。儿童团员在前后两条战线上都起到了辅助作用。除了直接参与战争进程之外,儿童团还在宣传动员群众、参加生产劳动等方面发挥着积极作用。但战争年代儿童团参与社会活动的主线仍然围绕战场展开,因此战斗性就成为儿童团组织文化的基本底色。

(四) 政治教育

除了参加斗争和社会活动,儿童团对团员的思想教育也提出了具体

---

① 郑洸、吴芸红主编:《中国少年儿童运动史》,天津:天津人民出版社1992年版,第116—118页。
② 即不进鬼子校,不念鬼子书;不听鬼子话,不参加鬼子会;不吃鬼子糖,不要鬼子东西;不见鬼子面,不告诉敌人一句实话;不受鬼子骗,不参加敌人的少年团。参见郑洸、吴芸红主编:《中国少年儿童运动史》,天津:天津人民出版社1992年版,第149—150页。
③ 参见丹琳:《寻访儿童团战友》,北京:中国文联出版社2008年版,第4—32页。在名为"石匣岭的怒吼"的一节中,作者用报告文学的笔法写出了王朴的英雄事迹,虽然具有歌颂意图——即便翻阅当年的报纸,这件事情在抗日的大背景下也被赋予了宣传意义——但通过当事人的口述,还是能反映出事件的基本轮廓。另参见郑洸、吴芸红主编:《中国少年儿童运动史》,天津:天津人民出版社1992年版,第151页。
④ 参见中国少年先锋队全国工作委员会、中国少年先锋队工作学会主编:《中国少年先锋队大全》,北京:中国少年儿童出版社2005年版,第157—159页;另参见孩子剧团团史编辑组编:《孩子剧团》,成都:四川少年儿童出版社1981年版。
⑤ 参见郑洸、吴芸红主编:《中国少年儿童运动史》,天津:天津人民出版社1992年版,第230—235页。

要求。作为中国共产主义事业的后备力量,儿童团员自然被认定要担负将来建设新社会的重任,因此确保成员思想与共产党价值理念保持一致就成为儿童团的中心工作之一。正如《儿童运动决议草案》所言,共产主义儿童运动的任务旨在使无产儿童认知其阶级状况与阶级斗争的必要,"以共产主义精神教育他们"①。苏区要求儿童在会议中做"政治报告",并参与选举②。湘赣苏区要求经常编订浅显易懂的政治宣传材料,组织儿童进行讨论,并规定儿童须定期上政治课③。除此之外,苏区还组织政治测验以检查儿童对思想政治教育的消化程度④。抗战期间,上海"以培养革命接班人为目的"将难童组织起来进行培训,主要课程包括中国近现代史、大革命史、共产党抗战的基本纲领以及大众哲学、进步名篇选读等⑤。苏北解放区用儿童喜闻乐见的方式进行教育,召集团员参加土改斗争,控斥地主罪恶,以激发团员的阶级仇恨,提高革命觉悟与热情⑥。通过政治教育,儿童团有效地将适龄儿童组织起来接受共产党所宣扬的主流价值规范,但有些教育手段过于成人化,儿童不易接受。

(五)学习活动

共产党领导的儿童团运动与童子军不同。后者在很大程度上只是正规学校教育的补充结构,在正规教育体系中处在相对边缘的位置,因此组织学习并非童子军训练需要关心的内容。而战时儿童团则是一个

---

① 中国少年先锋队全国工作委员会、中国少年先锋队工作学会主编:《中国少年先锋队大全》,北京:中国少年儿童出版社 2005 年版,第 121 页。
② 耀邦:《共产青年团领导下的苏区共产儿童团三个月来的活跃情形》,中央教育科学研究所编:《老解放区教育资料(1)》(土地革命战争时期),北京:教育科学出版社 1981 年版,第 397 页。
③ 《湘赣苏区儿童团工作决议案》,中央教育科学研究所编:《老解放区教育资料(1)》(土地革命战争时期),北京:教育科学出版社 1981 年版,第 389 页。
④ 中国少年先锋队全国工作委员会、中国少年先锋队工作学会主编:《中国少年先锋队大全》,北京:中国少年儿童出版社 2005 年版,第 137 页。
⑤ 同上书,第 161 页。
⑥ 《中国革命根据地教育史》(第 3 卷),北京:科学教育出版社 1993 年版,第 117—118 页。

旨在将校内外一切能够动员的适龄群体组织起来并对其日常生活进行全面指导的团体,儿童团需要通过对学习重要性的强调,组织成员积极学习文化知识,提高团员的综合素质。少共江西省委儿童局专门发出通知,敦促贫苦儿童接受免费教育,并对六至十岁的儿童实施强迫教育①。陈丕显更是大声疾呼,要求最大范围地动员儿童团员去读书,开展猛烈的读书运动,举行读书比赛②。苏区成立列宁小学之后,共青团积极动员儿童团员入学念书。儿童团员中的积极分子协同共青团员积极宣传读书的好处,向态度消极的学生家长解释读书的作用与好处③。即便暂无条件办学的地方,也由团员负责办起了读书班,确保儿童团员有书可读④。到了抗日战争期间,由于大部分地区条件艰苦,缺少正规教室,儿童团员带头利用现有条件,在不同场合下开展学习⑤。在儿童团员的带动下,解放区适龄儿童的入学率有所提升。以苏北涟水县孙湾村为例,解放战争期间儿童入学率已达到70%,小学生人数比日本投降之际增加一倍。即便因各种原因无法入学的儿童,也在教师和儿童团员的帮助下进入了读书识字班⑥。当然,战争时期的儿童团同样强调娱乐活动,尤其是那些能够与宣传动员、政治教育相关的娱乐活动,如学习革命歌曲、参加集体游戏等。

---

① 苏区所办的小学,对贫苦儿童是免费的,富农子弟若来读书,须交学费,以"提高贫苦儿童的阶级认识"。参见:《少共省委儿童局通知(第7号)——督促贫苦儿童去读书》,赣南师范学院、江西省教育科学研究所编:《江西苏区教育资料汇编》(6),内部发行1985年版,第43页。
② 丕显:《猛烈进行读书运动》,赣南师范学院、江西省教育科学研究所编:《江西苏区教育资料汇编》(6),内部发行1985年版,第43—44页。
③ 参见郑洸、吴芸红主编:《中国少年儿童运动史》,天津:天津人民出版社1992年版,第112—113页。
④ 中国少年先锋队全国工作委员会、中国少年先锋队工作学会主编:《中国少年先锋队大全》,北京:中国少年儿童出版社2005年版,第126页。
⑤ 参见丹琳:《寻访儿童团战友》,北京:中国文联出版社2008年,第11—14页;中国少年先锋队全国工作委员会、中国少年先锋队工作学会主编:《中国少年先锋队大全》,北京:中国少年儿童出版社2005年版,第148页。
⑥ 《中国革命根据地教育史》(第3卷),北京:科学教育出版社1993年版,第116—117页。

四、从少年儿童队到少年先锋队:组织的重整与发展困惑

从上述历史概括我们能够发现,1949 年之前共产党领导下的儿童团并非一个统一完整的组织。儿童团的产生最初是服务于革命斗争需要。根据形势的变化,儿童团的组织原则不断做出调整以适应现实需求;不同地区的儿童团基本上处于各自为战的状态,既没有一致的组织名称,也没有统一的领导机构,更不存在通盘的行动部署,就连入团年龄、着装、口号和队伍标志也不尽相同。概言之,战争时期的儿童团并没有形成一个独立清晰的明确身份。我们应更多地从工具理性层面理解其存在之意义——儿童团在某种程度上是作为服务于战争这一宏大目标的附属机构而存在的,其主要目的是组织和动员更广泛的少年儿童加入革命进程。于是我们也就不难理解当时的入团要求为何相当宽泛,甚至团组织需要主动劝说儿童加入。因此从史实层面讲,儿童团很难被界定为"先锋组织",组织中团员的素质亦是良莠不齐——如上所述,团员中吸烟、喝酒、赌博等不良现象并不在少数。尽管如此,各地儿童团依旧分享了一些共同特征,如强调参加社会活动、突出学习的重要性、不忘娱乐活动等。这些特征业已深深地植入并塑造着少年儿童组织的文化意涵。1949 年之后,教育工作者强调少年儿童组织在教育中扮演的重要作用也正是从这些特征出发展开论述的。进入政权统一的建设时期,儿童团最初的形态和职能均无法继续维持下去,转型实属必然。但需要指出的是,不管组织职能如何转化,已经成为记忆并陈列在博物馆展架上的儿童团历史却始终影响着这一组织的文化底色——少先队的仪式和象征与这段历史紧密相关。

1949 年 10 月 13 日,共青团中央颁布了《关于建立中国少年儿童队的决议》(简称《建队决议》)。该决议首先规定了全国各地区少年儿童组织的名称,统一称为"少年儿童队"。其次规定入队年龄段为 9 到 15 岁[①]。

[①] 参见中国少年先锋队全国工作委员会、中国少年先锋队工作学会主编:《中国少年先锋队大全》,北京:中国少年儿童出版社 2005 年版,第 181 页。

这一规定背后是对少年儿童组织的重组。在该决议颁布之前，少年儿童组织分为儿童团和少年先锋队，两者是年龄阶段不同的两个组织。不同时间和地区，组织对这两个团体年龄界限和性质的界定也不尽相同。本章第一部分主要讨论了儿童团的历史情况，此处对少年先锋队的情况做一简要交代。少年先锋队尽管使用了"少年"的名号，但是该组织最早在苏区其实是一个半军事性的青年斗争组织①，入队年龄被限制在16岁至23岁，并明确反对降低入队年龄的做法②。尽管年龄有明显的区别，但是少先队和儿童团的组织原则、主要任务和受教育的方式均基本一致③。在少先队所规定的年龄阶段，还有共青团这一政治组织。虽然中央对两者进行了界定，但从其任务与职责看，界限并不清晰。到了根据地时期，有些地方少先队的年龄开始下降，延安保育小学和抗日军人家属小学将入队年龄规定为小学高年级④；晋绥边区更是将儿童团与少先队合并，统称少先队，规定年限为7岁至13岁⑤。但是在1949年1月，团中央颁布的《关于建立中国新民主主义青年团的决议》再次明确将儿童团与少先队区别开来，7岁至12岁的入儿童团，13岁至17岁的入少先队；唯有在儿童人数较少的农村地区两者方可合并为"少年儿童团"⑥。但该规定依旧对少先队与共青团的关系言语不详。而《建队决议》则通过合并少先队与儿童团，理顺了少年儿童组织与青年组织之间

---

① 参见：《少年先锋队组织和编制决议案》，中央教育科学研究所编：《老解放区教育资料(1)》(土地革命战争时期)，北京：教育科学出版社1981年版，第359页。
② 参见：《苏区少年先锋队的性质与组织构造》，中央教育科学研究所编：《老解放区教育资料(1)》(土地革命战争时期)，北京：教育科学出版社1981年版，第356—357页。
③ 参见：《少共苏区中央局关于少先队工作的决议》，中央教育科学研究所编：《老解放区教育资料(1)》(土地革命战争时期)，北京：教育科学出版社1981年版，第351—352页；《加紧少年先锋队的教育工作》，中央教育科学研究所编：《老解放区教育资料(1)》(土地革命战争时期)，北京：教育科学出版社1981年版，第371—372页。
④ 参见中国少年先锋队全国工作委员会、中国少年先锋队工作学会主编：《中国少年先锋队大全》，北京：中国少年儿童出版社2005年版，第169页。
⑤ 同上书，第170页。
⑥ 参见郑洸、吴芸红主编：《中国少年儿童运动史》，天津：天津人民出版社1992年版，第264页。

的关系。如此一来,少年儿童队的政治身份特征就更为突出,同时也为成长过程中的年轻人提供了一条愈加清晰的政治身份晋升途径。《建队决议》对少年儿童队与青年团之间的关系做出了规定,在离队和入团之间增加了一年的过渡期,即离队年龄为 15 岁,而入团年龄为 14 岁起①。短短一年的过渡期意在鞭策已到达离队入团年龄但尚未符合入团条件的少年严格要求自己,争取实现从少先队员到共青团员的顺利过渡。团中央对少年儿童组织进行调整之后,明确了少年儿童队在"队-团-党"的政治组织序列中的位置及其隐喻:少年儿童队应是政治组织中基础最为广泛的团体,其队员则构成了中华人民共和国优秀接班人的基石与后备力量。

随着战争的结束和建设的开始,少年儿童队的性质与职能也在发生改变。从"少年儿童队"的命名即可反映出当时团中央对该问题的认知和定位。1949 年颁布的《建立中国少年儿童队的几个问题说明》专门对命名的考虑做出了解释:之所以放弃之前惯用的"先锋队"称号,乃是意在纠正当下人们普遍存在的一个观念,即认为少年儿童组织应该是一个由少数优秀适龄成员组成的精英组织,用文件带有贬义的原话说就是"狭隘组织"②。《建队决议》强调了少年儿童队是一个具有教育性质的组织,应以正规学校教育为依托,通过指导学生参与学习和集体活动,将他们团结起来培养成具有"五爱"品质的"新中国的优秀儿女"③。因此队章草案特别强调适龄儿童"只要自愿参加少年儿童队,遵守队章,参加队的活动",经队部批准即可入队④。从字面表述看,这与战争时期需要一至两名介绍人"担保"的加入方式相比已发生明显变化,但却保留了当时低门槛的准入条件。

尽管上述几个文件将团中央对少年儿童队的性质和职能的定位做

---

① 参见中国少年先锋队全国工作委员会、中国少年先锋队工作学会主编:《中国少年先锋队大全》,北京:中国少年儿童出版社 2005 年版,第 182 页。
② 同上。
③ 郑洸、吴芸红主编:《中国少年儿童运动史》,天津:天津人民出版社 1992 年版,第 265 页。
④ 同上。

了较为明晰的说明,但这种解释确实与解放后一般人对少年儿童队的认知和心理预期不相符——从战争到建设的任务转变使得人们有意无意地将儿童队想象成由先进队员组成的精英团体。在这些文件颁布半年后,第一次全国少年儿童工作干部大会召开。从此次会议的报告中我们就能发现,地方建队实践与文件规定表达之间的差异:各地往往将入队标准定得很高,入队审批手段繁琐,需填申请书、写自传并进行公议①;申请入队需要团员作介绍人,设定预备期,且仍须像战争时期一样审核申请人的出身;个别地区甚至发动了"整队"运动,将被认为不合格的队员清除出队②。地方的应对行动基本上是将少年儿童队与共产党的性质等同,所采取的手段及背后逻辑都与后者基本相似。这也难怪,团中央 1949 年对少年儿童队性质和职能的解释着实让具体实施者感到困惑,不知如何付诸实践:如果少年儿童队只是负责团结教育儿童,那么它和由学校主导的日常教育的界限如何划分;如果不加区别地将愿意入队的儿童全部吸纳,少年儿童队的指导地位如何得到保证;主导价值规范是否还能贯彻下去③。下文将结合北京市建队发展的情况进一步分析这一困惑。这里只是指出这种困惑在各地实践过程中普遍存在。这种困惑与紧接着要讨论的一个现象紧密相关且相互加强,那就是通过设定相关仪式及对象征标识赋予意义,少年儿童组织被神圣和荣誉的光环所围绕。

特别有意思的是,"少年儿童队"的名称仅仅用了不到 4 年时间,

---

① 参见:《关于中国少年儿童队的几个具体问题的处理与规定》,中国少年儿童社编:《培养教育新的一代——第一次全国少年儿童工作干部大会文献》,北京:青年出版社 1951 年版,第 18 页。
② 参见何礼:《少年儿童队工作报告》,中国少年儿童社编:《培养教育新的一代——第一次全国少年儿童工作干部大会文献》,北京:青年出版社 1951 年版,第 8—10 页。
③ 当时为少年队员所编写的课外读物也体现出了编者对该组织所应具有的"先锋性"的理解。例如江芷千等著:《少先队员的好榜样》,上海:少年儿童出版社 1956 年版。全书选择了 20 篇文章,通过这些文章,编者希望让小朋友懂得"少先队员应该成为怎样一个人"。该书封面也具有象征意义,为一男一女两个昂首挺胸吹着冲锋号的少先队员雕像,以红色队旗作为背景。

1953年6月团中央决定将其改为"少年先锋队"。之前被摒弃的"先锋"一词重新得到认同,团中央在更改说明中对"先锋"一词做出了解释:"先锋是开辟道路的人,是为了人民的利益走在前面的人。"①这无疑意味着,"先锋"是精英、是少数人。该说明继而指出,将儿童组织冠之以"先锋"的名号,旨在鼓励儿童学习共产党、毛主席等先锋榜样,并继承他们所开辟的伟大事业②。这一说法似乎进一步暗示了少先队应该是一个精英组织。但是此文件在最后强调1949年确定的少年儿童队的性质和职能均未发生改变;而随后的解释做出了补充说明:取"先锋"之名绝不是让少年儿童起"先锋"的作用,少先队仍是"广泛性的少年儿童的教育组织"③。但组织更名的事实却反映了当时人们对少先队性质看法的分歧与博弈。更名之后,一方面话语表述与行动实践之间的关系更加纠结;另一方面,更为重要的是,少先队的政治意味与神圣性增强,进而对该组织的文化建构产生重要影响。

五、少先队的组织结构、仪式与象征物

想要深入理解中华人民共和国少年儿童组织的文化意涵,就必须对该组织的结构、仪式规定以及象征符号进行阐释,它们深刻地影响并塑造着少先队的组织文化,也以一种潜移默化的方式作用于队员的感情、认知与行为。通过少先队所实现的教育与规训功能,在很大程度上是借助于此三者完成的。

(一)组织结构

一个组织对其结构组成的规定往往能够反映出该组织的性质以

---

① 郑洸、吴芸红主编:《中国少年儿童运动史》,天津:天津人民出版社1992年版,第285—286页。
② 参见郑洸、吴芸红主编:《中国少年儿童运动史》,天津:天津人民出版社1992年版,第286页。
③ 中国新民主主义青年团、中央委员会少年儿童部编:《中国少年先锋队基本知识》,北京:中国青年出版社1955年版,第4页。

及对其内部权力关系的理解和规定。组织结构具有象征功能。人们往往更加注意仪式、圣物、领袖等更具备象征意义的现象，反而容易忽略日常生活中司空见惯的象征现象，尤其是这些现象以一种制度化的形式呈现时，其背后的象征意义更不易为人所认知①。而组织结构首先体现了其创建者对应然层面的理想设计和期待。其次，组织结构还具有规训功能。对组织结构的言语规定如果转化成图画，那将是一幅井然的秩序图。身处组织之内的人，必定位于该秩序图中的某个位置，因此须按该位置的要求完成其职责。隶属于某个组织的人，如果想在组织内实现晋升并获得相应的荣誉，就必须承认秩序并遵循组织结构中所蕴含的规则。组织的存在就意味着规训的展开。

1949年10月颁布的《中国少年儿童队章程草案》（简称《队章草案》）对儿童队的组织编制进行了详细规定，要求在学校、工厂、机关、街道和村庄中建立队组织并相应成立队部。8至15人为一小队，3至5小队为一中队，3至5中队为一大队。小队设正副队长各1人，中队和大队设队长1人，副队长2人。队部以单位为基准，规模依具体情况而定。各队部可根据需要，设立学习、娱乐、生活干事分管具体事务，并须聘请积极进步的教师担任辅导员②。1954年正式颁布的《中国少年先锋队队章》（简称《队章》）在《队章草案》的基础上又进一步作出了规定，要求在中队和大队设立队委，前者由队长1人与队委2至4人组成，后者由队长1人与队委4至12人组成。而队委则须由队员选举产生，每半年或一年

---

① 马敏在创建政治象征的类型学时，就根据政治象征表达的明显程度，将其分为三类：1."较为明显的政治象征物、象征化的人和象征行为"；2."政治象征语言以及由其构成的现代政治神话"；3."体现在政治制度、法律、政策、机构和职位中的象征意义"。参见马敏：《政治象征》，北京：中央编译出版社2012年版，第4页。
② 参见中国少年先锋队全国工作委员会、中国少年先锋队工作学会主编：《中国少年先锋队大全》，北京：中国少年儿童出版社2005年版，第182页；《关于中国少年儿童队的几个具体问题的处理与规定》，中国少年儿童社编：《培养教育新的一代——第一次全国少年儿童工作干部大会文献》，北京：青年出版社1951年版，第19—20页。

举行一次选举①。而小队人数则减少到 7 至 13 人②。队内不同级别的干部须佩戴不同的袖章,大队长和大队委员会委员为三条红杠,中队长和中队委员会委员为两条红杠,小队长为一条红杠③。《队章》中经过修改的编制层次更为完善清晰,并加强了组织秩序内不同层次之间的人员流动机会,增进了队员之间的互动和交流。除制定编制外,团中央还明确了少年儿童组织内的奖惩措施。例如《队章》指出,队员如在学习、生活和各项活动中表现积极、完成任务,均可获得表彰;如若队员犯错,首先应帮助其认识改正,若屡教不改,上级队部可施以不同程度的处分直至停止队籍。队员改正错误以后,可以撤销处分,恢复队籍④。

上文提到,从"少年儿童队"到"少年先锋队"的命名变更使该组织的政治意味更加突出和明确。而组织编制和奖惩措施的制定则进一步印证该组织所具有的政治性。少先队不仅仅是如《建队决议》所表述的那样一个将少年儿童组织起来进行教育的团体,它具有鲜明的政治色彩:队内纵向与横向的秩序等级均清晰可辨;干部与普通队员、干部与干部之间的区分通过佩戴袖章与否以及袖章类别一目了然;奖惩措施对队员的行为进行了有效的规训与指导;队内存在一条明显的晋升路径,队员有机会通过个人表现与他人认可相结合的方式提高自己在组织内的地位。这样一个井然有序的结构积极地塑造着该组织的文化特征,而每一个选择入队的队员的行为和认知也都受着组织文化的熏陶和影响。

---

① 并非所有地方都能够坚持由队员选队委,辅导员直接任命的现象肯定存在。但是实践选举的学校,这种经历对小学生来讲是一次非常宝贵的参与民主的体验和记忆。参见黄明:《选举小队长》,《北京日报》1953 年 4 月 22 日第 3 版。
② 参见:《中国少年先锋队队章》,《中国少年先锋队队章(附队旗队歌队员标志及其他)》,北京:中国青年出版社 1954 年,第 2 页。
③ 《中国少年先锋队队员标志》,《中国少年先锋队队章(附队旗队歌队员标志及其他)》,北京:中国青年出版社 1954 年,第 16 页。
④ 参见:《中国少年先锋队队章》,《中国少年先锋队队章(附队旗队歌队员标志及其他)》,北京:中国青年出版社 1954 年,第 3 页。

(二) 仪式

自从涂尔干基于现代问题意识探讨了原始宗教得以形成的社会根源后,"仪式"的重要性被社会学、人类学和历史学的研究者给予了足够重视。"仪式"已不再被简单地理解为通过肢体语言呈现的外在行为表演。正如鲁尔(Malcolm Ruel)所言,在涂尔干"信仰-仪式"二分法的影响下,"仪式"和"信仰"之间的界限已不再清晰可辨,两者在很大程度上都被界定和解释为"象征行为"①。弗兰克尔(Charles Frankel)认为,象征与事物所蕴含的情感相关联,而非指向事物本身②。这是一种很有启发性的看法。沿此思路我们得知,作为象征的仪式实际上表达的是聚集在一起的参与者身上所凝练的共同情感,而这种情感则源自由历史和神话共同编织的集体记忆。仪式的参与者和观看者在仪式的进行过程中通过行动与目睹行动的方式,发掘并感受着仪式本身所传达的情感,从而使自己在仪式的过程中与这种集体情感融为一体。于是,在此意义上,涂尔干认为仪式具有使个体增进对所属共同体认同的教育功能:它能够"使集体仪式最本质的要素得到复苏";通过仪式,"群体可以周期性地更新其自身的和统一体的情感;与此同时,个体的社会本性也得到了增强"③。除了教育功能,仪式还具有很强的规训功能。涂尔干在提及"仪式"时指出,"仪式是各种行为准则,它们规定了人们在神圣面前应该具有怎样的行为举止"④。这意味着,仪式参与者必须遵循仪式的规定,

---

① 参见:Malcolm Ruel, Rescuing Durkheim's 'Rites' from the Symbolizing Anthropologists, in N.F. Allen, W.S.F. Pickering and W. Watts Miller eds., *On Durkheim's Elementary Forms of Religious Life*. London and New York: Routledge, 1998, p.105。
② 参见马敏:《政治象征》,北京:中央编译出版社 2012 年版,第 45 页;另参见: Charles Frankel, Liberalism and Political Symbols, in Lyman Bryson and others eds., *Symbols and Values: An Initial Study*. New York: Harper & Brothers, 1954, pp.368-369。
③ [法]爱弥尔·涂尔干:《宗教生活的基本形式》,渠东、汲喆译,上海:上海人民出版社 2006 年版,第 358 页。
④ 同上书,第 36 页。

不可擅自行动。

　　1954年团中央正式公布的《队章》中列出了三种少先队仪式,分别是建队仪式、入队仪式和集会仪式。团中央非常看重仪式的教育功能,强调仪式中的每项活动均是为了加深队员印象,达到教育目的①。建队仪式举行之前,须将中队旗或大队旗安插在队伍前方;仪式正式开始后,全体队员立正站齐唱国歌;接着由青年团代表宣布建队决定及入队人数;之后新队员宣誓并被授予红领巾及干部级别标志,青年团代表向少先队授旗;在代表或校长、辅导员讲话之后,全体队员唱队歌,呼喊口号;最后,在鼓乐的伴奏下队旗退场,队员在此过程中须始终敬礼②。入队仪式和建队仪式的步骤基本相似,但要求队员在参加仪式前把誓词抄在干净的纸上,并签上自己的名字带到会场。仪式开始后,无须唱国歌,但增加了出旗仪式,少先队员须向队旗敬礼③。集会仪式是在举行大型活动之前进行的仪式,该仪式主要体现了队内的等级秩序:集会之前以小队为单位整理队伍,然后小队长跑向中队长,先敬礼后报告实到人数;中队长说出"接受你的报告"之后,小队长归队;然后中队长汇集本中队信息,再向上级(大队长或辅导员)汇报,礼仪与前相同④。活动开始后的程序与入队仪式相同,可以将两种仪式的链条归纳为:立正—出旗—唱队歌—举行活动—呼喊口号—退旗。在整个仪式链条中,前三个步骤与后两个步骤都是固定的,其存在的目的是突出少先队仪式的庄重与神圣——在整个过程中,队旗始终在场,少先队的活动是在队旗的映衬和"注视"下进行的。仪式中队旗的拿握方式、排列顺序也都有明确规定⑤。通过仪式的反复举行,队员们巩固着对组织文化中秩序和神圣的

---

① 参见《中国少年先锋队队员入队仪式》,《中国少年先锋队队章(附队旗队歌队员标志及其他)》,北京:中国青年出版社1954年,第19页。
② 《中国少年先锋队建队仪式》,《中国少年先锋队队章(附队旗队歌队员标志及其他)》,北京:中国青年出版社1954年,第20—21页。
③ 同上书,第19—20页。
④ 同上书,第17—18页。
⑤ 北京团市委规定:平掌拿队旗,由旗手拿,和拿国旗、校旗一样,左手在上、右手在下;检阅时或向队旗敬礼时——先用右手将队旗向前提起,旗杆位于身体中央,左上右下,右手与腰齐,旗杆直竖;右手沿杆下滑,左手拿杆平前伸,直到左(转下页)

记忆。仪式不仅仅出现在大型活动上,以班级为单位的中队活动甚至几个人一起举行的小队活动中,都要履行仪式①。

少先队仪式中有两个重要环节,一个与身体行动有关,即敬礼;另一个与语言相关,即宣誓、喊呼号及唱队歌。这两个环节是少先队文化的重要构成部分,从战争时期儿童团建立之始就已存在,只是各地区在具体实践中并未采取统一的形式。中华人民共和国成立后,团中央对队礼、誓词、呼号和队歌进行了统一规定。1950年召开的第一次全国少年儿童工作干部大会上规定队礼的行法是:"右手五指并紧,经过胸前,自下至上,停在额前,超过头顶一寸半。"②队礼表达的含义有二:超过头顶表明人民的利益高于一切;五指象征五爱。1954年的《队章》对队礼含义进行修改,以求表意集中明确。修改后队礼仅表示"人民利益高于一切"③。除含义之外,行队礼的时机也被详细规定④。

(接上页)臂与身体成90°角,右手垂直,旗与身体成45°角,礼毕恢复原状;大中小队旗排列法:A. 大队旗在队前四步,二人护旗,纵队时在队前中央,横队是在队前排,由旗手拿旗;B. 中队法同大队(若两个以上中队并行时可以每旗配一人护旗);C. 小队旗在队前,没有护旗;D. 中队和小队可以由队长拿旗。参见:《关于少年儿童队的几个问题》(1950年),北京市档案馆藏,档案号:100-001-00038。

① 以吉祥胡同小学一个中队的一次普通队会为例,首先举行新队员的入队仪式,然后中队长讲话,接着队员们开始按照计划安排活动,活动之后大家要畅谈参与活动时的心情与体会,辅导员从团结互助、热爱集体荣誉的高度对活动进行总结,最后大家一起欢呼、唱歌、呼喊口号。整个仪式链条清晰完整。参见程月卿:《东四吉祥胡同小学三年级一个中队活动计划》(1955年4月),北京市档案馆藏,档案号:100-003-00195。

② 中国少年先锋队全国工作委员会、中国少年先锋队工作学会主编:《中国少年先锋队大全》,北京:中国少年儿童出版社2005年版,第183页。

③ 《中国少年先锋队队礼》,《中国少年先锋队队章(附队旗队歌队员标志及其他)》,北京:中国青年出版社1954年,第13页。

④ 关于行队礼的时机,北京团市委列出了七条:唱国歌(苏联及新民主主义国家)、国际歌、世界民主青年联盟之歌、团歌、队歌(苏联及新民主主义国家团歌、队歌)时都敬礼;有大的集会或检阅时,对国旗、党旗、军旗、团旗、队旗都要敬礼(为了表示尊重苏联及其他民主国家,也敬礼);见了革命的领袖、劳动、战斗英雄、上级党委、团委都敬礼;在学校升旗或上课见先生时,和一般同学一样,在街上看见先生可以敬礼;两队相遇时由队长相互敬礼;队员走在街上相互可以敬礼;不戴红(转下页)

誓词和呼号不仅帮助队员确立并增进身份认同,而且在某种程度上具有表明"订立契约"的神圣性质①。1950年确定的誓词为:

我是中国少年儿童队队员。我在队旗下宣誓。我决心遵守队章,参加活动,在共产党和青年团的领导下,做一个好队员。我一定好好学习,好好工作,好好劳动。准备着,为建设祖国,为实现毛主席的伟大理想贡献出一切力量!②

而呼号即为誓词的最后一句,并重复"时刻准备着"。1954年团中央对上述誓词做出了修正,去掉"好好工作,好好劳动",改为"好好生活",并将最后一句呼号改为:"准备着:为共产主义和祖国的伟大事业贡献出一切力量。"③我们这一代人耳熟能详的少先队队歌《我们是共产主义事业接班人》到1978年才被选定,这首歌曲最初是1961年公映的战争题材电影《英雄小八路》的主题曲,因此该歌曲节奏紧凑,慷慨激昂,充满战斗气息。相比之下,1950年代初期由郭沫若作词,马思聪谱曲的队歌节奏要舒缓不少,歌词洋溢着为中华人民共和国建设而奋斗的喜悦气息,并且通过旋律设计,特别突出了毛泽东和共产党的地位。此外,该队歌对少先队责任和性质也比后来的队歌交代得清楚,烘托出了少先队员的具体使命④。

(接上页)领巾的不敬礼。参见:《关于少年儿童队的几个问题》(1950年),北京市档案馆藏,档案号:100-001-00038。

① 关于此点,可参见林·亨特:《圣物与法国大革命》,[美]杰弗里·亚历山大编:《迪尔凯姆社会学》,戴聪腾译,陈维振审校,沈阳:辽宁教育出版社2001年版,第36—37页。
② 中国少年先锋队全国工作委员会、中国少年先锋队工作学会主编:《中国少年先锋队大全》,北京:中国少年儿童出版社2005年版,第184页。
③ 《中国少年先锋队队员入队誓词》,《中国少年先锋队章(附队旗队歌队员标志及其他)》,北京:中国青年出版社1954年,第13页。
④ 参见郭沫若词、马思聪曲:《中国少年先锋队队歌》,《中国少年先锋队章(附队旗队歌队员标志及其他)》,北京:中国青年出版社1954年,第10—12页。这首歌的歌词是:(第一段)我们新中国的儿童,我们新少年的先锋,团结起来继承(转下页)

（三）象征物

象征物本身并没有什么价值，往往只是稀松平常之物。可一旦它被赋予意义，成为某种历史、神话以及集体记忆和情感的载体，它就会立刻变得神圣起来，人们对待它的态度将会迥然不同，甚至会用生命来捍卫象征物。少先队的象征物主要有两种，一种是队旗，另外一种就是红领巾。马敏列出了两种象征物的分类方法。根据生成方式，可将其分为"人造象征物"与"自然象征物"；根据存续方式，可将其分为"特定象征物"（唯一存在）与"种类象征物"（可大量复制）①。根据这种分类方式，队旗和红领巾都属于"人造象征物"和"种类象征物"。从分类理论上看，属于这两种类型的象征物的神圣性偏低，但是在舆论的推动作用下，少先队的象征物保持了很强的神圣性，并且与荣誉建立了紧密关系。

少先队队旗底色为红色，象征着革命胜利；中间的黄色五角星代表中国共产党的领导；五角星下是一把镂空的火炬，象征着光明。整个队旗的寓意是：少年儿童在党的领导下迈向光明的未来。大队旗是长120厘米、宽90厘米的长方形；中队旗则在长80厘米、宽60厘米的长方形一端减下一个高20厘米、底宽60厘米的等腰三角形；小队旗只是一块两条直角边分别为28厘米和59厘米的直角三角形红布，没有五角星和火炬②。如上文所述，每次少先队举行的仪式和活动，均以队旗的出场为始，以队旗的退场为终。队旗的在场保证并且标志着少先队集体活动

（接上页）着我们的父兄，不怕艰难不怕担子重，为了新中国的建设而奋斗，学习伟大的领袖毛泽东；（第二段）毛泽东新中国的太阳，开辟了新中国的方向，黑暗势力已从全中国扫荡，红旗招展前途无限量，为了新中国的建设而奋斗，勇敢前进前进，跟着共产党；（第三段）我们要拥护青年团，准备着参加青年团，我们全体要努力学习和锻炼，走向光辉璀璨的明天，为了新中国的建设而奋斗，战斗在民主阵营最前线。

① 参见马敏：《政治象征》，北京：中央编译出版社2012年版，第95—100页。
② 参见：《中国少年先锋队队旗》，中国少年先锋队队章（附队旗队歌队员标志及其他）》，北京：中国青年出版社1954年，第7—9页。

所具有仪式性、神圣性和荣誉感。

　　对于在1949年之后成长起来的人来说,多数人对队旗的记忆或许已经模糊,但没有人能够忘记少先队的另一象征物——红领巾。从某种意义上讲,"红领巾"早已成为少先队、少先队员甚至少年儿童的代称。红领巾所象征的文化意义潜移默化地融入了几代人的血液,进入了他们的"文化DNA序列",构成中国人集体记忆的重要组成部分。每个加入少先队的队员都要将红领巾系于胸前。它是一块底边宽为100厘米、两腰长为60厘米的等腰钝角三角形。《队章》只是简单地将红领巾的象征意义概括为"代表红旗的一角"①。但随后出版的《中国少年先锋队基本知识》②对红领巾的意义做出了详细阐释:红领巾所代表的这面红旗是伟大的无产阶级革命的旗帜,苏联在列宁和斯大林的带领下、中国在毛泽东的带领下,高举着这面红旗,带领人民战胜阶级敌人,取得了革命的胜利;这面红旗是指导人民前进的标志,它代表着胜利,承载着荣誉;少先队员应为保持红领巾的荣誉而奋勇斗争③。其实,团中央早在此之前就已经开始通过引导舆论来建构红领巾的文化意涵。《中国少年报》于1951年12月24日至1952年1月28日开展了"红领巾是红旗的一角"的专题讨论。通过讨论,《少年报》批评了队员中间出现的不愿意戴红领巾、不爱惜红领巾的现象;并告诉队员们,当红领巾系在胸前时就表明他们是青年团的后备军,是祖国最忠实的儿女,这种光荣是通过佩戴红领巾而获得的,队员务必保护它的荣誉④。教科书中也重复出现着红领巾的意象。除前章提到过的《红领巾》一课外,新学制语文课本第二册的彩色配图画的就是一群穿着洁白衬衣、佩戴鲜艳红领巾的少先队员在欢

---

① 《中国少年先锋队队章》,中国少年先锋队队章(附队旗队歌队员标志及其他)》,北京:中国青年出版社1954年,第4页。
② 该书作为培训少先队辅导员和少年儿童工作干部的基础教材,首次付印45万册,发行量很大,影响也广泛。参见中国少先队工作学会编:《中国少先队工作50年大事记(1949—2000)》,内部发行2004年版,第17页。
③ 参见中国新民主主义青年团、中央委员会少年儿童部编:《中国少年先锋队基本知识》,北京:中国青年出版社1955年版,第22—23页。
④ 参见《中国教育事典》编委会编:《中国教育事典(初等教育卷)》,石家庄:河北教育出版社1994年版,第166页。

呼,他们头上则是正在飞翔的和平鸽①。这种在插图中再现红领巾的做法出现在多册教科书中②,这些图片为教师的课堂教学提供了直观教材。

其实,舆论对"红领巾"内涵的理解及应用并不局限于《队章》中所规定的象征意义。首先,"红领巾"已经成为少先队员的代号,舆论习惯将被认为理所当然应具有优秀品质的少先队员泛称为"红领巾"③。如此一来,"红领巾"这一象征物所承载的荣誉就赋予了少先队员本身。于是,少先队员的光荣并非戴上了红领巾——仅仅保护好红领巾是不够的,而是源于其自身。少先队员唯有严格要求自己,提升道德境界,积极响应组织号召,勇敢担负起祖国赋予的使命,才能配得上这一光荣称号④。其次,由于少先队员代表着国家建设的后备军,因此用来代指少先队员的"红领巾"还意喻着祖国未来和希望——这是一股具有生命朝气的力量。少先队员经常将红领巾献给军人,这是他们能够给予对方的最高殊荣,这个带有仪式意味的举动表明少先队员将保护祖国后备力量成长的重任交给了对方。作为仪式的一部分,军人接受这一殊荣后,都会表示感受到红领巾带给他们的力量,甚至会将红领巾系在武器上,以

---

① 《小学课本语文》(第2册),北京:人民教育出版社1952年版,彩色配图第2页。
② 例如:《初小国语课本》(第3册)第5课、第19课、第21课、第34课;《初小语文课本》(第4册)第24课;《初小语文课本》(第5册)第7课、第17课;《初小语文课本》(第8册)封面、第17课等。
③ 例如:《红领巾,感谢你》,《北京日报》1953年9月23日第3版,该文就是感谢做了好事的少先队员;克家:《红领巾——一本优秀的儿童剧》,《人民日报》1950年6月28日第5版,该文介绍了名为"红领巾"的儿童剧,该剧是写几个少先队员的故事;储安平:《天山上的红领巾》,《人民日报》1956年1月25日第3版,该文报道了天山上的少先队员。
④ 黄炎培和姚维钧所作的诗歌就表达了这种逻辑:"红领巾! 光荣的红领巾! 红的世界,红的中华,产生了红的英雄。小英雄! 红的小英雄,要学习,要劳动,红的小英雄,志气一天一天在飞扬,身体一天一天在坚强,伟大的中华,伟大的世界,一切呀! 一切,在咱们身上。红领巾! 光荣的红领巾! 红呀! 像早起的太阳一样,象征着小英雄们,向上! 向上! 向上!"参见:《红领巾——赠给戴红领巾的小朋友们》,《北京日报》1953年1月18日第4版。

示持续接受鼓励①。经过对红领巾文化的建构,加入少先队已经逐渐成为一件神圣且充满荣誉的事情。新入队的队员能够觉察到因身份改变而产生的光环,他们会珍惜新的身份,并以此为荣,在生活、学习各方面产生一些积极变化。尽管这些变化持续的时间长短不尽相同,但学生的队员身份却能够很好地对其言行产生约束②。入队所能为学生带来的身份变化与荣誉感,加上官方文件和舆论要求扩大少先队规模并化简入队要求和手续的主导话语,适龄学生渴望加入少先队;但另一方面,具体实践层面对入队申请的层层把关使得入队并非一件很容易的事情——然而正是这种张力塑造了少先队特有的组织文化。下面谈及地方实践时还会详细讨论这个问题。

六、地方实践:北京市少先队的建立、发展与组织教育

(一) 红领巾文化渐入人心:建队过程及关于入队标准的争论

1949年初北京解放之后,团市委即在各学校建立组织。当时由于儿童团和少先队尚未合并,团市委在部分中学和小学分别建立了少先队和儿童团。由于北京市之前属于国统区,各学校中并未有共产党领导的少年儿童组织的基础,加上战时少年儿童组织主要协助参与军事活动,因此,多数学校、家长和学生并不了解少先队和儿童团的性质,往往都持观望态度。例如,有些人认为解放以后儿童组织就没有存在的必要了,有些家长更是担心自己的孩子加入儿童团后被强行派往战场,所以积极阻止子女参加儿童团和少先队。因此,北京解放伊始就选择加入组织的只是少数表现积极的学生。此时的组织建设很不完善,每校只设有一个总辅导员③。另外,儿童团

---

① 参见王寿图:《高射炮上的红领巾》,《人民日报》1952年9月8日第4版;季音、习平:《红领巾在军舰上》,《人民日报》1956年6月24日第3版。
② 可参见新少年报社编:《我入队了》,上海:少年儿童出版社1954年版,该书收录了11篇少先队员自己写的文章,反映了学生入队前后方方面面的变化。
③ 参见:《北京市少年先锋队工作发展过程》(1954年),北京市档案馆藏,档案号:100-001-00218。根据张大中在1955年的报告,北京刚刚解放建队时,(转下页)

很少组织团员举行适合孩子年龄特点的活动,教师也不重视对组织的管理,因此,中华人民共和国成立之前在各校建立的少年儿童组织大部分都垮掉了①。

1949年10月《建队决议》颁布之后,北京市各校的建队工作才逐步走上正轨。刚开始建队时,各学校的反应很不一致。有的学校宣传工作做得轰轰烈烈,但是建队工作完成之后就将其撇在一边,不再过问。有的学校连宣传工作都没有做。教师中普遍存在的倾向是将入队标准定得过高,结果造成广大儿童不敢入队、不关心队甚至孤立队员的现象②。针对这些情况,团市委少年部的人员组织教师着重学习了队章中对少先队性质的规定。

1950年1月北京市迎来了一个入队高潮,该月共发展了1 281人成为少年儿童队队员③。到4月份全国第一次少年儿童工作会议召开之时,北京市共有队员18 935人,占全市全部适龄学生的15%④,考虑到团

(接上页)仅有八九百队员。参见:《团市委书记张大中同志总结报告》(1955年)。北京市档案馆藏,档案号:100-001-00294。这种现象在刚接管的城市比较常见。笔者曾于2012年8月在开封采访过一位退休老教师,他在1948年开封解放的时候上小学三年级。据他回忆,共产党接办市立小学之后,鼓动小学生加入儿童团。但是当时家长和学生普遍认为加入儿童团是为了去打仗,"当炮灰",因此对入团事宜表现得非常消极。最后,第一批入团的学生是从市立小学各班的班干部中选拔的,很多学生并非情愿参加。这批学生的入团仪式是在河南大学的学校礼堂中举行,规格非常高。之后随着儿童组织的普及,再也没有学生享受过此种待遇。

① 参见:《少年儿童部工作总结(1949年2月—1950年6月)》(1950年7月26日),北京市档案馆藏,档案号:100-001-00038。
② 同上。
③ 《全市团员和少年儿童队队员组织情况统计表》(1950年1月),北京市档案馆藏,档案号:100-001-00024。
④ 《北京市少年先锋队工作发展过程》(1954年),北京市档案馆藏,档案号:100-001-00218。该数字是4年后团市委进行工作总结时提供的。根据另一份当时所做的统计,1950年4月北京市的队员仅有14 954人。参见:《全市团员和少年儿童队队员组织情况统计表》(1950年1月),北京市档案馆藏,档案号:100-001-00024。笔者暂时无法判断哪个数字更为可信。但根据另一份统计,截至1950年6月份共有中学生队员6 533人,小学生队员15 735人。由此来看,18 935人的数字还是可信的,而14 954人的统计结果可能只统计了小学生队员的人数。(转下页)

中央对少年儿童队性质的规定,这个比率相当低。此次会议明确提出少年儿童队应是广大适龄儿童自己的组织,主要作用便是通过组织各种活动对儿童进行教育,是对学校教育的补充;并决定以"重点建队,逐步推广"为原则,在中小学逐步开展建队工作①。团市委要求城区内凡能够在校内聘请辅导员、做到经常开展少先队活动的学校都应该建队,并以女一中和三区中心小学为重点②。可是各学校对少先队性质的认识仍然模糊,之前存在的问题仍未消除。教师往往过于强调队员的带头模范作用,并以此作为规训队员的口实,动不动就指责队员"不够模范"。例如,七区一名小队员为了不受到责骂,带伤也要去参加集体劳动。有的学校为了培养少先队的威信和地位,在队员与非队员之间做出划分,不允许非队员参加少先队组织的活动,引发了学生之间的对立情绪。有的非队员感到不满,甚至主动破坏队的活动③。由于缺乏持续针对的教育,许多已经入队的队员却对这个组织认识不足。觉悟稍高的队员知道队是好组织,入队后可以促使自己进步,过集体生活,但这种认识往往仅停留在口头上,很少付诸行动;觉悟较低的队员连队的基本性质都一概不知。不少学生还不愿意加入队组织,他们嫌经常开会麻烦,并且认为集体生活束缚了他们的自由④。上述这些细节足以说明一个问题,即团中央旨在建构的少先队荣誉文化尚未形成,此时出现的入队高潮应是各校响应上级号召,匆忙动员学生形成的。学校和舆论机构对少先队文化的宣传尚未到位,荣誉文化中所具有的天然向心力亦不够强劲,

---

（接上页）参见:《少年儿童部工作总结(1949 年 2 月—1950 年 6 月)》(1950 年 7 月 26 日),北京市档案馆藏,档案号:100 - 001 - 00038。即便按照总结报告中较高的数字计算,队员所占适龄人口的比例仍然非常有限。

① 中国少年先锋队全国工作委员会、中国少年先锋队工作学会主编:《中国少年先锋队大全》,北京:中国少年儿童出版社 2005 年版,第 183 页。
② 参见:《少年儿童队工作计划》(1950 年 9 月),北京市档案馆藏,档案号:100 - 001 - 00038。
③ 参见:《文教局谈关于少年队的问题》(1950 年),北京市档案馆藏,档案号:100 - 001 - 00038。
④ 参见:《少儿队工作的情况及问题》(1950 年 1 月 12 日),北京市档案馆藏,档案号:100 - 001 - 00038。

因此学校不得不采取一些简单粗暴的方式来刻意提升少先队组织的地位。

针对上述情况,随后建队的学校,团市委强调应首先在教师和领导中间加强少先队性质和文化的宣传教育。有的学校为引起教师重视,在建队之前首先成立筹委会,由团委代表、教师代表和校长组成,主要负责组织教师进行建队学习,纠正对队的错误看法。关于队的性质,教师们主要讨论队员应达到的标准,为什么不应强调队员的带头作用,为什么入队仍须写申请,以及相关重要文件;关于队的文化,教师们主要学习少先队的基本知识、队章以及队礼、队旗的象征意义等问题①。有的学校还事先专门对其聘请的辅导员进行审查②。准备建队的学校通过办黑板报、壁报和讲故事等方式,向学生宣传队的性质和文化,强调队员所具有的荣誉感③。但是有的家长依旧不理解少先队的作用和性质,阻挠孩子入队,甚至有的家长威胁孩子,说如果入队,就将其打死④。针对这种情况,各学校又动员教师召开家长会,并组织学生对有反对情绪的家长做宣传工作。经过一番动员,学校领导、教师、学生和家长的积极性被调动起来:各学校纷纷组织建队仪式和入队仪式;有的学校为了方便操作,对申请入队的同学进行分类,按照类别制定处理意见,只要将申请学生归类,就能对应地做出批准或暂不批准的决定⑤;有的学校为每个中队都提出了针对性的意见,并要求加强队内管理,教育队员学会服从队长命令,培养少先队中的学生干部,建立队内奖惩措施,巩固和完善队内的

---

① 参见:《小××(不清)胡同小学建队总结》(1952年),北京市档案馆藏,档案号:100-003-00024。
② 参见:《十区重点建队工作总结》(1952年7月4日),北京市档案馆藏,档案号:100-003-00024。
③ 这种教育的效果不错,这些尚未建队的学校的学生主动要求学校抓紧时间建队。参见:《大峪小学建队计划》(1952年),北京市档案馆藏,档案号:100-003-00024。
④ 参见:《小××[字迹不清]胡同小学建队总结》(1952年),北京市档案馆藏,档案号:100-003-00024。
⑤ 同上。

等级秩序①。建队之后,学生在组织纪律、学习积极性等方面均有所提高②。

截至 1953 年 11 月份,北京市在所有中学均已建队,小学中也有 300 多所建队③。到了 1954 年下半年,建队的小学接近 400 所,中小学共有队员 109 916 人。城区小学的队员比例能够接近 50%;郊区小学的队员比例相对较低,最低的月河寺小学的比例为 25%④。这一数字较之四年前有了大幅提升,而且高于同期全国平均水平⑤,但仍然很难令团市委和教育局感到满意。经过几年的宣传学习和教育,少年队文化中的荣誉意涵已经基本被学生和家长所接受,甚至荣誉还和具体利益联系在一起——红领巾成了区分先进与落后的标志,少先队员在学校更受教师的重视,更容易获得参加社会活动、提拔的机会和荣誉;在家也更受父母喜爱⑥。此时,多数学生在入队方面表现出了较为积极的态度。如按照《队

---

① 参见:《史家胡同小学建队计划》(1952 年 10 月 22 日),北京市档案馆藏,档案号:100 - 003 - 00024。
② 参见:《四中心少年部汇报》(1952 年),北京市档案馆藏,档案号:100 - 003 - 00024。
③ 《北京市少年先锋队工作发展过程》(1954 年),北京市档案馆藏,档案号:100 - 001 - 00218。而在 1950 年 6 月,城区 323 所小学仅有 72 所建队。参见:《少年儿童部工作总结(1949 年 2 月——1950 年 6 月)》(1950 年 7 月 26 日),北京市档案馆藏,档案号:100 - 001 - 00038。
④ 参见:《关于少先队组织发展工作中的问题和改进意见的报告》(1954 年 9 月 22 日),北京市档案馆藏,档案号:100 - 001 - 00164。当时少先队员的增长人数还是很快的,根据 1954 年 2 月份的统计,当时共有 91 908 人。半年多的时间内发展了将近 2 万名队员,该速度非常之快。但是仍然与团中央对作为普遍教育组织的少先队所扮演的职能的期待有差距。参见:《少先队组织情况统计表》(1954 年 2 月),北京市档案馆藏,档案号:100 - 003 - 00095。
⑤ 根据 1955 年召开的全国第三次全国少年儿童会议的统计,当时全国少先队员只占到适龄儿童的 15%,占适龄学生的 26%。参见:《青年团中央关于积极发展少先队组织的决定》(1955 年 3 月),北京市档案馆藏,档案号:100 - 003 - 00189。
⑥ 每年参加节庆游行、给领袖、军人献花、献红领巾的任务都要由少先队员来承担;家长也逐渐在潜意识中将红领巾与表现优异联系在了一起,有些家长甚至会通过物质奖励的方式来表达对子女入队的喜悦;当不上少先队员的学生甚至会受到打骂,关于此点,后文还会论及。参见:《南苑区、丰台区代表团代表发言》(1955 年 3 月),北京市档案馆藏,档案号:100 - 001 - 00294。到 1950 年代中期,少(转下页)

章》规定,这些主动自愿加入少先队的学生均应被吸收为队员。但在实际工作中,问题依旧严重,希望入队学生的增多反而使辅导员认为应该严格控制入队人数①。鉴于学生渴望入队的心情,入队资格甚至成为压制学生个性、打击活跃分子的工具。例如,西单一中心小学要求学生在入队前必须改正一切缺点,并须接受长期考验;有的辅导员将学习好的模范学生视为自高自大,将喜欢课下读书画画、不经常参加集体活动的学生视为自私自利,将课堂爱提问的学生视为无组织无纪律,均不予批准入队,严重挫伤了表现优异的学生的积极性;有的学校入队手续过于繁杂,一个学生要想成为队员,要经历以下环节:介绍人介绍——书面申请——辅导员谈话——学习队章——中队委讨论——全体中队队员表决——大队委员会批准,个别学校甚至需要在大队委通过之后公示名单,发动同学对候选人提意见,然后再经过讨论才能正式批准②。学生们要想加入少先队,就必须按照辅导员的要求表现,从而在很大程度上限制了儿童的个性发展。这一问题积压至1955年初爆发,进而在《北京日报》上掀起了一场以入队标准为中心的大讨论。

1955年1月12日,《北京日报》头版刊登了名为"一位母亲的来信"的文章,由此掀起了这场讨论。这位母亲在信中说自己的女儿小丽已经快13岁了,上初二。她从小学就一直申请加入少先队,结果每次都因"上课不好好听讲"而未被批准。屡受打击的小丽情绪很郁闷,成绩也有所下降;另外小丽明显偏科,只认真上自己喜欢的课。这位母亲认为小

(接上页)先队和红领巾的荣誉意涵已经较为深入人心。例如,当时一些尚未建队的郊区小学生,参加活动看到戴红领巾的少先队员就非常羡慕,甚至有的学生去附近小学参加建队仪式,感受光荣。参见:《海淀区代表团发言(摘要)》(1955年3月),北京市档案馆藏,档案号:100-001-00294。

① 这也是不得已而为之的事情。因为队伍扩展以后,产生了很多问题。例如,队员的素质参差不齐,自私自利、相互嫉妒的现象不在少数,甚至存在严重违反纪律和盗窃的现象。少先队的荣誉性在某种程度上受到了损害,校方也不得不加强申请控制,以在总体上保证少先队员的质量。参见:《北京市少年先锋队工作发展过程》(1954年),北京市档案馆藏,档案号:100-001-00218。

② 参见:《关于少先队组织发展工作中的问题和改进意见的报告》(1954年9月22日),北京市档案馆藏,档案号:100-001-00164。

丽上课活跃乃是"聪敏活泼、勇敢大胆"的表现,少先队既然是一个教育组织,就应该将其吸收入队,进而更好的教育。这位母亲希望有关方面能够尽快解决孩子入队的问题,以免其产生自卑心理①。在权力的干预下,小丽的入队问题很快得到了解决。但这场讨论才刚刚开始。争论双方的观点倒是泾渭分明,一方认为少先队既然是一个普遍的教育组织,就不应该对申请加入的学生设置如此高的门槛,而有些老师口中的缺点其实恰恰是孩子的天性。要求孩子完美无缺纯属无稽之谈,拒绝有缺点的孩子入队是辅导员在推卸责任②。有的辅导员还发文对自己之前"以己度人"的做法进行了检讨③。崇文区还专门召开辅导员工作会议,对各校入队过程中存在的问题进行了反思④。同时这种看法得到了学生家长的高度认可⑤,由此也反映出少先队所代表的荣誉文化已广为接受。支持小丽入队的人进一步将问题深化,引向了新社会究竟应该培养什么样的人这个问题,并对少先队对队员个性发展的压制进行了批评⑥。另一方则对小丽入队以及持赞同态度的人提出了质疑,认为这种思潮将给通过积极表现争取入队的学生以消极暗示,即身上有毛病也能入队,就放松了对自己的要求。入队的问题学生多了,队的教育作用和荣誉性就无法保证。例如,方蕻就明确提出,只有"一个全面发展都好而思想纯正、不夸张、不骄傲的儿童才有入队的可能",而像小丽这样的学生根本不配入队,反倒是母亲对她的溺爱值得反思⑦。尽管持这种观点的人明显少于前一种观点(详见表 6.1),但确实反映出了许多辅导员在

---

① 林丽:《一位母亲的来信》,《北京日报》1955 年 1 月 12 日第 1 版。
② 参见诸石琼:《小丽为什么现在才入队》,《北京日报》1955 年 1 月 12 日第 1 版;顾行:《不要忘记他们是孩子!》,《北京日报》1955 年 1 月 12 日第 2 版。
③ 参见尹淑英:《不能再"以己度人"了》,《北京日报》1955 年 1 月 14 日第 2 版。
④ 参见:《崇文区团工委召开辅导员座谈会,座谈少年先锋队的工作问题》,《北京日报》1955 年 1 月 15 日第 2 版。
⑤ 参见邱开骝:《在幼小的心灵上留下了什么?》,《北京日报》1955 年 1 月 31 日第 2 版。
⑥ 例如参见苏灵扬:《我们需要的是生气勃勃的新生一代》,《北京日报》1955 年 2 月 4 日第 2 版。
⑦ 方蕻:《是否全面发展的儿童才能入队?》,《北京日报》1955 年 1 月 18 日第 2 版。

具体工作中的真实心态和困惑。双方的争论没有一个清晰明确的结果，正如前文所言，团中央对少先队性质的看法和规定本身就存在着张力，这注定实践者在具体操作过程中难以取得完全的共识。而正是实践操作中的两歧性使得一方面"入队光荣，争取入队"成为学生和家长中间具有宰制性的话语，学生更加积极地申请入队；而另一方面少先队的规模又能得以限制，从而更好地维系并建构着少先队的荣誉特征。在这两方面的共同作用下，少先队员的认知和行动也被不断地塑造着。通过这场由地方党报主持的系列讨论，少先队的正面影响力和魅力进一步提升。

表 6.1 《北京日报》围绕"小丽事件"刊登的讨论文章

编号	作者	篇名	日期	对"小丽事件"的态度
1	诸有琼	小丽为什么现在才入队	1月12日	支持
2	顾行	不要忘记他们是孩子！	1月12日	支持
3	尹淑英	不能再"以己度人"了	1月14日	支持
4		崇文区团工委召开辅导员座谈会，座谈少年先锋队的工作问题	1月15日	支持
5	一个孩子的母亲	请考虑一下被遗弃的入队申请书	1月16日	支持
6	秉直	不应该用成人的尺度衡量儿童	1月16日	支持
7	刘厚明	把孩子们培养成什么样的人	1月17日	支持
8	傅耕野	这是一种损失	1月17日	支持
9	方蘅	是否全面发展的儿童才能入队？	1月18日	反对
10	张俊山	要全面发展都好的儿童才能入队吗？	1月20日	支持
11	范小韵	别把孩子当大人看	1月20日	支持
12	曾白融	少年先锋队是一个友爱的集体	1月21日	支持

(续表)

编号	作者	篇名	日期	对"小丽事件"的态度
13	刘厚明	必须从教育孩子的观点出发	1月23日	支持
14	成美	不要忘记少年先锋队的教育作用	1月23日	支持
15	段维宗等	难道儿童只能在入队前受教育吗?	1月29日	支持
16	罗超凡等	我们不需要这样的"老实"孩子	1月29日	支持
17	李庄康等	我完全支持他的看法	1月29日	反对
18	胡志涛	对方蕙来信的意见	1月30日	支持
19	黄伞	不必要的担心	1月30日	支持
20	邱开骦	在幼小的心灵上留下了什么?	1月30日	支持
21	胡一声	使更多的孩子戴上红领巾	2月3日	支持
22	苏灵扬	我们需要的是生气勃勃的新生一代	2月4日	支持
23	梁为楫	积极地、大量地发展少年先锋队组织	2月5日	支持
24	刘厚明	周松华怎样入了队	2月6日	支持
25	社论	让更多的孩子戴上红领巾	3月26日	支持

(二) 辅导员队伍的培养与建设

辅导员在少先队中占据着重要位置,是正确引导少先队员成长的关键因素。各校建队之后,并未有专门人员负责少先队工作,因此各校具体工作开展的相当混乱,没有明确分工。针对这一情况,1950年初团市工委少年儿童部决定聘任辅导员负责少先队工作,并对辅导员提出三个要求:"思想进步、和儿童有较好的联系、自愿做队的工作。"①团市委要求当选的辅导员应学习《辅导员手册》和《苏联少年先锋队及其活动》两书,并结合少年儿童工作的相关文件、各地及苏联的经验,提升工作水准②。1950年下半年,团市委组织北京市中小学辅导员、小学教师中的团员、各校行政教师共计1400人就少先队若干问题进行专题讲座,以提高辅导员对少先队工作的认识。讲座共分为三讲,分别为中国少年儿童队的性质、任务及队的工作内容,建队问题以及辅导员的工作方法③。1951年8月,全国少年儿童队总辅导员讲习会在北京召开,此次讲习会的规模远小于北京市组织的讲座,全国共有325人参加,以领导讲明精神和苏联专家介绍经验为主④。

最初各校选定的总辅导员多为兼职,他们的工作压力非常大,往往居于教学工作、行政工作和少先队工作三者所形成的交集之中。以北师附一小的总辅导员为例,他须负责全校23个班16个中队的569名队员。据他自己计算,他总共需要承担七大项任务:制订少先队计划;领导中队辅导员(如召开会议、进行谈话、参加中队活动等);领导大中小队中的积极分子;参加行政会议;参加市、区组织的业务学习和会议(团市委计划组织总辅导员和中队辅导员每月学习一次,专职辅导员每月学习两次⑤);教

---

① 《少年儿童部工作总结(1949年2月—1950年6月)》(1950年7月26日),北京市档案馆藏,档案号:100-001-00038。1950年4月26日团中央颁布的《关于少年儿童队的几个具体问题的处理与规定》所列出的辅导员应符合的条件是:"赞成少年儿童队的队章;积极赞助少年儿童队的工作;为少年儿童所爱戴。"参见郑洸、吴芸红主编:《中国少年儿童运动史》,天津:天津人民出版社1992年版,第278页。另参见:《北京市人民政府文教局、青年团北京市工作委员会联合通知》(1950年9月30日),北京市档案馆藏,档案号:100-001-00038。
② 参见《少年儿童部工作总结(1949年2月—1950年6月)》(1950年7月26日),北京市档案馆藏,档案号:100-001-00038。
③ 《少年儿童队辅导员学习计划》(1950年9月20日),北京市档案馆藏,档案号:100-001-00038。
④ 参见中国少年先锋队全国工作委员会、中国少年先锋队工作学会主编:《中国少年先锋队大全》,北京:中国少年儿童出版社2005年版,第184—185页。
⑤ 参见:《少年儿童部一九五四年度第一学期工作计划》(1954年10月5日),北京市档案馆藏,档案号:100-001-00218。

课;政治学习。平均下来,每周须工作70.5个课时,平均每天11.7节①。而东四区一中心小学总辅导员的工作时间也达到了每天10.6节②。团市委认为这一现象对少先队工作的顺利开展影响颇大,遂决定在小学增设专职总辅导员负责少先队工作,优先从北师大毕业的团员中选拔③。除对现有辅导员进行培训外,团中央还特别重视对少先队工作后备人才的培养,从1950年起北京师范大学教育系开设"青年团和少先队的工作"的课程,并要求全国高等师范学校的政治系和教育系从1955年起开设"团队工作"课程④。

为了促使辅导员更好地投入少先队工作,团市委决定于1955年初召开北京市第一次少先队辅导员代表大会,对优秀辅导员进行表彰,授予荣誉,以表明上级对辅导员工作的重视,鼓励更多人投身于此。此次辅导员会议有助于推动少先队文化的建设。团市委规定优秀辅导员的选举采取领导提名与征求群众意见相结合的方式⑤,特别强调对提名者进行审查,除对基本事迹进行确认外,还须考察提名者的思想政治状况和群众关系⑥。全市辅导员中共有48人脱颖而出,获此殊荣。48人中

---

① 参见:《北师附一小总辅导员吴彭每周工作时间》(1952年),北京市档案馆藏,档案号:100-003-00195。
② 参见:《东四区一中心小学总辅导员范小韵(脱产)每周工作时间》(1955年),北京市档案馆藏,档案号:100-003-00195。
③ 参见:《关于在小学增设少年先锋队专职总辅导员的意见》(1954年6月10日),北京市档案馆藏,档案号:100-001-00164。
④ 参见:《中国新民主主义青年团中央委员会关于协助中华人民共和国教育部在高等师范学校开设"青年团和少先队的工作"课程的通知》(1955年8月4日),北京市档案馆藏,档案号:100-003-00189。
⑤ 具体条件应至少符合下列条件中的一条:(一)在贯彻全面发展的教育方针,结合实际情况,全面地关心和教育儿童方面有成绩者;(二)热爱儿童,了解儿童,在根据儿童的年龄特点向少年儿童进行教育方面有一定成绩者;(三)虚心学习,刻苦钻研,在少年先锋队工作的某一方面有一定经验者;(四)联系群众,在群众中有良好的影响并为少年儿童所爱戴者。见:《青年团北京市委员会关于召开北京市第一次少年先锋队辅导员代表会议及表扬优秀辅导员的决定》(1954年10月26日),北京市档案馆藏,档案号:100-001-00164。
⑥ 参见:《关于召开北京市第一次少年先锋队辅导员代表会议的准备工作步骤及注意事项》(1954年10月26日),北京市档案馆藏,档案号:100-001-00164。

有 43 人为党团员，1 人为民主党派成员①。由此也能看出当时荣誉与政治身份之间的紧密关系。除优秀辅导员外，团市委还要求各校选举辅导员代表参会，每十名辅导员推选一名代表，不足十人的学校联校选举②。最终，全市共有 400 名正式代表、100 名列席代表和 300 名旁听者参加会议。

为了让参加会议的辅导员代表进一步感受到自己肩上的重担和责任，会议增设了一项具有仪式意味的环节，即少先队员向参会辅导员献祝词③。这些祝词既有对辅导员充满情感的颂扬④，也有俏皮巧妙的批评和意见⑤——总体来讲，它们表达了少先队员的期望，是对辅导员的鼓励与鞭策。此次会议代表在一些问题上达成了共识：青年团和校行政领导应更加重视少先队的工作，照顾辅导员的要求和利益；目前部分辅导员的素质相当低下，应尽快提高；辅导员对学生课余时间的活动组织力度不够，少先队应尽可能将学生的课余时间利用起来，不应只注重课堂学习⑥。这些共识调动了辅导员积极性，并推动了少先队文化对学生日常生活的渗入。但是关于队的性质和入队标准，辅导员的困惑依旧很

---

① 参见：《关于召开北京市第一届少先队总辅导员代表大会主席团代表名单》（1955 年 1 月），北京市档案馆藏，档案号：100-003-00191。

② 参见：《青年团北京市委员会关于召开北京市第一次少年先锋队辅导员代表会议及表扬优秀辅导员的决定》（1954 年 10 月 26 日），北京市档案馆藏，档案号：100-001-00164。

③ 参见：《北京市少年先锋队员代表在北京市少年先锋队辅导员第一次代表会议上的祝词》（1955 年 1 月），北京市档案馆藏，档案号：100-001-00294。

④ 例如："亲爱的辅导员同志……为了我们的幸福和成长，你们在这里召开了代表会议。我们代表全北京的少先队员向你们祝贺，向你们——我们亲爱的辅导员同志们致以崇高的少年先锋队敬礼！"……我们永远不会忘记：我们曾经戴过红领巾，曾经和你们——亲爱的辅导员同志在一起，受到过你们的教育和鼓舞"。

⑤ 例如："请你们注意，注意，我们的生活太枯燥，这个星期读报，下礼拜检讨，再下个礼拜温书，月底又是读报，翻来覆去老是这一套"；"星期五下午照例是队的活动时间，但是中午我们还不知道要干什么。向中队长打听打听，他却说：'辅导员同志还没说话，我怎么能知道？'"

⑥ 参见：《各区代表团发言》（1955 年 3 月），北京市档案馆藏，档案号：100-001-00294。

多。此次会议正逢《北京日报》组织展开入队标准的讨论,大家普遍表达了对该问题的关心。从辅导员的发言来看,大家对少先队的性质依旧把握不清,实践中左右为难。有的代表甚至反映,在平时工作中,他们既不敢表扬优秀的队员,也不敢批评犯错误的队员,以至于队员的荣誉感不断下降①。时任北京市教育局副局长的孙国梁在会议闭幕时对辅导员压制学生个性的现象归结为封建残余思想在作怪,要求辅导员在封建思想、资产阶级个人主义和集体主义精神之间明确划出界线②。但在实践过程中,这种言语不详、稍显政治化的指示更给辅导员增添了束缚与限制,因而在具体操作时很难掌握好尺度。

(三) 组织、引导少年儿童:少先队的日常教育

通过少先队组织对适龄儿童进行教育是少先队最重要的一项职能,始终被共青团中央和少先队工作者所强调③。他们认为,学校教育与少先队教育之间有明显区别。前者的任务是"通过课堂讲授,按部就班地教给儿童规定了的课程",而后者则旨在将"儿童们团结在一起过着集体生活,指出奋斗目标和远大理想,使少年儿童们有清醒目的和坚强意志,围绕着自己的理想学习成为新民主主义社会建设的人才"④。可以说,在很大程度上少先队旨在将少年儿童的课外生活有效地组织起来⑤。

---

① 参见:《西单区代表团代表发言》(1955年3月),北京市档案馆藏,档案号:100-001-00294。
② 参见:《北京市教育局副局长孙国梁同志讲话》(1955年),北京市档案馆藏,档案号:100-001-00294。
③ 北京团市委就要求"队的活动要有明确的教育目的"。参见:《少年儿童部工作总结(1949年2月—1950年6月)》(1950年7月26日),北京市档案馆藏,档案号:100-001-00038。
④ 《关于少年儿童队的几个问题》(1950年),北京市档案馆藏,档案号:100-001-00038。
⑤ 有的学校,如东公街小学,连课间少先队都利用来开展"课间十分钟"的主题队会,使学生在学校的绝大部分时间都处于集体生活之中。参见:《北京市少先队半年工作总结和今后工作的意见》(1954年8月20日),北京市档案馆藏,档案号:100-001-00218;关克礼:《"课间十分钟"中队会》,《北京日报》1954年4月21日第3版。

北京刚解放之时，儿童团和少先队的活动形式非常单一，以文娱体育活动为主，如新年联欢会、运动会、文艺表演等，很少围绕一个中心主题进行教育，经常以"热闹热闹"为目的①。在政治教育方面，小学生们往往被拉去参加政治意味浓厚的成人化的报告会，参与社会宣传工作，并定期组织生活检讨会，开展批评与自我批评②。1950年召开的全国第一次少年儿童工作会议对少年儿童队的教育职能进行了明确规定，一方面要贯彻思想政治教育，另一方面要扩大儿童视野，丰富知识。1953年召开的第二次会议也做出同样的规定③。根据这一要求，按照教育内容可以大致将少先队的主要活动分为政治教育和素质教育两种，其基本组织形式包括主题队会、队日活动、少年之家以及夏令营等。尽管不同类型之间存在一定差别，但两者均从不同角度向学生灌输了中国共产党所秉持的价值规范，增加了学生对国家、政党和领袖的认同。需要特别指出的是，鉴于少先队的性质，当时许多教育活动都是以少先队的名义牵头举办的，但参与范围并不仅仅限于队员，一般班级成员均可参与其中——非队员参与活动的过程，也是少先队文化对其进行熏陶、影响和宣传的过程。

1. 政治教育

少先队文化教育　少先队文化的教育最关键的作用乃是在队员中塑造少先队所表达的文化意涵，以此对少年儿童的精神进行熏陶，更好地规训他们的行为和道德水准。北京解放之初，已经建队的学校就对学生进行队史教育，告诉他们儿童团在战争时期的优异表现及所发挥的重要作用，培养学生对该组织所具有的光荣传统的认知，增加认同感。而在1950年4月团中央颁布了对队旗、队歌、红领巾、队礼和口号的规定后，各校在团市委的协助下纷纷举行庄重的授队旗、授红领巾仪式，扩大了少先队的影响力，也调动了辅导员和学生

---

① 《文教局谈关于少年队的问题》(1950年)，北京市档案馆藏，档案号：100-001-00038。
② 参见：《北京市少年先锋队工作发展过程》(1954年)，北京市档案馆藏，档案号：100-001-00218。
③ 同上。

们的积极性①。随着建队学校的增多、少先队活动的推广以及媒体舆论对少先队文化的正面宣传,适龄儿童和学校教师获得了更多的与少先队文化接触的机会。少先队文化教育的另外一个重要任务是引导队员增进对青年团性质和任务的了解,让他们明白成为一名团员的光荣要超过队员,并将承担更大的责任,以此鼓励队员积极表现,早日加入共青团,顺利完成政治身份的升迁。例如北京市很多学校的中队都举办了"我们是未来的青年团员"的主题队会②。

阶级认同教育 阶级认同教育首先是培养少先队员对工人和农民的认同,这种教育在新解放区的大城市中显得尤为重要。工人和农民尽管被视为国家统治阶级的主要组成部分,并在宣传过程中被赋予了荣誉与光环,但是他们在新解放区小学生心目中的地位依旧有限。因此,组织少年儿童与普通工人、农民接触,参加劳动,体会劳动者的光荣,就显得很有必要。北京市有的中队组织学生到工厂田间,举行"到钢都去""了解生产合作社"等活动。有的中队组织学生深入街头巷尾,与邮递员、保育员、售货员进行交谈。例如,新开路小学利用中队日的机会参观北京机织印染厂,了解工人是如何严守纪律,认真工作的,以此启发培养小队员们的组织纪律观念③。东四区第一中心小学组织队员探访了在中国人民大学进修的劳动模范、先进工作者,近距离接触了普通劳动者中的佼佼者,增加了对工人和农民所从事工作的认识④。自新路小学组织"我爱钢都——鞍山"的大队活动,学生通过制作火车模型,表达对鞍钢工人的热爱,并体会工人所具有的劳动精神⑤。1955 年 6 月北京团市

---

① 参见:《少年儿童部工作总结(1949 年 2 月—1950 年 6 月)》(1950 年 7 月 26 日),北京市档案馆藏,档案号:100-001-00038。
② 参见:《北京市少年先锋队工作发展过程》(1954 年),北京市档案馆藏,档案号:100-001-00218。
③ 参见韩京:《学习工人叔叔的劳动纪律》,《北京日报》1953 年 4 月 29 日第 3 版。
④ 参见:《北京市少年先锋队工作发展过程》(1954 年),北京市档案馆藏,档案号:100-001-00218。
⑤ 参见胡红星等:《学习工人叔叔热爱劳动的精神》,《北京日报》1953 年 4 月 29 日第 3 版。

委号召少先队团结全市少年儿童开展拾麦活动,以教育学生热爱劳动、节约粮食①。阶级认同教育还着力培养少年儿童对军人的认同,下一部分会涉及该问题,此处不再赘述。

结合时政进行教育 时政教育在少先队的政治教育中所占比重非常大,是最重要的政治教育形式。时政教育促使学生们与国内外重大事件之间产生了联系,经由少先队组织的集体学习,学生们逐渐掌握了对待这些事件的正确态度和情感。抗美援朝期间,少先队员与志愿军之间互通信件已经成为常规活动;另外归国志愿军也经常被安排到学校与学生面对面交流;学生也利用各种队会、演出、朗诵、演讲的机会表达对军人的牵挂、崇敬和热爱之情②——孩子真挚的情感对军人来说意味着一份重任。锦什坊街小学的少先队员们曾经一起给志愿军写过一封的信,能够很生动地概括官方试图建构的少先队员与军人之间的理想情感,具有很好的示范与指导作用。其内容如下:

> 叔叔,叔叔,一提起叔叔,我们就一起歌唱:"志愿军叔叔,穿着绿军装,蹚过鸭绿江,拿着手榴弹,端着冲锋枪,现在去出击,美国鬼子只好举手投降!"我们是在作游戏,好像也是在战场上,叔叔的英雄的战斗精神,是我们的好榜样。
>
> 叔叔,叔叔,一提起叔叔,教室里安静得一声不响,只听到嚓嚓地写字声,就像叔叔在我们的身旁。老师喜悦地告诉我们:叔叔在上甘岭打

---

① 参见:《青年北京市委少年儿童部关于号召少年儿童在麦收季节中开展拾麦活动的通知》(1955 年 6 月 13 日),北京市档案馆藏,档案号:100-003-00192。
② 例如参见:《全市学生纷纷写信慰问志愿军,元旦以来已寄出的信有两万七千多封》,《北京日报》1953 年 1 月 20 日第 2 版;尹宏文:《"我爱志愿军叔叔"》,《北京日报》1953 年 2 月 1 日第 4 版;周金华:《"到朝鲜去"中队日》,《北京日报》1953 年 2 月 22 日第 4 版;陈光兑:《祖国的孩子们》,《北京日报》1953 年 4 月 28 日第 3 版;朱通生:《会见了伟大的母亲》,《北京日报》1953 年 4 月 29 日第 3 版;琉挥:《志愿军叔叔讲的故事》,《北京日报》1953 年 5 月 6 日第 3 版;黄明:《"少年之家"的盛会——记志愿军归国代表团和孩子们的会见》,《北京日报》1953 年 5 月 21 日第 2 版;尹桂芳:《志愿军叔叔的来信》,《北京日报》1953 年 5 月 27 日第 3 版;《少年儿童队员热爱志愿军》,《北京日报》1953 年 5 月 31 日第 2 版。

了个大胜仗！那黄继光叔叔——马特洛索夫式的英雄,是鼓舞我们前进的力量！

叔叔,叔叔,一提起叔叔,我们就想起来了:"叔叔在紧张的战斗里学习,每一秒钟都不放弃。"这种学习精神,怎么能使我们不感动？叔叔,我们上学期的成绩还不错,这学期一定要更好地学习。①

此外,有的大队组织儿童阅读官方报道的新闻,搜集相关图片,以了解朝鲜在战争前后的状况;有的中队组织学生阅读与战争相关的动人故事;团市委号召少先队员参与省吃俭用捐献飞机大炮的活动,有的学生还将平时节省下来的笔和纸寄给朝鲜儿童②。1952年寒假,少先队还发动全市儿童参加"春节慰问烈军属一件事运动",队员们带头为烈军属打扫卫生、读书读报、缝洗衣物③。通过这些活动,儿童们在教师积极地引导下,表达了对朝鲜人民的同情,以及对国家和志愿军的热爱与自豪之情。

在"三反""五反"运动期间,团市委要求少先队对全市少年儿童进行一次爱国主义教育和阶级教育。团中央要求儿童做到"三要三不要"④。少先队不仅要求学生从小做起,改正自己身上的错误,还对他们进行了理论教育,结合新闻报道揭露了资产阶级的剥削本质和破坏建设等行径⑤。少先队的宣传教育起到了一定的效果,甚至还出现了"大义灭亲"

---

① 锦什坊街小学少年儿童队:《寄给志愿军叔叔》,《北京日报》1953年2月28日第4版。从这首诗的行文流畅度、用词以及结构看,应该并非完全出自小学生之手。加之又是发表在地方党报上,该诗肯定经过成人润色,甚至不排除由成年人代写的可能。因此该诗的意义并不在于其真实性,而在于其指导性和示范性。
② 参见:《北京市少年先锋队工作发展过程》(1954年),北京市档案馆藏,档案号:100-001-00218。
③ 同上。
④ 即"要爱护公物、要珍惜时间、要艰苦朴素;不要损人利己、不要浪费、不要贪小便宜和拿别人的东西"。参见郑洸、吴芸红主编:《中国少年儿童运动史》,天津:天津人民出版社1992年版,第274页。
⑤ 参见:《北京市少年先锋队工作发展过程》(1954年),北京市档案馆藏,档案号:100-001-00218。

的举动:父母同在税务机关工作的船板胡同小学队员杨东发现母亲企图让她帮忙捎信给父亲串通口供,以遮盖贪污行为,杨东出于对自己队员身份荣誉的捍卫,毅然将串通信上交领导机关①。杨东的行为获得国家的肯定,成为运动中的儿童楷模,更加深了荣誉感。这虽然是一个相对极端的个案,但能够在一定程度上反映出荣誉意识与国家利益观念在儿童思想世界中的分量。

1953年斯大林去世,北京市的少先队员围绕"缅怀斯大林"这一主题开展了各种形式的队会,通过这些活动,儿童们加深了对斯大林和苏联的感情。在中苏友好的背景下,作为两国首都的北京和莫斯科联系紧密,两国青年和少年儿童常有交流②。斯大林去世后不久,官方以"北京市少年儿童队代表"的名义和口吻,给莫斯科少先队员发去了安慰信,发誓要在毛主席的领导下,中苏两国人民团结一起完成"斯大林伯伯"的未竟事业③。3月7日团市委派出500名少先队员代表去苏联驻中国大使馆吊唁,参加吊唁的新开路小学代表李鼎九在庄严肃穆的氛围中感受到了一个优秀少先队员应承担的责任。他回到学校,就号召自己所在的中队举办"学习斯大林"的队会。队员们将斯大林的大幅画像挂在教室正前方,上面还有一条标语:"努力学习,为斯大林的事业而奋斗!"队会开始后,队员们举起右手站在斯大林像前宣誓:"保证今后听毛主席的话,好好学习,锻炼好身体,服从组织,遵守纪律,团结友爱,响应学

---

① 参见郑洸、吴芸红主编:《中国少年儿童运动史》,天津:天津人民出版社1992年版,第275页。
② 参见北京市档案局馆、莫斯科市档案管理总局编:《北京与莫斯科的传统友谊——档案中的记忆》,北京:中国档案出版社2006年版,第160—165页。在此特别感谢北京市档案馆无偿提供的资料。
③ 参见:《本市少年儿童队代表给莫斯科少年先锋队员的信》,《北京日报》1953年3月8日第3版。史家胡同小学的学生也给莫斯科201学校的学生写了封信,号召两国儿童团结起来。参见:《中苏儿童更紧密地团结起来》,《北京日报》1953年3月14日第4版。南沟沿小学的少先队员则给全市少先队员写了封信,号召每个队员、每个学生都团结起来,化悲痛为力量。参见:《努力学好本领,准备继承斯大林的事业》,《北京日报》1953年3月14日第4版。

校一切号召。"①

1954年初,在少先队员的带领下,北京市少年儿童开始了学习过渡时期总路线的运动。这次运动结合中小学生升学困难的局势,主要鼓励学生立志成为建设社会主义的劳动者。学习内容主要分为四个方面:第一,新旧社会对比,培养儿童生活在新社会的自豪;第二,以苏联为模板描绘社会主义愿景:现代化、自动化的机器大生产取代体力劳动、没有剥削压迫、人人热爱劳动;第三,发动队员收集材料以了解我国工业发展以及农业机械化的水平;第四,使学生明白实现愿景是非常艰难的,需要这一代的学生积极投身平凡而光荣的劳动岗位,任何工作都是为实现愿景而服务,都是光荣的,没有贵贱之别②。团市委希望通过此次教育,既增进学生的爱国爱党热情,又能缓解因教育资源不足、学生无法普遍升学而带来的压力。

1953年实施第一个五年计划之后,少先队也围绕该主题开展了一系列活动。为了增加国家的油料,1954年北京市组织少先队员开展了种植向日葵的活动③。共有230个学校参加了该活动,收获了2700斤葵花籽。装运葵花籽的车上贴着"我们热爱祖国,为祖国增产油料,我们热爱劳动"的大幅标语④。1955年10月北京市六所中小学⑤的少先队首先发出制定"小五年计划"的号召。他们在倡议书中自豪地将自己称作"国家的小主人",他们鼓舞全市的中小学生团结起来为祖国的建设贡献力量,并呼吁开展四项活动:第一,每人每年种一棵向日葵或蓖麻;第二,收集废铜、废铁、废纸等有回收价值的废弃物;第三,农村的学生帮助

---

① 《孩子们的誓言——记新开路小学少年儿童队的一个中队日》,《北京日报》1953年3月19日第2版。
② 参见:《少年先锋队如何向少年儿童进行关于我国过渡时期总路线的教育的意见》(1954年3月19日),北京市档案馆藏,档案号:100-001-00216。
③ 参见:《少年先锋队大队委员会转少先队员和小朋友的一封信》(1955年3月4日),北京市档案馆藏,档案号:100-003-00192。
④ 《关于北京市少年儿童种植向日葵的情况报告》(1954年11月11日),北京市档案馆藏,档案号:100-001-00218。
⑤ 分别是47中、49中、育才小学、丰台区八中心小学、沙窝小学、东北旺小学。

大人做事；第四,节约水电等资源,爱护公共财物①。六校少先队的提议得到了北京团市委的充分肯定,认为这项活动有利于"把少年儿童对祖国的热爱和他们的实际行动联系起来,使他们受到生动具体的爱国主义教育、劳动教育和知识教育,培养他们的优秀品质和良好习惯"②,遂在全市推广。很快这项活动得到团中央和教育部的支持,并于11月27日发出联合指示,赞成"小五年计划"在全国范围内开展③。北京各校对该提议反映比较积极。例如,海淀区第八中心小学在总体计划的基础上,丰富了活动内容,如每人为学校做一件有益的事、消灭校内和家庭四害以及参加扫盲工作等④。

1954—1955年,中央决定发动一场肃清暗藏反革命分子的运动。这场运动的涉及面甚广,从党政机关、群众团体机关、军队到各类性质的企业,再到大中小学校、干部学校,均被卷入⑤。尽管运动规定不涉及中小学在校学生,但实际上他们无法置身其外。1955年团市委要求对少先队员和一般学生进行提高革命警惕性的教育,让少年儿童了解反革命分子试图破坏社会建设、推翻中华人民共和国的险恶用心以及全国人民团结起来肃清反革命分子的决心和信心。为了帮助中小学生更好地理解肃反运动的必要性,团市委针对少年儿童专门开列了学习资料,其中包括来自《人民日报》《北京日报》《中国青年报》《中国少年报》和《北京青年报》的33篇新闻报道,《游击队员之子》《游击队的姑娘》《天罗地网》

---

① 参见:《六校少先队大队委员会联合倡议书》(1955年10月24日),北京市档案馆藏,档案号:100-003-00192。
② 《关于组织少年儿童开展"小五年计划"活动的注意事项的通知》(1955年12月1日),北京市档案馆藏,档案号:100-003-00192。
③ 参见郑洸、吴芸红主编:《中国少年儿童运动史》,天津:天津人民出版社1992年版,第308页。
④ 参见《北京市海淀区第八中心小学少先队大队一九五五年度第二学期工作计划》(1955年),北京市档案馆藏,档案号:100-003-00195。
⑤ 参见中共中央党史研究室:《中国共产党历史(第二卷 1949—1978)》上,北京:中共党史出版社2011年版,第300页。关于这段历史,另参见林蕴晖:《向社会主义过渡——中国经济与社会的转型(1953—1955)》,香港:香港中文大学出版社2009年版,第548—564页。

《锄奸记》等九部电影,以及《巴甫利克的故事》《红色保险箱》和《山东少年》等七本图书①。这些资料旨在告诉孩子,阶级敌人就在身边,要提高警惕性,时刻不忘阶级斗争。

2. 素质教育

课外阅读指导 课外阅读是对课堂教学的重要补充,对成长中的儿童的思想塑造有重要影响。少先队在指导课外阅读方面起到了重要作用,不仅为少年儿童推荐适合他们阅读的书籍报刊,而且还组织各种形式的队会活动将阅读与日常教育相结合。1950年代初期,少儿读物的出版尚未由国家完全掌控,私营出版社的数量(184家)远超过国营出版社(27家)。1950年全国出版的少儿读物共计466种。数量有限不说,这些书的质量也是参差不齐②。为了指导儿童进行课外阅读,北京市图书馆呈报文化部,申请开办少儿阅览园,终获批准③。但仅此一个阅览园根本无法满足北京市小学生的阅读需求。据有些少先队辅导员反映,由于缺乏有效的阅读指导,加上图书数量有限,许多儿童都到书摊租借思想内容不健康的图书,不少之前表现不错的队员都受到了不良思想的侵蚀④。因此,辅导员和少先队员纷纷呼吁为儿童创作思想健康、有益于成长的读物⑤。与此同时,官方和儿童读物作家也注意到了这个问

---

① 参见:《向少年儿童进行提高革命警惕性教育资料索引》(1955年10月12日),北京市档案馆藏,档案号:100-003-00192;《青年团前门区少年先锋队半年工作要点》(1955年),北京市档案馆藏,档案号:100-003-00194。

② 参见方厚枢:《新中国少儿读物出版五十年》,宋原放主编:《中国出版史料(现代部分 第3卷)》下,济南:山东教育出版社2001年版,第150—151页。

③ 参见:《1950年4月17日呈文化部文物局民字第444号呈报与青年服务部合办少儿阅览园工作办法一份请核示施行》《1950年5月2日中央人民政府文化部文物局通知物字第968号少年儿童阅览园可试行办理由》,北京图书馆馆史资料编辑委员会编:《北京图书馆馆史资料汇编(2)》上,北京:北京图书馆出版社1997年版,第275—279、281页。

④ 参见:《宣武、崇文、前门区代表团发言》(1955年3月),北京市档案馆藏,档案号:100-001-00294。

⑤ 参见:《东单区代表团的代表发言》(1955年3月),北京市档案馆藏,档案号:100-001-00294;《北京是少年先锋队员代表在北京市少年先锋队辅导员第一次代表会议上的祝词》(1955年1月),北京市档案馆藏,档案号:100-001-00294。

题,表示要重视儿童读物的写作与出版工作①,并通过评奖授誉的方式鼓励作家从事儿童文学创作②。

1950年代初期,对少先队员影响最大的图书当属《卓娅与舒拉的故事》。该书由卓娅和舒拉的母亲科斯莫捷绵斯卡亚(后译作科斯莫杰米扬斯卡娅)根据姐弟两人的生活撰写而成,讲述了两人的成长和受教育的经历以及最终为国捐躯的感人事迹。该书中文版于1952年2月在国内发行,深受读者喜爱,短短两年间已经出至7版;截至1980年,该书已经印刷23次,累计发行180万册③。姐弟都是英雄,但两人相比,卓娅更为动人。卓娅内心坚毅勇敢,严格要求自己和他人,同时又关心帮助他人,热爱集体,具有强烈的集体荣誉感。这样一个完美的凡人却从来没有给人以距离感和敬畏感,其关键在梁漱溟看来乃是因为卓娅生性如此,率真之至,并且找到了足以承载自己全部生命的信仰和精神寄托。这也是她和舒拉区别的关键所在④。卓娅的精神深深触动了中国的少年儿童,他们把自己的班级和所在中队命名为"卓娅班"和"卓娅队"。北京市的少先队员还与卓娅的母亲互通信件,这位母亲在来信中鼓励有志加入青年团的少先队员要多读伟大领袖的著作和传记,并告诫中国学生要勇于担当更重的责任,成为一个忠诚的、具有集体主义精神的新人⑤。此外,吴运铎的《把一切献给党》、梁星的《刘胡兰小传》以及方志敏的《可爱的中国》也都是中小学生经常阅读的图书。辅导员会利用少先队活动

---

① 参见郭沫若:《请加意爱护我们的新生一代》,《北京日报》1953年11月3日第1版;张天翼:《我要为孩子们讲一句话》,《北京日报》1953年11月3日第3版;高士其:《为儿童科学读物的创作和发展而努力——为第二次全国少年儿童工作会议而写》,《北京日报》1953年11月3日第3版。

② 参见:《中国人民保卫儿童全国委员会关于四年来全国儿童文艺创作评奖的公告》,《北京日报》1954年5月31日第1版。

③ 参见[苏]柳·科斯莫杰米扬斯卡娅:《卓娅和舒拉的故事》,尤侠译,北京:中国青年出版社1980年版。

④ 梁漱溟给予舒拉非常高的评价,参见梁漱溟:《人生至理的追寻:国学宗师读书心得》,北京:当代中国出版社2008年版,第3—12页。

⑤ 参见:《卓娅的母亲科斯莫捷绵斯卡亚给女一中同学写来回信》,《北京日报》1953年4月7日第2版。

的时间组织学生朗诵并讨论这些文学作品①,北京市图书馆还特意组织少先队员与吴运铎见面交流,收到了不错的教育效果②。1953至1954年间,《北京日报》利用"北京儿童"专刊,开设"好书介绍"栏目,向儿童推荐适宜阅读的图书,并对其中的思想进行引导和讨论(详见表6.2)。

表6.2 《北京日报》为少年儿童推荐的课外读物

书名	主要内容及思想主题
古丽雅的道路	描写卫国战争女英雄古丽雅是如何在成长过程中接受教育、克服缺点,成长为热爱国家和集体、关心他人、坚毅勇敢的青年,并最终为国捐躯
少年英雄柏惠尔	讲述苏联少先队员柏惠尔为了维护国家集体农庄的利益,勇敢地和富农作斗争,最终英勇牺牲
金斧头	民间故事集,告诉少先队员,诚实、爱劳动、勇敢反抗剥削和压迫的人都会得到好报;相反,贪心、懒惰、剥削他人的人都会受惩罚
鹿走的路	讲述生活在边疆的小朋友解放以后的生活变化,以及他们对祖国、毛主席、解放军的热爱,并积极参与到剿匪战斗中
关于斯大林的传说	歌颂其伟大,与真理为友、带领人民战胜敌人走向胜利
黄继光的故事	讲述黄继光从小在旧社会如何受到地主的剥削迫害,如何站稳立场,憎恨阶级敌人并与之坚决斗争,最后为保住祖国人民的幸福生活而英勇牺牲
杨司令的少先队	歌颂杨靖宇领导下的抗日儿童团的英雄事迹
小哈桑	15篇短篇小说组成的故事集,描写了土耳其人民在资本家压迫下的悲惨境遇
开电梯的吉姆	由数个故事组成,描写资本主义国家贫苦儿童深受各种剥削的悲惨生活

资料来源:1953年9月至1954年7月《北京日报》"北京儿童"专栏中的"好书介绍"。

---

① 参见:《北京市少年先锋队工作发展过程》(1954年),北京市档案馆藏,档案号:100-001-00218;《少年先锋队如何向少年儿童进行关于我国过渡时期总路线的教育的意见》(1954年3月19日),北京市档案馆藏,档案号:100-001-00216。
② 参见孙世恺:《孩子们会见了吴运铎》,《北京日报》1954年3月17日第3版。

除了指导少先队员阅读图书之外,教育部和团中央还鼓励队员们订阅适合他们阅读的报纸。《中国少年报》和《新少年报》是当时最重要的两份由官方主办的报纸,前者适于小学高年级和初中一、二年级的学生阅读,后者适于小学三、四年级的学生。这两份报纸每期的发行量高达280万份,丰富了贫瘠的阅读内容,尤其对城市少先队员的影响很大①。

综合素质锻炼 除了对少年儿童的课外阅读进行指导外,少先队还通过队会等形式举办各种主题活动,提高学生的综合素质。例如,少年之家曾组织少年儿童参加地质部勘探人员的报告会,进而了解矿藏分布情况,增进对祖国的感情②。有的中队组织学生根据治理淮河、修建官厅水库的图纸制作了淮河模型。有的中队设立小型观测站,以观察天气变化。有的中队集体栽种植物,一起观察并记录植物的生长变化,队员之间还相互交流经验③。少先队还鼓励学生参加各种集体运动,如爬山、球赛、行军等,号召大家参加合唱团、舞蹈队等艺术小组。北师附二小四年级二班三小队的两次活动得到了团市委的肯定,并向全市辅导员介绍④。这两次活动一次是童话晚会,一次是捕鱼。这两次活动都是由小队队员提议、在辅导员的帮助下完成的。在辅导员看来,这两次活动锻炼了队员们的组织能力、合作能力,使队员更好地融入到集体生活之中⑤。而在一些校园内举办的日常队会上,辅导员往往根据学生的兴趣爱好将其分组,在规定的时间内以小组为单位自由活动。例如,吉祥胡同小学 11 中队在一次队会上将学生分为木工、图画、朗诵、踢球和泥工

---

① 参见:《中华人民共和国教育部、青年团中央文员会、中华人民共和国邮电部关于加强组织少年儿童订阅假期中国少年报、新少年报工作通知》(1955 年),北京市档案馆藏,档案号:100-003-00189。
② 参见王静:《听了一次有意义的报告》,《北京日报》1953 年 4 月 22 日第 3 版。
③ 参见:《北京市少年先锋队工作发展过程》(1954 年),北京市档案馆藏,档案号:100-001-00218;《团中央少年部关于少先队基本知识讲课提纲和中国少先队历史》(1954 年),北京市档案馆藏,档案号:100-003-00188。
④ 参见:《团市委给全市少先队辅导员同志的一封信》(1955 年 5 月 20 日),北京市档案馆藏,档案号:100-003-00192。
⑤ 参见李广汉:《两次小队活动》(1955 年 5 月 20 日),北京市档案馆藏,档案号:100-003-00192。

五个小组,辅导员希望通过这些活动,多方面提高学生素质,培养其组织性和纪律性①。

小结

每一个在 1949 年之后接受过小学教育的人对少先队这一少年儿童组织都会印象深刻,不管是不是少先队员,少先队的组织文化都已深入到了每一个小学生的日常生活当中——学生们会为戴上红领巾而感到兴奋与光荣,也会因被队组织拒绝而感到失望与沮丧。小学生最初对不同情感的体验与少先队之间有很密切的关系。

当然,通过本章叙述可知,少先队文化是在被塑造成型之后逐渐在实践中推广开来的。共产党领导下的少年儿童组织在战争时期的经历更多是为今后少先队文化意涵的建构做出贡献,但很难为中国共产党在全国范围内,尤其是在新解放区推广这个被重新塑造的、统一的少年儿童组织提供任何实质性经验。事实上,少先队和儿童团参与战争的历史反而成为少先队最初在新解放区推广受挫的最主要原因——毕竟哪个家长都不愿自己的孩子小小年纪就面临踏上战场的风险。打消学生和家长的顾虑,促使他们接受少先队这一组织形式确实需要一个过程。而推动这一过程的催化剂就是少先队文化中的荣誉面向,即少先队员拥有很高的象征地位,他们是社会主义事业的接班人,未来建设的主力军,他们承担着祖国的光荣与梦想。这一文化意涵不断经过学校教育和媒体宣传之后被学生和家长逐步接受,"加入少先队、戴上红领巾是一件光荣的事情"的观念渐入人心,成为主流话语。从发生在 1955 年关于入队标准的讨论中我们就能发现,学生和家长均普遍认同少先队的荣誉性及其教育作用,这与 5 年前相比已发生重大转变。但是,团中央对少先队性

---

① 参见程月卿:《东四区吉祥胡同小学少先队第 11 中队的一次中队会的计划》(1955 年 4 月),北京市档案馆藏,档案号:100 - 003 - 00195。按兴趣分组活动的现象在当时的小学很常见,例如海淀区第八中心小学将中队分为音乐组、桃花小组和工艺小组,参见:《北京市海淀区第八中心小学少先队大队一九五五年度第二学期工作计划》(1955 年),北京市档案馆藏,档案号:100 - 003 - 00195。

质的规定与地方建队实践之间的张力仍未消弭。不过恰恰是这种张力的存在帮助完成了少先队的定位——它既非一个由少数特别优秀的队员组成的精英团体,也非一个不存在任何门槛、随意加入的名义上的组织。这一定位使少先队既能保证荣誉性,又能扩张规模,将更多的适龄儿童纳入其中。

尽管团中央将少先队的主要功能界定为"教育",但实际上少先队之于少年儿童的首要作用表现在对其日常生活和行为的组织与规训上,即便是教育,也是组织之下的教育。"红领巾"已经成为象征先进与荣誉的特殊标记,当在课堂上学习、在校园里玩耍、在社会上参加组织活动的适龄儿童没有戴上红领巾时,无形中他们的身份已经经历了一次再定位,他们随即成为"蒙受污名之人"①。没有佩戴红领巾的儿童多会选择向组织靠拢,而少先队的定位使得所有学生都能看到获得荣誉的希望,但又不得不自觉规训自己的行为,积极接近组织——这实质上就是一个引导儿童接受组织规范的控制与教育过程。少先队所主导的组织教育对成长中的儿童的思想塑造起到了关键作用。组织教育涉及儿童日常生活的方方面面,不仅安排各种队的活动,而且还对儿童的课外阅读进行指导。通过少先队组织,儿童的课余生活面貌发生了很大改变:他们被纳入集体之中,更多的在集体组织之下参与各种活动,他们不知不觉地提高了沟通能力,培养了集体主义的意识和精神。少先队所组织的活动,甚至所推荐阅读的图书往往有较浓厚的教育色彩,这也就使得儿童通过少先队不断加深其对国家、政党、领袖的认知和情感,并潜移默化地吸收了共产党的主流价值观念。

---

① 欧文·戈夫曼将"蒙受污名之人"定义为"没有资格获得完全社会接受之人",而携有污名之人则意味着"道德地位有不寻常或不光彩"之处。污名产生于社会所期待的"虚拟社会身份"(virtual social identity)与自我实际所呈现的"真实社会身份"(actual social identity)之间的差距。参见[美]欧文·戈夫曼:《污名——受损身份管理札记》,宋立宏译,北京:商务印书馆2009年版,第1—3页。"红领巾"与"不戴红领巾"都成了儿童们的特殊标记,具有截然相反的意义。在社会主流话语的支配下,戴红领巾的儿童才是社会所期待的"虚拟社会身份",一旦"真实社会身份"与之不符,污名随即产生。

第七章

节日里的儿童：欢庆场景与教育文化建构

前面几章关注的对象，不管是教师思想改造、教科书内容的变化还是少先队文化的建构与普及，都是围绕儿童的常规生活展开的，聚焦的乃是日常情境中学校教育文化的建设。而节日和日常生活之间还是存在很大区别的，如果姑且沿用涂尔干"神圣-世俗"的二分法，我们可以说，节日为人们所提供乃是一个暂时脱离繁冗拖沓的世俗生活的机会，不管节日存在神圣性与否，人们都会在被赋予了一定意义的节日中感受到平日无法获得的情感体验。因此，节日文化是学校文化不可或缺的重要组成部分。本章着重论述中华人民共和国初期儿童是如何参与到节日中去的，以及节日如何能够对儿童进行政治教育。

一、节日的意义与教育功能

在现代社会，当人们提及"节日"时，所包含的外延越来越宽泛。特别是在生活节奏急剧提速、竞争压力骤然增加的当下，任何一个能让疲惫的社会人停下来喘口气的日子都被不假思索地贴上了"节日"的标签。加之商业因素的无孔不入，节日已经成为和消费紧紧绑在一起的宣泄与狂欢。尽管人们对节日身体体验的心理感受并未发生根本性改变，但是节日的基本类型与意义却在消费主义的冲击下变得支离破碎、面目全非。

鉴于本章研究主题，这里不必采用人类学的研究路径对节日进行一种追根溯源式的拷问，也无需从词源层面详细探究"节"与"日"的具体区别。本章仅将节日作为一种既已存在的社会现象来对待。如果粗略地对节日进行分类,节日大致可以分为传统性节日和政治性节日。所谓传统性节日,即与一个民族生存休戚相关的相对固定的神圣日子,这些日子关系到祈求神灵保佑、庆祝庄稼丰收、猎食成功以及获得土地等生活现象①。随着世俗时代的来临,传统性节日本身所具有的神圣性逐渐消弭,而节日的娱乐化成分开始增多。另一方面,现代民族国家的出现使得统治者开始运用权力设立与国家和统治集团相关的纪念节日,以增加民众对国家及其统治者的认同;而国际组织也纷纷出于政治考虑设立与该组织相关联的节日,举行各种纪念活动。本章将这两种不同于传统性节日的节日合称为政治性节日。与传统性节日不同,政治性节日是在政治权力的干预和影响下诞生的具有政治意味的纪念时刻。当前者逐渐呈现娱乐化趋势时,后者却在政治权力的保障下被赋予了神圣性与庄严的意义。

不管是何种节日,它的出现与设立表明其与日常生活之间存在着张力:节日既是日常生活的凝缩与结晶,反映日常生活的面貌;同时又是一种对日常生活乌托邦式的重构,通过节日的仪式与表演,人们传达出一种对理想生活和社会秩序的向往。就政治性节日而言,它的纪念方式与庆祝活动的设计体现了当政者心中"全盘掌控社会的方案"和对新秩序的设想②,可以充分反映出这个时代的主导文化特征③。对政治性节日的研究,有助于理解执政者所秉持的基本价值观念和愿景结构。另一方面,节日庆典是一个民众高度参与的活动,虽然民众和执政者之间并不存在实质性对话,但是各种象征和仪式为两者搭建了一个虚拟的对话平台,主流价值观念通过种种隐性机制传递给了参与者,而参与者也通过自己的行动完成了信息的传递与接收。因此,节日对执政者来说最重要

---

① 参见廖冬梅:《节日沉浮问——节日的定义、结构与功能》,桂林:广西师范大学出版社 2007 年版,第 19 页。
② 参见[法]莫娜·奥祖夫:《革命节日》,刘北城译,北京:商务印书馆 2012 年版,第 3 页。
③ 参见:Rosalinde Sartorti. Stalinism and Carnival: Organisation and Aesthetics of Political Holidays, in Hans Günther ed. *The Culture of the Stalin Period*. The MacMillan Press Ltd. 1990, pp.43 - 44。

的功能之一便是教育宣传,中国共产党对此也有清晰的认识,明确指出要通过重大节日"树立儿童对共产党、对新社会、对人民政府的正确认识"①。节日与学校教育之间有共同点,它们的基本问题都是"出席"状况,即要求人们聚集在一起,专心参与其中②。这种集体感的体验对于参与其中的个体极为重要,他们能够体会个人之于集体的地位和力量,从而感到融入集体的个人才更加强壮、更有信心③。节日与学校教育的另一相似之处在于其"循环往复性"。节日庆典会在每年的特定时间重复再现,不断呈现着相同主题的相似场景,从而能够唤起并强化群众参与其中的体验记忆——这一过程类似于教学活动中的复习过程。但两者之间亦有不同,其中最大的区别在于节日提供了一个完全不同的欢庆场景和活动空间。"游行、舞蹈、歌曲、旗帜、五颜六色的服饰、人山人海的场面、参与者和旁观者混为一体的热闹气氛"构成了节日的主体,提供了学校教育所无法展现的多种符号、元素和象征物,更容易感染和打动参与者。综上所述,集体体验、有节奏的重复以及互动参与的场景共同保证了节日的教育功能。

本章关注的是儿童积极参与其中的政治性节日。这些节日中最重要的莫过于儿童节。尽管从民国时期就已经开始每年举办儿童节庆祝活动,但在时局与教育制度的限制下,儿童节纪念的出发点、整体氛围、庆祝方式、参与程度和1949年之后举办的活动相比,有比较明显的不同。另外,中国共产党在"五一"劳动节和"十一"国庆节所举办的游行活动也是本章关注的重点。儿童非但不是这些游行活动的局外旁观者,而且还是这些活动的深度参与者;从仪式的角度看,他们还在这些活动中占据着非常重要的象征位置。通过对儿童节和游行的考察,我们能够体会中国共产党是如何通过节日机制对"社会主义新一代"进行潜移默化的政治教育,并了解儿童在共产党理想社会结构中的位置。

---

① 《爱国主义教育总结》(1951年),北京市档案馆藏,档案号:100-001-00075。
② 参见[法]莫娜·奥祖夫:《革命节日》,刘北城译,北京:商务印书馆2012年版,第284页。
③ 参见[法]爱弥尔·涂尔干:《宗教生活的基本形式》,渠东、汲喆译,上海:上海人民出版社2006年版,第358页。

二、家国责任：民国时期的儿童节庆祝活动

1925年8月在瑞士日内瓦召开的关于儿童福利的国际会议上，首先提出了"国际儿童节"的设想和理念。会议代表通过了《日内瓦保障儿童宣言》，指出儿童应享受"物质上与精神上的种种权利"，儿童应"充分达到他的可能发展"；要对处在饥饿、病痛、孤单、迷失中的儿童施以援助；遇到危险，先救儿童；并教育儿童树立为社会服务的观念①。《宣言》充分表达了成人世界对儿童的重视，当时"二十世纪是儿童世纪"的理念得到了广泛传播②——该思潮受到社会进化论以及教育学中"儿童中心主义"转向的影响。最初提出儿童节的设想，目的在于提醒成年人保护儿童的基本生存权利和受教育权利；但是在政党政治的潮流中，儿童节不可避免地会被用来进行思想教育，传播政党主流价值观念。

北洋政府也派代表参加了儿童福利国际会议，并认可了《宣言》。之后，中华慈幼协进会就发起了设立儿童节的运动。儿童节的设立在现代中国发挥着启蒙作用。儿童在中国人的传统观念中地位很低，完全是出于家庭延续之需要③，这种状况亟需改善："父兄之培养其子弟，无非出于巩固家庭养老传嗣的一种私意，并无丝毫强国强种的观念。倘不由政府指定一个日期，作一种盛大的宣传，实行一种重要的表示，则不足唤醒人民对于儿童事业的注意。"④知识分子希望借呼吁关注儿童事业来唤醒国民的民族意识。1931年行政院批准同意将每年四月四日定为儿童节，督促教育部制定节日纪念办法⑤。官方颁布的儿童节纪念办法宗旨回应了儿童节举办的初衷，但也流露出明确的政治意味："本节举行纪

---

① 《日内瓦保障儿童宣言》，《妇女新运》第6卷第4期，1944年4月。
② 陈征帆：《儿童节的意义》，《新家庭》第1卷第4期，1931年4月。
③ 参见杨庆堃：《中国社会中的宗教：宗教的现代社会功能与其历史因素之研究》，范丽珠等译，上海：上海人民出版社2007年版，第57页。
④ 《儿童节与救国》，《中华周报》1932年第24期，4月16日。
⑤ 《四月四日规定为儿童节》，《妇女共鸣》第55期，1931年9月1日。

念,以鼓舞儿童兴趣,启发儿童爱群爱国爱家庭之心理,并唤起社会主义事业为宗旨。"①该宗旨的本位并不在儿童,而在国家、集体与家庭;关注儿童的根本目的在于教育他们以家为本并为"大我"做出贡献,这是一个传统与现代意识混合的观念。

儿童节纪念安排依照学校、社会、家庭三部分,规定所举行的活动:学校方面包括讲述革命先烈和古代伟人的儿时故事(以阐明忠、孝、仁、爱、信、义、和平为主),讲述科学家、发明家的童年生活;表演能够教育儿童爱群爱国爱家的游戏或短剧(特别注意亲子之爱);印发关于儿童教育和卫生普及的画片;发送纪念品;邀请家长参与互动(恳亲会);举行各种比赛、运动会和展览。社会方面应举行儿童节纪念大会,并酌情考虑进行儿童节游行活动;举行各种展览和比赛;围绕"父母之责任"与"社会救济之必要"等主题举办演讲;与当地慈幼机关一起宣传儿童幸福的重要;播放与儿童生活相关的电影或戏剧,美术馆、博物馆特别为儿童开放。家庭方面组织亲朋好友举办恳亲会;为儿童准备糕点和礼品,并组织他们进行游戏②。

随着1931年日军开始侵华,儿童节从举办初期,就蒙上了战争与侵略的阴影。由此,儿童节与政治的联系更加紧密。儿童在某种程度上已经慢慢地转变成一个政治符号,象征着民族和国家的前途和未来,关心儿童就是在保护中华民族的希望③。儿童节所使用的一些标语在某种程度上表达了这种联系:"我们要忠勇的儿童""我们要为社会国家服务的儿童""儿童要锻炼身体方能保卫国家""儿童应学忠勇救国的军士""儿童是社会的国家的""良好的儿童教育是强国唯一的基础",等等④。

儿童节庆祝大会是进行思想教育的理想场所。场地布置方面,会场被要求悬挂总理遗像、党旗、国旗、国徽。大会仪式的前几项意在指导儿

---

① 《奉令发儿童节纪念办法转令所属知照》,《教育周刊》第86期,1931年9月14日。
② 同上。
③ 张家凤:《儿童节献词(补白)》,《青岛教育》第3卷第11期,1936年5月1日。
④ 《国难期间本省各小学幼稚园纪念儿童节实施办法》,《教育周刊》第149期,1933年4月10日。

童形成国家和政党认同:(1)奏乐;(2)唱党歌;(3)向党国旗及总理遗像敬礼;(4)静默①。大会的主旨演讲传达了成人对儿童的政治寄托。例如,1934 年南京市儿童节庆祝大会,主席对台下的儿童动情地讲道:"诸位小朋友是我们民族未来的希望,民族的复兴就寄托在你们身上。……我们要救中国,收复失地,将来能够报仇雪耻,希望大家明白自己的责任……"②台上主席与台下儿童之间的互动更是一种参与式的"政治演出"——以 1935 年北平庆祝大会为例,主席分别问了五个问题:儿童最大使命为何,现任中华民族领袖是谁,如何实现民族复兴,今年如何进行学生救国工作,今天得到什么教训。学生按照事先准备好的答案分别回答:爱国、蒋委员长、新生活运动、提倡国货以及爱国雪耻③。大会结束后,有些地方还会举行儿童节目表演。这些表演与时代氛围相契合,旨在教育儿童担负起家国责任④。总体来看,国民党举办的儿童节庆祝大会,尽管有意识凸显儿童地位,但成人化色彩更浓,多了几分庄严肃穆,少了几分轻快活泼。儿童在参与过程中往往显得不耐烦,无心聆听宣传者的冗长演讲。罗洪的文学作品《儿童节》就生动描述了参加庆祝大会的儿童们对大会议程的反感和排斥心理⑤。

除了庆祝大会外,政府也希望能有更多的儿童参与到节日庆祝中。儿童节当天,影院、公园、商场、书局、娱乐场所和医疗机构都会对儿童进行优惠,公园免费,电影院半价或者免费,书店推出折扣儿童读物,医疗机构为儿童体检及接种疫苗⑥。1938 年 4 月 4 日儿童节,政府号召全国在校小学生(平民、救济、保育等学校例外)每人负责募集 1 元以上捐款,

---

① 《上海全市庆祝儿童节》,《玲珑》第 11 期,1934 年 4 月 11 日。
② 赵子云:《民国时期两次儿童节庆祝大会》,《钟山风雨》2013 年第 2 期。
③ 《儿童节举国热烈庆祝》,《公教学校》第 1 卷第 6 期,1935 年 4 月 1 日。
④ 例如,1933 年南京市举行的儿童节大会表演,包括了《打倒日本》《抵抗》《热血男儿》《南满血》等节目。参见赵子云:《民国时期两次儿童节庆祝大会》,《钟山风雨》2013 年第 2 期。
⑤ 罗洪:《儿童节》,上海:文化生活出版社 1937 年版,第 45—68 页。
⑥ 孙霞:《国家·社会·儿童:南京国民政府四四儿童节述评》,华中师范大学历史系硕士学位论文,2012 年,第 19 页。

为国家捐赠10架中国儿童号飞机(共计100万元)①,随后在全国范围内展开宣传部署。但这项运动更像是一次具有象征意义的活动,三年过去了,才仅仅募集到六七万元,连一架飞机都无法捐出②。活动虽然失败,但借助儿童节展开的活动却在最大范围内向儿童传达了"家国责任"的观念。

尽管做出了努力,但民国时期儿童节的普及性尚且不足。虽不能笼统地说可以享受节日的儿童仅局限于少数家庭经济条件较好的孩子③,但这些活动也往往针对在校学生开展。例如,免费游园的儿童必须佩戴本校校徽;有些地方要求儿童必须在成年人的陪同下结队进入,而且还要手持庆祝儿童节的标语;多数无学可上的儿童为生计所迫,肩负着远超他们年龄阶段的重担,根本无暇参与庆祝④。考虑到当时的低入学率,接受节庆熏陶的学生数量相当有限。值得注意的是,即便以学校为主体举办的儿童节,也有些异化的意味。例如,学校之间搞各种竞赛攀比,学校要求学生着装统一,否则"有失大雅",违命者会遭到处分。面对校方压力,有穷困的学生退了学,甚至还有学生被迫偷盗,事发后也被劝退。有批评者直言,学校老师未曾关心过来自乡村的学生,举办的活动劳民伤财⑤。

共产党在革命根据地同样举办活动庆祝儿童节。毛泽东非常重视儿童节和儿童工作,曾多次为儿童节题词。1940年,毛泽东题词"天天向上";1941年题词"好生保育儿童";1942年,他于儿童节当日在《解放日报》上题词:"儿童们团结起来,学习做新中国的新主人。"⑥根据地也举办儿童节庆祝大会,在经过领导和儿童代表讲话等常规程序后,大会

---

① 《中国儿童号飞机全国筹募会致教育部呈》(1938年6月16日),《民国档案》2015年第3期。
② 《蒋志澄等签呈》(1941年6月15日),《民国档案》2015年第3期。
③ 钟霖湘:《"四四"儿童节与"六一"儿童节》,《湘潮》2010年第7期。
④ 田和卿:《儿童节是为谁设的?》,《民生》第1卷第16期,1933年4月15日。
⑤ 绰然:《儿童节纪实》,《教师之友》第2卷第7期,1936年7月。
⑥ 许卿卿:《老一辈革命家对少年儿童的关怀与希望》,《中国档案报》2009年6月1日第1版。

会举行一种带有军事色彩的检阅仪式,这是种与战争局势紧密相关的表演:领导和儿童围成一个长方形场子作为检阅场地。接受检阅的队伍随着指挥员的口令声,进行齐步走、跑步走、正步走等基本练习。接着是刺枪和队形演练。队伍随指导员的口令散开,变换为燕子形状伏在地上。儿童右手把地,左手提枪,匍匐前进,保持队形不变。就这样一队接一队的表演①。这种与政局相连的庆祝方式在中共执政后不复存在,关于战争与军事的记忆则通过欢庆的歌舞场面来延续。在东北解放区,儿童节庆祝活动形式已经比较成熟。1947 年东北举办了第一届儿童节庆祝大会,共有 8 万人参加,会后还组织了规模盛大的游行活动。哈尔滨市的部分电影院免费向儿童开放 2 天,各公营书店、商场的儿童书籍和玩具集体减价②。

三、爱国主义与国际主义并重:中华人民共和国儿童节主旨的确定

国民党政府统治时期,儿童的生活虽然已经引起了世界的关注,各国根据自己的情况设置了以儿童为主旨的纪念节日,并没有统一的世界性节日。"四四"儿童节就属于中国政府为本国儿童设立的节日。由于持续的战争与不断的消耗,该节日在努力展现其欢乐氛围的同时,总不免带有一丝对中国儿童未来命运琢磨不定的无奈与慨叹。经过战争的磨难,世界上越来越多的人开始关注儿童在全球范围内的境遇与命运,并试图设立一个世界性的纪念日,以提醒人们关心儿童,并积极保护他们的各项权利。

1949 年 11 月,国际民主妇联理事会会议在莫斯科召开,中国也派代表团参加了此次会议。会议代表意大利妇女联盟执委会委员海伦·加波罗佐建议将每年六月一日定为国际儿童节,苏联代表、国际教育工

---

① 陈正祥:《晋察冀抗日根据地回忆片段》(2015 年 6 月 16 日),https://www.krzzjn.com/show-427-12244.html。
② 何莉:《东北解放区的第一个儿童节》,《党史纵横》2006 年第 6 期。

作者联合会副主席巴菲诺娃代表联合会肯定了上述决议,认为这是"全世界的一切民主组织和进步的男女的基本要求"①。由此可见,"六一"国际儿童节并非源自某一文化的传统节日,而是由来自不同民族国家的代表共同商议设定的具有浓厚政治意味的现代节日。促使这一节日诞生的原因是政治性的——大量儿童在第二次世界大战中丧生,其中直接促使儿童节设立的标志性事件就是1942年发生在捷克利迪策村的屠杀②。而儿童节设立的政治意义则在其设立决议中清楚地表达出来:

> 由于战争贩子的罪恶政策的结果,在资本主义的、殖民地的及附属国家内的儿童的地位更加恶化了,儿童是此种帝国主义政策的第一个牺牲品,在这些国家里失业和贫穷迅速的增加着,工人的生活水平一般的在降低,因而剥夺了儿童在身体发展上所必需的条件,成百万的儿童正在希腊、越南和印尼的惨无人道的战争中遭受着残酷的折磨;西班牙的儿童在法西斯的暴虐统治的制度下,正过着不能用言语形容的困苦生活,新的战争煽动者竭尽一切力量,企图腐化儿童的道德,造成儿童对其他民族的仇恨,从而把他们养成为服从的士兵……面对着这些情况,国际民主妇联的各国会员团体理应为了儿童生活的改善作坚决的斗争。③

儿童隐喻着人类共同的未来和希望,最能打动人心。对儿童悲惨境遇的渲染就意味着对侵略者狂妄、轻率与不负责任的谴责与鞭笞。儿童节的设立体现了在民族战争中获得独立的国家对战争及其发起者的痛恨和仇视,以及对未来和平世界的期许、向往与追求。

这一节日背后所蕴含的积极的政治意义与刚刚获得政权的中国共产党所秉持的政治立场相契合,中国政府充分认识到国内外政治环境的变化以及国际儿童节在本国少年儿童国际主义精神的培养过程中扮演

---

① 《国际妇联理事会议闭幕,三十六国代表一致表示,加强争取和平斗争》,《人民日报》1949年11月25日第3版。
② 参见岳峰主编:《世界节》,福州:福建人民出版社2009年版,第120页。
③ 《儿童节为什么从四月四日改为六月一日?》,《人民日报》1950年3月24日第3版。

的重要角色①，于是决定废除"四四"儿童节，将本国儿童节与国际儿童节统一起来，规定六月一日全国少年儿童放假一天②，举行各种庆祝活动，并通过这些活动对少年儿童进行政治思想教育——一种教育意味浓厚的儿童节庆祝方式逐渐形成。

1950年的儿童节既是共产党政权建立后举办的第一个儿童节，也是与国际儿童节并轨后的第一个儿童节，因此国家宣传机构为这次儿童节做了充分的舆论准备工作，着重传播了儿童节的政治意义。1950年上半年，中华全国民主妇女联合会、中华全国学生联合会、中央人民政府卫生部、教育部、文化部等十四单位共同组成中华全国"六一"国际儿童节筹备委员会。该委员会发表文件，呼吁全国人民行动起来保护儿童权利，声讨帝国主义对儿童的迫害以及发动战争的阴谋，动员社会有声望的人在保卫儿童呼吁书上签名，并为世界和平呐喊③。北京的儿童节筹委会在节前举行了母亲会，向母亲讲述保卫儿童权利的政治意义，并动员母亲们参与签名活动④。儿童节当天，新民主主义青年团中央书记冯文彬发表讲话，强调此次儿童节的主题是"为保卫儿童权利与世界和平而斗争"⑤。而北京市教育局局长柳湜则清晰完整地表达了儿童节所具有的政治意义：

六月一日将是一个盛大的国际节日。在今天，也还是一个国际规模的战斗日。人类正义的光辉，将于保卫儿童权利这一崇高的斗争中，得到发展。世界各国的父母们，将在爱护自己儿童的这一共同基础上团结

---

① 参见：《教育部通知，准备庆祝"六一"儿童节培养儿童国际主义思想》，《人民日报》1950年3月31日第1版。
② 《政务院举行十二次会议通过节日放假办法，通令全国各地遵行》，《人民日报》1949年12月24日第1版。
③ 参见："六一"国际儿童节筹备委员会，响应保卫儿童权利的呼吁，号召各地庆祝国际儿童节》，《人民日报》1950年5月4日第2版。
④ 参见：《迎接"六一"国际儿童节，各区开展保卫儿童权利签名》，《人民日报》1950年5月27日第3版。
⑤ 冯文彬：《庆祝国际儿童节》，《人民日报》1950年6月1日第3版。

起来,提高自己的政治觉悟,提高自己的警惕,为争取持久和平而奋斗。全世界的儿童们,将在这一国际节日,增进彼此间的友谊,培育国际主义的精神,促进这一伟大的国际大家庭中更高的兄弟之谊,共同建设自己的美满的新生活。①

第一个儿童节的主题紧紧围绕"儿童权利"和"保卫和平"展开,更加强调国际主义精神②,充分体现了国际儿童节设立的历史背景以及其中所蕴含的政治含义。通过多种形式强调与重现该主题,一方面反映了中国政府参与世界事务的意愿和积极态度,另一方面也使儿童节与政治之间的关联获得了不容置疑的天然正当性——儿童节首先是出于政治考虑而设立的。因此,围绕儿童节展开的宣传和活动安排都要或明或隐地体现其政治含义。突出政治主题成为儿童节庆祝活动的指导思想。

1951年儿童节的政治主题仍然是"保卫儿童与世界和平"③。1952年的儿童节继续沿用该主题④,但从首都庆祝儿童节筹委会编写的一份宣传提纲中能够发现,1952年儿童节的教育重点更加清晰,明确提出要对少年儿童同时进行爱国主义和国际主义的教育。这份大纲详细列举了宣传的要点。例如,在国际主义教育方面要"谴责并禁止利用科学上的新发现来进行战争";要彻底修改某些教育内容,"不仅要清除军国主义、种族、宗教、民族的偏见和歧视以及战争宣传,而且要以各民族间的友谊教育儿童";呼吁各国教师和父母禁止向儿童进行公开或隐蔽的战争思想灌输,并把"任何鼓吹民族仇恨暴力和邪恶的行为定为犯罪"。在爱国主义教育方面,要让儿童意识到新政府对他们身体健康和教育情况的重视,从而培养孩子的五爱精神以及热爱毛主席、共产党、志愿军、解

---

① 柳湜:《庆祝第一个国际儿童节》,《人民教育》第1卷第2期,1950年6月。
② 例如参见:《儿童节改在"六一",教育部通告庆祝办法,各地学校应以国际主义的思想教育儿童们》,《文汇报》1950年4月1日第1版。
③ 《保卫儿童、保卫和平——庆祝"六一"国际儿童节》,《人民日报》1951年6月1日第1版。
④ 参见康克清:《保卫儿童必须保卫和平》,《新华月刊》1952年第6期。

放军和工农等一切劳动人民的品质①。1953年是新政府第一个五年计划实施的头年,儿童节爱国主义的宣传重点就在于通过生产战线上的成就、创新、发现以及战斗英雄事迹启发儿童感受生长在毛泽东时代的幸福,并激励他们努力学习,将来更好投身祖国建设。国际主义教育方面,具体提出要让中国儿童了解苏联儿童的幸福生活,认识到苏联社会的先进以及社会主义制度的优越;与此同时,继续深入批判西方资本主义国家在儿童心目中的形象,控诉他们阴谋发动侵略战争、毒害儿童的行径②。

经过几年的探索尝试,儿童节的宣传教育从最初偏重国际主义逐渐过渡到爱国主义和国际主义并重但更突出爱国主义的结构③。尽管不同年份的宣传重点会因具体情况而有所变化——例如,1954年的儿童节宣传提纲中就增加了对过渡时期总路线精神的教育④——但是在向社会主义过渡的几年中,内外并重、重点突出的基本结构已经固定下来,不曾发生变动。爱国主义教育主要强调教育儿童认知日常生活的变化,从而增加其对国家、领袖和共产党的热爱;国际主义教育一方面赞扬社会主义阵营国家的制度优越性以及儿童的幸福生活,鼓励不同国家的儿童之间的团结与联欢;另一方面揭露、批判资本主义阵营国家制度的腐朽与儿童命运的悲惨。在儿童节所举行的各种庆祝形式中,政治教育的基本结构贯穿始终。

四、儿童做主角:节日庆祝大会

从庆祝方式上看,中华人民共和国延续了民国时期的主流传统,以

---

① 《六一国际儿童节宣传提纲》(1952年5月),北京市档案馆藏,档案号:100-003-00051。
② 参见:《庆祝"六一"国际儿童节宣传提纲》(1953年5月28日),北京市档案馆藏,档案号:100-003-00078。
③ 以北京市1955年"六一"国际儿童节的宣传报道计划为例,围绕儿童节计划报道的重点评论、消息和通讯等,多取材于当地,重点宣传党和政府对儿童的关怀。参见:《"六一"国际儿童节宣传报道计划(草案)》(1955年),北京市档案馆藏,档案号:100-003-00193。
④ 参见:《北京市庆祝"六一"国际儿童节初步意见》(1954年5月10日),北京市档案馆藏,档案号:100-003-00051。

庆祝大会和社会活动为主要形式。由政府组织少年儿童代表举办庆祝大会，是最引人注意的形式，更充分地体现出了政治宣传和教育的价值。根据涂尔干的研究，处在欢庆集会中的个人很容易被集会的整体氛围所感染，从而突破自我约束与控制，参与到集体行动中去——"集中行动本身就是一种格外强烈的兴奋剂"①。借助音乐等手段的渲染，特定空间内的集体行动所营造出来的具有向心力的情感氛围"极为充沛"，能够让"一切辩驳都黯然失色"，借由这种氛围传达出来的信息"令人心悦诚服"②。相比成年人，儿童缺少自我意识，更容易被庆祝大会所营造出来的欢庆氛围所吸引，被会议的议程设计所牵制。庆祝大会从会场布置到会议流程安排都体现出了鲜明的政治含义，政治符号的使用和政治仪式的设计能够使置身其中的儿童不知不觉地接受熏陶。下文将以首都儿童节庆祝大会为例进行分析。

第一届儿童节庆祝大会于 1950 年 6 月 1 日在中山公园音乐堂举行，场景选择与布置可谓相当精心：主席台上方屋顶的正中间悬挂一颗巨大的红五星，五星两侧插着鲜艳的红旗；主席台中间上方挂着大会主题标语"首都庆祝六一国际儿童节大会"，主题标语下面写着日期；主席台正中最核心的位置，悬挂着斯大林和毛泽东的巨幅画像，画像两边竖立着中国国旗及其他国家的国旗。

五星、红旗、领袖像、国旗等政治符号的运用使整个会场形成了政治氛围：位于最高端的巨大五星象征着中国共产党的领导；两旁迎风飘扬的红旗隐喻着勇往直前的革命步伐；中间核心位置的两幅紧挨着的领袖像标志着中苏之间亲密无间的联盟关系，并不断强化人们对领袖爱戴与尊敬的记忆；领袖像两旁竖立的国旗象征着世界民主国家的平等与团结。这些政治符号与台下着装统一的儿童们胸前佩戴的红领巾、手中高举的少先队旗遥相呼应，共同组成了一幅愉悦欢腾的政治画面：中华人

---

① ［法］爱弥尔·涂尔干：《宗教生活的基本形式》，渠东、汲喆译，上海：上海人民出版社 2006 年版，第 206 页。
② ［美］大卫·科泽：《仪式、政治与权力》，王海洲译，南京：江苏人民出版社 2015 年版，第 117 页。

民共和国的少年儿童在伟大领袖和共产党无微不至的关怀下,与世界其他民主国家的小朋友一同茁壮成长,成为合格的革命事业接班人。与此同时,他们对世界国家秩序有了模糊的感性认识。这种场景在儿童的记忆中留下了深深的烙印,政治教育以一种潜移默化的形式发挥着作用。1953年3月斯大林去世以后,当年儿童节庆祝大会的场景布局随即发生变化,斯大林像不再悬挂,主席台最核心的空间只悬挂毛泽东的画像,会场内的设有红色彩球,上面印着少年儿童队的口号①。新的会场布置更加突显中国元素,强调祖国建设。

参加庆祝大会的人选也是经过精心安排的。与会儿童主要由三部分构成:首先是北京各区的儿童代表;其次是国际小朋友,以外国驻华使者的孩子为主②;再次是各少数民族的儿童代表。关于这三部分的比例,北京各区的儿童占绝大多数③。这种安排充分照顾到了举办地儿童的需要与情绪,同时兼顾了政治需要——国外儿童的到来体现了国际主义的情怀与理念,少数民族派代表参加则象征着全国各族人民的团结与联欢。能够到现场参加庆祝大会的儿童属于少数,因此对被选中参会的儿童来说,这意味着一项荣誉和一种奖励。大会来宾可以分为三类:政界要人(中央领导、地市领导)、各界精英(科学家、文学家、音乐家、艺术家等)、英雄人物(战斗英雄以及劳动模范等)④,他们出席大会,首先表

---

① 参见:《首都儿童庆祝"六一"国际儿童节大会计划》(1953年5月),北京市档案馆藏,档案号:100-003-0078。
② 《关于招待各国使馆小朋友应注意的问题》(1953年5月30日),北京市档案馆藏,档案号:100-003-00078。
③ 以1953年为例,当年共安排4900名儿童代表参加庆祝大会,北京各区代表就占了4800名,国际儿童和少数民族儿童各占50人;到了1954年,参加庆祝大会的总人数大幅削减,共有学生代表1350名,其中各区代表人数为950人,少数民族代表20人,各国使馆及苏联小学、朝鲜小学的儿童代表共380人。参见:《庆祝大会工作计划》(1953年5月),北京档案馆藏,档案号:100-003-00078;《首都儿童庆祝"六一"国际儿童节大会计划》(1954年5月),北京档案馆藏,档案号:100-003-00098。
④ 参见:《昨日国际儿童节,首都儿童代表举行庆祝大会》,《人民日报》1951年6月2日第1版;《庆祝大会工作计划》(1953年5月),北京档案馆藏,档案号:100-003-00078。

明党和国家及社会各界对儿童成长的关怀与体贴;其次通过各界精英与儿童的互动,能够引发他们的好奇心和求知欲,激励斗志,为国家建设而发奋学习;而英雄人物则能够现身说法,面对面对儿童进行思想政治指导,教育他们热爱祖国、仇恨敌人、热爱工农阶级,并使他们认识到现在的生活与国家和党的关系。

  大会的进程有一套相对固定的流程,这套流程本身就构成了系统的政治仪式。庆祝开始后,第一项仪式就是全体肃立唱国歌。该项仪式使整个会场显得隆重而庄严,而儿童在集体高唱国歌的过程中不但增进了对国家的认同,而且还能充分感到集体的存在以及它所拥有的巨大力量——渺小的个人唯有融入强大的集体才能展现能量,进一步加深了儿童对集体的体认。国歌唱毕,大会要宣布主席团名单,主席团共10人,由北京市城、郊区及少数民族儿童代表组成,其中城区每区各一人,郊区一人,少数民族二人,并要求兼顾男女比例,工人和农民成分①。儿童的节日由儿童自己组成主席团——这与国民党当政时期明显不同,当时庆祝大会的主席团人选由政要、教师等成年人担任②——表明儿童才是自己节日的主人;这种做法是将成人世界的政治规则引入儿童世界,让儿童提前感触政治的气息,接受政治洗礼,用一种成人化的方式对儿童进行政治教育,启蒙他们的政治意识。庆祝大会的下一项则是由主席团选举出来的主席讲话,该讲话是少年儿童的一份政治宣言。例如,1951年儿童节庆祝大会主席团执行主席鲍家街小学学生齐家纯说:"我们中国儿童今天能够这样愉快地庆祝自己的节日,这是因为我们生长在伟大的毛泽东时代。我们向毛主席致最敬爱的少年儿童队队礼!"而全场儿童则做出热烈回应:"毛主席万岁!"③1954年,大会主席团主席精忠庙小学的关淑琴说:"今天我们在祖国的首都,在毛主席的身边欢庆自己的节日,让我们以最热烈的心情,感谢共产党,感谢我们最敬爱的领袖毛主

---

① 参见:《首都儿童庆祝"六一"国际儿童节大会计划》(1954年5月),北京档案馆藏,档案号:100-003-00098。
② 参见:《上海全市庆祝儿童节》,《玲珑》第11期,1934年4月11日。
③ 《昨日国际儿童节,首都儿童代表举行庆祝大会》,《人民日报》1951年6月2日第1版。

席,感谢保卫我们幸福生活的志愿军、解放军叔叔,感谢为建设祖国忘我劳动的工人、农民伯伯们。"①儿童主席的讲话以及台上台下的互动可以视为一次由儿童自己主导的表演,剧场中演员与观众的积极互动增加了传播的效果。与传统说教模式不同,大会中的集体表演使儿童成为信息的传播者,因此他们能更主动地吸收承载信息的语言形式和其中蕴含的内容。儿童主席致辞之后,由北京市政府的领导讲话,1950年代初期,这项任务一般是由时任北京市副市长的吴晗担任。吴晗的讲话重点突出,主要强调毛主席、共产党以及人民政府对儿童成长的关心和爱护,同时点明儿童与祖国建设的关系②。吴晗的讲话呼应了儿童主席的致辞,加强了传播的效果。市长讲话之后,就是献花环节。首先由北京市儿童向吴晗献花,表达对党和政府的感激;接着是北京小朋友与国外小朋友之间相互献花交流,表达儿童之间的国际主义情谊。

庆祝大会的主要仪式结束之后,是文艺节目表演。文艺表演也是教育的主要阵地,节目以儿童喜闻乐见的形式呈现,其中蕴含的信息更容易被接受。以1953年为例,大会筹委会为到会儿童印制了精美的节目单,节目单背后印着少年儿童队的呼号③。由此可见筹委会对教育工作安排的细致程度。演出由中央人民政府人民革命军事委员会总政治部文艺工作团负责,共表演21个节目(具体节目名称及内容见表7.1)。

表7.1 1953年儿童节庆祝大会节目单

演出次序	节目名称	节目内容
1	男声合唱:游击队之歌	描绘具有中国特色的游击队的生活场景
2	男声合唱:喀秋莎大炮	歌颂苏联军队歼灭敌人的胜利场景

① 《首都儿童集会庆祝"六一"儿童节》,《人民日报》1954年6月2日第1版。
② 参见:《庆祝"六一"国际儿童节,首都儿童举行庆祝大会》,《人民日报》1953年6月1日第1版;《首都儿童集会庆祝"六一"儿童节》,《人民日报》1954年6月2日第1版;《北京市少年儿童欢乐地度过"六一"节》,《人民日报》1956年6月2日第1版。
③ 参见:《首都儿童庆祝"六一"国际儿童节大会程序》(1953年5月31日),北京市档案馆藏,档案号:100-003-00078。

(续表)

演出次序	节目名称	节目内容
3	陆军腰鼓	展现了新中国士兵生活的风貌
4	小单车(杂技)	儿童游戏演化来的表演
5	国术	传统技艺表演
6	踢毽子	儿童游戏演化来的表演
7	独唱:歌唱二郎山	歌颂解放军克服千难万险修筑雅甘公路、解放西藏的事迹
8	独唱:共青团员之歌	歌颂苏联共青团员告别母亲河家乡,奔赴战场保卫国家
9	独唱:三套黄牛一套马	歌颂共产党农村土地改革,农民在新中国的新生活
10	赛跑舞	展现学生校园生活面貌
11	软工(杂技)	传统技艺表演
12	空竹	传统技艺表演
13	表演唱:新疆好	歌颂新疆人民在共产党领导下的幸福生活
14	哈萨克舞(单人舞)	少数民族舞蹈
15	魔术	技艺表演
16	藏民骑兵队(舞蹈)	歌颂勇敢的西藏人民
17	三人车技	杂技表演
18	女声合唱:少年游击队	歌颂朝鲜儿童在抗击美国侵略者时的英勇表现
19	女声合唱:万岁毛泽东	歌颂伟大领袖毛主席
20	板凳顶(杂技)	传统技艺表演
21	库班民族舞	苏联民族舞

资料来源:《首都儿童庆祝"六一"国际儿童节大会程序》(1953年5月31日),北京市档案馆藏,档案号:100-003-00078。

与政治主题相关的节目中,直接歌颂中国共产党、中国革命、解放军和领袖毛泽东的节目有5个,歌颂兄弟国家打击侵略者、反抗压迫的节目有3个,表现少数民族生活(包括苏联少数民族)的节目有4个,总和占全部节目的半数以上。这些政治主题的节目与贴近儿童生活的节目穿插表演,凸显了节庆欢乐的氛围。政治教育融于儿童能够接受的娱乐形式之中,迅速拉近了与儿童的距离,使他们能够在一种轻松愉悦的氛围中无意识地接纳政治信息。作为观众的儿童,当他们被舞台上的表演所吸引,思想自由驰骋地进入表演所传达出来的情境时,他们与演员已经共同构成了传播主体——观众通过将自身置于经由想象构建出来的画面之中,"间接"参与了舞台上的叙事过程,成为表演者的一员,"主动"将表演所蕴含的信息安放在自己身上。这些节目中,至少有5个节目是对战争场景的再现。成长在中华人民共和国的儿童,已经没有机会在实践中感受战争。这些战争节目的演出起到了记忆延续的作用,它们类似某种"仪式",通过艺术化的娱乐手段演绎战争、表现革命战士的英勇无畏,将台下观众拉回到那个战火纷飞的年代,唤起他们对战争的认知和记忆以及对英雄的崇敬,从而将过去与现在联系起来。通过这种"仪式",儿童仿佛就能获得从未经历过的体验。

儿童给政治领袖、解放军战士、战斗英雄写致敬信以及写信向同辈儿童传达喜悦是儿童节庆祝活动的一项重要内容,这项活动有时会作为重要仪式在儿童节庆祝大会的最后一项举行[1];有时会在各校组织的庆祝活动、儿童与中央首长、解放军战士以及工人的联欢活动中出现[2];有时甚至会作为练习让更多的儿童参与其中[3]。下文将列举三封写给不同对象的书信,我们能够发现这些信件不管是写给谁,往往具有相似的

---

[1] 参见:《庆祝"六一"国际儿童节,首都儿童举行庆祝大会》,《人民日报》1953年6月1日第1版;《首都儿童集会庆祝"六一"儿童节》,《人民日报》1954年6月2日第1版;《首都儿童庆祝"六一"国际儿童节大会程序》(1953年5月31日),北京市档案馆藏,档案号:100-003-00078。

[2] 参见:《庆祝"六一"国际儿童节计划》(1952年5月),北京市档案馆藏,档案号:100-003-00051;《北京市庆祝"六一"国际儿童节计划草案》(1955年5月),北京市档案馆藏,档案号:100-003-00193。

[3] 参见:《一九五四年首都庆祝"六一"国际儿童节计划通知等》(1954年5月),北京市档案馆藏,档案号:100-003-00098;《上海华康路小学少年儿童队员向毛主席报告学习和生活情况》,《人民日报》1952年6月1日第6版。

结构和内容,表达了近乎一致的情感。

写给毛主席的信:

亲爱的毛主席:

我们的节日"六一"到了。我在这幸福快乐的节日里,我们穿着花一样美丽的衣服,戴上了自己最珍爱的"红领巾",坐着"六一"儿童号的电车汽车到公园去玩,到电影院去看自己所喜欢的电影和解放军志愿军叔叔阿姨们联欢。

我们在这快乐的节日里想到了我们的幸福。我们能坐在美丽的教室里有着像父母一样的老师教着我们。我们除了上课外还有队的活动,到自己最喜欢去的地方去。在伟大的节日"五一"我们穿着白衬衣、红领巾,手里拿着花受到您的检阅。我们的眼睛一直是望着您,看见您向我们微笑招手,我们当时的心情实在没有恰当的语汇来表达的。

我们每一个儿童都受着您的教育。使我们热爱祖国、热爱学习、热爱劳动、热爱人民。我们都有共同的理想现在努力学习锻炼身体将来贡献出自己的一切力量把祖国建设的比花园还要美丽比苏联人民现在的生活还要幸福。我们这些幸福和这些伟大的理想都是由于他的关心教育和培养换来的。感谢您对我们的教育和培养。

最后代表全市儿童向您致以崇高的少先队礼。

衷心地祝您身体健康![1]

写给解放军的信:

亲爱的解放军和志愿军叔叔姑姑们:

今天是六月一日,是我们自己的节日,我们每个人的心里像开了一朵鲜花一样高兴。我们都穿上自己最美丽的衣服,队员们都戴上了鲜红

---

[1] 《一九五四年首都庆祝"六一"国际儿童节计划通知等》(1954年5月),北京市档案馆藏,档案号:100-003-00098。这封信的最后一句"衷心地祝您身体健康",字体明显比前文字体放大,从某种程度上反映了作者的心情。

的红领巾,去参加我们准备好久的庆祝会、联欢会,我们要演出各种各样的文艺节目。

在这快乐的节日里,在我们正在举行庆祝会的时候,我们想到幸福和快乐,都是由于共产党和我们最亲爱的领袖毛主席的英明领导和你们的英勇斗争得来的。亲爱的叔叔姑姑们:在这愉快的节日里,我们向您们致以最热忱的感谢,致以最热情的少先队敬礼!

亲爱的叔叔姑姑们:我们一定要好好学习,锻炼身体,时刻准备着参加祖国建设,把我们伟大的祖国建设得像苏联那样美好。

祝你们身体健康!①

写给同辈学生的信:

亲爱的同志们:

今天我们过节啦!我们在祖国的首都,在毛主席的身边开大会,真是太幸福了!你们知道今天大家怎样过节吗?除了我们三十个学校的代表在这儿开会,全市几十万儿童都怎样玩呢?电影院要给我们放映好多儿童片子,"鸡毛信""小白兔""七勇士和公主",这些都是小朋友早就等着想看的了。小朋友们还要坐着儿童号电车和汽车高高兴兴地去逛公园!昨天晚上有一千五百多小朋友在中山公园联欢,看放烟花……痛快极了!

共产党和毛主席给我们带来了幸福的生活,工人和农民叔叔每天都在给我们增加新的幸福,亲爱的解放军和志愿军叔叔正在保卫着我们的幸福。这么多人在关心着我们,这么多人在爱护着我们!我们怎样来回答他们呢?

亲爱的同志们:让我们好好地想一下吧!毛主席交给我们"好好学习、锻炼身体",我们做得怎么样呢?如果做得还不够好,让我们以后做得更好吧!

亲爱的同志们:让我们今天和全世界的小朋友们一起好好地来庆祝

---

① 《首都儿童给解放军和志愿军的致敬信》,《人民日报》1954年6月2日第1版。

我们自己的节日吧!①

阅读以上三封信,我们获得了相同的阅读体验:对毛主席的歌颂占据了突出地位,不管写信对象是解放军还是同辈学生,毛主席都是理所当然的主角:他是全国儿童的老师,是勇往直前的解放军的总指挥,他为全国儿童带来了幸福的生活——他已经成为儿童精神世界的一部分。甚至有儿童在给毛主席的信的结尾这样写道:"祝您身体健康,长生不老!"②这些成长在中华人民共和国的儿童,动用了民间传统中的美好想象来祝福他们最敬爱的主席,真情实感可见一斑。这种感情已在"六一"儿童节歌中流露出来:"做一个毛主席的小学生,做一个劳动的小英雄,才能担负起未来的使命。"③

给毛主席的光辉形象作衬托的则是儿童对自己节日的标准化描绘:生活是"幸福的";心里是"高兴的";节目活动是"丰富的"。信的结尾总是一成不变的宣誓:好好学习,报效祖国,报答毛主席的恩情。我们发现,节日的修辞已经形成了一套固定的模式,当然学生是依靠老师和少先队辅导员的帮助才逐渐掌握这套语言和写作模式。因此,学生在老师的督促下写致敬信、汇报信的过程,就是习得政治化语言和思维方式的过程;当学生在各种场合朗诵这些在成年人帮助下写出来的信件时,当有些信件作为范文被发表在各种报刊上时,由此形成的荣誉在学生中产生了显著的扩散效应,学生明白这种写作模式会得到褒奖和赞誉,于是开始学习和模仿这种写作模式,使其变为自己的主动表达。节日修辞通过上述学习与传播过程,逐渐内化为学生公开表达时的固定风格。例如,北京市档案馆保存了一位考生1953年小学升初中的考卷。卷子最后的作文要求以儿童节为主题展开写作。该考生将作文题目定为《我最高兴的一天》,内容清晰呈现出了契合时代主题的表达方式:

---

① 《一九五四年首都庆祝"六一"国际儿童节计划通知等》(1954年5月),北京市档案馆藏,档案号:100-003-00098。
② 同上。
③ 《六一儿童节歌(歌词)》,《人民日报》1950年6月1日第4版。

在路上，同学们就说起话来，有的说："现在多好啊！政府给咱们设立了游艺处，让咱们可以痛痛快快的玩。在从前儿童节就只是那么个名就是了，哪有现在这么好啊！"大家也都说："可不是，现在和从前一点相同的地方都没有。"

我到了家里，母亲把饭早做好了。我就一面吃饭，一面把今天玩的怎样好，怎样痛快，告诉了母亲。母亲也笑着说："还是现在好，无论什么事都能叫大家满意。"①

从另一方面看，儿童给领袖、解放军甚至同辈学生写的信，绝大部分是写信对象所不能看到的，更不会有回信。因此从某种程度上讲，写信行为是一种具有象征意义的"自言自语"，近乎于一种政治仪式。这种虚拟交流能够使儿童构想出一个对话的场景，拉近了他们与领袖和解放军英雄们之间的距离，并能感受到从同辈学生那里获得的支持与认同。当这种实质上的单向独白通过"信"的方式演化为一种形式上的双向沟通时，儿童从仪式中获得了更大的心理满足——他们用自己的行动完成了一项联系权威和英雄的仪式，实现了自我的政治教育。

五、新社会的幸福生活：适龄儿童参与的节日活动

儿童节庆祝大会只是少数儿童代表参加的一项具有"精英"性质的娱乐活动，而儿童节举办的大部分活动都是旨在让更多儿童参与进来的具有普及性质的活动，筹委会也明确认识到组织基层活动的重要性②，鼓励没有上学的适龄儿童积极参与到节庆活动中，并为他们提供便利③。这些活动中游园涉及的范围最广。公园是近代中国与西方文明

---

① 《北京市公立中学统一招生初中语文试卷》（1953年），北京市档案馆藏，档案号：153-004-01304。
② 参见：《北京市庆祝"六一"国际儿童节计划》（1954年5月），北京市档案馆藏，档案号：100-003-00098。
③ 《一九五二年首都儿童庆祝"六一"国际儿童节游园大会的通知》（1952年5月），北京市档案馆藏，档案号：100-003-00051。

发生接触、开始现代转型之时的新兴产物,属于开放性的"旅游娱乐空间"①。公园的出现打破了皇家对园林的天然垄断地位,游园代表着一种现代的休闲娱乐方式,也是对人们日常生活空间的再创造;而游园时的收费则隐喻着这种娱乐方式的门槛、代价和非日常性。从纪念和记忆的角度看,公园是一个世俗世界的纪念空间②。人们在公园中共同参与的活动有助于集体记忆的产生。对于儿童来说,与同伴在公园一道进行娱乐活动的经历增加了集体生活的体验,更容易使他们形成对过往时光的美好记忆和对集体的认同。因此,游园对于儿童来说不仅是重要的娱乐形式,也是不可或缺的教育手段,它为儿童教育提供了不同于学校与课堂的空间与场景。

最初在儿童节当天,北京市各公园、名胜古迹为全市儿童免费开放一天③;后来儿童节免费开放的公园和名胜古迹集中在几个主要游览区,包括中山公园、北海公园、劳动人民文化宫、颐和园、天坛、故宫等④。公园和名胜为儿童免费开放,是政府在儿童自己的节日为他们提供的特殊福利,这一措施可以确保不同家庭背景的孩子均可平等地享受到游园的机会,抹平游园的门槛和代价,使其成为节日中的日常活动。而公园和名胜的选择则体现出教育意义,北海公园、颐和园、天坛和故宫都有助于儿童认识到中国古代建筑的魅力和劳动人民的智慧,增加他们的民族自豪感和对劳动人民的尊重⑤;而中山公园和劳动人民文化宫则可以增加儿童对现代中国以及中华人民共和国阶级基础的认知。在游园过程中,筹委会

---

① 参见陈蕴茜:《论清末民国旅游娱乐空间的变化——以公园为中心的考察》,《史林》2004 年第 5 期。
② 参见陈蕴茜:《纪念空间与社会记忆》,《学术月刊》2012 年第 7 期。
③ 参见:《首都少年儿童,今日庆祝国际儿童节》,《人民日报》1951 年 6 月 1 日第 1 版;《庆祝"六一"国际儿童节计划》(1952 年 5 月),北京市档案馆藏,档案号:100 - 003 - 00051。
④ 参见:《北京市庆祝"六一"国际儿童节初步意见》(1954 年 5 月 10 日),北京市档案馆藏,档案号:100 - 003 - 00051;《北京市庆祝"六一"国际儿童节计划草案》(1955 年 5 月),北京市档案馆藏,档案号:100 - 003 - 00193。
⑤ 参见:《爱国主义教育总结》(1951 年),北京市档案馆藏,档案号:100 - 001 - 00075。

还组织了丰富的活动,如竞赛游戏(获胜者发奖品)、集体舞、小型联欢、组织幻灯和露营等①。通过游园,儿童不仅愉悦身心,得到爱国主义教育,而且还受到爱护公共财物、遵守公共秩序和服从指挥的集体主义教育。

儿童节还以学校、班级(中队)为单位组织各种活动,如与英雄模范一起组织联欢,面对面的交流,学习模为为祖国事业忘我劳动的优秀品质;中队辅导员组织学生在一起讲述英雄故事,使孩子们增加对革命的了解和对祖国的热爱。关于儿童生活的展览也是儿童节活动的重要环节。例如,1952年举办了关于苏联儿童幸福生活的图片展②;1953年举办了五个主题展览:中华人民共和国儿童的生活、儿童的健康、苏联儿童的生活、罗马尼亚人民共和国的少年宫、保加利亚人民共和国的学生生活,其中关于苏联儿童生活的展览,通过100多幅大型彩色照片描述了苏联儿童从婴儿到少年的幸福生活,并展出了30多幅关于苏联儿童幸福生活的油画和海报③。这种选择性很强的展览向儿童传达了重要的政治信息,通过观看展览,儿童认识到自己生活的幸福,也对苏联及其他社会主义阵营的国家产生了好感。利用对比对儿童进行政治教育的方式向来受到教育工作者的重视,对比不仅要反映出兄弟国家儿童优越的生活状况,而且还要揭露旧中国儿童和资本主义国家儿童生活的悲惨凄凉,"扩大宣传帝国主义及国民党反动派曾对中国儿童们的迫害"④。正反两方面的对比加深了儿童对两种制度爱憎分明的情感。

儿童节期间,北京市还为儿童提供了许多优惠活动。全市电影院早场免费、其余时间半价招待儿童,为儿童播放适合他们观看的、具有教育意义的电影;还派工作队到郊区没有电影院的地区免费为儿童播放电

---

① 参见:《一九五二年首都儿童庆祝"六一"国际儿童节游园大会的通知》(1952年5月),北京市档案馆藏,档案号:100-003-00051。
② 参见:《一九五二年首都庆祝"六一"国际儿童节工作总结》(1952年6月),北京市档案馆藏,档案号:100-003-00051。
③ 参见:Activities in Celebration of International Children's Day, in *What's On in Peking*, May 30-June 6, 1953.北京市档案馆藏,档案号:100-003-00078。
④ 《教育部通知,准备庆祝"六一"儿童节培养儿童国际主义思想》,《人民日报》1950年3月31日第1版。

影。这些电影包括《鸡毛信》《小白兔》《幸福儿童》《四十年的梦想》《渔夫和金鱼》《新中国的儿童》《小英雄》等。六一当天还开设儿童号电车和汽车免费招待儿童,并特设公交车接送郊区儿童进城参加活动,火车也为儿童半价优惠。除此之外,北京市的公私营书店、文具店、玩具店等在儿童节前后都会举行八折、九折、九五折的优惠活动。卫生部门则结合防疫运动,为儿童进行预防注射和接种工作。这些活动都凸显了儿童在中华人民共和国的特殊地位。

总之,儿童节旨在为小朋友提供更多的参与节日庆祝的机会(参见表 7.2),打破日常生活中由于居住空间、家庭条件、生活观念、时间限制等原因而产生的藩篱与障碍。充分参与到节日庆祝中的儿童在享受这些他们愿意参与的娱乐活动的同时,不知不觉中也接收了政治信息,得到了政治教育。节日的总体氛围是娱乐欢快的,组织者们有效地掌控着活动的宏观进展状况,使其与节日的喜庆相吻合。但作为一个数十万儿童分散参加的大规模庆祝活动,意外难免会发生。例如,有学生掉队,追赶队伍时被卡车轧碎左脚;大学生试图乘坐儿童专车,并与司机发生口角;有的学生在大街上晕倒,发现较晚,耽误治疗;仅 1952 年儿童节当天,交通队就处理了 118 起儿童走失的事件①。这些事情确实为节庆蒙上了一层稀薄的阴影,影响了出事儿童、周围同学及其家人对节日的记忆。可是这些失控所涉及的人数相对于参加活动的总人数来说,所占比例非常有限,节日的整体氛围也不会因为这些意外事件而受到破坏。

表 7.2　1954 年为多数儿童准备的节日活动一览表

序号	内容	时间	地点	参加人数及活动办法
1	游戏比赛	6 月 1 日上午 8 时至 11 时,下午 2 时至 5 时	少年之家	共 6000 名少年儿童参加,凭票参加

---

① 参见:《北京市人民政府公安局送发"六一"筹备委员会的公告》(1952 年 6 月),北京市档案馆藏,档案号:100 - 003 - 00051。

(续表)

序号	内容	时间	地点	参加人数及活动办法
2	科学家与儿童见面	5月30日—6月6日	全市各中学	约30 000儿童参加
3	北海公园、中山公园、文化宫、西郊公园、颐和园、天坛、故宫，免费开放	6月1日上午7时至下午6时		约150 000儿童参加
4	全市设儿童专车，电车四十四辆，汽车十五辆	电车：6月1日上午7时至晚上8时；汽车：6月1日上午8时至下午6时		15岁以下的儿童免费乘车
5	电影院半价优惠	6月1日各院放映4场		凭票入场（集体预订和分散购买均可）约35 000人参加
6	十二个电影队下郊区放映电影	6月1日前后	东郊、南苑、海淀、丰台、石景山、门头沟六个区每区两场	郊区儿童约20 000人参加
7	展览（1.苏联儿童幸福生活 2.苏联少先队夏令营 3.苏联少年技术研究所 4.苏联小学等	6月1日—6月15日	文化宫友谊所、北海公园	自由参加

(续表)

序号	内容	时间	地点	参加人数及活动办法
8	新华书店门市部供应儿童图书并组织流动图书供应站	6月1日	全市各门市部及公园	自由参加
9	北京图书馆儿童读物阅览站	6月1日	文化宫	自由参加
10	文艺演出13场	5月29日—6月1日	音乐堂、民主剧场、劳动剧场、天桥大剧场	凭票入场,23 740人参加

资料来源:《首都庆祝"六一"国际儿童节全市活动情况》(1954年5月26日),北京市档案馆藏,档案号:100-003-00098。

六、游行中的象征与规训

儿童节从某种意义上讲是属于儿童自己的独有节日,儿童是这场欢庆中的主角。尽管有成年人的参与,但其在节日中更多扮演着辅助角色,他们的存在是为儿童服务,烘托儿童的地位;节日中也有领袖的身影,但他们更像是一个政治符号,绝大部分情况下儿童只能通过虚拟的对话平台与其发生联系。而劳动节和国庆节的群众游行则呈现出一种和儿童节完全不同的节日场景。

传统中国并没有游行这种民众集会形式。游行是现代社会的产物,是民众组织起来进行的集体化行动[1]。执政者明白大规模的、集中的民众行动的价值和意义,他们通过组织游行这种仪式化的行动,并在其间应

---

[1] 参见玛丽·莱恩:《美利坚游行:19世纪社会秩序的再现》,林·亨特编:《新文化史》,姜进译,上海:华东师范大学出版社2011年版,第125页。

用各种政治象征符号,使自己和国家的形象更为具体地展现在民众面前,从而增加其对国家和执政者正当性的认同,起到凝聚民心的作用。正如沃尔泽所言:"人们唯有通过符号方能团结:国家是无形的;若要得见,须人格化,若为人民所爱,须符号化;若能被想象,则须形象化。"①在首都中心的天安门广场举办的历次游行活动中,当队伍经过天安门城楼时,他们会发现党和国家的主要领导人全部在场——领袖们不再是一个遥不可及的抽象政治符号,而是出现在群众身旁、不断向他们挥手致意的真实存在。通过游行,群众与领袖之间发生了近距离接触,他们真切感受到了自豪和荣耀,这种体验很难在其他场景中出现。参与游行的人普遍体会到"自己真是翻身了""国家前途光明""现在和以前确实大不相同了";而人们对领袖的崇敬之情也被激发:"毛主席心里也有咱""毛主席领导的好""见了毛主席,死了也不冤了""毛主席挺年轻,还能领导我们几十年"②。

另一方面,游行队伍的组织和形态反映了主导政治文化所倡导的理想社会秩序。以美国为例,游行并非由执政者通过一种由上而下的命令方式组织,而是由公共力量和当局之间进行协商的结果。而游行过程也体现出了开放、自愿、自由放任和流动性的特征。游行"不仅仅是美国多元主义的自动反映型表述,它还是民主的积极声明"③。与之相对比,共产党对游行的组织和控制则体现出了另外一套不同的政治文化理念和社会秩序构想,后文将会详细分析。

最后,群众游行能够展示一个国家的精神面貌和力量。对于共产党的新兴政权来说,这一点尤为重要。于是在建政初期,每年"五一"劳动节和"十一"国庆节都会举行大型的游行活动,并邀请兄弟国家的外宾在观看视野极佳的观礼台观摩参观——中华人民共和国需要在世界人民面前展现自己。当这些国外来宾近距离目睹数十万情绪高涨的人群从自己面前经过时,当他们被淹没在振聋发聩的呼喊声中时,他们能够切

---

① Michael Walzer. On the Role of Symbolism in Political Thought. *Political Science Quarterly*, Vol.82, No.2 (Jun., 1967), p.194.
② 《国庆节宣传工作报告》(1951年10月23日),北京市档案馆藏,档案号:001-012-00087。
③ 玛丽·莱恩:《美利坚游行:19世纪社会秩序的再现》,林·亨特编:《新文化史》,姜进译,上海:华东师范大学出版社2011年版,第130页。

身感受到中国人民的力量和信心。例如,1955年劳动节游行结束后,到场的来宾做出了积极的回应:"中国再过几年,简直不得了""花很美,旗很美,但更美的是人民的情绪""毛泽东领导伟大的国家,伟大的人民""蒋介石别想回来了""如果让美国看看中国的力量,美国是会撤出台湾的""在日本简直不敢相信中国有这样盛大的'五一'节"等等①。

(一) 天安门广场:游行的中心地带

天安门是中国近现代历史上最显赫的政治符号。近600年来天安门见证了中国所历经的沧海桑田的变化,承载了中国人——不管是达官贵人还是平民百姓——对过往政治风云的记忆。天安门又是中华人民共和国首都的心脏,在当代历史中已经和中国共产党的执政紧紧联系在了一起,成为新政权的象征之一。因此在天安门广场举行官方主导的大规模群众游行具有强烈的政治象征意味,不但执政者要通过有组织的游行向群众渗透国家、政党和领袖的观念,群众也通过声势浩大的行动证明他们所具有的凝聚力以及对新政权的热爱和拥护。

天安门兴建于1417年(明永乐十五年)2月,仿南京承天门而建,于1420年12月完工。在兴建紫禁城时,在其南面开辟了一个"T"形宫廷广场,这就是天安门广场的雏形②。历经了明、清两代王朝以及中华民国的沧桑变化,到1949年毛泽东登上城楼宣布中华人民共和国成立之时,天安门广场的"T"形格局基本维持了15世纪初建时的原貌③。明清之际,天安门广场是王朝专门用来进行典礼仪式的"皇权礼法"中心;当君主制度宣告废止,中华民国建立之后,作为旧王朝政治中心的天安门的神秘与禁忌都在减退,政府也在通过行动使普通百姓逐渐接触到这块禁地。1912年10月10日,当时位于天安门和正阳门之间的大清门改名

---

① 《北京庆祝一九五五年"五一"国际劳动节筹委会群众游行指挥部工作总结》(1955年5月24日),北京市档案馆藏,档案号:100-003-00199。
② 参见闫树军编著:《天安门编年史(1417—2009)》,北京:解放军出版社2009年版,第4—5页。
③ 参见:Wu Hung. *Remaking Beijing: Tiananmen Square and the Creation of a Political Space*. Chicago: The University of Chicago Press, 2005, p.18.

中华门,并在门前竖立牌楼,两旁写着"与民同乐"四字①。袁世凯亦对北京城进行了改造。此次改造打通了天安门前的东西大道,长安右门和长安左门的墙垣被拆除,逐渐呈现出一种开放态势②。天安门广场的皇家印记祛除,普通人开始自发地或在政府的组织下聚集在曾经的圣地,用行动传达着各种情绪、思想和声音。天安门广场成为中国现代历史上重要群众集会——1919 年的五四运动、1925 年纪念"五卅"惨案的抗议游行、1947 年举行的"反内战反饥饿"游行示威活动、1949 年 2 月的北平和平解放大会——的亲历者和见证人,天安门广场业已成为现代波澜壮阔历史的缩影。

当作为传统皇权政治符号的天安门祛魅之后,群众的进入反而使其成为一个具有现代意义的政治符号。群众聚集在天安门广场进行游行示威的背后,是他们民族国家意识的萌发与形成——中华民国之后,天安门已经演变成了正在觉醒的民族国家的象征。各路政客也注意到了天安门象征含义的变化,开始利用天安门传达政治信息。例如,1926 年孙中山逝世一周年之际,天安门前搭起了素牌楼,纪念他为中国现代革命作出的贡献,增强国家认同。1928 年城楼上悬挂起了总理遗像。1937 年日本侵略者也利用天安门做起政治文章,12 月 14 日伪中华民国临时政府在天安门宣告成立,在广场举行成立大会,并挂上五色旗。1945 年末,当国共两党处在政治博弈之际,天安门城楼挂上了蒋介石的大幅画像,并在下方写下"天下为公"四个大字,以期望凝聚民心,增加人们对蒋介石和国民党的认同感。直到 1949 年傅作义接受共产党和平接管北平的条件之后,天安门城楼上的蒋介石画像才被去掉,画像下方"发扬民权,实施宪政"的字样被改为"中国人民胜利万岁"③。

共产党夺得政权并定都北京,尤其是 1949 年 10 月 1 日开国大典选择在天安门广场进行,为天安门所代表的政治含义添上了浓墨重彩的一

---

① 闫树军编著:《天安门编年史(1417—2009)》,北京:解放军出版社 2009 年版,第 35 页。
② 参见吴伟、马先军:《天安门广场断代史》,北京:新华出版社 2007 年版,第 175 页。
③ 参见闫树军编著:《天安门编年史(1417—2009)》,北京:解放军出版社 2009 年版,第 48、52、55、58、62 页。

笔。天安门之于共产党和国家的象征意义更加明晰。接管北平之后,天安门广场上"杂草丛生,蒿莱遍地,垃圾堆积如山,金水河淤塞发臭,道路年久失修",北平市政府首先对天安门广场周边的大量垃圾、杂草进行了及时清理,并疏通河道①;接着,在8月份召开的北平市第一届各界代表会议上通过了关于整修天安门广场的决议,并最终由建设局确定了实施方案。该方案分为五部分:一、开辟16万人的大广场共群众集会使用;二、修缮主席台,粉刷城楼和广场周围红墙;三、在广场上选择地点修建升旗设施;四、修补天安门前、东、西三门之间的路面1626平方米,供游行阅兵使用;五、对广场周边进行绿化②。在青年学生的积极带领下,全市各界人士共同参与,保证改造工作在开国大典前完成③。焕然一新的广场上安装了高达22.5米的旗杆④,其位置选定在"长安街南侧丁字形广场南墙东西连线与南北中轴线的交叉点上";而天安门城楼的左右两侧也分别安装了4根高8米的旗杆。另外,东绒线胡同延长线与南北中轴线的交叉点被选为人民英雄纪念碑的位置,毛泽东于9月30日参加奠基典礼⑤。1950年,为庆祝中华人民共和国成立一周年,天安门广场周边再次进行修整,此次修整主要扩大了广场北侧的范围,拆除了长安街南侧的花墙以及"履中""蹈和"两座牌坊,在天安门两侧搭建起了临时观礼台,并对长安街大幅扩宽⑥。1950年国徽制定出来以后,于9月30日挂上了天安门城楼,为当年的典礼增色不少⑦。1952年经过人民代表

---

① 董光器:《天安门广场的改建与扩建》,北京文史资料第49辑,第3页。
② 参见吴伟、马先军:《天安门广场断代史》,北京:新华出版社2007年版,第242—243页。
③ 参见金凤:《新的开始!——记北平学生参加修筑天安门广场》,《人民日报》1949年9月11日第1版。
④ 在最初的设计规划中,旗杆和天安门城楼齐平,为35米。但当时苦于找不到合适长度的无缝钢管,后决定采用所有钢管中最高的那根,高度为22.5米。参见武国友编著:《1949年开国大典实录》,北京:红旗出版社2009年版,第235页。
⑤ 董光器:《天安门广场的改建与扩建》,北京文史资料第49辑,第3页。
⑥ 参见闫树军编著:《天安门编年史(1417—2009)》,北京:解放军出版社2009年版,第73—77页。
⑦ 参见:《首都洋溢节日气氛天安门广场景象一新,各界人民正紧张准备参加国庆日大游行》,《人民日报》1950年9月30日第1版。

大会讨论,决定将丁字形广场顶端的三个门拆除,扩大广场空间,便于交通;并建设永久性观礼台①。尽管建国初年天安门广场几经修整,但是改造并不大,丁字形的基本结构也未彻底颠覆。直到1958年,为了迎接中华人民共和国成立10周年,国家才对广场进行了大规模改造,并建设完成了人民大会堂、革命历史博物馆等建筑②。由于这一时期已超出本文叙述范围,暂不赘述。

  与广场一道发生变化的是天安门城楼上的毛主席像。领袖像在某种程度上是一个国家或政党的缩影,代表着这个国家或政党的形象。通过对领袖个人形象的宣扬和传播,具备了魅力人格的国家和政党更容易被民众感知、认同,增加政权存在的正当性和稳定性③。中国共产党非常重视悬挂在天安门城楼正中的毛泽东画像的传播效果,从1949年初到1952年先后在天安门城楼悬挂了六个版本的毛泽东画像。1949年2月12日是元宵节,这天北平人民聚集在天安门广场庆祝北平和平解放。共产党领导人的画像第一次挂在天安门城楼上,毛泽东的画像挂在最上方正中央,下方红墙上还挂着朱德、林彪、聂荣臻、叶剑英、罗荣桓等将领的巨幅画像④。这次也是天安门自建成以来挂领袖像最多的一次。1949年7月7日北平各界人民纪念抗日战争12周年大会在天安门广场举行,这也是毛泽东第一次登上天安门城楼。此次城楼上悬挂了两幅领袖像,位于西侧的是朱德像,位于东侧的是毛泽东像。开国大典之际,第三幅毛泽东像挂在了天安门城楼中央。此画像由周令钊主笔,高6米,

---

① 参见董光器:《天安门广场的改建与扩建》,北京文史资料第49辑,第4页。
② 参见洪长泰:《空间与政治:扩建天安门广场》,华东师范大学历史系冷战国际史研究中心编:《冷战国际史研究》第4辑,北京:世界知识出版社2007年版;董光器:《天安门广场的改建与扩建》,北京文史资料第49辑;赵冬日:《回忆人民大会堂设计过程》,《北京文史资料》,第49辑;张开济:《参加国庆工程设计的点滴回忆》,《北京文史资料》第49辑。
③ 参见:Eide, Eric. Cultural Factors Behind the Electoral Success of the Communist Party in West Bengal, India. Paper presented at *the annual meeting of the American Sociological Association*, Montreal Convention Center, Montreal, Quebec, Canada, Aug 11, 2006。
④ 参见闫树军编著:《天安门编年史(1417—2009)》,北京:解放军出版社2009年版,第3页。

宽4.6米,重达1.5吨,号称当时"东半球最大的手工肖像画"①。这也是毛泽东的画像第一次单独出现在天安门城楼——随着新政权的成立,国家和政党的人格化形象正在凝聚集中。此后,1950年的劳动节和国庆节以及1952年的国庆节又三次更改毛泽东的画像。在中华人民共和国成立初期,毛泽东像象征着中华人民共和国和共产党,领袖崇拜的意味相对单薄,其画像也并非一直悬挂,只是每年劳动节和国庆节举行阅兵和群众游行时,才各挂十天左右②。

(二) 游行庆典中的儿童:象征意义

"五一"和"十一"在天安门广场举行的游行并非简单的群众自发形成的松散集会,而是由北京市节庆筹委会群众游行示威指挥部进行了详细布置的、由官方主导的、自上而下的、有组织有计划的、具有象征意味的仪式性集体行动。这种游行的一个显著特点就在于它是由"明显分隔的行进单元组成,每个单元代表一种预先确定的社会身份"③。事实上,不仅游行队伍的每个单元都是按照某种标准划分出身份差异,而且每个单元在游行队伍中的先后顺序也是有一定象征意义的,反映出对合理社会秩序的某种构想。

中国共产党对群众游行队伍的排列顺序有明确的要求。游行队伍的组成单元及顺序基本保持稳定,但也会根据情况和主题的变化做出调整④。在开国大典上,游行队伍中并没有少先队单元,游行队伍以被服厂工人为先导,然后依次是农民、机关人员、学生和部队⑤。这一顺序安排象征着工农联盟是新政权统治阶级的基础。1950年"五一"节游行,走在游行队伍最前面的是解放军,然后是工人、机关人员、文教工作者、

---

① 闫树军:《红色舞台上的永恒——天安门城楼八版毛主席画像的绘制》,北京:中共党史出版社2010年版,第28页。
② 参见武国友编著:《1949年开国大典实录》,北京:红旗出版社2009年版,第232页。
③ 玛丽·莱恩:《美利坚游行:19世纪社会秩序的再现》,林·亨特编:《新文化史》,姜进译,上海:华东师范大学出版社2011年版,第127页。
④ 参见:Chang-tai Hung. *Mao's New World: Political Culture in the Early People's Republic*. Ithaca and London: Cornell University Press, 2011, p.100.
⑤ 寒青:《首都十月一日之夜》,《人民日报》1949年10月2日第4版。

艺术工作者、妇女团体和群众,最后是各校学生和少年儿童①。从 1950 年国庆游行开始,少年先锋队的位置提前,②尽管队伍各单元之间顺序有所,队伍的构成逐渐稳定下来(参见表 7.3)。

表 7.3 1949—1954 中华人民共和国前十次大规模游行的单元排列顺序

顺序 节庆	1	2	3	4	5	6	7	8	9	10	11
1949 年 十一	仪仗队	工人	农民	机关	学生	解放军					
1950 年 五一	仪仗队	解放军	工人	机关	市民	学生教师	公安				
1950 年 十一	仪仗队	少先队	工人	农民	回民	机关	学生教师	市民			
1951 年 五一	仪仗队	少先队	运动大队	工人	学生	群众	文艺大队	机关			
1951 年 十一	仪仗队	少先队	工人	农民	民主党派	机关	学生教师	文艺大队			
1952 年 五一	仪仗队	少先队	工人	农民	运动大队	学生教师	群众	工商界	文艺大队		
1952 年 十一	仪仗队	少先队	民主党派	工人	农民	机关	学生教师	群众	工商界	运动大队	文艺大队
1953 年 五一	仪仗队	少先队	工人	农民	机关	学生教师	工商界	群众	文艺大队		
1953 年 十一	仪仗队	少先队	工人	农民	机关	学生教师	文艺大队	运动大队			
1954 年 五一	仪仗队	少先队	工人	农民	机关	群众	工商界	宗教界	文艺大队	运动大队	

资料来源:《人民日报》1949—1953 年关于劳动节、国庆节游行的新闻报道。

---

① 《庆祝开国后第一个劳动节,京廿万人大游行,毛主席等出席检阅》,《人民日报》1950 年 5 月 3 日第 1 版。

② 《纪念中华人民共和国第一届国庆节,北京四十万人举行庆祝大会》,《人民日报》1950 年 10 月 2 日第 1 版。

以 1954 年首都庆祝中华人民共和国成立五周年的群众示威游行为例,游行队伍共有十个单元组成,按经过天安门的前后顺序依次为:仪仗队、少年先锋队、工人、农民、机关干部、城区群众、工商界人士、学校学生(大中学生)、文艺大队和体育大队①。单元的划分并没有按照一个统一的标准贯彻,属于"混编"性质,既按阶级划分,又按地域划分,还按功能划分。十个单元总共有 363 500 人参与,但是每个单元的人数却差距很大。人数最多的单元是大中学生,共 140 000 人,然后依次是工人(125 000 人)、机关干部(37 000)、城区群众(30 000 人)和少年先锋队(8 000 人)。从这一分布我们能够发现,1949 年之后的发展设想是以城市为中心的现代工业社会模式为参照——这一隐匿话语的强度超过了宣称的意识形态,作为阶级基础的农民虽然位置较靠前,但却只占到了 5 000 人,而且其中还包括了一些区干部和小学教员,在十个单元中仅比工商界代表多几百人②。这并非某一年出现的特例,而是一个普遍现象③。

在现代社会的发展逻辑下,作为国家未来建设力量和共产主义事业接班人的少年儿童必定得到重视。从游行出场顺序看,仪仗队作为开始标志在最前面,他们组成国旗、国徽等国家象征符号,高举领袖像,增强认同。而最先接受领袖检阅的就是由儿童中的骨干组成的少年先锋队。此举隐喻儿童的成长在新社会受到了最高的重视,而党和国家领导人也最关心儿童。不仅如此,游行组织者还在正对天安门的广场中央安排了44 000 人作为场内观众,这部分人仅由两个单元构成:位于北部(即离主席台更近)的是 16 000 名少先队员,站在他们身后的是 28 000 名机关干部(见图 7.1)。这一安排至少体现出两层含义:首先,少先队是距离领袖最近、直接面对领袖时间最长的一个群体,儿童获得长时间近距离瞻

---

① 《庆祝一九五四年国庆节群众示威游行计划》(1954 年 9 月 19 日),北京市档案馆藏,档案号:038 - 002 - 00147。
② 同上。
③ 参见:《中共北京市委关于国庆节阅兵和群众游行计划的报告》(1955 年 9 月 30 日),北京市档案馆藏,档案号:001 - 005 - 00186;Chang-tai Hung. *Mao's New World: Political Culture in the Early People's Republic*. Ithaca and London: Cornell University Press, 2011, pp. 100 - 101。

仰领袖的机会,无疑会增加他们的自豪感和使命感。而此举也寓意着领袖和接班人之间以一种面对面的方式传承着革命精神。其次,少先队身后站着共产党的中坚力量——机关干部。他们站在共产主义接班人的身后,一方面表示对未来主人翁的支持,另一方面也通过这种仪式使当下和未来发生了联系①。

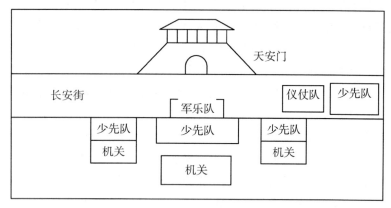

图 7.1　国庆节群众示威游行队伍集合位置图②

对于儿童来说,能够被老师挑选参加少先队员的游行方队意味着莫大的荣誉,他们往往因成为代表而兴奋异常、情绪高涨。少先队员黄明在 1952 年国庆前夕被选作队员代表参加国庆游行。国庆前一天放学后,他根本没心思和同学多说话,几乎是一路小跑回到了家。到家后他立马接了半盆清水,解下红领巾放入水中,像对待圣物般地轻轻揉洗。他又将已经准备好的明天要穿的白衬衫、蓝裤子和白袜子找出来仔细检查一遍,看是否清洗干净,然后将其包好放在床头。准备工作做好后,小

---

① David I. Kertzer. *Ritual, Politics, and Power*. New Haven and London: Yale University Press, 1988, pp.9 - 10.
② 图片来源:《一九五四年国庆节群众示威游行队伍集合位置图》(1954 年 9 月 25 日),北京市档案馆藏,档案号:100 - 003 - 00113。这种站位已经基本固定,参见:《一九五五年"五一"节群众游行队伍集合位置图》(1955 年 4 月),北京市档案馆藏,档案号:100 - 003 -00199;《庆祝五一劳动节少年儿童队参加大会通知》(1953 年 4 月),北京市档案馆藏,档案号:100 - 003 - 00078。

黄明仍然有些坐立不安,他一边催促母亲赶紧做饭,一边想象着明天见到毛主席时的情景,希望游行赶紧到来①。当少先队方队经过天安门城楼时,当少先队员代表见到毛主席在向他们挥手之意时,他们的激情一下子被点燃了,队员们争先恐后地用尽全力高呼"毛主席万岁"。当游行结束时,儿童们像出笼的小鸟一样"飞"到城楼前,近距离抬头仰望毛主席,高呼"万岁"②。

游行集会上,另一个具有象征意义的仪式乃是少先队员给毛主席献花。献花仪式模仿自苏联,从1951年"五一"游行开始,当少先队单元进行到金水桥时,就会有一男一女两名队员登上天安门城楼向毛主席献花。这一活动持续到1954年劳动节,当时毛主席明确表示不要只给他一人献花,于是从当年国庆节开始取消了这项仪式。献花儿童都是市政府组织专人千挑万选确定下来的,他们多来自干部子弟小学和重点小学(参见表7.4)。遴选献花儿童专家组首先要到几个重点关注的小学进行初选,选择标准是形象好、活泼有朝气、胆量大③。之后,专家组挑出几对备选男女分别照相,然后与彭真市长见面后由其亲自决定由哪对儿童上台献花,并为他们做新衣服,买新皮鞋,配发崭新的红领巾④。被挑选出来的儿童立刻就成为其他学生羡慕的对象⑤。毕竟,能亲自给毛主席献花并与之交谈,对这些正在成长中的孩子来说真是至高无上的荣耀。

表7.4 给毛主席献花的儿童名单

节庆	男	学校	女	学校
1951年五一	缺失		缺失	
1951年国庆	李毅华(回族)	北京中心区北池子小学	刘美云	北京师大二附小

---

① 参见黄明:《前一天》,《北京日报》1953年9月30日第3版。
② 参见江苏兰:《我见到了毛主席》,《北京日报》1953年10月14日第3版。
③ 参见:《张筠英——给毛主席献花的小女孩》(2009年9月23日),新华网(http://news.xinhuanet.com/video/2009-09/23/content_12102439.htm)。
④ 树军编著:《天安门广场备忘录》,北京:西苑出版社2005年版,第51页。
⑤ 参见江苏兰:《我见到了毛主席》,《北京日报》1953年10月14日第3版。

(续表)

节庆	男	学校	女	学校
1952年五一	刘百坚	人民印刷厂子弟小学	杜晋生	北京三区琉璃寺小学
1952年国庆	严天南	北京师范附小	李莉莉	北京育英小学
1953年五一	袁毓湘	北京四区船板胡同小学	杨庆林	八一小学
1953年国庆	王晓怀	北京育才小学	张筠英	北京东单区培元小学
1954年五一	刘春延	八一小学	王光如	北京东单一中心小学

资料来源：阎树军编著：《天安门编年史(1417—2009)》，北京：解放军出版社2009年版，第88—122页。

献花是一项极具仪式性的活动，经过了组织者的精心设计。献花的儿童被要求欢欣鼓舞地走上检阅台，以配合整个检阅的喜庆气氛；在给毛主席献花的过程中要奏"东方红"，以凸显毛主席的个人魅力以及人民群众对他的崇敬；毛主席接到鲜花以后，则被要求"抱一抱"献花队员，表现出对儿童的关爱；与此同时，组织者要求主持人带领位于主席台下方以及广场内的少先队员以及其他群众一起高喊："中华人民共和国万岁！中国共产党万岁！毛主席万岁万万岁！"①当戴着鲜艳的红领巾、手捧鲜花的儿童轻盈地跑向检阅台时，整个广场的目光都聚焦在他们身上——他们是承担着未来共产主义建设事业重担的一代人的缩影，他们集万千宠爱于一身；儿童代表在庄重的氛围中，在毛主席巨幅画像的注视下一路向前，自豪、荣誉和责任在增加。当他们见到每天都要提及的毛主席，将鲜花献给他，并与他和周围的党和国家领导一起交谈时，他们不仅代表自己，而且代表全国少年儿童。儿童之于国家的使命感在和领袖面对面时被进一步激发了：据1952年献花的严天南回忆，他在台上见到了毛泽东、周恩来、朱德、彭真等人，领袖们与他谈了家常、功课和学习，还问他长大干什么，他说"要参加空军，保卫祖国"②。面对领袖说出的话就

① 《"五一"示威大游行献花计划》(1950年代初，具体年份不详)，北京市档案馆藏，档案号：001-006-00478。
② 树军编著：《天安门广场备忘录》，北京：西苑出版社2005年版，第49页。

像是誓言一样鼓舞着儿童向他们的目标前进。与此同时,通过献花仪式,台上台下的儿童对毛主席的情感和记忆都会进一步加深。当毛泽东问1953年国庆节献花的张筠英"国庆节好还是春节好"时,她坚定地回答"国庆节好",因为"国庆节能见到毛主席"①。我们相信儿童说出来的话不会刻意进行加工和掩饰。当他们被赋予极高的荣誉时,当他们处在庄严的仪式中,当他们成为数十万人的焦点时,当他们感到代表的不仅仅是自己,而且还代表一个群体时,他们能够感受到自己所肩负的神圣使命。这种仪式对于每一个参与到其中的儿童来说都不啻为一次政治洗礼,萌发他们的集体意识和对领袖的情感。献花儿童则成为所有人羡慕的对象,有的工人就说:"少年儿童队能给毛主席献花握手,多幸福呀!咱们得什么时候才能和毛主席握手呢?"②他们经常会被邀请讲述和毛主席握手的敬礼,其他儿童会争先恐后地去握他们握过毛主席的那双手③。通过这种方式,对领袖的崇敬之情不断传递。

(三) 游行中对儿童队伍的控制与组织

游行过程中对儿童的政治教育不仅仅体现在其象征仪式对他们的感召和鼓舞——这种教育方式毋宁说是隐性的。游行中还存在另外一种教育儿童的方式,这种方式与前者相比,更为直接,那就是在游行过程中对儿童队伍的控制与组织。节庆筹委会每年会制定详细的措施以保障游行能够顺利有序的进行,儿童因年龄小,好奇心强,自制力差但所处位置又极为重要的缘故,成为游行控制的重点对象。节庆娱乐场景中的纪律教育能够更好地使儿童通过身体实践逐渐形成听从命令、服从指挥、顾全大局的意识。这种教育所具有的身体行动性是常规课堂教育很

---

① 树军编著:《天安门广场备忘录》,北京:西苑出版社2005年版,第50页。另参见最后一次参加献花活动的王光如的叙述,参见王光如:《把鲜花献给毛主席》,《北京日报》1954年5月12日第3版。
② 《群众对今年国庆节游行的反应》(1952年10月11日),北京市档案馆藏,档案号:001-006-00628。
③ 《张筠英——给毛主席献花的小女孩》(2009年9月23日),新华网(http://news.xinhuanet.com/video/2009-09/23/content_12102439.htm)。

难比拟的。

  这种控制首先体现在对衣着的要求上。为了使儿童游行队伍整齐划一，表现出共产主义世界接班人的集体性和纪律性，节庆组织者每次游行都对儿童的着装有比较明确的规定。例如1951年五一游行要求队伍中的男女儿童穿着"长袖白衬衣，深色长裤（蓝色或黑色），系红领巾"①。尽管对着装的要求有时会有变化，但是白衬衣和红领巾构成的基本色调保持不变——白色寓意着儿童的朝气与纯真，更能凸显红领巾的鲜艳。

  游行集会开始之前，天安门广场内就要成立统一的指挥部，"由广场内的机关、学校、少年先锋队的领队干部及大会警卫处、布置处和游行指挥部天安门广场指挥站的负责干部组成"，负责维持游行队伍和场内人员的秩序②。儿童的游行方队从集结之时就有明确的纪律。他们被要求分成50路纵队分别在东长安街公安部大门东侧广场东部和公安部大楼门前集合，明确规定在公安部大楼门前集合的队伍长度控制在80米③，并规定了集合的准确时间和路线④。为了保证游行队伍在通过天安门时队伍整齐、速度合适，组织者进行了详细的部署：指挥部规定队伍的行进速度为每分钟40米；各分指挥部要特别加强对队首和队尾的指挥；队伍中每隔200米设立行进标兵一排，举标兵旗3面，控制身后队伍的行进速度；设立速度监测站3处，各队设报时员2人，联络员2人，及时沟通行进速度；场内设纠察小组保障通行顺畅；在天安门广场前要正常通过，不准滞留⑤。这样一个对成年人来说都颇为复杂的规

---

① 《"五一"劳动节少年儿童队游行计划》(1951年4月)，北京市档案馆藏，档案号：100-003-00075。
② 《关于天安门广场内群众队伍秩序问题的几项规定》(1955年4月21日)，北京市档案馆藏，档案号：100-003-00199。
③ 《各队伍集合地区表（一）》(1954年9月19日)，北京市档案馆藏，档案号：038-002-00147。
④ 参见：《游行队伍集合注意事项》(1954年9月19日)，北京市档案馆藏，档案号：038-002-00147。
⑤ 参见：《关于保持各路游行队伍通过天安门广场时速度均衡、纵横排列整齐的办法》(1954年9月19日)，北京市档案馆藏，档案号：038-002-00147。

定,对儿童来说更难掌握,因此需要通过事先不断的演练,重复记忆效果。

组织者对场内驻扎的儿童也有明确的规定。首先在儿童所站的地方按行政区域进行划分,儿童以区为单位分别站列,每个区根据人数不同制定明确的行数①。儿童在呼喊口号和鼓掌时的响亮度要前后保持一致,可以采取轮流的方式交替进行。游行结束后,广场内的儿童从东至西依次拥到主席台前,有身高体壮的儿童站在队伍前方,用身体挡住后面的儿童,不得超过武装标兵线。不同单元的队伍之间要保持 2 米的间隔。场内儿童要等到机关和学校队伍疏散以后,沿东西长安街、公安街、西皮市街疏散,不得走南长街②。

再将目光转向儿童单元的内部,我们发现其结构同样井然有序。儿童之间并不是随意排列的,也不是简单地按照身高进行区分。以大队为单位,每个大队从前往后看都是一个规定严格的金字塔形的秩序结构。站在大队最前列的是大队长数人,位于正中间的则是大队总指挥;大队长身后的则是大队旗和大队旗的护旗手。接着是中队长若干人,身后则是中队旗的护旗手。护旗手身后站的才是该大队的普通成员,按照规定的列数和行数排成矩形阵。这套等级秩序话语隐藏在集体主义意识形态的宏大叙事之下,对儿童的思维产生了潜移默化的影响。

尽管筹委会对游行工作做出了周密的部署,但是每年游行结束后,总是会发现一些反复出现的问题。例如,儿童们经过天安门广场时,因为紧张或者小意外容易出现慌张;由于每年都要举行两次大型游行,并且事先要反复训练,从而导致部分儿童的情绪不够活泼高涨③。这些现象也从一个侧面反映出大型群众活动所存在的一些痼疾。

---

① 《各区参加大会队伍位置图》(1953 年 4 月 23 日),北京市档案馆藏,档案号:100 - 003 - 00078。
② 《关于天安门广场内群众队伍秩序问题的几项规定》(1955 年 4 月 21 日),北京市档案馆藏,档案号:100 - 003 - 00199。
③ 参见:《一九五五年国庆节筹委会群众游行指挥部工作总结》(1956 年 3 月 31 日),北京市档案馆藏,档案号:185 - 001 - 00011。

(四) 游行中的政治口号

政治口号在节庆游行中占据着重要的地位。它们虽然句子简短,但是所传达的信息却集中明确。这些口号多富有节奏和力量,读起来铿锵有力,非常适合集会中的众人齐声高呼,营造出极大的声势,彰显集体的力量。在游行集会中出现的政治口号经过参与者的反复诵读而进入其记忆,并逐渐日常化为生活场景的一部分①。与之相比,节庆游行中所采用的仪式、象征手段等都是以一种间接的、隐晦的方法对参与其中的人进行政治教育,其效果不仅不能立竿见影,而且不好控制,很可能还会产生意料之外的后果。因此,在节庆游行中必须通过政治口号进行明确的指导,赋予仪式和象征以明确的政治含义。也正是在此意义上,奥祖夫做出了一个有意思的论断:"革命节日就是话痨。"②

游行中的儿童被政治口号牢牢包围,可以说他们是整个游行队伍中接触政治口号最多、最频繁的群体之一。当站在场内的数万儿童集合完毕,面对天安门城楼时,首先映入他们眼帘的便是悬挂在城楼红墙上端两侧的两条标语。开国大典的时候,天安门城楼两侧的标语分别是"中华人民共和国万岁"和"中央人民政府万岁",这是两条以国家为本位的标语,表达了新政权成立后中国人民的喜悦与自豪。一年之后,这对字数并不对称的标语被换为"中华人民共和国万岁"和"世界人民大团结万岁"③。如此一来,不仅左右标语的字数完全对称,而且含义更加均衡,做到了国内与国际兼顾。这两条标语沿用至今。站在场内的儿童不仅目睹近在眼前的口号,而且还要跟随行进至天安门前的队伍一起呼喊口号。这些口号涉及面非常广泛,供不同的游行单元选择使用。以1955年劳动节群众游行为例,当时游行指挥部总共列出了21条政治口号:

---

① 1950年代初期就有人对政治口号在日常生活中的过分使用提出质疑和批评。参见:《应正确的使用政治口号》,《人民日报》1952年12月21日第2版。
② [法]莫娜·奥祖夫:《革命节日》,刘北成译,北京:商务印书馆2012年版,第303页。
③ 闫树军编著:《天安门编年史(1417—2009)》,北京:解放军出版社2009年版,第83页。

1. 庆祝"五一"国际劳动节！2. 劳动人民万岁！3. 世界和平万岁！4. 庆祝亚非会议的召开！亚非各国的友谊万岁！5. 反对美帝国主义的战争阴谋！6. 反对使用原子武器！7. 反对巴黎协定！反对武装西德！反对复活日本军国主义！8. 解放台湾！消灭蒋介石卖国集团！9. 反对美帝国主义侵占台湾！美军撤出台湾！10. 努力增产厉行节约，为完成五年计划而奋斗！11. 努力完成一九五五年国家建设计划！12. 为社会主义奋斗！13. 巩固工农联盟！14. 全国人民大团结万岁！15. 中苏友好万岁！16. 和平民主社会主义阵营万岁！17. 世界人民大团结万岁！18. 马克思列宁主义万岁！19. 中华人民共和国万岁！20. 中国共产党万岁！21. 毛主席万岁！①

这些政治口号内容单一明确，简短有力，非常利于群众集会时重复呼喊。从口号内容看，主要有以下几类：第一，表达对领袖的崇敬；第二，表达对祖国和人民的热爱；第三，表达对国内建设的期许；第四，表达团结友爱的国际主义情怀；第五，表达对敌对势力的谴责和仇恨。简言之，这是一套价值凸显、爱憎分明的政治口号，浓缩了中国共产党的基本政治主张和价值观念话语②。在儿童的游行队伍中间，也有各种标语口号存在。在队伍的最前列是国旗和队旗模型，接着由少先队队员数人抬着一块标语牌，上面写着最能凝聚少先队员身份特征的一句口号"时刻准备着"。接下来各个大队依次登场：第一大队队前的口号标语是"毛主席万岁"；第三大队的是"保卫世界和平"；第五大队的是"好好学习"；第七大队的是"锻炼身体"③。

少年儿童在游行中不断重复着这些政治口号，尽管会产生生理和心

---

① 《一九五五年"五一"国际劳动节群众游行时呼喊的口号》（1955 年 4 月 21 日），北京市档案馆藏，档案号：100 - 003 - 00199。
② 每年游行时所指定的政治口号基本上由上述五个方面构成，每次会根据国内外时政热点进行修改和补充，但基本内容架构保持不变。另参见：《庆祝"五一"节游行队伍口号》，北京市档案馆藏，档案号：001 - 012 - 00114。
③ 《"五一"劳动节少年儿童队游行计划》（1951 年 4 月），北京市档案馆藏，档案号：100 - 003 - 00075。

理的疲惫,但也确实起到了对游行活动的调节作用。儿童在一声声的呐喊中,不仅感受到了集体的存在和力量,而且还通过这些口号明晰了游行的意义和指向,并将它们背后所体现出来的"政治正确的标准"逐渐内化为个人选择恰当与否的评判标准和日常生活的表达用语。如此一来,政党的价值观念就通过个人的身体行动与其精神世界发生了接触,并在不断地重复中深化了这种接触,增加了对主导价值观念的记忆。

小结

戴维斯在考察法国近代早期的社会文化时,认为节庆生活与日常生活不同,其作用可归为四点:为参与者提供宣泄情绪的安全阀;保留集体价值的生存;诠释国王与国家;批判政治秩序①。尽管中国和法国语境相去甚远,但对于中国学生来讲,节日仍为他们提供了一种与日常学习生活不同的体验。这种体验的核心有两点,第一是节日为学生带来了欢庆的氛围,第二是节日为学生带来了感知荣誉的机会。日常生活是平淡的、按部就班,节日恰恰为学生提供了一个摆脱平淡且琐碎的生活的放松机会。节日首先意味着放假——这足以表明与常规生活的断裂,从而为各种娱乐性节目提供了足够的正当性和必要性。不管是为儿童准备的各种优惠活动,还是领袖和群众共同表演的游行,从本质上讲都是具有娱乐性质的——所有的参与者都摆脱了日常工作的束缚,进入一个全新的空间,扮演着不同平日的角色。众人履行着新角色的责任,尽情表达着新角色规定表达的情感,由此潜移默化地受到主流价值观的教育和影响。节日因其稀有性、集体欢庆的氛围而加深着人们对它的记忆。

同时,节日为学生带来了荣誉,并且这种荣誉感是有层次的。首先是一种全体学生都能感受到的荣誉,比如儿童节中小学生所能享受到的各种优惠活动,这一举措旨在表明儿童所具有的特殊地位;而在游行队伍中,少先队方阵位于整个游行队伍的前列,这种秩序也在表明着儿童

---

① 参见[美]娜塔莉·泽蒙·戴维斯:《法国近代早期的社会与文化》,钟孜译,许平校,北京:中国人民大学出版社 2011 年版,第 129 页。

这个群体所具有的优越性。第二种荣誉是赋予儿童代表的,不管是参与儿童节庆祝大会的观众抑或演员,还是游行队伍中的少先队员代表,他们的人数都是有限的,他们代表着全市乃至全国的同龄人,他们由此而体会到的荣誉感强于前者。第三种荣誉属于极个别直接与领袖接触、交谈的儿童代表,他们因与领袖有零距离的接触而获得了至高无上的荣誉。儿童所获得的荣誉层次越高,他们就越认同支撑荣誉的主流价值规范。而荣誉感所具有的等级秩序则使多数儿童看到了通过积极表现而获得更大荣誉的希望,这无疑能够以一种巧妙的、令人愉悦的方式实现对儿童思想和行为的教育。

结　语

　　本书通过梳理1949年到1957年间小学教育文化的塑造，以考察中国共产党在完成接管建政工作之后，是如何改造、重建学校这一最稳定的、高度组织化的主流价值观念传播系统，以及新的教育文化对在校学生产生了何种影响。总体来看，在中华人民共和国成立后的最初几年，新政权对小学教育文化进行了渐进式的整合。经过一系列的调整，小学呈现出了全新的面貌。

　　从制度设计和组织安排上看，随着私立小学被陆续接办，价值多元化格局已失去存在空间，教师、家长和学生通过接办工作接受了一次政治教育的洗礼；小学均由各级教育部门负责领导，实际决策权和经费调拨权也都上移至教育部门；学校施行校长负责制，并由政治过硬的党团员、积极分子负责学校日常管理工作；在苏联理论的影响下，课堂教学的程序和模式更加清晰，常规教学与政治教育相结合的方式也不断得到强化和推广；学校教育和时事政治结合得更加紧密；和公立学校一样，私立学校的教师与工作人员也被吸纳入国家体制，成为公职人员，完成了身份转换——他们失去了曾经拥有的富有弹性的自主空间，但却提升了薪金待遇、社会地位和政治地位；教师的课余生活经历了组织化过程——在新社会，他们需要在课余时间进行各种形式的政治学习和思想改造，以不断接近新政权的要求；学生也逐渐通过少先队被组织起来，各学校先后完成了建队工作；更重要的是，通过少先队这一桥梁，少年儿童有了更多与社会正面接触的机会。

　　从认知观念看，上学读书已经成为一件充满荣誉的事情，让工农子女有学可上，保证他们接受教育的权利，已经成为普通人眼中新政权优越性和正当性的重要体现,因此保证基础教育的入学率和升学率就具有了浓厚的政治意义;随着初等教育的逐渐普及,学校开始代替家庭成为塑造少年儿童价值观念的最主要场所,家长们也逐渐认为教育孩子的责任应该首先由学校担当,"教育"一词和学校成了一对天然关联;教师们也在改变着传统赋予他们的角色和任务,传道-授业-解惑的传统理想模式已经无法达到新政权对教师的要求,加强课外与学生之间的情感沟通以及与家长之间的联系,成为1949年之后小学教师的必修课,学校与家庭之间的联系逐步加强;学生作为社会主义新一代的自豪感和优越感增强,同时他们还意识到加入少先队这一政治组织不仅能够为他们带来荣誉,赢得教师、家长和同辈人的认可,而且还能得到更为实际的利益,入队热情高涨。

学校教育文化的新变化是在政府与社会力量的积极互动下形成的。这种互动的存在进一步打破了西方极权主义研究范式的迷思——该范式总体上认为在政权的层层压迫下,社会力量面对强力毫无还手之力,只得就范。近年来国内外学者对共产党在不同地区建政历程的研究已经证明了这种范式的有限性和误导性。在建政史的研究中,研究者主要关注新旧政权以及新政权与社会力量之间的碰撞与摩擦,因此两者之间的互动在很大程度上表现为"对抗关系"。"对抗关系"的发现在很大程度上修正了先前史学界根据个别地区研究所作出的"蜜月关系"的判断。但接下来的问题便是,在政权稳固之后,中华人民共和国在共产党的带领下迈上了建设旅程,那么政府与社会之间的互动是否依然存在?如果存在,两者又表现出一种什么关系?是否依然是在对抗?本书能够为该问题提供一个基于教育领域研究基础之上的答案。

"对抗关系"在很大程度上是对革命思维和逻辑的延续,经过二十多年战争洗礼的共产党应对起来相对熟悉。政权稳固之后,执政者与社会力量的"对抗关系"逐渐结束,新政权开始学习以一种崭新的态度面对来自社会的反应。这种关系概括起来可以称之为"基于共同话语体系的对话协商关系"。经过建政初期的宣传教育,社会各阶层已经对共产党所秉持的价值观念以及表达方式有了接触和了解,政权和社会力量是在基本认可这套主流话语体系的前提下展开的博弈。不管是在学校接办、新学制实施,还是在教师政治学习、少先队普及的过程中,教育行政部门都不断地与社会力量打着交道。接办之初,新政权与社会力量交涉的能力还不强,此时社会力量往往能够利用主流话语占据主动;当大规模接办开始之后,社会力量逐渐势弱,地方政府反过来利用主流话语对其进行规训和教育——不管哪一方占据主动,双方都是在反复不断地对话中谋求最佳利益的。新学制实施过程中,官方充分利用媒体向社会宣传新学制的制度理念及其优越性,回应教师心中的不解,并通过报刊与社会力量进行互动,解决施行过程中的具体问题。在教师的思想学习改造过程中,教师首先自发组织了学习团体,积极学习新政权的价值观念,以表现其认可态度。教育部门主持学习改造活动之后,教师就从自愿学习变成了强制学习。当高强度和高密度的学习使教师身心俱疲时,他们和负责部门展开了对话,在表明对新政权的认同以及学习改造取得较大成绩的同时,也道出了心中的不满。教育部门很重视教师所反映的问题,并给予积极回应。少先队组织被社会所接受也经历了一个过程。教育局和共青团市委根据社会对少先队组织的不解、淡漠等情况,组织了一系列的学习和宣传活动,大力培养辅导员,推广少先队文化;当少先队被人接受,红领巾成为荣誉标志的时候,家长反过来又请求教育局帮助解决子女入队问题;而有关部门敏锐地抓住这次机会,通过媒体制造舆论,使红领巾文化进一步深入人心。在学校文化塑造的过程中,官方力量和社会力量之所以能以一种以对话为基调的博弈关系出现,一方面表明共产党的治理技术在不断提高;另一方面也说明在基础教育问题上,官方和社会力量之间没有不可化解的矛盾——与之相反,提高入学率符合双方的共同利益,而该共同利益则是双方将关系保持在对话博弈内的重要保障。

讨论完政权和社会力量的互动关系之后,我们回到一个更为核心的问题,那就是一个世俗化的现代国家如何建立国民信仰体系。信仰体系的崩塌与重建不仅仅是共产党执政后所面临的问题,如前所述,20世纪各种意识形态全球盛行在很大程度上正是这种现象的直接反映。刚刚从战乱中走出来的中华人民共和国,各种思想混杂并存,执政党需要通过一系列制度化的举措才能使其所秉持的价值观念占据主导地位,构成国民信仰体系的核心。现代学校是国民信仰体系培养塑造的主要场所，而小学更是国家主导的正规制度化教育之始，为国民精神世界的塑造奠定了基础。之前人们往往将中华人民共和国初期的教育概括为"泛政治化的灌输教育"，但这种说法一方面简化了历史的复杂性，另一方面乃是采取中立观察者的视角，并未能融入历史情境体会参与者的情感经历。

"泛政治化"的概括容易产生一种误导，使人们认为课堂教学基本上以政治说教为主。但这种情况至少并未出现在建政初期的课堂之上。以课时数最多的语文教学为例，尽管教科书政治性内容的比重居高不下，但教学大纲仍然提出了明确具体的语文教学目标，对识字、遣词、造句等基本技能的要求反而有所增加；而不少教育专家一再通过报刊呼吁，反对将教材内容进行过度政治化的阐释。因此我们可以说课堂教学的政治化趋势在加强，但仅仅用"泛政治化"这个概念来凝练这个时期的特点，显得过于笼统。另外，对学生政治认同和信念的塑造也不仅仅局限于课堂。灌输理论更是在教与学之间预设了一种对立关系，并将学生视为深受意识形态教育"压迫"的无力反抗者——这种基于二元划分的灌输理论始终是国内思想政治教育界挥之不去的论题。这一理论的关键缺陷在于其忽视了深受新型学校教育文化氛围熏陶的学生的情感体验与行动选择之间的关系。

欢腾场景再现与荣誉感生成是新型学校文化中至关重要的两个方面，构成了中华人民共和国小学教育文化特点的基础。不管时局趋于激进还是缓和，这两方面都得以保留，只是具体内容会发生巨大改变。欢腾场景是指蕴含颂扬革命精神、赞美中华人民共和国成立、歌唱人民新生活、鞭笞控斥旧社会、旧政权、阶级敌人等激烈情绪的集体性活动。如开国大典、控诉大会、围观枪毙反革命等，都属于欢腾场景。这些场景承载着命运共同体的感情与记忆。儿童节和纪念日为欢腾场景的再现做足了准备。规模盛大、气势震撼的集体游行，场面隆重热烈的文艺表演，各种有组织的活动、娱乐游戏以及诸多优惠措施，处处都洋溢着欢乐喜庆。当然，这种欢腾场景不仅仅在特定节日中才"定期"出现，校园日常生活中也不断再现这种"激动人心"的场景。这种"隐性"再现与直接呈现相比，对学生的影响或许更大。学校接办过程中举行的宣传大会就一次次地营造了欢腾场景,学生和教师不仅增加了对党和国家的认同,而且还对未来的生活充满期待;学校组织的各种集会以及少先队组织的仪式和集体活动,也旨在调动学生情绪,鼓励他们积极参与。而课堂则是制造欢腾场景最重要的舞台之一。课堂的这一作用往往容易被忽视。仍以语文课为例,如果我们把自己想象成一个正坐在教室中拿着课本上课的学生,就会感觉到课堂所传递出来的欢腾氛围。教科书中的课文讴歌着革命的胜利、建设的喜悦、新生活的幸福,痛斥着旧政府、旧社会、帝国主义的罪恶,这些内容所传达的情绪被端坐在教室中的几十名学生吸收后再表现出来就构成了欢腾场景。将这种氛围升华至高潮需要两个推动力:教师的引导和学生的参与。不断进行政治学习的教师在教学指导参考书的帮助下,绝大多数人都能够用正确的表达方式向学生传递课文的思想情感;而放声朗读或模拟场景表演等教学方法更是将学生带到了欢腾场景之中,学生自身成为这种场景的积极塑造者——他们不再站在旁边默默观察,而是积极参与,用行动使自己的情感与课文所要传达出来的情感发生共鸣。不管是在各种节日和仪式中,还是在日常课堂教学中,大大小小的欢腾场景随处可见。学生不是这幕场景的观众,而是参与者,是演员。身处其中的少年儿童能够迅速被该场景所营造的激烈昂扬的氛围感染。他们在欢腾场景中感受到了自己的存在,更多地寻找与场景之间的情感契合;而这种契合有助于促使学生认同这些场景中所传达出来的价值观念,并在不断重复中加深他们对场景所表达的情感的记忆。

荣誉体验在激发师生情感、培养政治认同方面所起的作用不容忽视。如阿皮亚(Kwame Anthony Appiah)所言:"拥有荣誉意味着有资格获得他人尊重。"[1]新政权所塑造的教育文化充分赋予师生以荣誉,与旧政权时期的教育文化相比,这是非常重要的差别。教师的待遇获得提升,社会地位和政治地位大幅提高,甚至当上了人大代表。一批优秀负责的小学教师通过媒体宣传为人所熟知,他们的感人事迹触动着社会,

---

[1] [美]奎麦·安东尼·阿皮亚:《荣誉法则:道德革命是如何发生的》,苗华建译,北京:中央编译出版社 2011 年版,第 179 页。

鞭策着同行。小学教师这个在旧社会遭人鄙夷的职业,在新社会逐渐被人所接受认可,受到越来越多的尊重。而"少年儿童"这一身份本身就充满了荣誉感,他们是社会的新一代,是祖国未来各项事业的接班人和希望。"上学读书"这件事情在新型学校文化中也成为适龄儿童的荣誉,普通人家的子女唯有在新社会才能够得到受教育的权利。因此,学生在接受主流价值观念的前提下按照教师在课堂上的要求努力学习,按照复习提纲规定的正确答案认真备考,就成为合乎自然的理性选择——取得优异成绩、顺利升学是学生获得荣誉进而赢得家长、教师和同辈认同的重要途径。在1950年代初期,家庭出身尚未构成左右学生前途命运的关键因素,"学习好"仍然是判断一个学生是否优秀的重要标准,学生在一个相对公平的环境下学习生活。"少先队员"的政治身份是小学生获得荣誉感的另外一个基本途径。随着"红领巾文化"在学校的推广,"红领巾"已经成为一个优秀少年儿童的象征和标志。到了入队年龄还未入队的学生总会产生得不到认同的焦虑。荣誉感是少年儿童重要的心理体验,他们绝大多数人在学校努力学习,积极表现,渴望得到主流评判标准的认同和尊重。从学生自身的感受出发,我们很难从整体上感受到那种遭遇灌输的被动。

这种以重构欢腾场景和培养荣誉感为主要特征的学校文化对学生产生的影响可以从三个层面来考察,即行为、思想和语言。学生行为的变化是最直观的表现。在全新教育文化的熏陶下,学生的行为受到了很大的规训。学生在上课前须将文具、课本按照要求放到课桌规定的位置上,教师进入教室后要全体起立向教师齐声问好,以表示对教师的尊重;课堂上学生要按规定姿势坐好,在未经教师允许的情况下,不得乱动、随意发言。课堂之外,少先队组织在引导儿童适应集体生活方面发挥着积极作用,入队标准和组织仪式约束着队员们的行为,频繁的组织活动锻炼了学生们的沟通交流能力,而少先队内的等级秩序亦使得队员从小就逐渐懂得命令与服从的含义。游行及其事先彩排更是对学生组织纪律性的集中培养。为保证游行队伍整齐划一的效果,少年儿童要和成年人一样一遍遍重复着枯燥严格的训练。而解放军则成为少年儿童培养组织纪律性的现成榜样。在全新的教育文化中,小学生和解放军有了更多的直接接触和"虚拟"交流的机会，他们对军人有着很深的感情。教育者通过号召学生向军人学习，来引导他们听从指挥，服从纪律，约束其行为。在这种文化氛围下成长起来的学生，纪律性、原则性和集体意识相对较强，他们往往发自内心地维系秩序，听从组织命令。

在通过各科进行爱国主义教育、思想政治教育成为共识的1950年代初期，学生的思想观念也反映了那个时代的鲜明特征。学生在课堂内外不断接触到有关国家、政党和领袖的政治符号。当学生第一次踏进校门之时，就能够看到高高悬挂的国旗。不管学校是每日还是逢节庆日举行升旗仪式，学生都在循环往复中加深着对国家的记忆。教科书中，天安门、国旗、毛主席像等符号反复出现，与领袖、革命、共产党、中华人民共和国以及主流价值观念有关的课文内容占据绝对优势，加上教师课堂引导，学生每天都会受到爱国、爱党、爱领袖的教育。课堂之外，学生也能通过课外阅读、集体活动受到相关教育。而每年的游行活动对于有幸能够参加的小学生来说简直是一次"梦想成真的奇幻之旅"，他们能够在首都的心脏——天安门目睹伟大领袖毛主席的风采，这是何等荣耀的事情！参与游行和献花的学生回到学校之后，通过大会报告、班级交流、口口相传等方式与未能到现场的同学分享着自己的所见所闻所感，关于领袖的真实描述与"传奇"想象一并流传开来，对领袖的迷思和崇敬之情不断加深。值得注意的是，这个时期的教育文化给予学生一系列较为完整的价值观念，用以处理个人与国家、政党之间的关系，这套价值观念被深深地打上了中国共产党的烙印；但与此同时，学生所接触的处理人与人之间关系的思想资源相对片面，与"阶级斗争"相对应的正面价值观念并未得到完整地阐发。学生们往往能够至真至性地热爱国家，拥戴共产党，听从领袖号召，遵守纪律，讲究原则；而在处理正常人际关系时则常常表现得简单直白，爱憎分明，但却又不失动人的真诚。

这个时期表达方式的变化也是一个值得关注的现象。如裴宜理等人所言："革命根本性地改变了人们对于世界的看法，由于人们通常是用言词进行思考，因此一种衡量一场运动的革命性影响的方式便是看它在多大程度上产生了新的表达方式。"①中华人民共和国的成立意味着表达方式和语言系统在普通人中间发生了一次更新。新词汇和新语句如雨后春笋般地冒出,并迅速得到传播。而学校则是最重要的新表达方式扩散的组织化机构。反复经历思想学习与改造的教师已经逐渐掌握了正确的表达用语,他们通过课堂教学影响着学生的表达;教科书与时俱进,增加了很多中华人民共和国成立后才写就的文章,充分体现了新兴表达方式的特点,学生通过课堂朗读与课后练习、写作,逐渐巩固这种言说方式;各种期刊、报纸上刊登的范文进一步规范了学生的表达,为学生学习写作提供了现成的参考与模仿样板;而在各种组织活动和仪式游行中,学生接触了大量的政治口号,这些口号往往短促有力,情感充沛,凝练了新的表达方式,易于学生记忆和使用。概言之,新的教育文化有助于推动学生表达方式的统一。新的语言处处流露出喜庆、欢快、自豪等情绪,学生对这套表达方式的反复言说不停地影响并规制着他们的思想观念。

概言之,历经数年光阴,中华人民共和国小学的教育文化已形成了鲜明的特色。不管是在校园内外不断建构欢腾场景,还是在师生中间塑造荣誉体验,这种教育文化很大程度上推动了沉浸于其中的师生形成全新的基于现代国家之上的信仰体系。思想、语言和行为由内而外构成了这一信仰体系的三个层次——唯有这三个层次内外高度一致,新的信仰才能真正扎根于人心。

必须承认,受这种教育文化熏陶的学生确实从内到外产生了诸多积极的变化。对旧社会只有短暂体验的学生成长在一个充满希望、尚未变得复杂的新社会,他们不断接受欢腾场景的洗礼,并保持对荣誉的渴望。在新型教育文化中成长起来的新人,对国家、共产党和领袖充满信心,情感炽烈,并能够听从命令,服从大局,具有很强的纪律性、原则感和归属

---

① Elizabeth J. Perry and Li Xun. Revolutionary Rudeness: The language of Red Guards and rebel workers in China's Cultural Revolution, in Jeffrey N. Wasserstrom ed. *Twentieth-Century China: New Approaches*. London and New York: Routledge, 2003, p.223.

感;他们往往率性单纯,行动中流露着真诚——不管在今后各种政治运动中有何境遇,这些在价值观念初成时期造就的趋向构成了一代人的德性底色。

主要参考文献

一、史料类

(一) 未刊档案
北京市档案馆馆藏档案

(二) 文献史料汇编
《华东保育院》,内部发行1987年版。
《中国少年先锋队队章(附队旗队歌队员标志及其他)》,北京:中国青年出版社1954年。
北京教育志编纂委员会办公室、北京市档案馆编研处编:《北京教育档案文粹》(上、中、下),北京:华艺出版社2008年版。
北京图书馆馆史资料编辑委员会编:《北京图书馆馆史资料汇编(2)》上,北京:北京图书馆出版社1997年版。
北京市档案馆、中共北京市委党史研究室编:《北京市重要文献选编(1948.12—1949)》,北京:中国档案出版社2001年版。
北京市档案局馆、莫斯科市档案管理总局编:《北京与莫斯科的传统友谊——档案中的记忆》,北京:中国档案出版社2006年版。
陈元晖、璩鑫圭、邹光威编:《老解放区教育资料》1,北京:教育科学出版社1981年版。
邓菊英、李诚编:《北京近代小学教育史料》(上、下),北京:北京教育出版社1995年版。
邓菊英、高莹编:《北京近代教育行政史料》,北京:北京教育出版社1995年版。
赣南师范学院、江西省教育科学研究所编:《江西苏区教育资料汇编》(1),内部发行1985年版。
赣南师范学院、江西省教育科学研究所编:《江西苏区教育资料汇编》(6),内部发行1985年版。
赣南师范学院、江西省教育科学研究所编:《江西苏区教育资料汇编》(7),内部发行 1985 年版。

广东教育与文化月刊社编：《学习"小学暂行规程（草案）"》（教师学习小丛书之三），广州：华南人民出版社 1952 年版。

光明日报社编印：《小学五年一贯制学习资料》（第 1—2 辑），内部发行 1952 年版。

孩子剧团团史编辑组编：《孩子剧团》，成都：四川少年儿童出版社 1981 年版。

何东昌主编：《中华人民共和国重要教育文献（1949—1975）》，海口：海南出版社 1998 年版。

河南省教育史志编辑室编：《河南教育史志资料选编》第 3 期，1986 年 3 月。

湖南省档案馆编：《湖南老区革命文化史料》（1）长沙：湖南人民出版社 2010 年版。

江苏省教育科学研究所、老解放区教育史编写组编印：《华中苏皖边区教育资料选编》（1），内部发行 1988 年版。

教育科学研究所筹备处编：《老解放区教育资料选编》，北京：人民教育出版社 1959 年版。

李楚材编著：《帝国主义侵华教育史料（教会教育）》，北京：教育科学出版社 1987 年版。

李彦福、黄启文等编：《广西教育史料》，南宁：广西人民出版社 1990 年版。

金湖县文教局教育史料组编：《金湖（老解放区）教育史料汇编》，内部发行 1984 年版。

璩鑫圭、唐良炎编：《中国近代教育史资料汇编（学制演变）》，上海：上海教育出版社 1991 年版。

陕西师范大学教育研究所编：《陕甘宁边区教育资料：教育方针政策部分》下，北京：教育科学出版社 1981 年版。

陕西师范大学教育研究所编：《陕甘宁边区教育资料：小学教育部分》上，北京：教育科学出版社 1981 年版。

舒新城编：《近代中国教育史料》，北京：中国人民大学出版社 2012 年版。

宋原放主编：《中国出版史料（现代部分 第 3 卷）》下，济南：山东教育出版社 2001 年版。

王云风主编：《徐特立在延安》，西安：陕西人民教育出版社 1991 年版。

校史编委会编：《从延安到北京：北京育才学校校史资料选》，内部发行 1983 年版。

学习杂志部编：《社会主义教育课程的阅读文件汇编》（第 1 编），北京：人民出版社 1957 年版。

张静庐辑注：《现代出版史料（丁编）》下，北京：中华书局 1959 年版。

张明主编：《武训研究资料大全》，济南：山东大学出版社 1991 年版。

中国第二历史档案馆编:《中华民国史档案资料汇编》(第 3 辑　教育),南京:凤凰出版社 1991 年版。

中国第二历史档案馆编:《中华民国史档案资料汇编》(第 5 辑　第 1 编　教育[1]),南京:凤凰出版社 1994 年版。

中国第二历史档案馆编:《中华民国史档案资料汇编》(第 5 辑　第 1 编　教育[2]),南京:凤凰出版社 1994 年版。

中国第二历史档案馆编:《中华民国史档案资料汇编》(第 5 辑　第 2 编　教育[1]),南京:凤凰出版社 1997 年版。

中国少年儿童社编:《培养教育新的一代——第一次全国少年儿童工作干部大会文献》,北京:青年出版社 1951 年版。

中国少年先锋队全国工作委员会、中国少年先锋队工作学会主编:《中国少年先锋队大全》,北京:中国少年儿童出版社 2005 年版。

中华人民共和国教育部办公厅编:《教育文献法令汇编(1949—1952)》,内部发行 1958 年版。

中央档案馆、中共中央文献研究室编:《中共中央文件选集(1949 年 10 月—1966 年 5 月)》(第 15、19、20 册),北京:人民出版社 2013 年版。

中央教育科学研究所编:《老解放区教育资料(1)》(土地革命战争时期),北京:教育科学出版社 1981 年版。

中央教育科学研究所编:《老解放区教育资料(2)》(抗日战争时期)下,北京:教育科学出版社 1986 年版。

(三)相关报纸期刊

《人民日报》

《北京日报》

《新华月刊》

《人民画报》

《文汇报》

《人民教育》

《教师月报》

《小学教师》

《察哈尔文教》

《湖南教育》

《湖南教师》

《湖北文教》

《松江教育》

《苏南文教月刊》

《绥远文教》
《皖北文教》
《新教育》
《新教师》
《中华教育界》
《北京文史资料》

（四）教科书、教授法及教辅资料

《初级小学国语课本》(第3册)，北京：人民教育出版社1952年版。
《高级小学政治课本》(第4册)，北京：人民教育出版社1951年版。
《高级小学语文课本》(1—4册)，北京：人民教育出版社1954年版。
《共和国教科书·新国文(初小部分)》(影印版)，北京：新星出版社2011年版。
《共和国教科书·新国文(高小部分)》(影印版)，北京：新星出版社2011年版。
《共和国教科书·新修身(初小部分)》(影印版)，北京：新星出版社2011年版。
《〈开明国语课本〉编辑要旨》，上海：开明书店1934年版。
《〈世界第一种国语读本〉全书编辑纲要》，上海：世界书局1934年版。
《小学课本语文》(第2册)，北京：人民教育出版社1952年版。
《小学课本语文》(第3册)，北京：人民教育出版社1953年版。
国立编译馆编：《初级小学国语常识课本》(第5册)，武汉：汉口湖北书局，出版年月不详。
国立编译馆编：《初级小学国语常识课本》(第8册)，上海：商务印书馆1947年版。
陆绍昌编、叶楚伧校：《小学校高级用新中华三民主义课本》(第1—4册)，上海：中华书局1928年版。
秦同培编纂，沈颐、许国英校订：《新修身教授法(初小部分)》，北京：新星出版社2011年版。
秦同培编纂，庄俞、樊炳清校订：《新国文教授法(初小部分)》，北京：新星出版社2011年版。
谭廉编纂，高凤谦、庄俞校订：《新国文教授法(高小部分)》，北京：新星出版社2011年版。
叶圣陶撰：《幼童国语读本(第1册)》(影印版)，北京：中国青年出版社2011年版。
朱翊新、魏冰心、苏兆骧编：《国语读本》(第1册)，上海：世界书局1934年版。
朱翊新、魏冰心、苏兆骧编：《国语读本》(第3册)，上海：世界书局1933年版。
朱翊新、魏冰心、苏兆骧编：《国语读本》(第4册)，上海：世界书局1933年版。
朱翊新、魏冰心、苏兆骧编：《国语读本》(第5册)，上海：世界书局1933年版。

叶圣陶编:《开明国语课本》(第1册),上海:开明书店1934年版。
叶圣陶编:《开明国语课本》(第3册),上海:开明书店1934年版。

(五) 方志、年鉴、大事记等相关材料

《登封县教育志》编委会编:《登封县教育志》,郑州:河南人民出版社1988年版。
《焦作市教育志》编辑室编:《焦作市教育志(1898—1985)》,开封:河南大学出版社1989年版。
《桂林市志·教育志(初稿)》,内部发行1994年版。
《商丘县教育志》编纂领导小组编:《商丘县教育志》,郑州:中州古籍出版社1991年版。
《中国教育年鉴》编辑部编:《中国教育年鉴(1949—1981)》,北京:中国大百科全书出版社1984年版。
《中国教育事典》编委会编:《中国教育事典(初等教育卷)》,石家庄:河北教育出版社1994年版。
北京市西城区普通教育志编纂委员会编:《西城区普通教育志》,北京:北京出版社1998年版。
程国珍主编:《方城县教育志》,郑州:中州古籍出版社1991年版。
黄冈县教育志编纂委员会编:《黄冈县教育志(1875—1985)》,内部发行1987年版。
教育部教育年鉴编纂委员会编:《第二次中国教育年鉴》,上海:商务印书馆1948年版。
刘英杰主编:《中国教育大事典(1949—1990)》上,杭州:浙江教育出版社1992年版。
平顺县教育志编写组编印:《平顺县教育志(1529—1984)》,内部发行1985年版。
襄樊市昭明小学编纂:《襄樊市昭明小学校志(1903—2008)》,内部发行2008年版。
香山小学编著:《香山小学志》,内部发行2011年版。
育英同学会编:《红色家园:中直育英小学纪念图册》,北京:团结出版社2009年版。
中国少先队工作学会编:《中国少先队工作50年大事记(1949—2000)》,内部发行2004年版。
中央教育科学研究所编:《中华人民共和国教育大事记(1949—1982)》,北京:教育科学出版社1984年版。
周口地区教育志编纂办公室编:《周口地区教育志》,郑州:中州古籍出版社1994年版。
遵义县虾子小学编:《遵义县虾子小学志》,内部发行2009年版。

(六) 文集、日记、年谱、传记、回忆录、书信

《马克思恩格斯文集》(第 1 卷),北京:人民出版社 2009 年版。
《毛泽东农村调查文集》,北京:人民出版社 1982 年版。
《毛泽东选集》(第 4 卷),北京:人民出版社 1991 年版。
《毛泽东文集》(第 7 卷),北京:人民出版社 1999 年版。
《杨尚昆日记》上,北京:中央文献出版社 2001 年版。
邓六金主编:《在华东保育院的日子里》,太原:希望出版社 2000 年版。
李敏:《我的父亲毛泽东》,沈阳:辽宁人民出版社 2000 年版。
江渭清:《七十年征程——江渭清回忆录》,南京:江苏人民出版社 1996 年版。
毛彦文:《往事》,罗久芳、罗久蓉校订,商务印书馆 2012 年版。
欧阳代娜、翟明战主编:《人民教育家吴燕生》,北京:中国文史出版社 2006 年版。
吴学昭整理注释:《吴宓日记续编(1949—1953)》,北京:生活·读书·新知三联书店 2006 年版。
徐晓、丁东、徐友渔编:《遇罗克遗作与回忆》,北京:中国文联出版公司 1999 年版。
叶圣陶:《北游日记(甲抄)》,《叶圣陶集》(第 22 卷),南京:江苏教育出版社 1994 年版。
中直育英小学同学会编:《在育英我们走过童年》,北京:中共党史出版社 2007 年版。
中共中央党史和文献研究院编:《毛泽东年谱》(第 4 卷),北京:中央文献出版社 2023 年版。
中共中央党史和文献研究院编:《建国以来毛泽东文稿》(第 1、3、4、10 册),北京:中央文献出版社 2023 年版。
[美]德克·博迪:《北京日记——革命的一年》,洪菁耘、陆天华译,上海:东方出版中心 2001 年版。
[美]杨瑞:《吃蜘蛛的人》,叶安宁译,广州:南方日报出版社 1999 年版。

(七) 其他著作

《小朋友升学指导》,上海:北新书局印行 1951 年版。
《小朋友升学指导(增订版)》,上海:北新书局印行 1953 年版。
《中华之魂》编委会编:《中华之魂——养教篇》,北京:中国民主法制出版社 1997 年版。
艾思奇:《历史唯物论、社会发展史》,北京:生活·读书·新知三联书店 1953 年版。
艾思奇:《历史唯物论、社会发展史讲授提纲》,北京:人民出版社 1953 年版。

常春元:《新民主主义教程》,上海:上海杂志公司1950年版。
陈青之:《中国教育史》(上、下),长沙:岳麓书社2010年版。
程今吾著,吕晴整理:《延安一学校》,北京:中国青年出版社2012年版。
储伟、郇培根、吴云章:《小朋友升学指导》,上海:北新书局1935年版。
东北教育社编:《苏联的教育》,北京:中国儿童书店1951年版。
广东教育与文化月刊社编:《学习五级分制记分法》,广州:华南人民出版社1952年版。
河北省人民政府教育厅初等教育科编:《小学怎样实行五年一贯制》,石家庄:河北人民出版社1952年版。
江芷千等著:《少先队员的好榜样》,上海:少年儿童出版社1956年版。
江卓群:《党义教育ABC》,上海:世界书局出版社1929年版。
教育资料丛刊社编:《小学的思想政治教育》,北京:新华书店1950年版。
教育资料丛刊社编:《成绩考查与苏联五级分制》,北京:人民教育出版社1950年版。
教育资料丛刊社编:《当前教育建设的方针》,北京:人民教育出版社1952年版。
金冬日编:《中小学班会的领导》,南京:江苏人民出版社1959年版。
李纪生:《小学语文教学法讲话》,杭州:浙江人民出版社1954年版。
刘家骥编著:《谈谈小学语文教学中的几个问题》,郑州:河南人民出版社1955年版。
庐禹、徐正秋编:《通过各科进行爱国主义教育的经验介绍》,北京:大众书店印行1951年版。
罗洪:《儿童节》,上海:文化生活出版社1937年版。
茅谷澄、陈文照、赵瑛合编:《备课参考资料》,上海:上海童联书店1953年版。
天津市小学教导研究会编印:《向苏联学习》,天津:大众书店1950年版。
新华书店东北总分店编审部编:《怎样向苏联学习教育》,哈尔滨:新华书店东北总分店1950年版。
新少年报社编:《我入队了》,上海:少年儿童出版社1954年版。
许忆痴编著:《小学行政》,天津:天津大众书店1951年版。
姚宇编:《学习小组的经验》,上海:棠棣出版社1951年版。
张公民:《实用高效升学指导(解放版)》,北京:打磨厂益昌书局印行1950年版。
赵超构:《延安一月》,北京:中国国际广播出版社2013年版。
中国教育工会广州市委员会筹备委员会编:《五级分制记分法实施经验介绍》,广州:华南人民出版社1953年版。
中华人民共和国教育部小学教育司编:《小学语文经验报告选辑》(五、六年级部分),北京:人民教育出版社1956年版。
中国新民主主义青年团、中央委员会少年儿童部编:《中国少年先锋队基本知识》,北京:中国青年出版社 1955 年版。

[苏]格鲁斯捷夫、彼特洛夫等:《苏维埃学校中的共产主义教育》(第 1 分册 共产主义教育基本问题),王易今等译,北京:人民教育出版社 1953 年版。

[苏]H. A. 彼得洛夫:《论人民教师的威信》,方德厚译,上海:作家书屋刊 1951 年版。

[苏]凯洛夫:《教育学》,沈颖、南致善等译,北京:人民教育出版社 1950 年版。

[苏]柳·科斯莫杰米扬斯卡娅:《卓娅和舒拉的故事》,尤侠译,北京:中国青年出版社 1980 年版。

[苏]N. K. 克鲁普斯卡娅:《论儿童新教育(上)——论少年先锋队运动和学校》,宗华译,上海:作家书屋 1950 年版。

(八) 其他文章

《儿童节举国热烈庆祝》,《公教学校》第 1 卷第 6 期,1935 年 4 月 1 日。

《儿童节与救国》,《中华周报》1932 年第 24 期,4 月 16 日。

《奉令发儿童节纪念办法转令所属知照》,《教育周刊》第 86 期,1931 年 9 月 14 日。

《国难期间本省各小学幼稚园纪念儿童节实施办法》,《教育周刊》第 149 期,1933 年 4 月 10 日。

《日内瓦保障儿童宣言》,《妇女新运》第 6 卷第 4 期,1944 年 4 月。

《上海全市庆祝儿童节》,《玲珑》第 11 期,1934 年 4 月 11 日。

《四月四日规定为儿童节》,《妇女共鸣》第 55 期,1931 年 9 月 1 日。

陈征帆:《儿童节的意义》,《新家庭》第 1 卷第 4 期,1931 年 4 月。

田和卿:《儿童节是为谁设的?》,《民生》第 1 卷第 16 期,1933 年 4 月 15 日。

张家凤:《儿童节献词(补白)》,《青岛教育》第 3 卷第 11 期,1936 年 5 月 1 日。

绰然:《儿童节纪实》,《教师之友》第 2 卷第 7 期,1936 年 7 月。

《1956 取消干部子弟学校》,《南方教育时报》2014 年 5 月 2 日第 A08 版。

董光器:《天安门广场的改建与扩建》,北京文史资料第 49 辑。

方可成:《从干部子弟学校到"条子生"、"共建生"难以革除的权力择校》,南方新闻网,2011 年 9 月 2 日。

冯抗胜:《在卫岗小学的特殊生活》,《世纪》2012 年第 4 期。

黄国诚:《永远难忘的鄂豫边区实验小学》,《地方革命史研究》2000 年 12 月号。

刘昌亮:《忆革命摇篮——延安保小》,《纵横》2001 年第 1 期。

许卿卿:《老一辈革命家对少年儿童的关怀与希望》,《中国档案报》2009 年 6 月 1 日第 1 版。

杨孔鑫口述,杨铸昭整理:《从文华中学走出来的"中国童子军代表"》,《武汉文史资料》2009 年第 11 期。

张开济:《参加国庆工程设计的点滴回忆》,《北京文史资料》第49辑。
赵冬日:《回忆人民大会堂设计过程》,《北京文史资料》第49辑。
赵秋芙:《忆华中干部子弟学校》,《老兵话当年》第10辑,2006年12月。

二、研究类
(一) 著作
毕苑:《建造常识:教科书与近代中国文化转型》,福州:福建教育出版社2010年版。
蔡翔:《革命/叙述:中国社会主义文学-文化想象(1949—1966)》,北京:北京大学出版社2010年版。
陈弱水:《公共意识与中国文化》,北京:新星出版社2006年版。
陈兴明:《中国大学"苏联模式"课程体系的形成与变革》,北京:社会科学文献出版社2012年版。
陈蕴茜:《崇拜与记忆:孙中山符号的建构与传播》,南京:南京大学出版社2009年版。
程晋宽:《"教育革命"的历史考察:1966—1976》,福州:福建教育出版社2001年版。
程天君:《"接班人"的诞生——学校中的政治仪式考察》,南京:南京师范大学出版社2008年版。
崔晓麟:《重塑与思考——1951年前后高校知识分子思想改造运动研究》,北京:中共党史出版社2005年版。
丹琳:《寻访儿童团战友》,北京:中国文联出版社2008年版。
董纯才主编:《中国革命根据地教育史》(第1卷),北京:教育科学出版社1991年版。
董纯才主编:《中国革命根据地教育史》(第2卷),北京:教育科学出版社1991年版。
董纯才主编:《中国革命根据地教育史》(第3卷),北京:教育科学出版社1993年版。
复旦大学历史学系、复旦大学中外现代化进程研究中心编:《新文化史与中国近代史研究》,上海:上海古籍出版社2009年版。
高华:《历史笔记Ⅰ》,香港:牛津大学出版社2014年版。
高毅:《法兰西风格:大革命的政治文化》,杭州:浙江人民出版社1991年版。
傅国涌编:《过去的小学》,北京:同心出版社2012年版。
韩承鹏:《标语口号文化透视》,上海:学林出版社2010年版。
韩作黎主编:《延安教育研究》,郑州:文心出版社2003年版。
何东昌主编:《中华人民共和国教育史》,海口:海南出版社2007年版。

何志明:《为政之要 惟在得人:川北通江县的政权建设研究(1950—1956)》,北京:当代中国出版社2023年版。

洪长泰:《地标:北京的空间政治》,香港:牛津大学出版社2011年版。

金雁:《倒转"红轮":俄国知识分子的心路回溯》,北京:北京大学出版社2012年版。

课程教材研究所编著:《新中国中小学教材建设史研究丛书(1949—2000)》(小学语文卷),北京:人民教育出版社2010年版。

雷颐:《逃向苍天:极端年代里小人物的命运沉浮》,杭州:浙江大学出版社2013年版。

李冬君:《中国私学小史》,北京:学习出版社2011年版。

李恭忠:《中山陵:一个现代政治符号的诞生》,北京:社会科学文献出版社2009年版。

李国芳:《初进大城市——中共在石家庄建政与管理的尝试(1947—1949)》,北京:社会科学文献出版社2008年版。

李剑鸣:《隔岸观景》,北京:社会科学文献出版社2012年版。

李太平主编:《普及与提高——中国初等教育60年》,杭州:浙江大学出版社2009年版。

李迅:《革命造反年代:上海文革运动史稿Ⅱ》,香港:牛津大学出版社2015年版。

梁晨、张浩、李中清等:《无声的革命:北京大学、苏州大学学生社会来源研究(1949—2002)》,北京:生活·读书·新知三联书店2013年版。

梁漱溟:《人生至理的追寻:国学宗师读书心得》,北京:当代中国出版社2008年版。

廖冬梅:《节日沉浮问——节日的定义、结构与功能》,桂林:广西师范大学出版社2007年版。

林蕴晖:《国史札记(事件篇)》,上海:东方出版中心2008年版。

林蕴晖、范守信、张弓:《凯歌行进的时期》,北京:人民出版社2009年版。

林蕴晖:《向社会主义过渡——中国经济与社会的转型(1953—1955)》,香港:香港中文大学出版社2009年版。

林蕴晖:《国史札记(人物篇)》,上海:东方出版中心2012年版。

刘彦文:《工地社会:引洮上山水利工程的革命、集体主义与现代化》,北京:社会科学文献出版社2018年版。

刘颖:《除旧布新:新中国成立初期中共对高等教育的接管与改造》,北京:人民出版社2010年版。

刘仲华主编:《北京教育史》,北京:人民出版社2008年版。

龙伟:《成为人民报纸:新中国上海报业的历史变革(1949—1953)》,北京:社会科学文献出版社2022年版。

罗洛主编:《毛泽东思想研究大系(文化卷)》,上海:上海人民出版社1993年版。
吕型伟主编:《上海普通教育史(1949—1989)》,上海:上海教育出版社1994版。
马敏:《政治象征》,北京:中央编译出版社2012年版。
毛礼锐、沈灌群主编:《中国教育通史》(第5卷),济南:山东教育出版社1988年版。
毛礼锐、沈灌群主编:《中国教育通史》(第6卷),济南:山东教育出版社1989年版。
米鹤都:《心路:透视共和国同龄人》,北京:中央文献出版社2011年版。
吴小鸥:《中国近代教科书的启蒙价值》,福州:福建教育出版社2011年版。
山西大学中国社会史研究中心编:《中国社会史研究的理论与方法》,北京:北京大学出版社2011年版。
沈志华:《思考与选择——从知识分子会议到反右派运动》,香港:香港中文大学出版社2008年版。
沈志华、李滨编:《脆弱的联盟:冷战与中苏关系》,北京:社会科学文献出版社2010年版。
沈志华:《毛泽东、斯大林与朝鲜战争》,广州:广东人民出版社2013年版。
树军编著:《天安门广场备忘录》,北京:西苑出版社2005年版。
苏渭昌、雷克啸、章炳良主编:《中国教育制度通史·第8卷(1949—1999)》,济南:山东教育出版社2000年版。
团中央少先队工作委员会、中国少年先锋队工作学会编著:《中国少年儿童运动史话》,北京:中国少年儿童出版社1989年版。
王海洲:《不爱红装爱武装:新中国女民兵宣传画与政治认同》,北京:生活·读书·新知三联书店2024年版。
汪家熔:《民族魂——教科书变迁》,北京:商务印书馆2008年版。
王奇生:《中国留学生的历史轨迹(1872—1949)》,武汉:湖北教育出版社1992年版。
王晴佳:《新史学讲演录》,北京:中国人民大学出版社2010年版。
王学典、牛方玉:《唯物史观与伦理史观的冲突——阶级观点问题研究》,开封:河南大学出版社2010年版。
武国友编著:《1949年开国大典实录》,北京:红旗出版社2009年版。
吴伟、马先军:《天安门广场断代史》,北京:新华出版社2007年版。
许纪霖主编:《二十世纪中国思想史论》上,上海:东方出版中心2000年版。
许纪霖:《中国知识分子十论》,上海:复旦大学出版社2008年版。
闫苹、张雯主编:《民国时期小学语文教科书评介》,北京:语文出版社2009年版。
闫树军编著:《天安门编年史(1417—2009)》,北京:解放军出版社2009年版。
闫树军:《红色舞台上的永恒——天安门城楼八版毛主席画像的绘制》,北京:中共党史出版社 2010 年版。

杨东平主撰:《艰难的日出——中国现代教育的 20 世纪》,上海:文汇出版社 2003 年版。

杨东平:《中国教育公平的理想与现实》,北京:北京大学出版社 2006 年版。

杨凤城:《中国共产党的知识分子理论与政策研究》,北京:中共党史出版社 2005 年版。

杨奎松:《中华人民共和国建国史研究》(1—2 卷),南昌:江西人民出版社 2009 年版。

杨奎松:《忍不住的"关怀":1949 年前后的书生与政治》,桂林:广西师范大学出版社 2013 年版。

杨念群:《中层理论——东西方思想会通下的中国史研究》,南昌:江西教育出版社 2001 年版。

杨念群:《"感觉注意"的谱系:新史学十年的反思之旅》,北京:北京大学出版社 2012 年版。

杨天石、黄道炫编:《战时中国的社会与文化》,北京:社会科学文献出版社 2009 年版。

于风政:《改造——1949—1957 年的知识分子》,郑州:河南人民出版社 2001 年版。

余英时:《中国思想传统的现代诠释》,南京:江苏人民出版社 2006 年版。

岳峰主编:《世界节》,福州:福建人民出版社 2009 年版。

张灏:《幽暗意识与民主传统》,北京:新星出版社 2006 年版。

张济顺:《远去的都市:1950 年代的上海》,北京:社会科学文献出版社 2015 年版。

张礼永、郭军:《筚路蓝缕:1949—1966(共和国教育 60 年)》(第 1 卷),广州:广州教育出版社 2009 年版。

张志建:《中学思想政治课发展史》,北京:北京师范大学出版社 1994 年版。

赵宣、张小武:《霍懋征传》,北京:中国大百科全书出版社 2012 年版。

郑洸、吴芸红主编:《中国少年儿童运动史》,天津:天津人民出版社 1992 年版。

中共中央党史研究室:《中国共产党历史(第二卷 1949—1978)》上,北京:中共党史出版社 2011 年版。

周兵:《新文化史:历史学的"文化转向"》,上海:复旦大学出版社 2012 年版。

周全华:《"文化大革命"中的"教育革命"》,广州:广州教育出版社 1999 年版。

周雪光:《国家与生活机遇——中国城市中的再分配与分层 1949—1994》,郝大海等译,北京:中国人民大学出版社 2015 年版。

祝鹏程:《文体的社会建构:以"十七年"(1949—1966)的相声为考察对象》,北京:中国社会科学出版社 2018 年版。

朱永新:《嬗变与建构——中国当代教育思想史》,北京:人民教育出版社 2004

年版。

卓晴君、李仲汉:《中小学教育史》,海口:海南出版社 2000 年版。

[法]阿尔弗雷德·格罗塞:《身份认同的困境》,王鲲译,北京:社会科学文献出版社 2010 年版。

[美]阿妮达·陈:《毛泽东的孩子们:红卫兵一代的成长经历》,史继平、田晓菲、穆建新译,天津:渤海湾出版社 1988 年版。

[美]艾恺:《最后的儒家:梁漱溟与中国现代化的两难》,王宗昱、冀建中译,南京:江苏人民出版社 2011 年版。

[法]爱弥尔·涂尔干:《宗教生活的基本形式》,渠东、汲喆译,上海:上海人民出版社 2006 年版。

[意]安东尼奥·葛兰西:《狱中札记》,曹雷雨等译,北京:中国社会科学出版社 2000 年版。

[英]奥兰多·费吉斯:《耳语者:斯大林时代苏联的私人生活》,毛俊杰译,桂林:广西师范大学出版社 2014 年版。

[美]B.安德森:《想象的共同体:民族主义的起源与分布》,吴睿人译,上海:上海世纪出版集团 2005 年版。

[英]彼得·伯克:《制造路易十四》,郝名玮译,北京:商务印书馆 2007 年版。

[英]彼得·伯克:《什么是文化史》,蔡玉辉译,杨豫校,北京:北京大学出版社 2009 年版。

[美]大卫·科泽:《仪式、政治与权力》,王海洲译,南京:江苏人民出版社 2015 年版。

[美]丹尼尔·贝尔:《意识形态的终结——五十年代政治观念衰微之考察》,张国清译,南京:江苏人民出版社 2001 年版。

[美]杜赞奇:《从民族国家拯救历史:民族主义话语与中国现代史研究》,王宪明等译,南京:江苏人民出版社 2009 年版。

[美]傅高义:《共产主义下的广州:一个省会的规划与政治(1949—1968)》,高申鹏译,广州:广东人民出版社 2008 年版。

[法]葛兰言:《古代中国的节庆与歌谣》,赵丙祥、张宏明译,赵丙祥校,桂林:广西师范大学出版社 2005 年版。

[美]汉娜·阿伦特:《极权主义的起源》,林骧华译,北京:生活·读书·新知三联书店 2008 年版。

[英]以赛亚·柏林:《苏联的心灵:共产主义时期的俄国文化》,潘永强、刘北成译,南京:译林出版社 2010 年版。

[美]杰弗里·亚历山大编:《迪尔凯姆社会学》,戴聪腾译,陈维振审校,沈阳:辽宁教育出版社 2001 年版。

[美]克利福德·格尔茨:《文化的解释》,韩莉译,南京:译林出版社 2008 年版。

［美］奎麦·安东尼·阿皮亚:《荣誉法则:道德革命是如何发生的》,苗华建译,北京:中央编译出版社 2011 年版。

［英］雷蒙·威廉斯:《关键词:文化与社会的词汇》,刘建基译,北京:生活·读书·新知三联书店 2005 年版。

［美］利昂·P.巴拉达特:《意识形态:起源和影响》,张慧芝、张露璐译,北京:世界图书出版公司 2010 年版。

［美］林·亨特编:《新文化史》,姜进译,上海:华东师范大学出版社 2011 年版。

［美］林·亨特:《法国大革命中的政治、文化和阶级》,汪珍珠译,上海:华东师范大学出版社 2011 年版。

［美］罗伯特·达恩顿:《屠猫记:法国文化史钩沉》,吕健忠译,北京:新星出版社 2006 年版。

［美］罗伯特·达恩顿:《催眠术与法国启蒙运动的终结》,周小进译,上海:华东师范大学出版社 2010 年版。

［美］罗伯特·达恩顿:《法国大革命前的畅销禁书》,郑国强译,上海:华东师范大学出版社 2012 年版。

［美］罗威廉:《汉口:一个中国城市的冲突和社区(1796—1895)》,鲁西奇、罗杜芳译,北京:中国人民大学出版社 2008 年版。

［美］迈克尔·W.阿普尔:《意识形态与课程》,黄忠敬译,袁振国审校,上海:华东师范大学出版社 2001 年版。

［美］M·阿普尔、L.克里斯蒂安-史密斯主编:《教科书政治学》,侯定凯译,袁振国审校,上海:华东师范大学出版社 2005 年版。

［美］迈克尔·W.阿普尔等著:《国家与知识政治》,黄忠敬等译,袁振国审校,上海:华东师范大学出版社 2007 年版。

［美］马克·里拉:《当知识分子遇到政治》,邓晓菁、王笑红译,北京:新星出版社 2005 年版。

［英］玛丽亚·露西娅·帕拉蕾丝-伯克编:《新史学:自白与对话》,彭刚译,北京:北京大学出版社 2006 年版。

［美］麦克法夸尔、费正清编:《剑桥中华人民共和国史(革命的中国的兴起 1949—1965 年)》,谢亮生等译,北京:中国社会科学出版社 2007 年版。

［法］莫娜·奥祖夫:《革命节日》,刘北城译,北京:商务印书馆 2012 年版。

［美］娜塔莉·泽蒙·戴维斯:《法国近代早期的社会与文化》,钟孜译,许平校,北京:中国人民大学出版社 2011 年版。

［美］欧文·戈夫曼:《污名——受损身份管理札记》,宋立宏译,北京:商务印书馆 2009 年版。

［法］P.布尔迪约、J.-C.帕斯隆:《再生产——一种教育系统理论的要点》,邢克超译,北京:商务印书馆 2002 年版。

[法]P. 布尔迪约:《国家精英——名牌大学与群体精神》,杨亚平译,北京:商务印书馆 2004 年版。

[美]裴宜理:《上海罢工:中国工人政治研究》,刘平译,南京:江苏人民出版社 2012 年版。

[美]史景迁:《天安门:知识分子与中国革命》,尹庆军等译. 北京:中央编译出版社 1998 年版。

王笛:《街头文化:成都公共空间、下层民众与地方政治,1870—1930》,李德英、谢继华、邓丽译,北京:中国人民大学出版社 2006 年版。

王笛著译:《茶馆:成都的公共生活和微观世界(1900—1950)》,北京:社会科学文献出版社 2010 年版。

[美]魏斐德:《历史与意志:毛泽东思想的哲学透视》,李君如等译,北京:中国人民大学出版社 2006 年版。

[美]魏斐德:《红星照耀上海城:共产党对市政警察的改造(1942—1952)》,梁禾译,北京:人民出版社 2011 年版。

[美]沃格林:《没有约束的现代性》,张新樟、刘景联译,谢华育校,上海:华东师范大学出版社 2007 年版。

[日]小野寺史郎:《国旗、国歌、国庆:近代中国的国族主义与国家象征》,周俊宇译,北京:社会科学出版社 2014 年版。

[法]谢和耐:《蒙元入侵前夜的中国日常生活》,刘东译,北京:北京大学出版社 2008 年版。

杨庆堃《中国社会中的宗教:宗教的现代社会功能与其历史因素之研究》,范丽珠等译,上海:上海人民出版社 2007 年版。

[美]约翰·布莱恩·斯塔尔:《毛泽东的政治哲学》,曹志为、王晴波译,北京:中国人民大学出版社 2006 年版。

周杰荣、毕克伟编:《胜利的困境:中华人民共和国的最初岁月》,姚昱等译,香港:香港中文大学出版社 2011 年版。

[美]周锡瑞:《叶:百年动荡中的一个中国家庭》,史金金、孟繁之、朱琳菲译,太原:山西人民出版社 2014 年版。

Andrew G. Walder. *Fractured Rebellion: The Beijing Red Guard Movement*. Cambridge, Massachusetts, and London, England: Harvard University Press, 2009.

Anita Chan, Stanley Rosen and Jonathan Unger. Students and Class Warfare: The Social Roots of the Red Guard Conflict in Guangzhou (Canton). *The China Quarterly*, No. 83 (Sep., 1980), pp. 397-446.

Chang-tai Hung. *Mao's New World: Political Culture in the Early People's Republic*. Ithaca and London: Cornell University Press, 2011.

Charles Price Ridley, Paul H. B. Godwin and Dennis J. Doolin. *The Making of a Model Citizen in Communist China*. Stanford: Hoover Institution Press, 1971.

Dick Wilson ed. *Mao Tse-tung in the Scales of History: A Preliminary Assessment Organized by The China Quarterly*. Cambridge, London, New York & Melbourne: Cambridge University Press, 1977.

Don-chean Chu. *Chairman Mao: Education of the Proletariat*. New York: Philosophical Library, 1980.

Donald J. Munro. *The Concept of Man in Contemporary China*. Ann Arbor: Center for Chinese Studies, The University of Michigan, 2000.

Evelyn Sakakida Rawski. *Education and Popular Literacy in Ch'ing China*. Ann Arbor: The University of Michigan Press, 1979.

Franklin W. Houn. *To Change A Nation: Propaganda and Indoctrination in Communist China*. New York: Crowell-Collier Publishing Co., 1961.

Hans Günther ed. *The Culture of the Stalin Period*. The MacMillan Press Ltd. 1990.

Jeffrey N. Wasserstrom ed. *Twentieth-Century China: New Approaches*. London and New York: Routledge, 2003.

Jeremy Brown and Paul G. Pickowicz eds., *Dilemmas of Victory: The Early Years of the People's Republic of China*. Cambridge, Massachusetts: Harvard University Press, 2007.

Martin King Whyte. *Small Groups and Political Rituals in China*. Berkeley: University of California Press, 1974.

N. F. Allen, W. S. F. Pickering and W. Watts Miller eds. *On Durkheim's Elementary Forms of Religious Life*. London and New York: Routledge, 1998.

Peter Burke. *Eyewitnessing: The Using of Images as Historical Evidence*. London: Reaktion Books, 2001.

Robert Jay Lifton. *Thought Reform and the Psychology of Totalism: A Study of "Brainwashing" in China*. London: Victor Gollancz Ltd, 1961.

Roderick MacFarquhar and Michael Schoenhals. *Mao's Last Revolution*. Cambridge and London: The Belknap Press of Harvard University Press, 2006.

Ronald F. Price. *Marx and Education in Russia and China*. London: Croom Helm, 1977.

R. F. Price. *Education in Modern China*. Landon, Boston and Henley:

Routledge & Kegan Paul, 1979.

Sally Borthwick. *Education and Social Change in China: The Beginnings of the Modern Era*. Stanford, California: Hoover Institution Press, 1983.

Stefan Landsberger. *Chinese Propaganda Posters: From Revolution to Modernization*. Singapore: The Pepin Press, 1995.

Suzanne Pepper. *Radicalism and Education Reform in Twentieth-Century China: The Search for an Ideal Development Model*. New York: Cambridge University Press, 1996.

Timothy Cheek and Tony Saich eds., *New Perspectives on State Socialism in China*. Armonk, New York: M. E. Sharpe, 1997.

Timothy Cheek ed., *A Critical Introduction to Mao*. New York: Cambridge University Press, 2010.

Thomas p. Bernstein and Hua-yu Li eds., *China Learns From the Soviet Union, 1949 - Present*. Lanham: Rowman& Littlefield Publishers, Inc., 2010.

Wang Hsueh-wen. *Chinese Communist Education: The Yenan Period*. Institute of International Relations Republic of China, 1975.

Wen-hsin Yeh. *The Alienated Academy: Culture and Politics in Republican China, 1919 -1937*. Cambridge and London: Harvard University Press, 1990.

Wu Hung. *Remaking Beijing: Tiananmen Square and the Creation of a Political Space*. Chicago: The University of Chicago Press, 2005.

Xiaodong Niu. *Policy Education and Inequalities: In Communist China Since 1949*. Lanham& New York& London: University Press of American, 1992.

(二) 论文

陈蕴茜:《论清末民国旅游娱乐空间的变化——以公园为中心的考察》,《史林》2004 年第 5 期。

陈蕴茜:《纪念空间与社会记忆》,《学术月刊》2012 年第 7 期。

何莉:《东北解放区的第一个儿童节》,《党史纵横》2006 年第 6 期。

洪长泰:《空间与政治:扩建天安门广场》,华东师范大学历史系冷战国际史研究中心编:《冷战国际史研究》第 4 辑,北京:世界知识出版社 2007 年版。

胡清宁:《解放初期中小学教师的思想学习活动——以江苏地区为中心》,《南京大学学报(哲学·人文科学·社会科学)》2005 年第 4 期。

黄书光:《变革与反思:共和国德育的历史走向》,《华东师范大学学报(教育科学版)》2006 年第 3 期。

李春玲:《社会政治变迁与教育机会不平等——家庭背景及制度因素对教育获得的影响(1940—2001)》,《中国社会科学》2003 年第 3 期。

李习凡、何雨:《阶层优势的代际复制:精英中学选拔机制的社会学分析——以南京 F 学校为例》,《学海》2011 年第 5 期。

刘昶:《在江南干革命:共产党与江南农村,1927—1945》,《中国乡村研究》(第 1 辑),北京:商务印书馆 2004 年版,第 112—137 页。

刘建:《民国中小学校长的任职标准及其现实意义》,《教育科学研究》2007 年第 7 期。

刘晓清:《五十年代初思想改造运动中知识分子心理变迁及原因》,《浙江学刊》1998 年第 5 期。

潘云生、宋立军:《初中思想品德课程设置的历史沿革及启示》,《内蒙古师范大学学报(教育科学版)》2006 年第 12 期。

孙丹:《建国初期知识分子思想改造运动研究述评》,《当代中国史研究》2008 年第 5 期。

孙少平:《建国初期学校德育创建的实践特征及发展探讨》,《现代教育论丛》1998 年第 2 期。

孙玉芹:《江苏童子军研究:1915—1926》,《南京政治学院学报》2011 年第 1 期。

孙玉芹、刘敬忠:《抗日战争时期童子军社会服务活动述论》,《抗日战争研究》2011 年第 3 期。

汤彬如:《五十年来的中学政治课教学》,《南昌教育学院学报》1999 年第 3 期。

唐俊超:《输在起跑线——再议中国社会的教育不平等(1978—2008)》,《社会学研究》2015 年第 3 期。

王晋丽:《中国最早的童子军——华文童子军》,《武汉文史资料》2005 年第 11 期。

谢涛:《1990 年代以来关于建国初知识分子思想改造运动研究综述》,《党史研究与教学》2002 年第 5 期。

谢莹:《建国初期知识分子思想改造学习运动始末》,《党的文献》1997 年第 5 期。

谢泳:《思想改造》,《南方文坛》总 72 期。

杨东平:《反思当年的"接班人"教育》,《中小学管理》2012 年第 3 期。

杨奎松:《思想改造运动中的潘光旦——潘光旦"历史问题"的由来及其后果》,《史林》2007 年第 6 期。

翟海涛、何英:《民国上海的童子军教育及其影响》,《历史档案》2009 年第 4 期。

张放:《毛泽东对改造社会关系的理论思考与实践探索》,《毛泽东邓小平理论研究》2021 年第 8 期。

张济顺:《五十年代初的上海报业转制:从民办到党管》,《炎黄春秋》2012 年第 4 期。

张济顺:《上海私营报业的思想改造运动》,《炎黄春秋》2012 年第 10 期。

张同印:《反思历史,总结经验,开创中学思想政治课的新局面》,《北京师范学院学报(社会科学版)》1989 年第 5 期。

张晓辉、荣子菡:《民国时期童子军的中国化及其影响》,《广西社会科学》2005 年第 2 期。

赵子云:《民国时期两次儿童节庆祝大会》,《钟山风雨》2013 年第 2 期。

钟霖湘:《"四四"儿童节与"六一"儿童节》,《湘潮》2010 年第 7 期。

周兵:《社会实践与知识分子教育和改造——以建国初期知识分子参加土地改革为例》,《现代哲学》2012 年第 3 期。

朱地:《对建国初期知识分子思想改造学习运动的历史考察——评〈剑桥中华人民共和国史〉的一个观点》,《中共党史研究》1998 年第 5 期。

朱薇:《中国共产党在新中国成立初期对知识分子的思想改造——对历史文献的解读与思考》,《当代中国史研究》2011 年第 7 期。

刁含勇:《新中国中小学教科书制度的形成及其影响(1949—1954)》,华东师范大学历史学系博士学位论文,2011 年。

李庆刚:《"大跃进"时期"教育革命"研究》,中共中央党校博士学位论文,2002 年。

李艳艳:《建国初期上海干部子弟学校研究》,华东师范大学历史学系硕士学位论文,2009 年。

满永:《乡村场景中的革命日常化——以皖西北临泉县为中心的考察(1947—1952)》,中国人民大学博士学位论文,2009 年。

潘承生:《建国初期桐城县基础教育改造述评(1949—1952)》,华东师范大学历史学系硕士学位论文,2010 年。

孙霞:《国家・社会・儿童:南京国民政府四四儿童节述评》,华中师范大学历史系硕士学位论文,2012 年。

易春秋:《建国十七年中学思想政治教育研究》,中共中央党校中共党史系博士学位论文,2005 年。

周俊宇:《塑造党国之民——中华民国国定节日的历史考察》,台湾政治大学台湾史研究所硕士学位论文,2007 年。

[美]裴宜理:《重返中国革命——以感情的模式》,李寇南、何翔译,刘东主编:《中国学术》第 4 辑,北京:商务印书馆 2001 年版。

[美]余伟康:《思想改造运动与"中国知识分子"的形成》,邵小文、黄碧影译,《现代哲学》2010 年第 4 期。

C. T. Hu. Communist Education: Theory and Practice. *The China Quarterly*, No.10 (Apr.-Jun., 1962), pp.84 – 97.

C. T. Hu. Orthodoxy over Historicity: The Teaching of History in Communist China. *Comparative Education Review*, Vol.13, No.1 (Feb., 1969), pp.2 – 19.

David Hecht. Review of Marx and Education in Russia and China. *Annals of the American Academy of Political and Social Science*, Vol. 441, Race and

Residence in American Cities (Jan., 1979), pp. 222 - 223.

Eddy U. The Making of Zhishifenzi: The Critical Impact of the Registration of Unemployed Intellectuals in the Early PRC. *The China Quarterly*, No. 173 (Mar., 2003), pp. 100 - 121.

Eddy U. The Hiring of Rejects: Teacher Recruitment and Crises of Socialism in the Early PRC Years. *Modern China*, Vol. 30, No. 1 (Jan., 2004), pp. 46 - 80.

Eide, Eric. Cultural Factors Behind the Electoral Success of the Communist Party in West Bengal, India. Paper presented at *the annual meeting of the American Sociological Association*, Montreal Convention Center, Montreal, Quebec, Canada, Aug 11, 2006.

I. E. Education in Communist China. *The World Today*, Vol. 8, No. 6 (Jun., 1952), pp. 257 - 268.

Joan Judge. Public Opinion and the New Politics of Contestation in the Late Qing, 1904 - 1911, in *Modern China*, Vol. 20, No. 1 (Jan., 1994), pp. 64 - 91.

Martin King Whyte. Inequality and Stratification in China. *The China Quarterly*, No. 64 (Dec., 1975), pp. 684 - 711.

Michael Walzer. On the Role of Symbolism in Political Thought. *Political Science Quarterly*, Vol. 82, No. 2 (Jun., 1967), pp. 191 - 204.

R. F. Price. Review of The Making of a Model Citizen in Communist China. *The China Quarterly*, No. 51. (Jul-Sep., 1972), pp. 569 - 570.

Stewart Fraser. Recent Educational Reforms in Communist China. *The School Review*, Vol. 69, No. 3 (Autum, 1961), pp. 300 - 310.

Theodore His-En Chen. Education and Propaganda in Communist China. *Annals of the American Academy of Political and Social Science*, Vol. 277, Report on China (Sep., 1951), pp. 135 - 145.

Theodore H. E. Chen. Elementary Education in Communist China. *The China Quarterly*, No. 10 (Apr.-Jun., 1962), pp. 98 - 122.

Xueguang Zhou, Phyllis Moen and Nancy Brandon Tuma. Educational Stratification in Urban China: 1949 - 1994. *Sociology of Education*, Vol. 71, No. 3 (Jul., 1998), pp. 199 - 222.

Yinghong Chen and Patrick Manning. Revolution in Education: China and Cuba in Global Context, 1957 - 1976. *Journal of World History*, Vol. 14, No. 3 (Sep., 2003), pp. 359 - 391.

Yuxiao Wu. Cultural Capital, the State, and Educational Inequality in China,

1949 – 1996. *Sociological Perspectives*, Vol. 51, No. 1 (Spring 2008), pp. 201 – 227.

Zhong Deng and Donald J. Treiman. The Impact of the Cultural Revolution on Trends in Educational Attainment in the People's Republic of China. *American Journal of Sociology*, Vol. 103, No. 2 (September 1997), pp. 391 – 428.

图书在版编目(CIP)数据

中国小学教育文化的历史形塑:1949—1957/张放著.--上海:复旦大学出版社,2025.2.--ISBN 978-7-309-17880-7

Ⅰ.G629.29

中国国家版本馆 CIP 数据核字第 2025RT7768 号

中国小学教育文化的历史形塑:1949—1957
张　放　著
责任编辑/胡春丽

复旦大学出版社有限公司出版发行
上海市国权路 579 号　邮编：200433
网址：fupnet@fudanpress.com　http://www.fudanpress.com
门市零售：86-21-65102580　团体订购：86-21-65104505
出版部电话：86-21-65642845
江苏凤凰数码印务有限公司

开本 890 毫米×1240 毫米　1/32　印张 10.75　字数 310 千字
2025 年 2 月第 1 版
2025 年 2 月第 1 版第 1 次印刷

ISBN 978-7-309-17880-7/G·2655
定价：98.00 元

如有印装质量问题，请向复旦大学出版社有限公司出版部调换。
版权所有　侵权必究